"十四五"时期国家重点出版物出版专项规划项目

国家自然科学基金应急项目系列丛书

行业特色高校高质量发展和创新型人才培养研究

侯成义　李　辉　车阿大　张建卫
田庆锋　张　骏　王宇波　于　辉 ／著

科学出版社
北京

内容简介

世界百年未有之大变局与中华民族伟大复兴的战略全局交汇，对我国传统行业的发展战略产生重大影响；行业特色高校在引领行业发展、服务国家重大战略需求、服务教育强国建设等方面具有不可替代的重要作用。新形势下，构建适应新时代发展要求的行业特色高校创新发展路径，实现行业特色高校高质量发展成为新的挑战。本书以行业特色高校发展中存在的现实问题为逻辑起点，融合管理学、教育学、统计学、社会学等学科的相关理论，开展多学科交叉研究，运用聚类分析法、调查研究法、扎根理论法和案例研究法等研究制约行业特色高校发展的挑战，提出推动行业特色高校高质量、内涵式发展的对策建议，服务于国家经济社会发展需求，为建设高等教育强国贡献力量。

本书可供从事高等教育管理领域相关研究的学者、高等教育学专业研究生参考阅读。

图书在版编目(CIP)数据

行业特色高校高质量发展和创新型人才培养研究/侯成义等著. —北京：科学出版社，2023.3

（国家自然科学基金应急项目系列丛书）

"十四五"时期国家重点出版物出版专项规划项目

ISBN 978-7-03-074746-4

Ⅰ.①行… Ⅱ.①侯… Ⅲ.①高等学校–人才培养–研究–中国 Ⅳ.①G649.2

中国国家版本馆 CIP 数据核字（2023）第 016108 号

责任编辑：徐　倩／责任校对：贾娜娜
责任印制：张　伟／封面设计：蓝正设计

科学出版社 出版
北京东黄城根北街 16 号
邮政编码：100717
http://www.sciencep.com

北京中科印刷有限公司 印刷
科学出版社发行　各地新华书店经销

*

2023 年 3 月第 一 版　开本：720×1000　1/16
2023 年 3 月第一次印刷　印张：22
字数：442 000

定价：182.00 元
（如有印装质量问题，我社负责调换）

国家自然科学基金应急项目系列丛书编委会

主　编

丁烈云　教　授　国家自然科学基金委员会管理科学部

副主编

杨列勋　研究员　国家自然科学基金委员会管理科学部

刘作仪　研究员　国家自然科学基金委员会管理科学部

编　委（按姓氏汉语拼音排序）

程国强　研究员　同济大学

方　新　研究员　中国科学院

辜胜阻　教　授　中国民主建国会

黄季焜　研究员　北京大学

林毅夫　教　授　北京大学

刘元春　教　授　中国人民大学

汪寿阳　研究员　中国科学院数学与系统科学研究院

汪同三　研究员　中国社会科学院数量经济与技术经济研究所

王金南　研究员　生态环境部环境规划院

魏一鸣　教　授　北京理工大学

薛　澜　教　授　清华大学

赵昌文　研究员　国务院发展研究中心

本书课题组名单

总课题：新时代行业特色高校治理模式与创新发展研究

　　承担单位：西北工业大学

　　课题主持人：张　炜

　　课题组成员：王宇波　于　辉　张京京　王　鹏　张学良　王　莉
　　　　　　　　王彦革

子课题一：行业特色高校高质量发展的内涵、机制与路径研究

　　承担单位：西北工业大学

　　课题主持人：李　辉

　　课题组成员：王莉芳　刘　怡　宣建林　刘雨夏　王昕德民　于晨莹
　　　　　　　　邬　佳　朱　琳　权　婧

子课题二：行业特色高校创新型人才培养的机制与路径研究

　　承担单位：西北工业大学

　　课题主持人：车阿大

　　课题组成员：王艳平　夏春雨　罗　皓　包　璐

子课题三：行业特色高校师资队伍建设

　　承担单位：西北工业大学

　　课题主持人：侯成义

　　课题组成员：唐玉生　訾　方　张　忻　孙晔飞　杨　倩　张敏乔
　　　　　　　　王　菲　孙怡晓　杨　妍

子课题四：供给视角下典型行业特色高校创新型人才培养模式研究

  承担单位：北京理工大学

  课题主持人：张建卫

  课题组成员：宣星宇 李海红 周愉凡 滑卫军 郑文峰 付萌萌

子课题五：需求视角下典型行业创新型人才培养模式与路径研究

  承担单位：西北工业大学

  课题主持人：田庆锋

  课题组成员：王雅静 龙词云 李 瑶 沈伟康 文艺丹

子课题六：新时代行业特色高校评估体系研究

  承担单位：南京理工大学

  课题主持人：张 骏

  课题组成员：顾来红 易文斌 王彦革 潘杰义 朱长林 赵慧秀

       姜 妍 张 京 陈亚玲 魏 亚 李学超

总　　序

为了对当前人们所关注的经济、科技和社会发展中出现的一些重大管理问题快速做出反应,为党和政府高层科学决策及时提供政策建议,国家自然科学基金委员会于 1997 年特别设立了管理科学部主任基金应急研究专款,主要资助开展关于国家宏观管理及发展战略中急需解决的重要的综合性问题的研究,以及与之相关的经济、科技和社会发展中的"热点"与"难点"问题的研究。

应急管理项目设立的目的是为党和政府高层科学决策及时提供政策建议,但并不是代替政府进行决策。根据管理科学部对于应急管理项目的一贯指导思想,应急研究应该从"探讨理论基础、评介国外经验、完善总体框架、分析实施难点"四个主要方面为政府决策提供支持。每项研究的成果都要有针对性,且满足及时性和可行性要求,所提出的政策建议应当技术上可能、经济上合理、法律上允许、操作上可执行、进度上可实现和政治上能为有关各方所接受,以尽量减少实施过程中的阻力。在研究方法上要求尽量采用定性与定量相结合、案例研究与理论探讨相结合、系统科学与行为科学相结合的综合集成研究方法。应急管理项目的承担者应当是在相应领域中已经具有深厚的学术成果积累,能够在短时间内(通常是 9~12 个月)取得具有实际应用价值成果的专家。

作为国家自然科学基金专项项目,管理科学部的应急管理项目已经逐步成为一个为党和政府宏观决策提供科学、及时的政策建议的项目类型。与国家自然科学基金资助的绝大部分(占预算经费的 97%以上)专注于对经济与管理活动中的基础科学问题开展理论方法研究的项目不同,应急管理项目面向国家重大战略需求中的科学问题,题目直接来源于实际需求并具有限定性,要求成果尽可能贴近实践应用。

应急管理项目要求承担课题的专家尽量采用定性与定量相结合的综合集成方法,为达到上述基本要求,保证能够在短时间内获得高水平的研究成果,项目的承担者在立项的研究领域应当具有较长期的学术积累和数据基础。

自 1997 年以来,管理科学部对经济、科技和社会发展中出现的一些重大管理问题做出了快速反应,至今已启动 101 个项目,共 833 个课题,出版相关专著 57 部。已经完成的项目取得了不少有影响力的成果,服务于国家宏观管理和决策。

应急管理项目的选题由管理科学部根据国家社会经济发展的战略指导思想和

方针，在广泛征询国家宏观管理部门实际需求和专家学者建议及讨论结果的基础上，形成课题指南，公开发布，面向全国管理科学家受理申请；通过评审会议的形式对项目申请进行遴选；组织中标研究者举行开题研讨会议，进一步明确项目的研究目的、内容、成果形式、进程、时间节点控制和管理要求，协调项目内各课题的研究内容；对每一个应急管理项目建立基于定期沟通、学术网站、中期检查、结题报告会等措施的协调机制以及总体学术协调人制度，强化对于各部分研究成果的整合凝练；逐步完善和建立多元的成果信息报送常规渠道，进一步提高决策支持的时效性；继续加强应急研究成果的管理工作，扩大公众对管理科学研究及其成果的社会认知，提高公众的管理科学素养。这种立项和研究的程序是与应急管理项目针对性和时效性强、理论积累要求高、立足发展改革应用的特点相称的。

为保证项目研究目标的实现，应急管理项目申报指南具有明显的针对性，从研究内容到研究方法，再到研究的成果形式，都具有明确的规定。管理科学部将应急管理项目的成果分为四种形式，即专著、政策建议、研究报告和科普文章，本丛书即应急管理项目的成果之一。

希望此套丛书的出版能够对我国管理科学政策研究起到促进作用，对政府有关决策部门发挥借鉴咨询作用，同时也能对广大民众有所启迪。

国家自然科学基金委员会管理科学部
2020 年 9 月

前　言

　　党的二十大报告提出，要"坚持教育优先发展、科技自立自强、人才引领驱动"[①]。行业特色高校在长期办学过程中，立足行业培育国家战略科技力量，深入推进科教兴国战略；面向行业培养创新型人才，全力推进人才强国战略；面向行业企业推进产学研深度融合，加快实施创新驱动发展战略；在全面实施科教兴国战略方面发挥着不可替代的作用。行业特色高校在发展的过程中也形成了与行业密切相关的办学特色和优势学科，与国家国防、地质、冶金、机械、电子等行业产业共同发展进步，产教协同输送了大批优秀人才，校企融合取得了众多领先科技成果。加快推进行业特色高校改革与建设，是适应新时代发展的客观要求。行业特色高校要努力成为行业发展的开拓者和主力军，努力成为高等教育改革发展的推动者和示范区，为国家经济社会发展做出更大贡献。在中国高等教育面向"十四五"的改革发展中，深入研究行业特色高校高质量发展和创新型人才培养的影响因素、作用机制和模式路径，实现行业特色高校丰富内涵和可持续发展，是加快"双一流"建设的重要内容，也是促进行业转型升级和国家创新发展的根本保障。

　　为推进行业特色高校高质量发展和创新型人才培养，国家自然科学基金委员会管理科学部 2020 年应急管理项目设立了"新时代行业特色高校治理模式与创新发展研究"的研究项目。经过项目招标、投标、答辩和专家评审，管理科学部确定了三个项目组分别承担三类行业特色高校的研究，分别是国防军工特色高校、农林水特色高校和地矿油特色高校，每个项目组下设一个总课题和若干个子课题。本项目组承担国防军工特色高校的研究，其中由张炜教授（西北工业大学）担任总课题负责人，子课题负责人分别为：李辉（西北工业大学）、车阿大（西北工业大学）、侯成义（西北工业大学）、张建卫（北京理工大学）、卢周来（军事科学院国防科技创新研究院）、田庆锋（西北工业大学）、张骏（南京理工大学）。

　　项目开题后，总课题和各子课题统筹推进，在国家自然科学基金委员会管理科学部的指导下，于 2021 年 4 月 18 日通过了中期检查，2021 年 11 月 30 日通过了结题评审验收，其中总课题获评"特优"，7 个子课题均获评"优秀"。项目研究过程中取得了一批研究成果，主要包含七个方面：一是政策建议及报告 25 份，

---

① 《习近平：高举中国特色社会主义伟大旗帜　为全面建设社会主义现代化国家而团结奋斗——在中国共产党第二十次全国代表大会上的报告》，http://www.gov.cn/xinwen/2022-10/25/content_5721685.htm[2022-10-25].

被全国两会、教育部、国务院国有资产监督管理委员会、国家国防科技工业局等采纳；二是成果应用证明15份，被中国航空工业集团有限公司等单位采纳；三是媒体宣传11份，被《人民日报》《中国制造》《中国青年报》等媒体报道；四是主办大型学术研讨会与论坛2场，分别是国防军工人才培养研讨会和行业特色高校发展论坛；五是获批延伸课题及基地建设7项；六是发表高水平学术论文42篇；七是形成博士、硕士学位论文7篇。

本项目组在六个方面形成了一些研究结论，一是厘清了基本概念与要素；二是明确了内部治理的基本框架与战略规划的路径；三是研究了高校、政府、市场、社会"四元关系"形态架构；四是研究了师资队伍状况及改进对策；五是从供给和需求视角研究了人才培养模式的创新；六是优化了行业特色高校指标体系框架。在此基础上，总课题和子课题分别将主要研究内容提炼为一章，形成了本书。各章的重点内容简介如下。

第一章主要得出了四方面的研究结论：一是在行业特色高校的治理模式方面，对行业特色高校的要素特点、发展阶段等进行研究，对国防军工特色高校治理模式的特征进行了辨识，初步形成了治理模式框架；二是在行业特色高校战略管理方面，梳理了相关要素与特性，对行业特色高校战略管理的实施策略进行评价；三是在行业特色高校与政府、市场和社会的关系方面，对用人单位、高校职能部门等开展了调研访谈数据分析，阐述了"四元关系"的相互作用机制；四是在行业特色高校的创新发展方面开展了案例研究、影响因素研究和人才培养体系研究，探索了博士研究生培养机制、课程体系改革等问题。

第二章针对行业特色高校高质量发展的内涵、机制和路径问题，采用主题分析、问卷调查、半结构式访谈、典型案例分析等方法，提取出政府政策、行业属性和地域分布三个方面的外部影响因素，学科建设、师资队伍、文化融合、创新能力、校企合作等五个方面的内部影响因素；分析行业特色高校高质量发展内涵；聚类了政策主导型、市场导向型和学科引领型三种高质量发展模式；凝练了依托行业优势，探索多元筹资的高质量发展路径。

第三章以行业特色高校创新型人才为研究对象，通过文献分析、文本聚类分析和问卷调研、访谈（调研访谈20家军工企业中层管理技术人员）等方式，对行业特色高校创新型人才培养的需求和状况进行总结，运用扎根理论对15万字的一手资料进行编码，构建了行业特色高校创新型人才培养的影响因素模型，并根据培养主体、培养目标、培养过程三个方面，提出行业特色创新型人才的培养模式与培养路径。

第四章基于行业特色高校师资队伍状况及存在问题，从活力制约因素、人才分类评价体系和能力素质提升的视角，运用理论分析与实证分析（448份调查问卷）相结合的研究方法，初步得出结论：一是国防军工特色高校师资存在发展环境相对封闭、队伍规模小、基础研究能力弱等问题；二是考核评价制度、机制体制、薪酬激励是制约师资队伍活力的主要因素；三是人才分类评价体系需拓宽分类维度，增设特色岗位和改进评审指标，体现服务国家战略和承接行业项目的贡献；四是个人能力、行业实践、家国情怀、基础研究是提升国防军工特色高校师资在服务国家战略、承接行业项目等重要工作方面的能力素质的关键切入点。研究成果为立足新时代、面向未来发展的国防军工特色高校的师资队伍建设提供了有价值的理论指导和实践参考。

第五章基于供给视角下国防军工特色高校创新型人才培养模式问题，综合采用历史溯源、个别深访、扎根理论和案例研究等方法，系统梳理国防军工特色高校科技人才培养制度的变迁逻辑，探索国家发展战略与人才培养模式的互动机理，揭示教师视角下国防军工特色高校的铸魂育才之道，为国防科技人才培养模式的理论创新和实践路径优化提供对策建议。

第六章基于当前我国国防科技工业与行业特色高校面临的"创新需求与人才供给不平衡"的发展困境，运用文献研究法、实地调研法、扎根理论法、实证分析法等研究方法，得出结论：一是企业可从与高校建立联合育才平台、拓宽职业发展通道、创新企业文化、强化知识管理和作风培养、创新企业治理模式、提供多方资源共享、加强国际人才引进等方面推动创新型人才培养；二是高校可与企业加强战略性合作，通过"引进来"和"走出去"的方式整合优势资源、聚焦需求调优学科等方面加强创新型人才培养等，为国防科技工业创新型人才培养提供借鉴与指导。

第七章基于行业特色高校独特价值在现行高校评估中未得到足够重视、行业特色高校的特殊性在评估指标体系中未得到充分体现等问题，运用文献分析法、专家调研法、层次分析法等方法，在行业特色高校演进逻辑、评估理论探究和国内外主流评估体系比较等方面形成了理论研究成果，探索构建了行业特色高校评估指标体系，实现了行业特色高校评价理论和方法的创新与突破。

课题现阶段的研究工作已经圆满完成，后期可以进一步开展行业特色高校转型发展的研究，聚焦国防军工特色高校如何精准服务国家战略，助力科技自立自强；着眼于如何持续改进高校与企业协同育人的体制机制，培养能够担当民族复兴大任的社会主义建设者和可靠接班人。

在研究和书稿撰写过程中，我们抱着高度负责的态度和严谨认真的科学精神，力求做到方法可靠和数据翔实，但受限于时间、知识范围等因素，书中难免存在不足之处，恳请读者批评指正。

本书研究工作得到了国家自然科学基金的支持，在研究推进过程中及本书出版过程中，我们得到了来自国家有关部委、行业企业和学术界等众多领导和专家的指导、支持和帮助，在此，我们致以最诚挚的谢意！

目 录

第一章　新时代行业特色高校治理模式与创新发展研究 ……………… 1
　　第一节　新时代行业特色高校发展与研究概况 ……………………… 1
　　第二节　新时代行业特色高校的治理模式 …………………………… 33
　　第三节　新时代行业特色高校的战略管理 …………………………… 64
　　第四节　新时代行业特色高校与政府、市场和社会的关系 ………… 71
　　第五节　新时代行业特色高校创新发展机制 ………………………… 84

第二章　行业特色高校高质量发展的内涵、机制与路径研究 ………… 128
　　第一节　行业特色高校高质量发展的内涵及评价维度研究 ………… 128
　　第二节　行业特色高校高质量发展的作用机制研究 ………………… 135
　　第三节　行业特色高校高质量发展路径研究 ………………………… 151

第三章　行业特色高校创新型人才培养的机制与路径研究 …………… 163
　　第一节　行业特色高校创新型人才概念界定 ………………………… 163
　　第二节　行业特色高校创新型人才培养的状况与问题 ……………… 164
　　第三节　行业特色高校创新型人才胜任素质模型分析与构建 ……… 172
　　第四节　行业特色高校创新型人才培养模式 ………………………… 179
　　第五节　行业特色高校创新型人才培养路径 ………………………… 184

第四章　行业特色高校师资队伍建设 …………………………………… 191
　　第一节　研究背景和意义 ……………………………………………… 191
　　第二节　行业特色高校师资队伍状况及问题分析 …………………… 191
　　第三节　行业特色高校激发师资队伍活力的体制机制创新方法 …… 198
　　第四节　行业特色高校人才分类评价 ………………………………… 206
　　第五节　行业特色高校提升师资队伍素质能力的路径研究 ………… 212

第五章　供给视角下典型行业特色高校创新型人才培养模式研究 …… 222
　　第一节　高校国防科技人才培养制度的变迁逻辑 …………………… 222
　　第二节　国防特色高校人才培养模式创新发展的机理 ……………… 234
　　第三节　教师视角下国防特色高校的铸魂育才研究 ………………… 243

第四节 国防特色高校人才培养模式优化的对策与建议 ……………251

第六章 需求视角下典型行业创新型人才培养模式与路径研究 ………263
　　第一节 典型行业创新型人才培养的状况和问题 ………………263
　　第二节 典型行业创新型人才成长的影响因素 …………………268
　　第三节 典型行业创新型人才培养模式 …………………………284
　　第四节 典型行业产教融合创新型人才培养路径 ………………294

第七章 新时代行业特色高校评估体系研究 ……………………………302
　　第一节 行业特色高校：新时代、新使命、新评估 ……………302
　　第二节 行业特色高校评估的理论探究 …………………………313
　　第三节 新时代行业特色高校评估指标体系的构建 ……………320
　　第四节 新时代行业特色高校评估的实施策略 …………………329

附录：国防科技工业创新型人才培养情况调查问卷（第六章问卷） …333
　　第一部分 单位基本信息调查 ……………………………………333
　　第二部分 个人基本信息调查 ……………………………………334

第一章　新时代行业特色高校治理模式与创新发展研究

科学问题瓶颈：世界百年未有之大变局与中华民族伟大复兴的战略全局交汇，形成错综复杂的相互影响。进入新时代以来，新一轮科技革命引发了行业的巨大变革，日益激烈的国际科技竞争导致我国传统行业的发展战略发生重大变化；行业特色高校在引领行业发展、服务国家重大战略需求、服务教育强国建设等方面具有不可替代的重要作用。新形势下，破解行业特色高校发展面临的新挑战，构建适应新时代发展要求的行业特色高校治理模式及创新发展路径，实现行业特色高校创新型发展、高质量发展、内涵式发展，成为新的瓶颈，急需运用新的理论与视角，结合行业特色高校面临的复杂外部环境，探索新的出路。

突破瓶颈思路：运用治理理论和视角，以行业特色高校发展中存在的现实问题为逻辑起点，融合管理学、教育学、统计学、社会学等学科的相关理论，开展多学科交叉研究，运用文献研究法、聚类分析法、调查研究法、扎根理论法和案例研究法等研究制约行业特色高校发展的瓶颈。重点探索行业特色高校多元协同治理模式，明确战略定位与选择，厘清行业特色高校与政府、市场和社会之间的相互作用机制，构建行业特色高校创新发展的路径，突破行业特色高校发展面临的现实困境与复杂问题，推动行业特色高校高质量、内涵式发展，使其服务于国家经济社会发展需求，为建设高等教育强国贡献力量。

第一节　新时代行业特色高校发展与研究概况

党的十九届四中全会提出推进国家治理体系和治理能力现代化的总体要求，为高校构建治理模式提供了基本遵循。党的十九届五中全会提出要"坚持创新在我国现代化建设全局中的核心地位，把科技自立自强作为国家发展的战略支撑"[1]，这为行业特色高校面向世界科技前沿、经济主战场、国家重大需求、人民生命健康等

---

[1] 《中共中央关于制定国民经济和社会发展第十四个五年规划和二〇三五年远景目标的建议》，http://www.gov.cn/zhengce/2020-11/03/content_5556991.htm[2020-11-03].

领域实现创新发展指明了方向。行业特色高校具有因国家需要而建立、因国家需要而发展的历史背景，与所在行业存在很高的依存度和关联度，然而，面对新形势、新任务、新要求，传统的发展模式和路径难以适应新时代党和国家赋予行业特色高校的新使命。因此，行业特色高校治理模式构建与创新发展路径的研究，已成为国家经济社会发展的迫切需要，也是行业革新与高等教育高质量发展的内在要求。该问题的解决，对行业特色高校更好地服务"十四五"时期经济高质量发展、行业融合创新、产业转型升级，助推"双一流"建设具有重要的现实意义。

一、我国行业特色高校的产生与发展历程

党的十九大提出，要"加快一流大学和一流学科建设，实现高等教育内涵式发展。"[①]行业特色高校在长期办学过程中形成了与行业密切相关的办学特色和优势学科，与国家国防、地质、冶金、机械、电子等行业产业共同发展进步，通过产教协同输送了大批优秀人才，校企融合取得了众多领先科技成果。加快推进行业特色高校改革与建设，是适应新时代发展的客观要求。行业特色高校要努力成为行业发展的开拓者和主力军，努力成为高等教育改革发展的推动者和示范区，为国家经济社会发展做出更大贡献。在中国高等教育面向"十四五"的改革发展中，深入研究行业特色高校的基本概念、定位、作用及发展历程，有助于厘清行业特色高校治理模式构建和创新发展的影响因素、作用机制与模式路径，从而实现行业特色高校可持续发展，这是加快"双一流"建设的重要内容，也是促进行业转型升级和国家创新发展的根本保障。

（一）行业特色高校的概念、定位与研究意义

1. 概念辨析

现有文献从不同视角对行业特色高校进行界定：从人才培养的视角，潘懋元和车如山[②]将其定义为"以行业为依托，围绕行业需求，针对行业特点，为特定行业培养高素质专门人才的大学或学院"；从专业领域的视角，王亚杰和张彦通[③]将其定义为"依托行业发展，在行业相关的专业领域形成明显优势和显著特色的行业性专门高等院校"；从管理体制与特色的视角，钟秉林等[④]将其定义为"我国高

---

① 《习近平：决胜全面建成小康社会 夺取新时代中国特色社会主义伟大胜利——在中国共产党第十九次全国代表大会上的报告》，https://www.12371.cn/2017/10/27/ARTI1509103656574313.shtml [2017-10-18].
② 潘懋元, 车如山. 特色型大学在高等教育中的地位与作用[J]. 大学教育科学, 2008, (2): 11-14.
③ 王亚杰, 张彦通. 论新时期特色型大学的建设和发展[J]. 教育研究, 2008, (2): 47-52.
④ 钟秉林, 王晓辉, 孙进, 等. 行业特色大学发展的国际比较及启示[J]. 高等工程教育研究, 2011, (4): 4-9, 81.

等教育管理体制改革以前隶属于中央政府部门、具有显著行业办学特色与突出学科群优势的高等学校"，刘献君[①]将其较简洁、集成地定义为"具有行业背景、服务面向及相应学科特色的大学"；从隶属关系的视角，姚瑶[②]认为行业特色高校是指计划经济时代下，隶属中央某一业务部门，而后又随着我国市场经济体制的建立和高等教育管理体制的改革，被划转由教育部等部委或地方政府建设和管理的一批高校。依据上述定义，可以辨析行业特色高校具有的一些内涵：一是毕业生相对集中在某一行业；二是优势学科专业主要围绕该行业的需要；三是主要服务于该行业；四是曾经或依然归属于行业主管部门。尽管行业特色高校不是一个统计类型，加之数据来源不一，难以准确界定不同时期行业特色高校的数量，但依据上述特征，可以将综合大学、语言院校、财经院校、体育院校、艺术院校、民族院校等排除在外，但农业、林业、医药、师范等相关院校的行业特色还有待进一步辨析。此外，以上分类描述基本反映出国内学者对行业特色高校内涵的定义，这些内涵界定主要依据行业特色高校的历史、办学特色及服务面向。进入新时代以来，行业特色高校面临的环境发生深刻变化，其内涵也随之发生变化，急需结合新时代元素重新界定与深入挖掘，为实现行业特色高校可持续发展奠定理论基础。国外并没有"行业特色高校"这一专门概念，但是有和中国高水平行业特色高校相似背景的高校，这些高校大多已跻身于世界一流大学的行列，如美国的麻省理工学院、英国的伦敦政治经济学院、法国的巴黎综合理工学院等[③]。西方发达国家的应用科技大学、大学校（高等专业学院）[④]、职业院校、社区学院等高等教育形式与我国的行业特色高校具备共同的基本特征，并在长期的发展中形成了各自的办学模式和特色，因此也列入本书研究的"行业特色高校"之列，并将在研究中进一步明确其内涵。

2. 定位

行业特色高校作为中国高等教育的重要组成部分，是高等教育适应特定历史时期经济建设和社会发展的产物，肩负着引领行业发展和促进我国高等教育由大变强的重要使命。行业特色高校具有因国家需要而建立、应国家需要而发展的历史必然，具有鲜明的中国特色。经过数十年的发展，行业特色高校具有深厚的行业背景，与所在行业存在很高的依存度和关联性，这是专长和特色，但也可能成

---

① 刘献君. 行业特色高校发展中需要处理的若干关系[J]. 中国高教研究, 2019, (8): 14-18.

② 姚瑶. 行业特色型高校的继续教育改革思路[J]. 高教学刊, 2015, (21): 134-135.

③ 祖燕. 高水平行业特色大学创建世界一流学科的机制与路径研究[D]. 徐州：中国矿业大学, 2018.

④ 钟秉林, 王晓辉, 孙进, 等. 行业特色大学发展的国际比较及启示[J]. 高等工程教育研究, 2011, (4): 4-9, 81.

为利益藩篱和改革阻力。进入新时代，我国社会主要矛盾已经转化，经济社会发展由低收入阶段转向中等收入阶段、数量型增长转向质量效益型增长，已逐渐步入劳动力数量减少而人力资本加快积累的新阶段[1]；高等教育发展的矛盾已经转变为人民对于高水平、高质量教育的渴望与教育发展不均衡、不充分、不全面的矛盾[2]，呈现出人民对多样、特色、优质的高等教育日益强烈的需求。此外，高质量发展体现在经济、社会、政治、文化与生态等方面的协同发展上[3]。对于行业特色高校来讲，要为建设中国特色的世界一流大学做出更大贡献，就应不断深化对于高等教育逻辑和规律的认识，突破观念陈旧、思想保守的制约，主动适应高质量发展的新要求，完善新思路、新任务、新举措，率先实现自身的高质量发展。

在"双一流"建设的引领下，行业特色高校要立足全球化视野，承载强国信念，将自身发展与国家经济社会发展更加紧密地联系起来，精准做好自身定位，明确发展目标，从而稳步推进建成世界一流大学和一流学科。

行业特色高校有以下三个定位。

一是国家战略的有力支撑者。行业特色高校要面向国家重大战略需求，成为国家和民族振兴与发展的强大支撑者。以国防特色高校为例，国家安全是保障民族伟大复兴事业的重要基石，一方面，国防军工院校要瞄准世界新军事革命和中国特色军事变革发展趋势，开展高新武器装备的原始创新和颠覆性技术攻关，有力支撑军事强国建设；另一方面，要围绕创新驱动发展和军民融合发展等国家战略，发挥科技和人才优势，为高端装备制造、新能源、新材料等战略性新兴产业发展做出积极贡献，此外，还要围绕国家战略、经济社会发展重大理论和现实问题，提供决策咨询研究和智库服务。

二是行业领域创新发展的引领者。行业特色高校要加强产学研协同创新，从支撑服务行业发展转向引领驱动，主动思考、谋划和设计未来行业领域发展方向，通过创新人才培养模式、加强基础研究和应用创新，推进行业转型升级，实现行业引领。

三是高等教育体系不可或缺的重要力量。行业特色高校要注重强化鲜明的行业背景、产教融合的人才培养理念、突出的特色学科体系等优势，努力提升综合办学实力，在我国世界一流大学和一流学科布局体系中占据更重要的位置，成为我国高等教育体系不可或缺的重要力量[4]。

---

[1] 郭春丽，王蕴，易信，等. 正确认识和有效推动高质量发展[J]. 宏观经济管理，2018，(4): 18-25.

[2] 管培俊. 新时代中国高等教育的使命[J]. 中国高教研究，2017，(12): 17-19.

[3] 王珺. 以高质量发展推进新时代经济建设[J]. 南方经济，2017，(10):1-2.

[4] 付梦印. 把握"双一流"发展机遇，建设特色高水平大学[EB/OL]. http://www.moe.gov.cn/jyb_xwfb/moe_2082/zl_2017n/2017_zl05/201701/t20170125_295697.html[2021-03-01].

3. 研究意义

在教育部公布的一流大学建设高校中，行业特色高校占 1/3；公布的一流学科建设高校中，行业特色高校约占 3/4。可见，行业特色高校已成为教育强国建设的重要力量，因此，应在新时代背景下，从治理视角加强对行业特色高校的研究。具体的研究意义如下。

一是有助于丰富行业特色高校治理模式的内涵。新时代要求高校进一步完善治理结构、健全治理机制、提高治理效率，这需要深入开展高校治理模式与创新发展研究。行业特色高校与社会联系密切，治理主体更加多元。因此，益发急需更为宏观、综合并且符合行业特色高校的"多元共治"理论体系与方法论，从而为新时代行业特色高校治理模式的构建提供理论支撑。

二是有助于完善行业特色高校高质量发展的体制机制。新时代要求高等教育高质量发展既有共性标准，也有特色要求，行业特色高校要把高质量发展作为其转型发展的重要抓手，坚持目标导向与问题导向相结合，走高质量发展之路。因此，需要进一步厘清行业特色高校与政府、市场及社会"四元"关系，构建多元协同创新发展的体制机制，为行业特色高校高质量发展提供组织保障。

三是有助于促进行业特色高校更好地服务国家战略部署。新时代要求高校必须服务国家战略，行业特色高校更要进一步弘扬服务国家战略的传统和优势，使学校的教育结构、教育方法、教育内容、教育体制能够更好地适应高质量发展的进程和要求。因此，聚焦新时代与行业特色高校治理模式相适应的战略管理开展研究，对行业特色高校传承弘扬办学理念、持续改革创新、更好地服务国家重大战略部署具有重要的指导意义。

（二）行业特色高校及其治理模式的发展历程

尽管行业特色高校不是一个统计类型，加之数据来源不一，难以准确界定不同时期行业特色高校的数量，但我国行业特色高校的发展大致可以划分为四个阶段。

1. 打基础（1949~1976 年）

新中国成立初期，随着国民经济和工业体系的构建，专门技术人才缺乏，国家新设了钢铁、地质、矿冶、水利等 12 个相关工业专门学院[①]，以此奠定了行业特色高校的基础。1952 年院系调整也主要按照专业大类设置专门高校，对高等教育体系进行重构[②]，全国有近百所高校被划分到或委托中央某一行业部门管

---

① 周南平，蔡媛梦. "双一流"建设中地方行业特色型高校的发展思考[J]. 江苏高教, 2020, (2):49-54.

② 韩一松. 国际比较视野下的区域高等教育协调治理机制完善路径选择[J]. 中国成人教育, 2018, (5):45-48.

理①。例如,同济大学当时就集中了华东地区10余所高校的土木建筑类学科②。1954年,该校由高教部划归城建部和建筑工程部双重领导,一度成为全国土木建筑类高校中规模最大、学科最全、人才最多的学校③。1956年,全国普通高校227所,其中综合性大学减少到15所,而单科性院校占到90%以上④,包括一批行业特色高校。1965~1970年,普通高校数量稳定在434所,但隶属关系有所变化,如上海交通大学划归第六机械工业部。1971年,普通高校的数量下降到328所,1976年又恢复到392所⑤,其中行业特色高校依然占有相当大的比例。可见,改革开放前,我国行业特色高校在服务经济社会发展方面,已经具有了一定的基础,但也存在办学规模较小、学科专业单一、受苏联办学模式束缚等问题。

大学治理结构的核心问题,主要是大学决策权由谁掌握的问题。一般而言,如果是党委领导,就是党委掌握决策权,但我国大学治理演进过程中也存在党委领导但不掌握大学决策权的情况。新中国成立之初,大学实行校长负责制,决策权集中在校长领导的校务委员会。1958年,针对苏联模式存在的一定程度上忽视政治、忽视党的领导等弊端,按照党中央的统一要求,我国大学开始实行党委领导下的校务委员会负责制。然而,校务委员会是在校长的主持下讨论和决定学校工作中的重大问题的,掌握学校决策权的依然是校务委员会,在这种情况下,党委领导但不掌握大学决策权。在这一阶段,我国行业特色高校在曲折中探索确立治理结构。

2. 大发展（1977~1997年）

伴随改革开放对人才的迫切需求,行业特色高校得到了其主管部门的支持,从而实现了快速发展,一批行业办的中专、大专升格及合并,又进一步扩大了行业特色高校的队伍。1990年,普通高校数量增加到1075所,其中行业特色高校占到30.98%⑥。1997年,普通高校1020所,其中,综合性大学74所,含中央部门所属14所;理工院校278所,包括中央部门所属202所,其中大部分为工业行业特色高校。在这20年间,行业特色高校对培养行业所需人才、促进行业科技进步和服务经济社会发展做出了重要贡献,但也存在人才培养模式较为单一、办学理念相对滞后等问题,发展惯性、核心刚性和改革阻力有待进一步破除。

"文化大革命"期间,我国大学治理体系遭到破坏。"文化大革命"结束后,

---

① 王亚杰. 挑战与出路:特色型大学的发展之路[J]. 高等工程教育研究, 2008, (1): 1-6.
② 吴启迪. 努力探索面向新世纪的中国高教发展模式——"同济模式"的改革实践与思索[J]. 中国高教研究, 1998, (1): 5-9.
③ 吴启迪. 同济沧桑九十年[J]. 科学, 1997, 49(3): 3-8.
④ 王浒. 对我国高校布局的思考[J]. 中国高教研究, 1998, (2): 8-12.
⑤ 国家统计局国民经济综合统计司. 新中国六十年统计资料汇编[M]. 北京:中国统计出版社, 2009: 69.
⑥ 李廉水. 行业特色高校的开放发展战略[J]. 阅江学刊, 2010, (4): 71-74.

按照第五届全国人民代表大会的规定，我国大学从1978年开始实行党委领导下的校长分工负责制，学校的教学、科学研究等重大问题经党委讨论后做出决定。这标志着1949年以来我国大学党委首次掌握大学决策权，在大学治理中发挥主导作用。此外，为了推进大学民主管理，我国大学定期召开师生代表大会，设立了学术委员会。可见，中国特色大学治理结构已经初具雏形。第二次转变是1989年我国大学重新实行党委领导下的校长负责制。1985年，在教育体制改革的推动下，我国大学逐步实行校长负责制，大学党委不再掌握大学决策权。然而，在经受了政治风波的严峻考验后，党中央深刻认识到忽视党的基层组织建设、削弱党组织作用的危险性。1989年，党中央决定大学重新实行党委领导下的校长负责制，大学党委再次掌握了大学决策权。这次转变是历经曲折探索后做出的战略选择，标志着中国特色大学治理结构的正式确立。1989~2012年是我国大学治理演进的第二个阶段。面对从有计划的商品经济向社会主义市场经济转型的新形势，适应社会主义市场经济体制的需要，加快高等教育改革发展步伐，从而更好地为社会主义事业服务，成为该阶段坚持和完善中国特色大学治理的重要任务。该阶段，大学治理法治化、科学化、民主化不断推进，中国特色大学治理水平在规范中提升，有力地支撑和推动了高等教育大众化进程和高等教育强国建设。大学治理结构法治化得到前所未有的重视。1996年，中共中央正式印发《中国共产党普通高等学校基层组织工作条例》，从党内法规层面正式确立了大学党委的决策权。

3. 促改革（1998~2016年）

从20世纪末开始，政府机构改革，相关工业部门撤销，所属的高校划归到教育部或地方管理，根据教育部网站的统计数据，教育部部属高校的数量从1997年的35所增加到2000年的72所，地方高校的数量同期从675所上升为925所，而中央其他部门所属高校的数量同期从310所下降到44所。随着高校扩招，全国普通高校数量再次攀升，2001年比2000年增加17.67%，2008年总量突破了2000所，但中央部门所属高校的数量下降到111所。2016年，全国普通高校2596所，其中地方高校（含民办高校和独立学院）的占比提高到95.45%[①]。通过高等教育管理体制改革，初步形成了中央和省级人民政府两级管理、以省级人民政府管理为主的新体制。一批行业特色高校通过体制改革带动机制创新，在调整办学思路的同时，继续与行业骨干企事业单位联合培养人才，促进了学科交叉，搭建了协同创新平台，从而取得了新的进步与发展，但改革的阵痛尚未消除，一些行业特色高校运行的原有渠道有所变化，新的渠道尚未完全畅通，办学资源相对紧张且结构发生改变。在这个变革过程中，还有少数高校主动性不够，与行业的沟通减少，对

---

① 教育部. 各级各类学校校数、教职工、专任教师情况[EB/OL]. http://www.moe.gov.cn/jyb_sjzl/moe_560/jytjsj_2016/2016_qg/201708/t20170823_311669.html[2017-08-24].

行业的发展与政策跟进不及时,向行业输送人才与成果的数量减少。

首先,1998年,第九届全国人民代表大会常务委员会第四次会议通过的《中华人民共和国高等教育法》以法律形式确立了大学党委的决策权,明确了党委的职责、校长的职权、学术委员会和教职工代表大会的作用,标志着大学治理结构的法治化。2010年后,在国家现代大学制度建设的推动下,行业特色高校加强以大学章程为核心的大学治理体系建设,为大学优化治理提供了有力的制度保障。其次,高校领导班子决策机制不断健全。2008年,中国共产党中央纪律检查委员会、教育部、监察部印发了《关于加强高等学校反腐倡廉建设的意见》,明确要求大学领导班子健全科学民主决策机制,严格执行决策程序和议事规则;2010年,中共中央印发《中国共产党普通高等学校基层组织工作条例》,明确规定了大学实行以民主集中制为原则的党委决策机制。此外,《中华人民共和国高等教育法》确立了教职工代表大会制度、学术委员会制度,保障了教职工参与学校民主管理和民主监督的权利。2010年后,我国大学进一步完善了学术治理体制机制,不少大学设立了教授委员会,积极探索教授治学的新途径。

建立以人事分配制度为核心的激励约束机制。针对计划经济体制下平均主义倾向、教师积极性受到抑制等问题,20世纪90年代后我国大学先后启动了三轮人事制度改革,推动高校全面实行聘用制,建立和完善以实绩和贡献为导向的分配激励机制,有效激发了高校教师的积极性和创造性,从治理机制上健全了促进高校内涵式发展的激励约束机制。党的十八大以来,全球化与"逆全球化"相互交织、中国崛起与世界多极化相互作用、新一轮科技产业革命与我国新旧动能接续转换等,都对我国高等教育发展提出了新的更高要求。以习近平同志为核心的党中央高度重视高等教育发展,进一步强化党对高校的全面领导,从治理理念、治理结构、治理机制等方面加大力度持续推进中国特色大学治理。

治理理念突出"四为"方针。大学治理理念是大学治理组织和人员在治理过程中所秉承的观念或信仰。在2016年全国高校思想政治工作会议上,习近平强调:"我国高等教育发展方向要同我国发展的现实目标和未来方向紧密联系在一起,为人民服务,为中国共产党治国理政服务,为巩固和发展中国特色社会主义制度服务,为改革开放和社会主义现代化建设服务。"[①]

治理结构突出党的全面领导。在新时代全面从严治党的背景下,加强党对大学的全面领导,成为完善大学治理结构的重要课题。2014年,中共中央办公厅针对党委领导下的校长负责制实施过程中存在的问题,专门印发了《关于坚持和完善普通高等学校党委领导下的校长负责制的实施意见》,通过理顺党委领导与行政负责的关系、健全党委与行政议事决策制度、完善领导班子协调运行机制等举

---

① 《习近平:把思想政治工作贯穿教育教学全过程》,http://www.xinhuanet.com/politics/2016-12/08/c_1120082577.htm[2022-07-16].

措,进一步强化大学党委在治理结构中的领导核心地位。近年来,中共中央组织部和教育部制定有关文件,针对院(系)党的领导存在弱化问题,明确了院(系)党委的职责,进一步强化了院(系)党的领导。

治理机制突出学术事务去行政化。在推进现代大学制度建设的过程中,教授治学和学术民主受到前所未有的重视。针对大学学术委员会运行机制存在的问题,2014年我国教育部专门颁布《高等学校学术委员会规程》,确立了高等学校学术委员会为校内最高学术机构的地位。《高等学校学术委员会规程》于2014年3月1日起施行,明确了学术委员会的职权、组成、运行规则和条件保障,同时限制了校院两级党政领导进入学术委员会的比例,从而推动学术事务去行政化迈出了重要一步。

4. 创一流(2017年至今)

2017年9月,教育部、财政部、国家发展和改革委员会印发了《关于公布世界一流大学和一流学科建设高校及建设学科名单的通知》。有文献统计,在42所世界一流大学建设名单中,行业特色高校占1/3;在95所一流学科建设高校中,行业特色高校约占3/4[1]。在第四轮学科评估,95个全国排名第一(含并列)的学科中,行业特色高校占到83.2%[2]。面对新形势、新要求,一批行业特色高校抢抓"双一流"机遇,不断革新办学观念,增强办学实力,提高办学水平,在多年高速增长的基础上转向高质量内涵式发展,实现从做大到做强的转变。

2017年,在深化高等教育领域简政放权、放管结合、优化服务改革中,教育部等五部门印发的《关于深化高等教育领域简政放权放管结合优化服务改革的若干意见》明确要求完善学术评价体系和评价标准,推动学术事务去行政化。第一,加强党对高校的领导。高校要坚持和完善党委领导下的校长负责制,高校党委对本校工作实行全面领导,对本校党的建设全面负责,履行管党治党、办学治校的主体责任,落实党建工作责任制,切实发挥领导核心作用。坚持党管干部、党管人才,落实"三重一大"决策制度。强化院(系)党的领导,进一步发挥院(系)党委(党总支)的政治核心作用。加强基层党组织建设,推动全面从严治党向高校基层延伸,充分发挥党支部战斗堡垒的作用。第二,加强制度建设。高校要坚持正确的办学方向和教育法律规定的基本制度,依法依章程行使自主权,强化章程在学校依法自主办学、实施管理和履行公共职能方面的基础作用。完善政治纪律、组织人事纪律、财经纪律,对工作中的失职失责行为要按有关规定严格问责。加强自我约束和管理,抓紧修订完善校内各项管理制度,使制度体系层次合理、

---

[1] 薛岩松,王雅韬. "双一流"建设背景下行业特色高校的竞争分析——基于生态位的研究[J]. 现代教育科学, 2019, (12): 8-13.

[2] 陆静如,郭强. 中外合作办学助力高校一流学科建设——以行业特色高校为例[J]. 教育探索, 2019, (4): 63-67.

简洁明确、协调一致，使高校发展做到治理有方、管理到位、风清气正。第三，完善民主管理和学术治理。进一步健全高校师生员工参与民主管理和监督的工作机制，发挥教职工代表大会和群众组织的作用。坚持学术自由和学术规范相统一，坚持不懈地培育优良校风和学风。完善学术评价体系和评价标准，推动学术事务去行政化。提高高校学术委员会建设水平，充分发挥高校学术委员会在学科建设、专业设置、学术发展、学术评价等事项中的重要作用。确立科学的考核评价和激励机制，突出同行专家在科研评价中的主导地位。第四，强化信息公开与社会监督。积极推进高校重大决策、重大事项、重要制度等校务公开。除涉及国家秘密、商业秘密、个人隐私以及公开可能危及国家安全、公共安全、经济安全、社会稳定和学校安全稳定的情况外，高校均应当依法依规公开相关信息。畅通监督渠道，发挥社会公众、媒体等力量在监督中的作用。利用现代信息技术手段，提高工作透明度，增强信息公开实效，让权力在阳光下运行。

（三）行业特色高校发展面临的机遇与挑战

党的十九大做出我国经济发展由高速增长阶段转向高质量发展阶段的重要论断，学界也开始关注并研究高质量发展有关问题[1]。高质量发展是新时代中国经济发展的鲜明特征，体现在经济、社会、政治、文化与生态等方面的协同发展上[2]，行业特色高校要适应高质量发展的新要求，率先实现自身的高质量发展。

进入新时代，我国社会主要矛盾已经转化。经济社会发展由低收入阶段转向中等收入阶段、由数量型增长转向质量效益型增长、由摆脱贫困转向基本实现现代化[3]。同时，我国已逐渐步入劳动力数量减少而人力资本加快积累的新阶段[4]，高等教育发展的矛盾已经转变为人民对于高水平高质量教育的渴望与教育发展不均衡、不充分、不全面之间的矛盾[5]，人民日益强烈地表现出对多样、特色、优质的高等教育的需求，高等教育的内外环境、供求关系、资源条件、任务要求都已发生了重要而深刻的变化。

高质量发展的目标思路和政策举措不是一成不变的，需要根据实践的深入、认识的升华而不断丰富、不断完善[6]，应以动态和开放的眼光重新审视高等教育的

---

[1] 安淑新. 促进经济高质量发展的路径研究：一个文献综述[J]. 当代经济管理, 2018, 40(6): 1-10.
[2] 王珺. 以高质量发展推进新时代经济建设[J]. 南方经济, 2017, (10): 1-2.
[3] 任保平. 新时代中国经济从高速增长转向高质量发展：理论阐释与实践取向[J]. 学术月刊, 2018, 50(3): 66-74.
[4] 郭春丽, 王蕴, 易信, 等. 正确认识和有效推动高质量发展[J]. 宏观经济管理, 2018, (4): 18-25.
[5] 管培俊. 新时代中国高等教育的使命[J]. 中国高教研究, 2017, (12): 17-19.
[6] 何立峰. 深入贯彻新发展理念 推动中国经济迈向高质量发展[J]. 宏观经济管理, 2018, (4): 4-5,14.

质量评价体系，不能简单地沿用"精英教育"的质量标准，但是，精英教育在高等教育历史上持续时间非常长，所形成的质量观难以在短期内彻底改变。

质量是高等教育改革发展的一个永恒主题，体现了教育活动水平的高低与效果的优劣。因此，让更多的人接受高等教育，并以此提高一个国家的人力资源水平与社会生活质量，也是提高高等教育质量的应有之义[1]。在精英教育阶段，只有少量学生能够到高校学习，无法满足广大人民接受高等教育的强烈诉求和迫切需求，离公平而有质量的现代化高等教育有明显差距。因此，增加高等教育的入学人数，提高国家的人力资源水平和人民的生活质量，就曾经是我国高等教育发展的重要任务，行业特色高校也为此做出了突出贡献。

行业特色高校应紧紧抓住高质量发展这个主要矛盾和矛盾的主要方面，进一步扩大有效供给，不断改善供给质量[2]，培养更多适应高质量发展的各类人才。坚持以人民为中心发展教育，重视学生在教育中的主体地位。行业特色高校要努力克服专业学科相对单一的劣势，构建德智体美劳一体化的教育体系，形成更高水平的全面人才培养体系。要把立德树人融入思想道德教育、文化知识教育、社会实践教育各环节，坚持将思想政治工作体系贯穿人才培养的全过程，引导学生求真学问、练真本领，提升大学生的学业挑战度，激发学生的学习动力和专业志趣，培养学生积极向上的健康心态，健全人格、锤炼意志，坚持以美育人、以文化人，弘扬劳动精神，增强集体观念，端正价值取向，真正把高质量和现代化体现在每一位学生的成长成才的培养上，从而更好地满足全面发展的需求。

行业特色高校转型发展，是高质量发展的重要抓手。有文献认为，高校"转型"就是指高校办学由较低能级向更高能级的提升，既有可量化的办学能级外在表现形式的显性因素，也包含难以量化的促使各个孤立的显性因素之间协调与配合的隐性因素[3]。

行业特色高校要贯彻新发展理念，注重科学性、协同性和联动性，要把握新特征，瞄准新目标，踏上新特征，制订新战略，完成新任务[4]，真正成为行业创新型人才培养的摇篮、科技创新的基地、新产业培育发展的源泉，成为国家和地方经济发展的重要科技支撑，成为我国创新队伍中的一支重要力量[5]。

行业特色高校应坚持目标导向与问题导向相结合，关注和防止以下倾向：一

---

[1] 张炜. 高等教育强国视角下的"两个一流"[N]. 光明日报, 2016-06-14.

[2] 迟福林. 以高质量发展为核心目标 建设现代化经济体系[J]. 行政管理改革, 2017, (12): 4-13.

[3] 罗嗣海, 何小陆, 张和仕, 等. 行业特色高校建设教学研究型大学的思考[J]. 江苏高教, 2009, (3): 84-86.

[4] 张炜. 高等教育现代化的高质量特征与要求[J]. 中国高教研究, 2018, (11): 5-10.

[5] 高文兵. 新时期行业特色高校发展战略思考[J]. 中国高等教育, 2007, (Z3): 24-28.

是妄自菲薄，忽视我国行业特色高校转型发展取得的成绩，对于高质量发展决心不大、信心不足；二是缘木求鱼，将行业特色高校的实力与大学排名简单挂钩，关注表象、舍本求末，脱离了高等教育高质量发展的本质和关键；三是路径依赖，习惯于看老皇历、照老办法，担当作为不够，高等教育高质量发展和改革的劲头不足。

行业特色高校必须贯彻新发展理念，走高质量发展之路，以人的全面发展为本，加快学习型社会建设，把当前发展和长远目标有机结合起来，以更宽广的视野、更长远的眼光来思考和把握高等教育未来发展面临的一系列问题，既要基于高等教育现代化的目标来部署当前工作，又要把解决高质量发展中的矛盾和问题作为实现长远发展的根基，以新的精神状态和奋斗姿态推动高等教育现代化，使教育结构、教育方法、教育内容、教育体制能够更好地适应高质量发展的进程和要求。

二、国内外行业特色高校相关研究的文献综述

（一）文献分析

1. 研究趋势分析

以"行业特色高校"为关键词，收集1998~2020年的626篇相关文献，如图1.1所示，从2007年开始，行业特色高校的相关研究逐渐受到学术界重视，2010年以后，一直保持较高的研究热度。

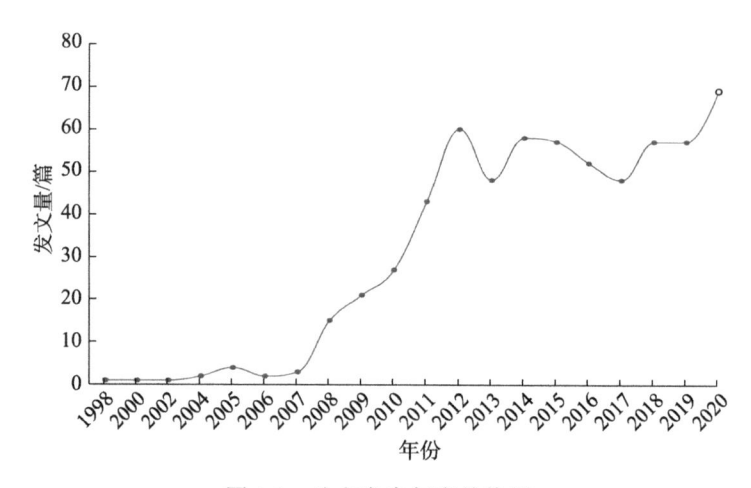

图 1.1　论文发表年度趋势图

2. 社会网络和语义网络分析

为了从总体上把握有关行业特色高校的研究状况，用社会语义分析法，以"行业特色高校"等为关键词，对2000~2020年的论文进行索引，用 ROST CM 6.0 对主题关联最紧密的前150篇文献进行社会网络和语义网络分析，结果如图1.2所

示。可知，学术界对于行业特色高校的研究热点主要集中在人才培养、创新发展、师资队伍建设、评价等方面。

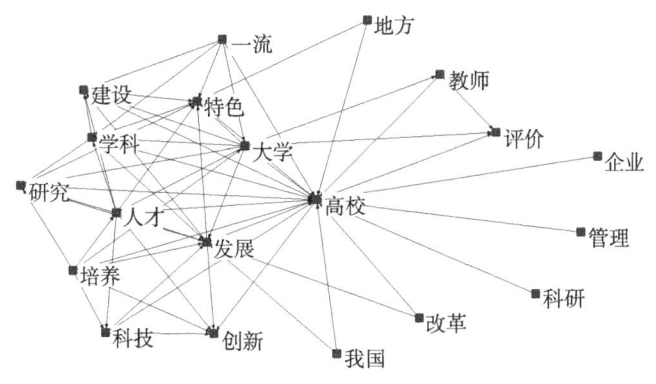

图 1.2　社会网络分析图

以"特色"为核心关键词进行社会网络分析，结果如图 1.3 所示，结合图 1.2 中的"地方""企业"等关键词可以看出，研究行业特色高校已经涵盖校地协同、校企协同，但对于政府、市场、社会等主体关系的研究还有待加强。同时，对于行业特色高校创新型治理模式及创新发展这一核心问题，目前学术界还较少涉及。因此，行业特色高校的内涵特征、机制路径、队伍建设、培养模式、评估研究等问题还需建立一套更为完整、系统的理论框架体系。

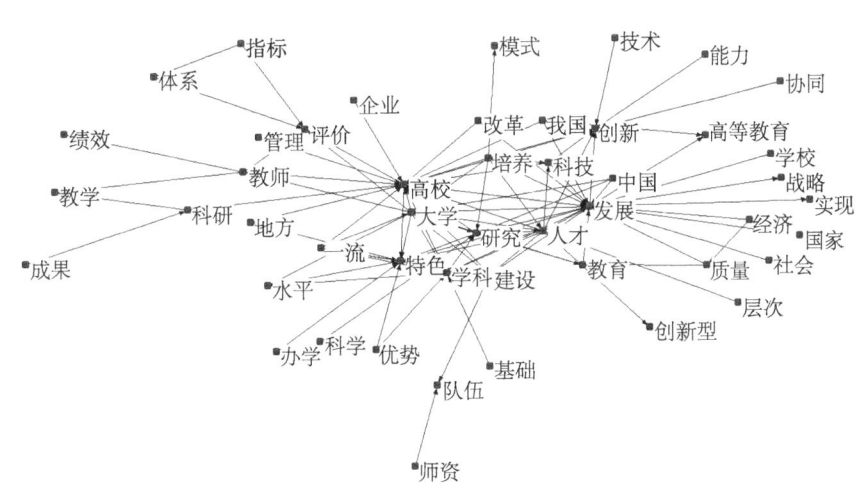

图 1.3　关键词"特色"核心网络图

行业特色高校具有显著的行业背景、专业对口的人才培养理念、相对集中的学科分布等特征，在我国高等教育体系中占据重要地位，是我国高等教育办学体制的重要特色。

3. 研究热点

为了进一步直观了解到行业特色高校创新型人才相关理论的研究热点，本部分以时间轴为坐标，对相关文献进行了二次检索，检索关键词同上述一致，将文献发表时间限定在 2015~2019 年，共收集到 287 篇相关文献，以此为样本利用 CiteSpace 软件进行关键词共现分析，可以看出人才培养、学科发展、思政建设是该领域的研究热点。此外，行业特色高校在产教融合、产学研用等方面也发挥着关键作用。行业特色高校近年来逐渐受到学术界重视，从图书馆建设到智库建设再到特色学校建设，理论界已经由传统的硬件设施建设逐渐转化为人文理念建设。

（二）国内外相关研究状况

行业特色高校具有显著的行业背景、专业对口的人才培养理念、相对集中的学科分布等特征，是我国高等教育的重要组成部分，发挥了重要作用。目前研究主要集中在行业特色高校与政府、市场及社会的关系，行业特色高校的治理模式、发展战略及创新发展路径对策方面。

1. 行业特色高校与政府、市场及社会的关系研究

行业特色高校与政府、市场及社会共同构成治理主体，现有研究主要从治理主体的多元化与主体间的关系方面进行了阐述。刘义[1]指出，当前我国高校治理主体构成存在不协调性，主要表现为：以政府主体为主导，学校主体有待加强，社会主体参与不足。孙登高[2]认为这种不协调会直接导致高校缺乏办学自主权、学术权力淡化、办学理念淡化、行政权力监督不到位、高校缺乏竞争力等问题。姚金雨和徐玉特[3]提出，构建政府、社会和高校三元治理模式，政府是宏观治理主体，通过简政放权，赋予社会和高校相应的权责，社会是中观治理主体，高校是微观治理主体，高校让渡部分权力给社会，实现权力的分散和制衡。郎付山[4]指出"党委领导、校长负责、教授治学、民主监督、社会参与"是高校治理体系的基本框架，这也进一步明确了行业特色高校的治理主体。肖建国和李永贤[5]认为，高校治理主体间的关系，涉及多个部门的协调与持续互动，通过合作、协商、伙伴关系，确立共同的目标，进而构建政府、高校、市场、社会与师生共同作用和相互影响的多元治理模式。

---

[1] 刘义. 主体及模理现代化的多重选择[J]. 中国成人教育, 2015, (19): 36-38.

[2] 孙登高. 现代大学制度视域下高校治理模式创新研究[D]. 西安: 长安大学, 2017.

[3] 姚金雨, 徐玉特. 构建政府、社会和高校三元治理模式[J]. 高教发展与评估, 2017, 33(1): 10-17, 126-127.

[4] 郎付山. 推进高校治理体系和治理能力现代化[N]. 河南日报, 2020-02-14.

[5] 肖建国, 李永贤. 新时期高校治理模式及其优化设计——基于工具理性和价值理性的统一[J]. 安徽师范大学学报(人文社会科学版), 2020, 48(1): 101-106.

2. 行业特色高校的治理模式研究状况

新时代行业特色高校的治理模式是国家治理体系的重要组成部分，关系到高等教育制度创新与治理能力的提升。

在行业特色高校治理模式的分类与选择方面，学者一致认为应该针对学校情况，对不同模式进行有机组合。国外学者对高等教育治理模式的比较研究，为行业特色高校的发展提供了借鉴。英国大学的治理模式中"新公共管理"治理模式越来越凸显，它与现代大学的发展目标，政府、市场和大学权力的分配，大学面对外部环境复杂性所做出的回应是高度相关的。英国大学的治理模式反映出英国大学追求共同治理，行政权力与学术权力并行，效率、有效性和参与性的联合等特征[1]。Kok 等[2]将英国大学分为传统大学和新大学，并在此基础上将治理模式划分为官僚制模式、管理制模式、学院制模式、政治组织模式、学科制模式等；Frølich 等[3]对不同治理模式的大学如何组织和构建战略发展过程进行了比较分析，总结出高校的有效变革与系统层面的各种政策工具如何设计和协调密切相关，为行业特色高校进行治理模式选择提供了参考。李立国和张翼[4]提出，美国研究型大学形成了清晰的校、院、系三级权力结构，在学院治理模式上一直是高等教育领域的典范，引领着世界高等教育的潮流。美国公立高校治理模式主要分为统一治理模式、分类治理模式、市场模式和干预模式。各种治理模式并非总是单独存在的，绝大多数州同时采用了其中几种甚至全部治理模式，从而形成了自己的治理模式组合[5]。这也为行业特色高校结合行业背景构建组合型、分类式的治理模式提供了理论依据。孙兴洋等[6]提出，国外以董事会制度实现行业特色高校多元利益相关者的共治共享，以完善的法律法规为行业特色高校发展提供根本保障，这对行业特色高校依法治理提供了参考与借鉴。

在行业特色高校治理体系构建方面，学者一致强调融入中国特色。樊伟[7]指出，

---

[1] 梦然，李立国. 英国研究型大学治理变迁与模式分析[J]. 复旦教育论坛，2019，17(5): 40-46.

[2] Kok S K, Douglas A, McClelland R J. Shifting higher education management: examining the organisational changes among various UK university types[J]. The International Journal of Learning Annual Review, 2008, 15(4):227-239.

[3] Frølich N, Christensen T, Stensaker B. Strengthening the strategic capacity of public universities: the role of internal governance models[J]. Public Policy and Administration, 2019, 34(4): 475-493.

[4] 李立国，张翼. 美国研究型大学学院治理模式探析[J]. 清华大学教育研究，2016，37(6): 15-27.

[5] 王绽蕊. 美国公立高校治理模式对办学水平影响的统计分析[J]. 比较教育研究，2013，35(1): 8-16.

[6] 孙兴洋，王万川，邓光. 国外行业特色型高校办学特色及其对我国高职院校的启示[J]. 教育与职业，2018，(9): 49-54.

[7] 樊伟. 新时代高校治理现代化的三重导向[J]. 中国高等教育，2019，(24): 7-9.

必须以习近平关于教育的重要论述为政治导向，以研究解决新时代行业特色高校存在的薄弱环节和突出短板为问题导向，以切实推进行业特色高校治理体系和治理能力现代化为实践导向。何健[1]指出，治理视角下，新时代行业特色高校治理体系存在纵向和横向两个维度。从纵向来看，包含中国特色社会主义价值体系、制度体系和实践体系；从横向来看，包括治理主体、治理机制、治理内容等。杨静[2]认为行业特色高校的办学历史、特殊属性和特定的服务指向，决定着行业特色高校与部门、行业、企业等具有较强的服务和辐射关系，这种联系或者关系只有建立在制度规定的形式上，才能实现时效性、稳定性和长期性的属性要求。

3. 行业特色高校本质特征与发展战略研究状况

关于行业特色高校的本质特征研究，学者均强调其行业特征。张文晋和张彦通[3]指出，行业特色高校的本质特征是其行业属性，具体表现为：行业特色文化是核心与灵魂，行业特色主干学科是基础与支柱，培养行业特色专才是根本，为行业提供技术支撑与引领是动力，行业背景的师资队伍是根本保证。从学科构成的角度来看，周南平和蔡媛梦[4]指出行业特色高校的学科布局大多集中在其重点发展的某一行业领域，相应的专业设置、院系调整、学科建设等方面均围绕其行业特色展开，重点建设特色鲜明的学科或学科群。从服务面向的角度来看，行业特色高校的学科建设、人才培养、师资队伍、科学研究等方面主要服务于某一行业领域，这类高校在为行业培养人才的同时，承担行业主管部门的科研任务，成为行业科技发展的主要依靠对象。因此，行业特色高校具有办学特色鲜明、学科专业体系行业特点突出、人才培养和科学研究主要聚焦行业需求、行业内影响力强且认可度高等基本特征。具体来讲，行业特色高校应该具有满足行业发展的学科，主要围绕该行业的需要设置和建设学科，拥有若干特色鲜明、相对成熟并具有一定比较优势的应用学科，从而形成源于行业、长于行业、用于行业、名扬行业的特色学科群[5]。行业特色高校应该支撑行业的科技进步，面向行业需求，积极采用农科教结合，建设技术转移及高新技术产业化平台和基地，构建和完善大学科技园[6]，具有较为浓厚的应用研究和工程实践指向。这些研究对行业特色高校的特

---

[1] 何健. 高校治理体系现代化构建：原则、目标与路径[J]. 国家教育行政学院学报, 2017, (3): 35-40.

[2] 杨静. 行业特色高校内部治理结构改革的探索[J]. 中医教育, 2011, 30(6): 12-15.

[3] 张文晋, 张彦通. 行业特色型大学本质特征之刍议[J]. 江苏高教, 2011, (6): 31-33.

[4] 周南平, 蔡媛梦. "双一流"建设中地方行业特色型高校的发展思考[J]. 江苏高教, 2020, (2): 49-54.

[5] 罗维东. 高水平行业特色型高校在协同创新体系中的定位思考[J]. 北京教育, 2012, (1): 8-10.

[6] 吴启迪. 进一步提高教育在全面建设小康社会中战略地位的认识全面开创高等教育改革和发展的新局面[J]. 中国大学教学, 2003, (8): 4-8.

征分析主要依赖于行业特色高校产生和发展的过程,但是针对治理视角下新时代赋予行业特色高校的新特征研究较少。

关于行业特色高校的发展战略研究方面,现有研究主要集中于战略定位研究,以及从行业特色高校全局战略高度宏观分析如何高质量发展。王亚杰等[①]明确指出:行业特色高校是我国经济社会发展的重要支撑,在我国新型工业化道路和建设创新型国家的进程中充当重要角色,发挥着不可替代的重要作用,服务于国家重大战略需求,承担国家有关行业关键性技术的重大、重点项目,不断创造出世界领先、世界一流的科研成果,成为高等教育多样化、多类型办学的中坚力量。行业特色高校要特别注重解决自身的办学定位和战略发展问题,走出"贪大求全"、盲目追求综合型的误区,并在全校上下形成共识,在此基础上制订科学的发展战略[②]。高文兵[③]指出新时期行业特色高校发展的战略选择应坚持特色战略、产学研联盟战略、人才战略、平台战略。白逸仙[④]提出推动行业特色高校"产教融合"发展,政府要加强顶层设计,企业要增强社会责任意识,高校要发挥主体作用。陈栋和周萍[⑤]认为行业特色高校可从强化管理、教学引领、铸造品牌和突出实效四条路径实现政产学研用协同创新、协同育人突破。陈治亚[⑥]认为行业特色高校要创建世界一流,应协调好学科建设与专业建设之间的关系、探索行业关键共性技术发展方向、吸引优秀人才、建设科研创新平台。还有许多学者从发展战略的角度,对行业特色高校的高质量发展提出了中肯的建议。江莹[⑦]提出在科研经费相对短缺、学术大师相对匮乏时,选择重点学科建设作为创建世界一流高校的突破口,把有限的经费和人力投在重点学科建设上,是创建世界一流高校的捷径。尚丽丽通过对 61 所行业特色"双一流"高校规划文本分析,概括了我国行业特色高校通过学科群优化学科结构、提升学科实力的发展路径[⑧]。

---

① 王亚杰,陈岩,谢苗峰.注重三项创新 在更高层次上办好行业特色型大学[J]. 中国高等教育, 2010, (2): 8-11.

② 王亚杰. 关于行业特色型大学建设的几点思考和建议[J]. 中国高教研究, 2009, (3): 4-6.

③ 高文兵. 新时期行业特色高校发展战略思考[J]. 中国高等教育, 2007, (Z3): 24-28.

④ 白逸仙. 高水平行业特色高校"产教融合"组织发展困境——基于多重制度逻辑的分析[J]. 中国高教研究, 2019, (4): 86-91.

⑤ 陈栋,周萍. 一流高校推进产教融合的创新策略——以 J 校为例[J]. 中国高校科技, 2019, (7): 67-70.

⑥ 陈治亚. 行业特色型高校如何创建世界一流[N]. 人民日报, 2016-05-12.

⑦ 江莹. 重点学科建设:创建一流研究型大学的突破口[J]. 安徽大学学报, 2002, (2): 118-120.

⑧ 尚丽丽. "双一流"建设背景下行业特色型高校学科群建设问题分析及对策研究[J]. 高校教育管理, 2019, 13(5): 36-43, 51.

刘向兵[①]认为，行业特色高校应充分发挥自身客户更加明确、资源更易整合、学科更易共生的优势，找准核心竞争力培育的生长点，精准推进"再行业化"战略，持续优化学科结构，建立健全共建机制，深入推进协同创新。行业特色高校具有重要的战略地位，行业特色高校高质量发展战略研究已逐渐成为热点方向。随着世界经济政治形势的深刻变化，加之新冠疫情产生的重大影响，行业特色高校的发展迎来新的挑战和机遇，需要结合新的形势确定新的发展战略，这一问题亟待研究。

4. 行业特色高校创新发展研究状况

国内外学者对行业特色高校创新发展的研究，主要集中于行业特色高校的高质量发展、创新型人才培养模式和路径、行业特色高校创新发展对策等方面。

在行业特色高校的高质量发展方面，学者普遍强调了高质量发展的动态性与主要矛盾。张炜[②]指出，要实现高等教育内涵式发展，高质量是关键和保障。何立峰[③]指出，高质量发展的目标思路和政策举措不是一成不变的，需要根据实践的深入、认识的升华而不断丰富、不断完善。应以动态和开放的眼光重新审视高等教育的质量评价体系，不能简单地沿用"精英教育"的质量标准，但是，精英教育在高等教育历史上持续时间非常长，所形成的质量观难以在短期内彻底改变。迟福林[④]提出，应紧紧抓住高质量发展这个主要矛盾和矛盾的主要方面，进一步扩大有效供给，不断改善供给质量，从而培养更多适应高质量发展的各类人才。坚持以人民为中心发展教育，重视学生在教育中的主体地位。行业特色高校要努力克服专业学科相对单一的劣势，构建德智体美劳一体化的教育体系，形成更高水平的全面人才培养体系，真正把高质量和现代化体现在每一位学生的成长成才上，从而更好地满足全面发展的需求。

在创新型人才培养模式与路径方面，研究成果以高校创新型人才培养具体实践居多。耶鲁大学校长杰里迈亚·戴（Jeremiah Day）指出大学、学院及专科学校应该根据办学定位、培养目标的不同选择不同的培养模式，实施通识教育模式，均衡人文学科和自然学科的教学比例，锻炼学生的各项能力以实现全面发展教育[⑤]。

---

① 刘向兵. "双一流"建设背景下行业特色高校的核心竞争力培育[J]. 中国高教研究, 2019, (8): 19-24.

② 张炜. 一流大学的核心是质量[N]. 人民日报, 2016-03-24.

③ 何立峰. 深入贯彻新发展理念 推动中国经济迈向高质量发展[J]. 宏观经济管理, 2018, (4): 4-5,14.

④ 迟福林. 以高质量发展为核心目标 建设现代化经济体系[J]. 行政管理改革, 2017, (12): 4-13.

⑤ Lane J C. The yale report of 1828 and liberal education: a neorepublican manifesto[J]. History of Education Quarterly, 1987,(3): 325-338.

白春章等[①]认为，开办特色班、特色院系，建立书院制成为培养创新型人才的普遍模式，如具有代表性的"四所一系"模式、华罗庚班模式、元培计划（元培学院）模式、匡亚明学院模式、竺可桢学院模式、望道计划模式等。徐晓飞等[②]构建了新工科模式的创新型人才培养的教育体系及生态环境，形成了"哈工大新工科'∏型'方案"，涵盖人才培养目标、培养方案、教学模式、师资队伍、校企合作、国际交流、通专结合、学院书院等八个方面。Liuta等[③]基于教学转换、能力培养、学习游戏化和情商等教育理论，以技术大学的水力学课程为例，提出一种创新的游戏化学习教学方法，以提高本科生的创造力和可持续的技术能力。

在行业特色高校创新发展对策方面，国内外学者提出了不同的对策与建议。Cyert和Goodman[④]从组织学习的角度，对如何建立有效的校企联盟提出了对策建议。Lee[⑤]从校企合作对提高科技型中小企业效益的作用、校企合作的边界问题，以及技术转移过程等三个方面进行了研究。以上研究都强调了行业特色高校坚持面向行业发展、加强与企业联系的重要性。在协同创新研究方面，Santoro和Gopalakrishnan[⑥]把大学协同创新合作定义为一种互补型的战略联盟，企业、大学和科研院所之间由于具有能力和资源的互补性而产生组织之间的协同效应，这成为协作的关键动力所在。这为新时代背景下我国行业特色高校应对不断变化的国际国内形势提供了理论支撑。为实现中国特色行业高校创新发展，从国家宏观政策层面，应大力扶持行业特色高校发展，并将其纳入我国高等教育发展的基本战略；建立针对行业特色高校的科学评价体系，营造适合行业特色高校发展的竞争环境；为行业特色高校的发展提供一系列相关的配套政策[⑦]；采取共建模式，联合中央与地方的力量，有效配置教育资源[⑧]。从高校自身发展对策层面，应进一步明

---

① 白春章，陈其荣，张慧洁. 拔尖创新人才成长规律与培养模式研究述评[J]. 教育研究, 2012, 33(12): 147-151.

② 徐晓飞，沈毅，钟诗胜，等. 新工科模式和创新人才培养探索与实践——哈尔滨工业大学"新工科'∏型'方案"[J]. 高等工程教育研究, 2020, (2): 18-24.

③ Liuta A V, Perig A V, Afanasieva M A, et al. Didactic games as student-friendly tools for learning hydraulics in a technical university's undergraduate curriculum[J]. Industry and Higher Education, 2019, 33(3): 198-213.

④ Cyert R M, Goodman P S. Creating effective university-industry alliances: an organizational learning perspective [J]. Organizational Dynamics, 1997, 25(4): 45-57.

⑤ Lee Y S. The sustainability of university-industry research collaboration: an empirical assessment [J]. Journal of Technology Transfer, 2000, 25(2): 111-133.

⑥ Santoro M D, Gopalakrishnan S. Relationship dynamics between university research centers and industrial firms: their impact on technology transfer activities [J]. Journal of Technology Transfer, 2001, 526: 163-171.

⑦ 王亚杰. 自强与扶持：特色型大学的发展之路[J]. 中国高等教育, 2008, (Z1): 10-12.

⑧ 罗维东. 新时期行业特色高校发展的趋势分析及对策思考[J]. 中国高等教育, 2009, (5): 11.

确行业特色高校在我国多样化高等教育体系中的战略地位；发挥传统优势，促进行业特色高校与行业建立牢固的产学研联盟；科学研究要引领行业科技进步，参与和扶植企业技术创新体系建设[1]；优化行业特色高校的学科结构，建设特色学科群；建立行业特色高校与区域经济协同发展的互动机制；基于创新驱动发展战略，以治理创新营造创新生态环境，激发创新活力，提升创新水平。推进行业特色高校教育综合改革，实现教育现代化，要从治理现代化入手，通过现代大学制度建设，特别是治理结构体系的完善，解决教育改革进入"深水区""攻坚期"后单项或局部改革效果不佳等问题。围绕"扎根中国大地办大学"的要求，通过大学治理体系承载"中国特色"，既能体现多元共治普遍性特征，又具有"在地性"[2]，是实现行业特色高校创新发展的路径与对策。

现有研究对新时代行业特色高校治理的普适性和特殊性研究尚浅，需要结合治理理论对行业特色高校做出有针对性的、系统性的研究，进一步明确行业特色高校治理模式的构建与创新发展的路径选择。

（三）研究评述

总体来看，上述研究对行业特色高校治理模式与创新发展具有一定的指导意义，但在以下领域亟待深入研究。

1. 行业特色高校与政府、市场及社会的关系研究需要深化

进入新时代以来，经济社会发展对行业特色高校、政府、市场及社会的要求发生了重大改变，现有研究对以上治理主体的最新角色定位研究不足，主体间的关系研究不够系统，亟待深入。

2. 新时代行业特色高校的内涵、战略定位需进一步明确

进入新时代以来，行业特色高校的内涵、战略定位发生了变化，需要结合新时代背景，用治理的视角系统总结凝练，为行业特色高校治理模式及创新发展研究奠定基础。

3. 对新时代行业特色高校治理模式研究需要加强针对性和系统性

行业特色高校治理模式的研究既要面向外在要素，又要统筹内部要素的关系，需要运用科学与系统的思维方式，构建新时代背景下的行业特色高校治理模式。

4. 对新时代行业特色高校创新发展研究不足

现有研究单纯地研究行业特色高校的发展路径与对策，案例研究较多，总结

---

[1] 张文晋，张彦通. 关于行业特色型大学共建体制的思考[J]. 高教探索，2010，(4)：15-18.

[2] 张衡，眭依凡. 大学内部治理体系：现实诉求与构建思路[J]. 高校教育管理，2019，13(3)：35-43.

凝练有待加强，治理视角下行业特色高校的创新发展机制与体制研究不足，对于创新型人才培养的理论研究有待深化。

三、国防军工特色高校发展的新使命

在首轮"双一流"建设中，国防、军队系统共有十所高校进入建设名单，分别是北京航空航天大学、北京理工大学、哈尔滨工业大学、哈尔滨工程大学、西北工业大学、南京航空航天大学、南京理工大学、中国人民解放军国防科技大学（以下简称国防科技大学）、中国人民解放军空军军医大学（以下简称空军军医大学）、中国人民解放军海军军医大学（以下简称海军军医大学）。

（一）"双一流"建设对国防科技人才培养的新要求

人才培养是大学的核心功能和重要使命，也是"双一流"建设的重要内涵。进入21世纪以来，我国教育事业蓬勃发展，为社会主义现代化建设培养输送了大批高素质人才，但同时，受体制机制等多种因素影响，人才培养供给侧和产业需求侧在结构、质量、水平上还不能完全适应。随着全球第四次工业革命的到来，我国已逐步从"追赶战略"转向"创新驱动发展战略"，这对高校人才培养质量提出了新的更高要求。《统筹推进世界一流大学和一流学科建设总体方案》中提出了要坚持立德树人，突出人才培养的核心地位，着力培养具有历史使命感和社会责任心、富有创新精神和实践能力的各类创新型、应用型、复合型的优秀人才。新形势下，国家提出的"双一流"建设、军民融合等多重战略和计划成为国防科技人才培养的政策引擎，为拔尖创新人才培养指明方向，为构筑院校建设、学科发展、产教协同的新空间、新格局提供动力。一是要坚持将立德树人贯穿于学校人才培养的全过程。高校立身之本在于立德树人。大力弘扬社会主义核心价值观，引导学生树立正确的世界观、人生观、价值观，是建设中国特色世界一流大学的题中之义，也是我们区别于世界其他一流大学的鲜明特点。二是要面向人的全面发展打造一流的本科教育体系。围绕"德才兼备，全面发展"的育人目标定位，通过开展以"学"为中心的核心课程改革，注重学生学习成效，着力提升通识教育课程质量；通过构建完善的通识与多元选择有机结合的培养体系，着力为学生创设内涵更加丰富、选择更加自由的学习发展机会。三是要注重将一流学科建设与国家对人才培养的要求紧密结合起来。学科是人才培养的平台。建设一流学科要注意把握好人才培养，特别是要发挥学科优势，对接国家战略，将学科建设和学校的发展目标与国家战略、人才需求紧密结合。要推动一批科学家真正走在世界科技前沿，成为世界顶尖的学术力量，从而为培养世界级科技大师、领军人才、尖子人才打下扎实的基础。要积极鼓励和支持学生参与一流学科领域的科研项目，运用一流学科的理论方法分析和解决现实问题。要注重不同学科知识的交叉融合，更好地服务国家"高精尖缺"人才计划,为产业行业提供高层次创新人才。四是要以文化传承创新引领人才培养。文化是一个国家、一个民族的灵魂。大学承载着人类对于文化传承的希冀,也肩负着文化创新的责任。大学对文化的传承创新集中体现在大学的教育和人才培养上。培育一流的人才,离不开一流文化的引领和环境的熏陶。一所大学的魅力,在于大学的精神和文化。

(二)国防、军队建设高校的初心使命和历史贡献

国防、军队建设高校具有鲜明的行业特色,承载着国家使命,在服务国家国防科技事业发展和军队现代化建设中逐步发展壮大,支撑引领国防领域和军队的跨越式发展,具有天然、不可替代的独特地位,形成了鲜明的办学传统和人才培养特色。

一是在国防科技发展和军队建设中发挥了不可替代的关键作用。各建设高校自建校以来始终不忘育人初心,紧扣立德树人的根本任务,为我国国防科技事业发展和军队建设输送了众多毕业生,到国家重点行业和领域就业的人数比例达70%以上,其中到航空、航天、航海、兵器、电子、核等国防科技工业领域的比例近40%,一大批毕业生成长为国防和军队领域的行业精英和国之栋梁。据统计,建设高校毕业生在十大军工集团的科技和管理人才中占比32%。

国防、军队建设高校坚持学科优势特色,在国家战略必争领域,形成从基础研究向共性技术拓展、多学科交叉融合、产学研深度合作的集成攻关模式,组建"创新国家队",从而解决了一批"卡脖子"技术难题,取得了一系列关键突破与重大进展,填补了国内多项空白,承担的一批重点型号研制任务有力支撑了国家武器装备创新发展,同时也推动了行业技术进步和产业升级。不同程度地参与了大飞机、核高基、集成电路装备、载人航天、探月等国家科技重大专项。国家近年来重大阅兵中展现的先进主战装备背后都包含着建设高校不可磨灭的贡献。比如,在国庆70周年阅兵的44个装备方阵中,北京理工大学参与了27个方阵的装备研制工作,北京航空航天大学参与研制了31型各类装备,南京理工大学校友担任24个武器装备系统的总师或副总师;国庆60周年阅兵、建军90周年阅兵中,无人机方队中的全部飞机均由西北工业大学研制生产。

二是在我国高等教育发展中具有举足轻重的地位。国防、军队建设高校中有5所(北京航空航天大学、北京理工大学、哈尔滨工业大学、西北工业大学、国防科技大学)为一流大学A类建设高校,占首批A类建设高校的13.9%;有5所(南京航空航天大学、南京理工大学、哈尔滨工程大学、海军军医大学、空军军医大学)入选一流学科建设高校,占首批一流学科建设高校的5.3%;十所高校共29个学科入选"双一流"建设学科,占首批入选"双一流"建设学科的6.24%,如表1.1所示。

表1.1　国防、军队"双一流"建设高校入选"双一流"建设学科情况

序号	学校	入选学科	数量
1	北京航空航天大学	力学、仪器科学与技术、材料科学与工程、控制科学与工程、计算机科学与技术、航空宇航科学与技术、软件工程	7
2	哈尔滨工业大学	力学、机械工程、材料科学与工程、控制科学与工程、计算机科学与技术、土木工程、环境科学与工程	7
3	国防科技大学	信息与通信工程、计算机科学与技术、航空宇航科学与技术、软件工程、管理科学与工程	5
4	北京理工大学	材料科学与工程、控制科学与工程、兵器科学与技术	3
5	西北工业大学	机械工程、材料科学与工程	2
6	哈尔滨工程大学	船舶与海洋工程	1
7	南京航空航天大学	力学	1
8	南京理工大学	兵器科学与技术	1
9	海军军医大学	基础医学	1
10	空军军医大学	临床医学（自定）	1

在教育部认定的首批612个国家级新工科研究与实践项目中，哈尔滨工业大学、北京航空航天大学、国防科技大学、西北工业大学等建设高校获批36个项目，占比5.88%。2017~2018年，在403个国家虚拟仿真实验教学项目中，哈尔滨工业大学、北京理工大学、南京理工大学等建设高校获批21个项目，占比5.21%。2017~2018年，在1158门国家精品在线开放课程中，哈尔滨工业大学、北京航空航天大学、国防科技大学、西北工业大学等建设高校获批112门课程，占比9.67%，如表1.2所示。各高校牵头获得2018年国家级教学成果奖31项（一等奖5项），这些成果奖是建设高校针对国防科技人才培养工作，在教书育人、教学改革等方面所取得的重大进展和成就的充分展现。由此可见，国防、军队建设高校虽然整体数量在高校中占比不高，却是国家"双一流"建设的重要组成部分，是教育强国建设的重要支撑力量。

表1.2　国防、军队"双一流"建设高校获批国家级教育教学改革项目、课程建设情况

序号	项目	国防、军队建设高校获批数量	总数	占比
1	首批国家级新工科研究与实践项目（2017年）	36个	612个	5.88%
2	首批国家虚拟仿真实验教学项目（2017年）	5个	105个	4.76%
3	第二批国家虚拟仿真实验教学项目（2018年）	16个	298个	5.37%
4	2017年国家精品在线开放课程	50门	468门	10.68%
5	2018年国家精品在线开放课程	62门	690门	8.99%

（三）人才培养的建设进展和成效

习近平在致哈尔滨工业大学建校100周年的贺信中高度评价哈尔滨工业大学"打造了一大批国之重器，培养了一大批杰出人才"①；在给国防科技大学的训词中指出，"努力把国防科大办成高素质新型军事人才培养高地、国防科技自主创新高地"②。这不仅仅是对哈尔滨工业大学和国防科技大学办学贡献的褒奖，更是对国防、军队建设高校办学模式和发展道路的充分肯定。对标贺信和训词指示，更加坚定了建设高校不忘初心使命和责任担当，以特色增实力，以贡献求发展，持续打造国之重器和培养杰出人才的决心；更加坚定了育出一流人才，造就更多大国重器的信心，增添了引领事业发展的强大动力。

1. 把握大势、主动担当作为

习近平多次指出，当今世界正经历百年未有之大变局③。这一重大论断深刻揭示了世界新的时代特征，百年未有之大变局下，伴随着百年未有之大变局的不确定性和百年未有之机遇。近年来，国际环境错综复杂，中美贸易争端、科技争端持续发酵，美国长臂管辖、封锁制裁手段再度升级。受全球新冠疫情冲击，世界经济严重衰退，新技术、新产业革命对发展理念和发展模式产生深刻影响，我国发展面临的风险挑战前所未有。在"两个百年"的历史交汇期，"两个大局"同步交织、相互激荡，内政、外交均面临巨大考验。党的十九大以来，习近平站在国家安全事业全局的高度，着眼于国际战略形势和国家周边安全环境的变化，对国防科技工业发展和军队建设做出了一系列重要指示，他曾多次强调，"真正的大国重器，一定要掌握在自己手里"④。

以提升自主创新发展能力为核心的中国特色先进国防科技工业体系建设，迫切要求强化国防基础研究，加强前沿技术探索和关键技术攻关。这些新要求需要相关专业人才具有较强的原始创新能力和工程实践能力，对新形势下国防特色高校的人才培养提出了新的更高的要求。践行总体国家安全观，实现国防领域关键核心技术自主安全可控和新时代中国军事变革，需要国防特色高校和军队高校的战略支撑。国防特色高校是我国国防科技工业和高等教育体系中的重要而特殊的力量，在培养国防科技领军人才、打造大国重器、推动产学研深度融合、服务国

---

① 《习近平致哈尔滨工业大学建校100周年的贺信》，https://www.ccps.gov.cn/xxsxk/zyls/202006/t20200607_141451.shtml[2022-07-16].
② 《国防科技大学：冲锋，向着自主创新高地》，https://baijiahao.baidu.com/s?id=1683577490451122728&wfr=spider&for=pc[2022-07-16].
③ 《瞭望|习近平总书记的天下观》，https://baijiahao.baidu.com/s?id=1736127589003756335&wfr=spider&for=pc[2022-07-16].
④ 《新华时评：大国重器一定要掌握在自己手里》，http://www.gov.cn/xinwen/2018-04/27/content_5286416.htm[2022-07-16].

家重大战略中优势明显、大有可为。

国家实施"双一流"建设以来,国防、军队建设高校抢抓历史机遇,落实立德树人根本任务,坚持扎根中国大地,服务国家重大战略需求,坚持特色一流、内涵发展、改革驱动,以一流国防科技拔尖创新人才培养为根本,全面推进人才培养模式创新、资源有效集成和配置、协同育人体系建立、教育教学改革、完善人才培养质量保障体系等方面的建设,"双一流"建设对高校人才培养水平的提升和内涵式发展的引领作用持续凸显。

2. 夯实人才培养核心地位

习近平指出"只有培养出一流人才的高校,才能成为世界一流大学。办好我国高校,办出世界一流大学,必须牢牢抓住全面提高人才培养能力这个核心点"[①]。一流人才首先要瞄准世界一流,遵循国际通行的标准,应该具有历史使命感和社会责任心,富有扎实学识、国际视野、创新精神和实践能力。有了这个基础,行业特色高校才能从供给侧出发,为学生成长提供符合教育精神与人才成长规律的专业、课程、实践等教育供给,强化个性化、精英化的专业培养,更好地服务国防科技发展和军队建设。各建设高校深入学习贯彻习近平关于高等教育的指示精神,不断探讨研究教育教学理念,采取了一系列措施来巩固和强化人才培养的中心地位。一是优化调整人才培养目标定位。人才培养目标的确定就是要厘清"为谁培养人、培养什么人"的问题,这是高校谋划自身建设发展的逻辑起点,也是叩问"初心使命"的重要命题。国防、军队"双一流"建设高校在其办学历史上,人才培养的目标始终紧跟国家安全的发展建设需要,契合时代特征,同时也体现了学校的办学层次和特色。进入新时代以来,随着"双一流"建设的要求,以及国防科技行业对高素质、综合型、复合型人才需求的不断提高,各建设高校的人才培养思路、定位也在不断优化调整,各建设高校更加注重辩证处理好人才培养多样性和满足行业需求、满足当前需求与引领未来社会的关系。总的来看,各高校都体现出在坚持传统专业对口教育的基础上,进一步秉承"基于学生全面发展的创新教育"的育人理念,在价值塑造方面,更加注重培养学生的社会责任感和家国情怀;在能力素质方面,更加注重"厚基础、宽口径、重实践、求创新"的人才培养特色;在国际化方面,更加注重培养学生国际视野和国际胜任力。进入新时代,建设高校的人才培养目标兼具了时代特征、中国特色、学校特质。二是深入开展教育思想大讨论。人才培养是一项见效过程较长的系统工程,需要持续对教育教学的理念进行探讨,找出改革的新方向。北京航空航天大学、西北工业

---

① 《习近平在全国高校思想政治工作会议上强调 把思想政治工作贯穿教育教学全过程 开创我国高等教育事业发展新局面》,http://www.moe.gov.cn/jyb_xwfb/s6052/moe_838/201612/t20161208_291306.html[2016-12-08].

大学、南京航空航天大学、南京理工大学、国防科技大学等高校围绕人才培养中的新需求和问题开展了全校性的深入讨论。从宏观上讲，解决了思想层面的问题，进一步统一思想、凝聚共识；从微观上讲，突出分析问题、聚焦问题、解决问题，促进了相关改革措施的出台，推动了人才培养工作高质量开展。其成效主要体现在"四个强化"上，即进一步强化对人才培养是学校根本任务的认识；进一步强化本科教学在人才培养中的基础性地位；进一步强化教职工全员育人的意识；进一步强化新时代推动人才培养工作改革的主动性。比如，西北工业大学提出"以学生为根、以育人为本、以学者为要、以学术为魂、以责任为重"的办学理念，这是学校80多年深厚历史文化底蕴和办学精髓的积淀和升华。全校上下坚持把"以学生为根"作为谋划考虑学校各项工作和处理矛盾冲突的出发点和落脚点，在践行落实"五个以"的办学理念中不断强化人才培养的核心地位。三是持续加大对人才培养工作的资源投入。突出人才培养的核心地位，坚持教学投入优先、教学建设先行的原则，建立健全拔尖创新人才培养经费投入长效机制，优先保障人才培养、教师教学能力的提升，以及国防军工类学科专业的建设和拓展，多渠道筹措资金，大幅增加教学建设与改革经费，确保教学改革、条件建设与入场运行经费的优先投入。

3. 坚持立德树人根本任务

高校立身之本在于立德树人，要把立德树人的成效作为检验学校一切工作的根本标准。建设高校始终聚焦培养堪当民族复兴大任的社会主义建设者和接班人的任务，结合自身办学传统与国防特色，以加强党的建设和思想政治工作为引领，坚持把价值塑造摆在人才培养第一位，深入研究学生的新特点、新变化、新需求，大力加强理想信念教育，将思想政治理论课与通识课程、专业课程相融通，将学生思想政治工作与校园文化建设相结合，将课堂教学主渠道与课外素质拓展相结合，引导学生服从国家需要，到祖国最需要的地方建功立业。一是充分发挥课堂教学在学生理想信念塑造中的主渠道作用，将红色基因和理想信念、家国情怀、哲学思维、创新精神、团队意识、国际视野等元素有机融入课堂教学内容，协同推进思政课程和"课程思政"建设，推动军工文化与思政育人深度融合，使各类课程、资源、力量与思想政治理论课同向同行，引导学生深刻领会马克思主义的内涵与精髓，增强对中国特色社会主义的政治认同。比如，北京航空航天大学将思政工作的"盐"溶入核心课程，精选覆盖面最广的核心课程作为"课程思政"建设试点，协调推进"思政课程"与"课程思政"融合发展，将核心课程作为落实立德树人工作的关键课程和重要载体；国防科技大学建设20余门政治理论MOOC（慕课）课程，在所有本科课程中开展"课程思政"建设；西北工业大学开设了"三航概论""军事理论概论"等科学素养课程，在专业课教学过程中引入国防科技领域的最新进展、融入国防军工文化；南京理工大学推进全员、全程、全方位的课程思政育人大格局，形成"军工文化概论""武器装备概论"等反映学校军工传统的理想信念教育课程。二是积极探索思政育人新模式，将学生思想政治教育与文化建设、党组织建设、素质拓展、实践教育等相结合。南京航空航天大学以"徐川思政工作法"为核心，构建了具有南京航空航天大学特色的思想政治教育教学新方法、新体系、新模式。北京理工大学牵头成立延河高校人才培养联盟，探索红色人才培养模式，发挥了较好的辐射和示范作用，引起社会强烈关注。哈尔滨工业大学将党建和思政工作有机结合，以深化"支部+"模式创新推动党组织有效全覆盖，形成了"一党委一品牌、一支部一特色"的生动局面。哈尔滨工程大学将"哈军工文化"的基本要素或案例明确落实到教学大纲的具体教学章节中，充分挖掘课程自身蕴含的军工文化思想政治教育因素。三是用榜样的力量引导学生传承弘扬奋斗精神。深化中国梦主题宣传教育，深入开展"弘扬爱国奋斗精神、建功立业新时代""担复兴大任、做时代新人"等系列爱国主义教育实践活动。深入挖掘国防军工系统榜样事迹，先后推出了"工信楷模"陈士橹、刘永坦、王泽山，首届"中国铸造终身成就奖"获得者周尧和，哈尔滨工业大学"八百壮士"教师等典型人物，以及高伯龙、王飞雪、肖立权等全国全军重大典型，大力宣传他们担当有为、攻坚克难，为我国国防科技事业发展和军队建设做出突出贡献的感人事迹，弘扬他们坚守初心、矢志报国、恪尽职守、甘于奉献的精神，这在师生和党员干部中引起热烈反响。

4. 推进人才培养模式改革

习近平在党的十九大报告中强调："加快一流大学和一流学科建设，实现高等教育内涵式发展。"[①]新时代新形势下，我国高等教育改革发展已经进入深水区，到了关键的攻坚阶段，其中首要的任务就是打破传统人才培养模式的瓶颈，培养出适应社会发展、适应国家建设需求的高素质人才。20世纪中期开始，我国的国防科技发展和武器装备建设一度以引进仿制为主，大量需要的是工程能力强的工程师类人才，如今已转向以自主创新、自主研发为主，这需要多种类型、层次的人才，对一流大学提出了培养更多具有创新能力、能够引领未来发展的领军人才的任务。人才需求类型和需求层次的改变引发的供给改革推动了人才培养模式的改革。

基于学生全面发展，探索本科培养模式改革。随着国防科技进步与产业升级，专业对口教育背景下培养的学生已难以满足军工行业对高素质、综合型、复合型人才的新需求。基于外部环境的新形势、新变化，各建设高校与时俱进、开拓创新，基于学生全面发展的教育理念，构建了通识教育和专业教育相结合的人才培

---

① 《习近平：决胜全面建成小康社会 夺取新时代中国特色社会主义伟大胜利——在中国共产党第十九次全国代表大会上的报告》，https://www.12371.cn/2017/10/27/ARTI150910 3656574313.shtml [2017-10-27].

养模式，推动人才培养向交叉融合转移，进一步强化了"厚基础、宽口径、重实践、求创新"的人才培养特色，集中体现在以下几个方面。一是按照学科大类进行本科招生和培养，在本科低年级进行通识教育，学生可自主选择专业和发展方向。二是以一流课程建设为引领深化国防军工类课程体系改革，构建包含通识课程、学科专业课程、个性发展、素质拓展的课程体系，支持学生多样化与个性化发展。三是实施满足学生个性化培养的完全学分制，扩大学生自主选课程和选老师的权利，激发学生学习的内生动力。四是建设学业导师、思政导师、社会导师、朋辈导师相结合的导师体系，打造专兼职结合的辅导员队伍，加强学习认知引导、心理健康教育、个性发展辅导。比如，北京航空航天大学成立了覆盖一二年级全体本科生的"北航学院"，并围绕五大学科群下设六个书院，通过书院通识教育、导师制及社区育人探索出一条本科生大类招生、书院培养的特色道路；南京理工大学构建"一体四翼"的人才培养体系，立足钱学森学院和中法工程师学院建设，积极探索基础学科与优势学科相融合的拔尖人才培养新模式。

围绕国家重大专项和战略需求，定制化培养拔尖创新人才。有针对性地培养国家改革发展稳定中急需的人才是行业特色高校的重要特征，也是新时代党和国家赋予的新的政治任务。各建设高校充分发挥自身专长和特色，依托承担的重大项目和专项计划，定制化培养拔尖创新人才。选拔最优秀的学生，构建"大师引领、项目牵引、开放化、协同式"的培养模式，采取高校和军工企业双导师制教学、国际化教学、小班化教学、个性化教学等培养方式。实行班主任团队负责制，班主任全程指导班级建设、培养和管理，根据每一位同学的特点定制"一人一策"培养方案。聘请国内外著名专家学者授课，开展一定时长的国外学习研究和企业研究院所工程实践。直接面向工程领域的关键问题开展毕业设计和学位论文研究，定制化为行业领域培养解决实际问题的创新型人才，有效破解行业领域"卡脖子"的关键技术难题。比如，西北工业大学瞄准未来具有创新潜质的学术精英和具有总师潜质的工程精英，组建陈士橹飞天班、黄玉珊航空班等特色实验班，积极探索新形势下培养具有科技报国情怀、扎实的专业知识、自我革新的学习能力、勇于担当的创新精神及国际竞争力的行业领军人才的有效模式，巩固学校在行业内人才培养的特色优势；北京理工大学以徐特立学院为引领，构建"四类型七维度"的基础知识精深、能力素质并重、分类卓越成才的本研一体贯通培养体系，优化课程体系，强化课程衔接，提升学生的创新性、颠覆性，拓宽学生的批判性思维和国际视野。

面向国家和国防重点建设领域，大力发展专业学位研究生教育。发展专业学位研究生教育是当前我国研究生教育改革发展的战略重点。各建设高校把培养符合行业需求的高层次国防科技人才和军事人才作为"双一流"建设的根本任务，充分发挥自身特色，通过设立工程博士专项班等方式，打造国防协同育人工程实践体系，着力增强学生创新能力和综合实践能力，为国防科技事业、国家重大战略需求、国家现代化建设和世界工程科技发展培养具有家国情怀、广博学识、全球视野和持久竞争力的卓越工程领军人才。比如，西北工业大学聚焦"两机"专项、"未来飞行器"、"船舶与海洋工程"和"微电子与智能系统"等国防重大需求，优选五个军工、国防特色专业，聘请"行业导师"，开设了15个工程博士专项班，招收工程博士616人，构建了产教融合的工程实践育人机制。哈尔滨工程大学开展"两机"专项等国家急需学科支持计划，与中国人民解放军军事科学院、中国核工业集团有限公司开展联合培养专项计划，着力培养关键技术领域紧缺人才，探索专业研究生培养新机制，并在船舶、控制、力学、动力、水声等国防关键核心技术和共性问题领域联合承担装备预研、前沿创新等研究任务，发挥了示范引领作用。

构建"总师+项目+团队"的培养模式，强化国防特色科研育人功能。国防特色高校在长期的办学历程中，始终围绕国家战略需求和国防急需，承担了一大批国家重大科研和工程项目，为武器装备研制和国防领域关键核心技术的自主安全可控提供了有力支撑。各建设高校坚持科技创新与人才培养"双轮驱动"，深化科教融合，强化以大团队、大平台、大项目为支撑，培养具有多学科交叉融合背景的高素质国防科技人才。一是健全科研育人机制。结合重大专项与工程、重大基础研究和关键技术自主创新，修订研究生培养方案，鼓励将学术前沿及优秀科研成果及时转化为教材、课程、创新创业实践等教学内容，引导一大批学术造诣深厚、工程实践丰富的专家学者投入创新实践教育。比如，哈尔滨工程大学依托荣获国家科技进步奖的"矢量水听器技术"成果开设了16学时的实验课程，覆盖学生780余人次；南京航空航天大学出台相关政策，激励教师及时将科研成果转化为课程内容、教学案例，不断更新教材和实验设备，结合工程实际研发出了一批具有自主知识产权的力学实验教学设备38类200个型号，被全国260余所高校采用；南京理工大学构建武器类博士生"三者合一"的工程实践创新培养体系，博士研究生全程参与实验系统自主研制，独立设计实验方案，全方位提高博士研究生的基础研究能力和解决复杂工程问题的能力。二是建立基于科研项目的协同培育机制。以国家重大工程项目和国防重点型号任务为牵引，完善科研项目资源引入机制，注重将科研项目用于学生培养。坚持问题导向做论文，引导研究生围绕国防军工需求和重大项目做真课题、真研究，将科研方法用于学生创新创业实践能力的培养，在解决问题中培养人才，在人才培养中解决问题，不断增强学生的科学精神、批判思维、学术志趣和创新能力。比如，北京航空航天大学积极探索资源共享机制，持续推进实验室开放共享，对于首批77项科研实验室面向本科生开放项目，共有277名本科生参加。西北工业大学在16个国家科技重大专项中参与了大飞机、载人航天、探月等10个，一大批研究生通过导师和团队参与了项目的前期论证和科研攻关；依托教育部高校思想政治工作创新发展中心，选树了自主水下航行器团队等10个科研育人示范团队，覆盖全部国防优势学科；设立"高峰体验计划"项目，让最好的老师带最好的学生进最好的实验室。国防科技大学依托北斗系统建设，创立了四位一体的研究生培养"北斗模式"，北斗模式培养的研究生，其科研创新和工程实践能力表现突出，很多都成了北斗建设的重要力量。三是推动国家、省部级重点科研基地更大范围的开放共享。国防、军队建设高校集中了全国大多数国防科技创新平台，各建设高校积极探索资源共享机制，出台相关政策持续推动全部省部级及以上的重点实验室向本科生开放，将科研设备开发成实践育人平台，全部青年拔尖人才担任本科生导师，支持学生早进课题、早进实验室。比如，北京理工大学实施本硕博贯通培养模式改革，本科生提前进入导师团队参与科研、进行科研训练；海军军医大学将高质量科研平台作为研究生创新实践成果的"孵化地"，学校现有的国家临床医学研究中心等重点实验室将30万元以上的大型仪器设备全部纳入学校设备共享平台，向全校研究生开放。

推进产教深度融合，构建国防特色校企协同育人模式。各建设高校充分利用其与行业企业和科研院所的紧密联系，聚焦国家战略和国防需求，围绕培养未来应用型领军人才的目标，推动与空、天、地、海等国防重点领域的深度融合，推进产学融合、校企合作，为行业产业的转型升级和高质量发展提供强有力的人才支撑。一是联合培养高层次拔尖创新人才。推行"订单式培养"，聚焦重大项目需求，通过实践实习、挂职锻炼等与专业学习融合贯通，将研究生的学业、职业、事业有效衔接，与国防行业企业协同培养高层次拔尖创新人才，从而提高学生的创新能力和服务行业能力。比如，北京航空航天大学围绕"大飞机"专项，与中国商用飞机有限责任公司联合举办"大型飞机高级人才培训班"，为国产大飞机的设计、研发、制造和运营定向培养核心人才。二是搭建校企协同育人平台。通过合作搭建软硬件平台，为学生实习实践提供政策、条件和经费支持，从而提升本科生、研究生的创新实践能力和青年教师的工程实践能力。比如，2020年，各建设高校共获批19个工业和信息化部校企协同育人示范基地，全部为国防军工学科领域。三是聘请行业企业的专家担任导师。积极推广"行业教师""企业导师"聘任制度和"企业游学"育人模式，开发一批由企业教师为主导的行业精品课程，建设一批优秀的校企示范教学团队。

大力开展创新创业教育，培养高素质拔尖创新人才。建设高校以培养创新精神、创业意识和创新创业能力为主要目标，不断加强创新创业教育顶层设计，构建了"面向全体、结合专业、梯次递进"的全覆盖创新创业教育体系。其中，面向全体是指面向全体学生开展创新创业教育，构建多元化的创新创业课程体系，为全体学生提供创新创业课程教育服务，建立创新创业知识体系。结合专业是指在专业教育中渗透创新创业教育的理念和内容，打造"双创"理念与专业课相结合的课程，切实将学科优势、科研优势、学术优势转化为创新创业教育优势。梯次递进是指根据学生所处的年级和创新创业需求的差异制订不同的教育方案，针对低年级学生开展通识教育，注重创新创业素质培养和意愿启发；针对有创业意识的学生开展兴趣教育，引导学生积极参与各类创业大赛，使学生聚焦方向、构建团队；针对有强烈创业意愿并付诸实践的学生开展实践教育，注重培养其创业实际能力、企业管理能力和市场营销能力。比如，北京航空航天大学连续30多年举行"冯如杯"学生创新创业竞赛，累计超过8万名学生参与创新创业实践，项目超过45 000个，每届本科毕业生参与竞赛的比例超过70%。南京航空航天大学以本科生创新实践工程为着力点，建设一批以高水平科研项目为载体的"主题创新区"和"科研训练区"，各类创新实践计划项目覆盖了全校80%以上的本科生。西北工业大学打造智能制造国家专业化众创空间（全国仅3所）——飞天创客空间，实现创业团队在不同发展阶段入驻不同的孵化平台，自启用以来孵化总体成功率为67.9%，入孵创业实体到期出园率为91%。

四、本章研究概述

本章的研究内容主要有四个方面：新时代行业特色高校的治理模式，新时代行业特色高校的战略管理，新时代行业特色高校与政府、市场和社会的关系，以及新时代行业特色高校的创新发展机制。

本章研究共发放问卷2220份，回收2131份，有效问卷为2027份。其中，教师群体回收调查问卷449份，有效问卷402份；学生群体回收调查问卷1464份，有效问卷1431份；职能部门回收调查问卷122份，有效问卷110份；用人单位回收调查问卷96份，有效问卷84份。

（一）研究设计

本章研究以行业特色高校发展中存在的现实问题为逻辑起点，运用文献研究法，搜集国内外研究资料及政策制度文本，通过ROST CM 6.0软件进行分析，总结行业特色高校治理模式的内涵、特征、研究现状及存在的问题，探索多元协同治理模式改革路径；在文献研究的基础上，统筹设计问卷与访谈提纲，全面覆盖本章中的主要内容，即行业特色高校的治理模式、战略管理、外部关系及创新发展机制，再结合调查与访谈的结果，明确状况、问题，通过影响因素分析，总结归纳问题产生的原因，理清行业特色高校与政府、市场及社会的关系，总结行业特色高校的创新发展机制，从而形成对策与建议（图1.4）。

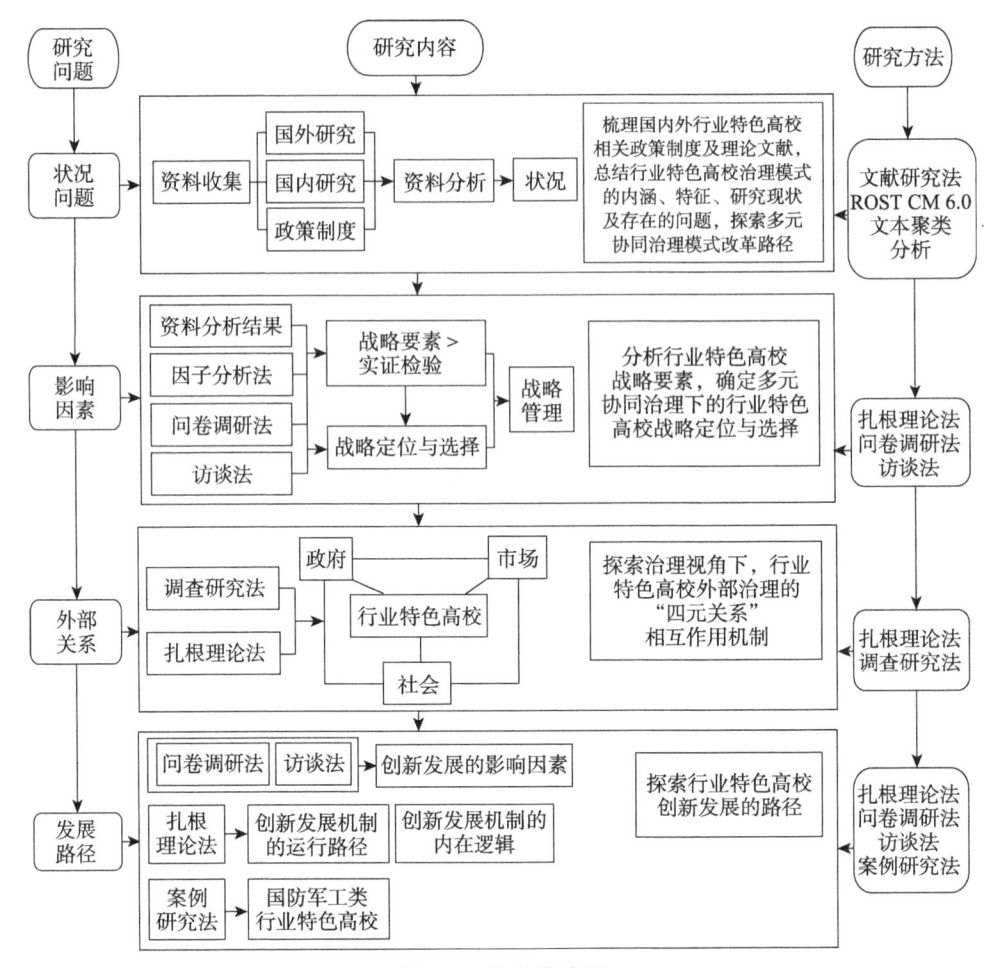

图 1.4　技术路线图

（二）研究方法

1. 文献研究法

用 ROST CM 6.0 等工具，分析相关文献、文件和政策法规等资料，对国内外行业特色高校的治理模式及创新发展研究成果进行梳理，形成文献综述。

2. 问卷调研法

对工业和信息化部直属的七所国防军工特色高校回收职能部门问卷 122 份，有效问卷为 110 份；回收教师问卷 449 份，有效问卷为 402 份；回收学生问卷 1464 份，有效问卷为 1431 份。面向国防军工企业等用人单位回收问卷 96 份，有效问卷为 84 份。问卷针对行业特色高校的治理模式、战略管理、外部关系及创新发展进行了调查研究。各个问卷的基本构成如图 1.5 所示。

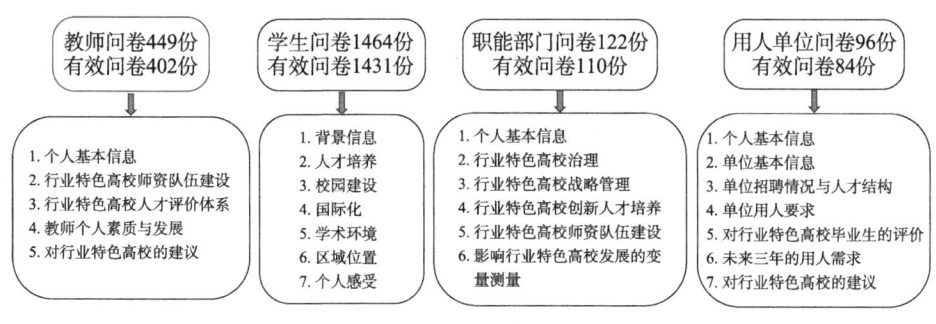

教师问卷449份 有效问卷402份	学生问卷1464份 有效问卷1431份	职能部门问卷122份 有效问卷110份	用人单位问卷96份 有效问卷84份
1. 个人基本信息 2. 行业特色高校师资队伍建设 3. 行业特色高校人才评价体系 4. 教师个人素质与发展 5. 对行业特色高校的建议	1. 背景信息 2. 人才培养 3. 校园建设 4. 国际化 5. 学术环境 6. 区域位置 7. 个人感受	1. 个人基本信息 2. 行业特色高校治理 3. 行业特色高校战略管理 4. 行业特色高校创新人才培养 5. 行业特色高校师资队伍建设 6. 影响行业特色高校发展的变量测量	1. 个人基本信息 2. 单位基本信息 3. 单位招聘情况与人才结构 4. 单位用人要求 5. 对行业特色高校毕业生的评价 6. 未来三年的用人需求 7. 对行业特色高校的建议

图1.5 问卷基本构成图

3. **访谈法**

面向五所国防军工特色高校进行访谈，分别是南京理工大学、哈尔滨工业大学、北京航空航天大学、哈尔滨工程大学、南京航空航天大学，了解各高校治理模式的状况与问题、战略管理的目标及总体规划、外部治理及创新发展思路。面向九所国防军工企业开展访谈，分别是中国商用飞机有限责任公司、中国兵器工业集团第二〇二研究所、中国航天科技集团有限公司、中国空气动力研究与发展中心、中航工业第一飞机设计研究院、成都飞机工业（集团）有限责任公司、中国航发动力股份有限公司、中国船舶重工集团公司第七二四研究所、中国船舶重工集团公司第七〇五研究所，了解各企业与国防军工特色高校的合作状况、存在的问题及提出相关建议。

4. **案例研究法**

本章重点以工业和信息化部直属的七所国防军工特色高校为案例，对其治理模式及创新发展案例进行研究，明确其发展状况，并提出对策建议。

第二节 新时代行业特色高校的治理模式

行业特色高校治理模式的构建不仅是为适应新时代、新要求及新任务而做出的主动变革，更是国家治理体系和治理能力现代化的具体实践，并日益成为国家治理的重要领域和关键环节。推进行业特色高校治理模式的构建，是新时代党和国家赋予行业特色高校的全新挑战和光荣使命，对于实现社会主义现代化强国的战略目标具有深远意义[①]；推进行业特色高校治理体系和治理能力现代化，是坚持党的全面领导在高校工作中的具体体现，必须从健全党的全面领导制度的政治高度认识其紧迫性和重要性。2015年国务院印发了《统筹推进世界一流大学和一流

---

① 贺祖斌. 推进高等教育治理体系和治理能力现代化建设[J]. 中国高等教育, 2020, (8): 41.

学科建设总体方案》，提出了"双一流"建设目标，这既是新形势下对我国高等教育提出的新命题和新挑战，也是持续推进高校治理体系和治理能力现代化前所未有的新机遇[①]，而推进行业特色高校治理体系和治理能力现代化，又为实现"双一流"建设目标提供了制度和能力保障。要以"双一流"建设为契机，构建行业特色高校治理模式，不断推进行业特色高校治理体系和治理能力现代化，切实把国家制度优势转化为推进现代大学治理的总体效能，实现高等教育高质量内涵式发展。

一、新时代行业特色高校的治理理念

新时代行业特色高校的治理理念不能简单地照抄照搬西方的大学治理理念，要坚持中国特色、遵循充分结合行业发展的特点，其是在党的领导下经过长期反复探索、不断改革创新的演进结果。以党的领导确保治理正确方向、以遵循学术规律为前提构建制度体系、以能力建设提升治理效能是历史发展的基本经验，也是新时代推进中国特色大学治理现代化必须遵循的基本要求。

（一）政治层面：坚持党的领导，确保治理方向正确

为谁服务，是大学治理的政治方向；谁来治理、谁来决策，是坚持正确政治方向的治理保障。马克思主义认为，教育是由社会关系决定的。纵观大学发展史，为阶级统治服务、为国家服务是大学治理政治逻辑的集中体现。在中世纪，大学因宗教而生，为宗教服务，僧侣获得了知识教育的垄断地位，因而教育本身也渗透了神学的性质。中国特色大学治理的首要问题就是如何从制度上保障大学始终坚持正确的政治方向，这就需要从治理结构上加以解决，明确谁来主导大学治理、掌握大学的决策权。我国高等教育取得的辉煌成就雄辩地证明，加强党对高校的全面领导，实行党委领导下的校长负责制是历史的选择，也是中国大学的根本特色和最大优势所在。

（二）学术层面：遵循学术规律，崇尚科学精神与创新精神

我国提出科技创新的"三步走"战略：到2020年进入创新型国家行列，到2035年跻身创新型国家前列，到2050年建成世界科技创新强国。中国要想成为真正的科技强国，就要崇尚科学与创新。

科学精神是指科学实现社会文化职能的重要形式，是科学文化的主要内容之一，包括自然科学发展所形成的优良传统、认知方式、行为规范和价值取向，集中表现在以下方面：主张科学认识来源于实践，实践是检验科学认识真理性的标准和认识发展的动力；重视以定性分析和定量分析作为科学认识的一种方法；倡

---

① 刘有军，杨珏，张衡．"双一流"建设视阈下高校工会工作：意义、挑战和应对路径——基于四川大学的实践考察[J]．教育与教学研究，2019，(8)：63-64．

导科学无国界，科学是不断发展的开放体系，不承认终极真理；主张科学的自由探索，在真理面前一律平等，对不同意见采取宽容态度，不迷信权威；提倡怀疑、批判、不断创新进取的精神[1]。理性与实证性是科学精神的核心，探索与创新是科学精神的活力。坚持以科学的态度看待问题、评价问题而不借用非科学或者伪科学的手段叫作科学精神，同时还要有创新精神，有不怕困难、不辞辛劳、勇于创新的精神。科学精神就是实事求是、求真务实、开拓创新的理性精神，基本概括为批判和怀疑的精神、创造和探索的精神、实践和探索的精神、平权和团队的精神、奉献和人文的精神。

（三）行政层面：依法依规科学治校，全面提升治理效能

大学制度体系是大学治理的基本依据，大学治理必须依据制度展开。中国特色大学治理的持续演进，是中国特色大学制度体系从不完善走向完善的过程，也是中国特色与学术特性的有机统一、不断融合的过程。

中国特色大学治理是从宏观上位层级的国家治理体系下移至教育领域微观治理单元。这就决定了中国特色大学治理在演进过程中，必然嵌入中国特色的制度文化，具有文化的嵌入性特征。一方面，制度文化的嵌入形成了中国特色大学治理所具有的独特治理结构优势。如今的中国特色大学治理显然有别于西方国家的大学治理。另一方面，制度文化的嵌入推动中国特色大学治理随时代发展而变革。政策是推动大学治理的重要力量。正是由于文化的嵌入性，大学治理变革始终与国家治理改革同频共振、同向而行。然而，完善大学制度体系必须根据学术活动的特殊性充分考虑大学治理的特殊性，以确保制度体系科学有效。探索学问、传播真理是大学的基本职能。正是凭借对学问的探索、对真理的追求，大学才能在人类社会知识创造、知识传播、知识应用的链条中占据核心地位，才能在国家创新体系中发挥关键作用。从中国特色大学治理的演进历程来看，不论是国家法律法规和党内法规，还是学校层面的大学章程与各项规章制度，都越来越注重遵循高等教育规律和学术规律，大学制度体系日益科学化。党的十九届四中全会指出："构建系统完备、科学规范、运行有效的制度体系"[2]。今后，以遵循学术规律为前提不断完善大学制度体系，仍然是推进新时代中国特色大学治理现代化的重要基础。

提高办学质效、实现有效治理，是中国特色大学治理的必然追求。制度体系的完善并不意味着大学治理效能的自然提升。提升大学治理效能，关键在于治理能力的提升。大学各级领导班子和干部队伍肩负着贯彻落实党的教育方针政策、

---

[1] 邓伟志. 社会学辞典[M]. 上海：上海辞书出版社，2009.

[2]《中共中央关于坚持和完善中国特色社会主义制度 推进国家治理体系和治理能力现代化若干重大问题的决定》，http://www.gov.cn/zhengce/2019-11/05/content_5449023.htm?ivk_sa=1024320u[2019-11-05].

回应经济社会发展需求、推动大学改革发展的重要使命，领导班子和干部队伍的治理能力与大学治理的效能息息相关。从中国特色大学治理的演进来看，高校党的领导、党的建设不断强化，治理的法治化、科学化、民主化水平不断提升，这对领导班子和干部队伍的能力建设也提出了更高要求。推进新时代大学治理现代化，既要坚持正确的政治方向、健全大学制度体系，也要注重加强领导班子和干部队伍建设，不断提升大学的治理能力，从而把制度优势转化为治理效能[1]。

二、新时代行业特色高校的内部治理主体分析

高校内部治理主体一般包含以下几个部分。

（一）党委

学校党委全面领导学校工作，支持校长按照《中华人民共和国高等教育法》的规定积极主动、独立负责地开展工作，保证教学、科研、行政管理等各项任务的完成。

学校党委由党员代表大会选举产生，每届任期五年，对党员代表大会负责并报告工作。学校党委承担管党治党、办学治校的主体责任，把方向、管大局、作决策、抓班子、带队伍、保落实。其主要职责包括以下几个方面。

（1）宣传和执行党的路线方针政策，宣传和执行党中央、上级党组织和本级组织的决议，坚持社会主义办学方向，依法治校，依靠全校师生推动学校科学发展，培养德智体美劳全面发展的社会主义建设者和接班人。

（2）坚持马克思主义指导地位，组织党员认真学习马克思列宁主义、毛泽东思想、邓小平理论、"三个代表"重要思想、科学发展观、习近平新时代中国特色社会主义思想，学习党的路线方针政策和决议，学习党的基本知识，学习业务知识和科学、历史、文化、法律等各方面的知识。

（3）审议确定学校基本管理制度，讨论决定学校改革发展稳定以及教学、科研、行政管理和服务等工作中的重大事项。

（4）讨论决定学校内部组织机构的设置及负责人的人选，按照干部管理权限，负责干部的选拔、教育、培养、培训、考核和监督。加强领导班子建设、干部队伍建设和人才队伍建设。

（5）按照党要管党、全面从严治党的要求，加强学校党组织建设。落实基层党建工作责任制，发挥学校基层党组织战斗堡垒作用和党员先锋模范作用。

（6）履行学校党风廉政建设主体责任，领导、支持内设纪检组织履行监督执纪问责职责，接受同级纪检组织和上级纪委监委及其派驻纪检监察机构的监督。

---

[1] 张海滨. 中国特色大学治理的历史演进、内在逻辑和推进路径[J]. 理论与评论, 2021, (1): 75-82.

（7）领导学校思想政治工作和德育工作，落实意识形态工作责任制，维护学校安全稳定，促进和谐校园建设。

（8）领导学校群团组织、学术组织和教职工代表大会。

（9）做好统一战线工作。对学校内民主党派的基层组织实行政治领导，支持它们依照各自的章程开展活动，支持无党派人士等统一战线成员参加统一战线相关活动，发挥积极作用；加强党外知识分子工作和党外代表人士队伍建设。加强民族和宗教工作，深入开展铸牢中华民族共同体意识教育，坚决防范和抵御各类非法传教、渗透活动。

（10）其他需要党委会决定的重大事项。学校党委实行民主集中制，坚持和健全集体领导与个人分工负责相结合的制度。凡属重大问题都要按照集体领导、民主集中、个别酝酿、会议决定的原则，由党委集体讨论，做出决定；党委成员要根据集体的决定和分工，切实履行自己的职责。各学校党委及其职能定位如表1.3所示。

表1.3 各学校党委及其职能定位情况表

序号	学校	党委的职能定位
1	北京大学	保证办学方向，统一领导学校工作；支持校长独立负责地行使职权；讨论决定学校内部组织机构的设置；讨论决定学校的改革、发展；开展学校党组织的各种建设
2	清华大学	依照《中华人民共和国高等教育法》统一领导学校工作，支持校长独立行使职权
3	北京航空航天大学	学校党委是学校的领导核心，履行党章等规定的各项职责，把握学校发展方向，决定学校重大问题，监督重大决议执行，支持校长依法独立负责地开展工作，保证教学、科研、行政管理等各项任务的完成
4	北京理工大学	学校党委是学校的领导核心，统一领导学校工作，支持校长独立负责地行使职权。校党委及其常委会实行集体领导和个人分工负责相结合的制度，遵循民主集中原则制定议事规则和决策程序，通过"集体领导、民主集中、个别酝酿、会议决定"的方式决定学校重大事项
5	哈尔滨工业大学	学校党委是学校的领导核心，统一领导学校工作，支持校长依法独立地行使职权及开展工作。宣传和执行党的路线、方针、政策；审议确定学校基本管理制度；讨论决定学校内部组织机构的设置及负责人的人选；领导学校的思想政治工作和德育工作；做好统一战线工作；领导学校的工会、共青团、学生会等群众组织和教职工代表大会
6	哈尔滨工程大学	学校党委是学校的领导核心，履行党章等规定的各项职责，把握学校发展方向，决定学校重大问题，监督重大决议的执行，支持校长依法独立负责地行使职权，保证以人才培养为中心的各项任务完成
7	西北工业大学	学校党委是学校的领导核心，依法领导学校工作，支持校长独立负责地行使职权，保障学校各项工作的顺利进行
8	南京航空航天大学	学校党委是统一领导学校工作的机构，支持校长依法独立地行使职权及开展工作
9	南京理工大学	学校党委是统一领导学校工作，履行国家法律和党内法规规定的各项职责的机构。把握学校发展方向，决定学校重大问题，监督重大决议执行，支持校长依法独立负责地行使职权，保证以人才培养为中心的各项任务完成

(二)校长

校长是学校的法定代表人和行政负责人,在学校党委的领导下,组织实施学校党委有关决议,行使《中华人民共和国高等教育法》等规定的各项职权,全面负责学校的教学、科学研究和其他行政管理工作。

校长的主要职权如下。

(1)组织拟订和实施学校发展规划、基本管理制度、重要行政规章制度、重大教学科研改革措施、重要办学资源配置方案。组织制定和实施具体规章制度、年度工作计划。

(2)组织拟订和实施学校内部组织机构的设置方案。按照国家法律和干部选拔任用工作有关规定,任免内部组织机构的负责人。

(3)组织拟订和实施学校人才发展规划、重要人才政策和重大人才工程计划。负责教师队伍建设,依据有关规定聘任与解聘教师以及内部其他工作人员。

(4)组织拟订和实施学校重大基本建设、年度经费预算等相关方案。加强财务管理和审计监督,管理和保护学校资产。

(5)组织开展教学活动和科学研究,创新人才培养机制,提高人才培养质量,推进文化传承创新,服务国家和地方的经济社会发展,把学校办出特色、争创一流。

(6)组织开展思想品德教育,负责学生学籍管理并实施奖励或处分,开展招生和就业工作。

(7)做好学校安全稳定和后勤保障工作。

(8)组织开展学校对外交流与合作,依法代表学校与各级政府、社会各界和境外机构等签署合作协议,接受社会捐赠。

(9)向党委报告重大决议执行情况,向教职工代表大会报告工作,组织处理教职工代表大会、学生代表大会、工会会员代表大会和共青团代表大会有关行政工作的提案。支持学校各级党组织、民主党派基层组织、群众组织和学术组织开展工作。

(10)履行法律法规和学校章程规定的其他职权。

校长根据工作需要,可授权其他校领导分管或协管有关工作,或组织专门领导小组或委员会负责有关工作(表1.4)。

表1.4 各校校长的职能定位情况表

序号	学校	校长的职能定位
1	北京大学	全面负责学校的教学、科学研究和其他行政管理工作;拟订学校的发展规划和具体学术管理制度;组织教学活动、科学研究;拟订内部组织机构的设置方案;支持学术委员会履行职权,保障其决议的执行
2	清华大学	校长是学校的法定代表人和行政负责人,依法全面负责教学、研究、管理、服务等校务工作,校长由举办者依法任免

续表

序号	学校	校长的职能定位
3	北京航空航天大学	在学校党委领导下,贯彻党的教育方针,组织实施学校党委决议,行使《中华人民共和国高等教育法》规定的各项职权,全面负责学校的教学、科研和行政管理工作
4	北京理工大学	校长作为学校主要行政负责人,全面负责学校教育教学、科学研究和行政管理工作。副校长协助校长开展工作。校长办公会是学校的行政议事决策机构,是校长行使职权、履行职责、贯彻落实校党委有关决议、研究和处理学校行政重要事项的会议
5	哈尔滨工业大学	校长是学校的法定代表人,全面负责学校的人才培养、科学研究和其他行政管理工作。负责拟订发展规划;组织教学活动、科学研究和思想品德教育;拟订内部组织机构的设置方案;主持校长办公会议;负责教师聘任与解聘;拟订和执行年度经费预算方案
6	哈尔滨工程大学	校长是学校法定代表人,在学校党委的领导下,贯彻党的教育方针,组织实施学校党委有关决议,全面负责学校教学、科学研究和行政管理工作
7	西北工业大学	校长是学校的法定代表人和行政负责人,在党委的领导下全面负责学校的教学、科学研究和其他行政管理工作
8	南京航空航天大学	全面负责本校的人才培养、科学研究、社会服务和其他行政管理工作
9	南京理工大学	校长是学校的法定代表人,主持学校行政工作,全面负责学校的教育教学、科学研究和行政管理工作。副校长协助校长开展工作

(三)学术委员会

学术委员会是学校的最高学术机构,统筹行使学术事务的决策、审议、评定和咨询等职权。学术委员会坚守学校使命,维护学校学术声誉,倡导学术自由,鼓励学术创新,服务学校发展战略,独立、公平、公正地履行职责。

学术委员会分为校学术委员会、学部学术委员会、学院(系、所、中心)学术委员会,分别是所在单位的最高学术机构。

校学术委员会的基本职责主要包含以下方面。

(1)审定教学科研成果、人才培养计划和质量的评价标准。

(2)审定教师及其他专业技术职务评聘中的有关学术评定标准。

(3)审议有关规范学校学术道德与加强学风建设的重要事项。

(4)审议学科、教师队伍建设规划与学校发展战略规划,审议教学、科研,以及有关的社会服务改革与发展的重大政策和措施。

(5)审议学科、专业设置方案,审议学术机构、院(系)设置与调整方案,以及教学、科研成果奖励办法,审议学科资源的配置方案。

(6)审议学位授予标准及细则。

(7)评定教学、科研及有关社会服务的重要成果。

(8)评定学校自主设立的重大科研项目。

(9)审定校学术委员会专门委员会组织规程、学科分委会和院(系、所、实验室、中心）学术委员会章程。

（10）对学校预算决算中教学、科研经费的分配和使用提出咨询意见，对教学、科研重大项目的申报及资金的分配使用提出咨询意见，对开展中外合作办学、赴境外办学和对外开展重大项目合作提出咨询意见。

（11）决定或审议学校授权认为应当提交决定或审议的事项，以及其他按国家或学校规章规定应当决定或审议的事项。

学术委员会的职能定位情况表如表1.5所示。

表1.5 各校学术委员会的职能定位情况表

序号	学校	学术委员会的职能定位
1	北京大学	学术委员会是学校的最高学术机构，可以讨论决定学位授予、教师聘任、学术道德规范等学术标准与规程，讨论决定学术管理制度
2	清华大学	学术委员会作为最高学术机构，统筹负责学术事务的决策、审议评定和咨询等事项
3	北京航空航天大学	学校学术委员会可以就学科建设、教师聘任、教学指导、科学研究、学术道德等事项设立若干专门委员会，具体承担相关职责和学术事务
4	北京理工大学	学校学术委员会是学校最高学术机构。学术委员会依据国家有关规定产生，按照自身章程统筹行使学术事务的决策、审议、评定和咨询等职权
5	哈尔滨工业大学	校学术委员会是学校学术事务的决策机构。负责审议并决策学校学科、专业建设规划，学校宏观科研规划，学校教师职务聘任标准；制定学校学术道德规范；审议并通过学术委员会专门委员会组织规程；听取学术委员会专门委员会工作汇报并指导其工作
6	哈尔滨工程大学	学术委员会是校内最高学术机构，根据需要设立若干专门委员会，统筹行使学术事务的决策、审议、评定和咨询等职权
7	西北工业大学	学术委员会是学校最高学术机构，统筹行使学术事务的决策、审议、评定和咨询等职权
8	南京航空航天大学	学术委员会是学校最高学术机构，统筹行使学术事务的决策、审议、评定和咨询等职权
9	南京理工大学	学术委员会是落实教授治学、发扬学术民主、保障学术决策科学规范的学术组织，统筹行使学术事务的决策、审议、评定和咨询等职权

（四）学位评定委员会

学位评定委员会是中国学位授予单位设立的负责学位授予工作的领导机构。主要职责一般是：根据国务院批准的授予学位权限，审查通过学士学位获得者名单；审查通过申请硕士学位和博士学位者名单；确定硕士学位课程的考试科目、门数和博士学位课程的考试范围；审批申请博士学位人员免除部分或全部课程考试的名单；审批主考人和学位论文答辩委员会成员；对学位论文答辩委员会报请授予硕士学位或博士学位的决议做出是否批准的决定；做出撤销违反规定而授予学位的决定；研究处理有关授予学位的争议和其他事项。

《中华人民共和国学位条例暂行实施办法》对学位评定委员会的职责、组成人员、任期等做了具体规定。学位评定委员会可以按学位的学科门类,设置若干分委员会,分委员会协助学位评定委员会的工作。学位评定委员会的日常工作一般由学位评定委员会办公室或研究生院(部、处)负责(表1.6)。

表 1.6　各校学位评定委员会的职能定位情况

序号	学校	学位评定委员会的职能定位
1	北京大学	负责学位评定和审查工作,审核批准学位的授予和撤销,审核批准、撤销研究生指导教师资格
2	清华大学	决定本校学位和名誉学位的授予及撤销,学位授权学科的设置、变更和撤销,研究处理学位授予中的争议问题
3	北京航空航天大学	作为学校学位事务决策机构,享有与授予学位相关的权限
4	北京理工大学	负责学校的学位授予、学位授权点增列审核及研究生导师审核等工作
5	哈尔滨工业大学	校学位委员会是学校学位与研究生教育相关工作的决策机构,其成员由学校依法聘任。校学位委员会在完成国家学位条例规定的学位评定委员会职能的同时,还负责学校研究生教育改革、导师队伍建设等宏观政策的审议与决策
6	哈尔滨工程大学	学位评定委员会是学校学位评定、授予工作的决策机构,负责做出是否批准授予学士、硕士、博士学位的决定,通过名誉博士的提名,做出撤销已授予学位的决定,审议学位、研究生指导教师评聘考核等相关工作
7	西北工业大学	学位评定委员会是学校学位评定工作的决策机构,根据国家相关法律法规的授权,履行与授予学位相关的职责和权限、统筹协调全校学位管理、学位授权及建设
8	南京航空航天大学	学位评定委员会是研究决定学位评定、学位授予的基本标准、规则和办法的机构
9	南京理工大学	学位评定委员会是学校学位及其相关事项的决策机构,统筹行使对学校各类学位申请的审定及其他与学位授予有关事项的咨询、审议和审批等职权

(五)校务委员会

校务委员会是指现代学校的管理制度,体现学校管理的制度化、人本化、科学化,由政府代表或职能部门代表、街道社区代表、学校代表等社会多方位代表组成,讨论、决定关系到学生及家长权益的事项、学校重大事情,可以专说校务委员会是一所学校管理现代化与否、层次高低属的一个标志,一般来说大学都有校务委员会。

校务委员会的主要职责一般包含全面推进依法治校。全面推进依法治校是提高学校治理法治化、科学化水平的客观需要,是建设现代学校制度的内在要求,是实现教育现代化的重要保障。实行依法治校,借助法人治理结构的思想,成立由校内外人员共同组成的校务委员会。

校务委员会体现了学校管理"制度化、人本化、科学化"的现代化管理意识和理念,补充和完善了现代学校制度中的校长负责制,将决策的民主化、科学化切实落实到位。校务委员会由校长班子、行政干部、教师代表、家长代表、其他社会代表组成。校务委员代表在教职工代表大会的基础上，充分考虑代表的学科结构和年龄层次，行政干部由各处室推荐，教师代表由教师推荐，家长代表由家长委员会推荐的若干名家长组成，社会代表由相关的社会人员组成。

在校长负责制的前提下，校务委员会是本校内部管理体制的补充，其主要功能如下。

（1）论证决策功能。对校长提交的有关本校发展、教育教学、学生管理等方面的重大问题进行论证和决策。

（2）咨询建议功能。向本校提供社会对教育的需求方面的信息，提出完善本校管理和对学生教育教学的建设性意见，反映学校服务对象的意见和建议。

（3）宣传协调功能。宣传本校的发展规划、教育教学业绩、教改创新成果和重大决策；协调社会各方面与本校的关系，促进社会各方面力量积极支持本校的改革与发展，增进社会各界人士对教育发展的了解与理解；为本校的发展及学生的健康成长创造良好的外部环境。

（4）评议监督功能。对本校贯彻国家的教育方针、执行教育法律法规、全面实施素质教育的总体情况进行评议监督。

校务委员会会议由理事长召集，每学年举行 1~2 次，必要时可临时召集，可特邀其他代表参加会议。校务委员会的职能定位如表 1.7 所示。

表 1.7　校务委员会的职能定位情况表

序号	学校	校务委员会的职能定位
1	北京大学	校务委员会是学校的咨询议事和监督机构，负责审议通过校务委员会章程，审议学校面向社会筹措资金，监督和评价学校办学质量与效益
2	清华大学	校务委员会作为咨询审议机构，依照有关规章产生和行使职权，通过民主协商，定期讨论关系本校全局的决策并提供咨询意见
3	北京航空航天大学	无
4	北京理工大学	无
5	哈尔滨工业大学	无
6	哈尔滨工程大学	无
7	西北工业大学	校务委员会由学校行政领导、党支部书记及有关部门负责人组成，党支部书记、工会主席列席会议
8	南京航空航天大学	校务委员会由学校知名专家学者、管理干部、学生组织负责人等组成
9	南京理工大学	无

(六)监察委员会

北京大学设有监察委员会,监察委员会独立对学校机构及人员行使监察职权,由校纪委委员代表、民主党派代表、教职工代表、学生代表组成。监察委员会对学校机构及人员具有检查权、调查权、建议权、处分权。监察委员会受理对学校机构及人员违反校纪校规行为的控告、检举;调查处理学校机构及人员违反校纪校规的行为;受理学校机构及人员对处分决定的异议或者申诉,依法依规维护其权益。监察委员会直接对校长负责,独立行使监察职权,监察室将是其办事机构。监察委员会的职能定位如表1.8所示(其他学校无监察委员会)。

表1.8 监察委员会的职能定位情况表

序号	学校	监察委员会的职能定位
1	北京大学	监察委员会是党内监督专责机关,对学校机构及人员具有检查权、调查权、建议权、处分权

(七)教职工代表大会

学校教职工代表大会,简称教职工代表大会或教代会,是教职工依法参与学校民主管理和监督的基本形式。学校应当建立和完善教职工代表大会制度。教职工代表大会在中国共产党普通高等学校基层组织的领导下开展工作。教职工代表大会的组织原则是民主集中制。

教职工代表大会的职权如下。

(1)听取学校章程草案的制定和修订情况报告,提出修改意见和建议。

(2)听取学校发展规划、教职工队伍建设、教育教学改革、校园建设以及其他重大改革和重大问题解决方案的报告,提出意见和建议。

(3)听取学校年度工作报告、财务工作报告、工会工作报告及其他专项工作报告,提出意见和建议。

(4)讨论通过学校提出的与教职工利益直接相关的福利、校内分配实施方案以及相应的教职工聘任、考核、奖惩办法。

(5)审议学校上一届(次)教职工代表大会提案的办理情况报告。

(6)按照有关工作规定和安排评议学校领导干部。

(7)通过多种方式对学校工作提出意见和建议,监督学校章程、规章制度和决策的落实,提出整改意见和建议。

(8)讨论法律、法规、规章规定的以及学校与学校工会商定的其他事项。

各校教职工代表大会的职能定位如表1.9所示。

表1.9　各校教职工代表大会的职能定位情况表

序号	学校	教职工代表大会的职能定位
1	北京大学	教职工代表大会是参与学校民主管理和民主监督的基本形式,主要负责听取学校章程草案的制定、学校发展规划和年度工作,并提出相应的意见和建议;讨论与教职工直接相关的福利方案的制订;对学校工作提出建议并监督
2	清华大学	依法保障教职工参与民主管理和监督的权利、维护教职工的合法权益
3	北京航空航天大学	充分保障教职工参与民主管理和监督的权利,维护教职工的合法权益。学校工会作为教职工代表大会的工作机构,在教职工代表大会闭会期间,负责其日常工作
4	北京理工大学	教职工代表大会是教职工依法参与学校民主管理和监督的基本形式,依据国家相关规定建立并行使职权
5	哈尔滨工业大学	教职工代表大会是教职工依法行使权利,参与学校民主管理和监督的重要组织形式。学校依据教育部发布的《学校教职工代表大会规定》,制定教职工代表大会规则,保障教职工参与学校民主管理和监督的权利。学校实行二级教职工代表大会制度。二级教职工代表大会在校教职工代表大会的指导下,参照校教职工代表大会职权,参与基层单位民主管理和监督
6	哈尔滨工程大学	教职工代表大会是全体教职工依法参与民主管理和监督的基本形式。学校建立并完善校、院二级教职工代表大会制度。教职工代表大会在学校党委领导下按照其规定开展工作
7	西北工业大学	教职工代表大会是教职工依法行使民主权利参与学校民主管理和监督的基本形式,是促进学校决策科学化、民主化、法治化的重要途径
8	南京航空航天大学	教职工代表大会是依法保障教职工对校务管理的参与权、表达权和监督权,维护教职工合法权益的机构
9	南京理工大学	教职工代表大会是依法保障教职工对校务管理的参与权、表达权和监督权,维护教职工合法权益的机构

（八）各类校级议事机构

校级议事机构是指学校为了加强某方面重要工作,或为处理一定时期内某项特定工作,依据一定程序设立的跨单位的机构（包括委员会、领导小组、工作小组等）。其主要承担相应工作事务的顶层设计、具体指导、组织协调和监督检查等工作职责,经党委常委会会议或校长办公会议授权的,可就特定事项做出决议。各校校级议事机构的职能定位如表1.10所示。

表1.10　各校校级议事机构的职能定位情况表

序号	学校	教授委员会的职能定位	理事会（董事会）的职能定位	其他
1	北京大学	无	无	校友会,负责加强校友之间及校友和学校之间的联系,促进学校与社会的合作
2	清华大学	无	无	战略发展委员会为战略决策的咨询机构和社会参与本校事务的主要途径 教育基金会,依照法律法规和自身章程来开展活动

续表

序号	学校	教授委员会的职能定位	理事会（董事会）的职能定位	其他
3	北京航空航天大学	无	健全社会支持和监督学校发展的长效机制	教学指导委员会,负责学校教学决策咨询工作
4	北京理工大学	学院教授委员会依照相关规定参与学院的教育教学、科学研究、学科专业建设、师资队伍建设、民主管理及其他工作	教育基金会理事会由5~25名理事组成,是基金会的决策机构。其负责制定、修改章程;选举、罢免理事长、副理事长、秘书长;决定重大业务活动计划;审定年度收支预算及决算;制定内部管理制度;决定设立办事机构、分支机构、代表机构;决定副秘书长和各机构主要负责人的聘任;听取、审议秘书长的工作报告,检查秘书长的工作;决定基金会的分立、合并或终止	学校设置专业技术职务评审委员会,与校学术委员会、学位评定委员会一起指导二级单位开展与学术相关的工作
5	哈尔滨工业大学	学院设立教授会。教授会是学院学科建设、师资队伍建设等学术事务的咨询与决策组织,依据学校规定和教授会章程开展工作	哈尔滨工业大学基金会理事会由21名理事组成,理事会是基金会的决策机构,负责制定、修改章程;选举、罢免理事长、副理事长、秘书长;决定重大业务活动计划;审定年度收支预算及决算;制定内部管理制度;决定设立办事机构、分支机构、代表机构;决定副秘书长和各机构主要负责人的聘任;听取、审议秘书长的工作报告,检查秘书长的工作;决定基金会的分立、合并或终止	校教学委员会负责决定学校本科教学工作的重大事项,负责本科专业、人才培养标准、专业培养方案、课程体系、课程大纲、管理条例等的制定校科学技术委员会负责审议决定学校科研工作及其相关学术事务,负责科研发展规划制订、重大科研计划方案制订、科研机构设置及科研改革等校人力资源委员会负责学校人力资源工作的决策与咨询校学术道德委员会负责学校学术道德建设和监督工作学生申诉处理委员会受理有关学生、学生组织对学校的惩处或其他决议事件的申诉,并进行复查
6	哈尔滨工程大学	无	学校设立理事会,作为支持学校发展的咨询、协商、审议与监督机构,充分发挥其在密切社会联系、完善监督机制等方面的重要作用。理事会由主管部门、共建单位、关心支持学校发展建设单位的代表、社会知名人士、国内外知名专家、杰出校友代表及学校师生代表构成。理事会规程另行制定,依照其规程产生和行使职权	学校学生代表大会是学生参与民主管理和监督的重要形式,依照其章程行使职权、履行职责,其章程由学校党委常委会确定

续表

序号	学校	教授委员会的职能定位	理事会（董事会）的职能定位	其他
7	西北工业大学	教授委员会由学术造诣高、治学严谨、热爱教学工作、教学经验丰富、教学成果显著、办事公正的专家、教授和相关职能部门负责人组成	无	校友会是具有独立法人资格的非营利性社会组织，依照国家有关规定及章程开展活动
8	南京航空航天大学	教授委员会是学术自治和民主管理的重要组织形式，是学院学术事务的咨询、评议、决策与监督机构	无	发展计划委员会是学校事业发展的辅助决策与咨询机构
9	南京理工大学	无	理事会由学校、政府、行业、企事业单位及其他社会组织代表组成，为学校改革发展的重大问题提供咨询、建议、指导和监督，建立社会各界共同参与的办学机制	校友会以多种方式联络和服务海内外校友，凝聚校友力量，鼓励校友参与和支持母校的建设与发展，支持校友成立具有地域、届别、行业等相关特点的校友组织

三、国防军工特色高校的内部治理状况分析

本项调查面向职能部门的工作人员，共回收问卷122份，有效问卷为110份，研究对象以学校中层管理干部、校领导及学校中层管理人员以外的其他管理服务人员为主，占总人数的73.64%，还包括校党委书记、校长教务部门领导、科研部门领导、规划发展部门领导、高教管理研究专家、学校高级职称教学科研人员、学校中级职称及以下教学科研人员。其中98.18%的受访者来自部属重点本科院校（"211工程""985工程"建设院校），来自部属一般本科院校和省属重点本科院校的受访者只占到1.82%。

（一）国防军工特色高校议事决策机构在推进学校治理体系构建中发挥重要作用

有78.18%的受访者认为学校党委常务委员会和校长办公会或校务会在学校内部治理中发挥的作用非常大，有58.18%的受访者认为学位评定委员会在学校内部治理中发挥的作用非常大，有52.73%的受访者认为学校党委全体会议和校学术委员会在学校内部治理中发挥的作用非常大；不足10%的受访者认为这些议事决策机构在学校内部治理中发挥的作用比较小或非常小。

综上所述，学校党委常务委员会、学校党委全体会议、校长办公会或校务会、学位评定委员会、校学术委员会在高校内部治理过程中发挥着重要作用。我国高等教育实行党委领导下的校长负责制，学校党委充分发挥职责，统筹和领导全校

工作，确保政治理念落实落地；校长在学校党委的领导下全面负责学校教学、科研、行政管理工作；校学术委员会、学位评定委员会等学术机构充分发挥作用，确保高校尊重学术自由，追求科学精神与创新精神。

（二）高校治理体系的构建需要科学完善的制度建设作保障

超过50%的受访者认为学校在发展过程中遇到了人才引进困难和地域环境不利于发展的问题；30%左右的受访者认为学校在发展过程中遇到了制度执行不到位和体制机制不健全的问题。但是，制度建设是受访者认为学校需要改进和完善的最重要的方面。

68.18%的受访者认为所在学校在制度建设中需要进一步加强规章制度顶层设计的科学性；59.09%的受访者认为所在学校在制度建设中需要查漏补缺，实现规章制度体系全面覆盖学校业务；51.82%的受访者认为所在学校在制度建设中需要推动规章制度有效地执行和落地。

综上所述，行业特色高校治理制度还存在很多需要改进和完善的地方，行业特色高校的制度建设既要面向自身建设，又要面向政府等上级主管部门、社会、市场等，对接和引领行业发展。从宏观的顶层设计到微观的具体落地执行，包括制度体系、理念、架构、规范、执行、监督与评价等在内的多个方面都需要进行改善。

（三）理清内部治理关系有助于推进学校治理能力的提升

有59.55%的受访者认为大力推进信息化和智慧校园建设、不断完善教学质量评价体系、加强行业特色高校的校园文化建设、理清机关职能部门职责并加大对二级单位绩效考核工作力度、理清校院两级责任与权力清单、优化财务及公用房等资源配置政策等六个因素非常重要，其中，理清校院两级责任与权力清单这一因素占比最高，为64.55%；加强行业特色高校的校园文化建设这一因素占比最低，为56.36%。有20.15%的受访者认为这六个因素比较重要，不断完善教学质量评价体系这一因素占比最高，为23.64%；理清校院两级责任与权力清单这一因素占比最低，为17.27%。有12.27%的受访者认为这六个因素重要，理清校院两级责任与权力清单这一因素占比最低，为9.09%。有6.21%的受访者认为这六个因素非常不重要，其中，加强行业特色高校的校园文化建设这一因素占比最高，为7.27%。有1.82%的受访者认为这六个因素不重要，其中，理清校院两级责任与权力清单、优化财务及公用房等资源配置政策这两个因素占比最高，分别为2.73%。

（四）行业特色学科结构的优势突出

55.05%的受访者认为优化学科结构、进一步拓展学科专业覆盖面，围绕主干优势学科实现多学科协调发展，持续加强优势学科（群）建设，加强基础学科对其他学科的支撑作用，积极推进交叉学科培育、拓展新学科，适应行业发展趋势以形成新的学科特色优势，处理好做强特色优势学科与发展新兴学科的关系，以特色学科打造特色高校、协同行业产业特色，跟踪行业发展以形成特色优势学科动态调整机制这九个因素非常重要，其中，57.27%的受访者认为持续加强优势学科（群）建设、适应行业发展趋势以形成新的学科特色优势这两个因素非常重要。24.34%的受访者认为这九个因素比较重要，其中，28.18%的受访者认为以特色学科打造特色高校、协同行业产业特色和跟踪行业发展以形成特色优势学科动态调整机制这两个因素比较重要；19.09%的受访者认为优化学科结构、进一步拓展学科专业覆盖面这一因素比较重要。11.31%的受访者认为这九个因素重要，其中，只有7.27%的受访者认为以特色学科打造特色高校、协同行业产业特色这一因素重要。6.67%的受访者认为这九个因素非常不重要，其中，7.27%的受访者认为优化学科结构、进一步拓展学科专业覆盖面，加强基础学科对其他学科的支撑作用，适应行业发展趋势以形成新的学科特色优势，跟踪行业发展以形成特色优势学科动态调整机制这些因素非常不重要；5.45%的受访者认为处理好做强特色优势学科与发展新兴学科的关系这一因素非常不重要。2.63%的受访者认为这九个因素不重要，其中，认为优化学科结构、进一步拓展学科专业覆盖面这一因素不重要的受访者占到4.55%。

（五）人才培养面向行业发展需求

50%及以上的受访者认为围绕行业发展需求培养高水平创新型学术人才；围绕行业发展需求培养应用型、复合型、技能型人才；密切跟踪行业发展新态势，形成新的人才特色和优势；摒弃拼规模、比数量的观念，以适应社会需要为目标；形成人才培养目标培养规格的动态调整机制；适应行业产业需求建立人才培养质量标准体系；积极开展与国际标准实质等效的工程教育认证；推动教学内容更新和教学方法及人才培养模式改革；强化实践教学环节，增加实践教学比重；面向行业企业地方需求强化学生岗位适应能力；行业特色高校优质生源的吸引和高水平师资队伍建设等11个因素非常重要。其中，认为围绕行业发展需求培养高水平创新型学术人才这一因素非常重要的占比最高，为67.27%；面向行业企业地方需求强化学生岗位适应能力这一因素占比最低，为50%。22.98%的受访者认为这11个因素比较重要，其中，面向行业企业地方需求强化学生岗位适应能力这一因素占比最高，为30.91%；围绕行业发展需求培养高水平创新型学术人才这一因素占比最低，为16.36%。有10.25%的受访者认为这11个因素重要，其中，积极开展与国际标准实质等效的工程教育认证这一因素占比最高，为16.36%；围绕行业发展需求培养应用型、复合型、技能型人才这一因素占比最低，为7.27%。有7.52%的受访者认为这11个因素非常不重要，其中，积极开展与国际标准实质等效的工程教育认证这一因素占比最高，为 9.09%；围绕行业发展需求培养高水平创新型学术人才，围绕行业发展需求培养应用型、复合型、技能型人才以及面向行业企业地方需求强化学生岗位适应能力这三个因素最低，都为 6.36%。有 1.9%的受访者认为这 11 个因素不重要，其中，认为围绕行业发展需求培养应用型、复合型、技能型人才这一因素不重要的占比最高，为 4.55%；没有人认为摒弃拼规模、比数量的观念，以适应社会需要为目标这一因素不重要。

（六）科学研究着力服务于解决行业重大技术问题

有 61.3%的受访者认为着力解决行业区域共性与关键技术问题；与行业区域协同建立重大研发与应用平台；强化高水平科研导向，提高学校的创新能力；大力推进高校产学研合作与协同创新；注重成果转化，增强服务行业产业和社会的能力；建立科学的科研绩效考核与激励机制；促进教学、科研与学科互动，增强学校核心竞争力等七个因素非常重要，其中，认为强化高水平科研导向，提高学校的创新能力这一因素非常重要的占比最高，为 68.18%；认为与行业区域协同建立重大研发与应用平台、大力推进高校产学研合作与协同创新这两个因素最重要的占比最低。有 18.96%的受访者认为这七个因素比较重要，其中，着力解决行业区域共性与关键技术问题和与行业区域协同建立重大研发与应用平台这两个因素占比最高；强化高水平科研导向，提高学校的创新能力，以及注重成果转化，增强服务行业产业和社会的能力这两个因素占比最低。有 11.43%的受访者认为这七个因素重要，其中，建立科学的科研绩效考核与激励机制，大力推进高校产学研合作与协同创新，以及促进教学、科研与学科互动，增强学校核心竞争力这三个因素占比最高；强化高水平科研导向，提高学校的创新能力这一因素占比最低，为 8.18%。6.75%的受访者认为这七个因素非常不重要，其中，着力解决行业区域共性与关键技术问题这一因素占比最高，为 8.18%。1.56%的受访者认为这七个因素不重要，其中，注重成果转化，增强服务行业产业和社会的能力这一因素占比最高，为 2.73%。

（七）国际化程度是行业特色高校治理水平的重要标志

45.06%的受访者认为与国际知名高校和机构建立合作关系；扩大学生赴国外交流学习规模；建设具有国际化视野的课程；优化留学生生源结构，进一步提高留学生培养质量；加强国际科研合作，参与国际或区域性重大科研计划等七个因素非常重要，其中，建设具有国际化视野的课程这一因素占比最高，为 51.82%；优化留学生生源结构，进一步提高留学生培养质量这一因素占比最低，为 40%。28.83%的受访者认为这七个因素比较重要，其中，加强国际科研合作，参与国际或区域性重大科研计划这一因素占比最高，为 32.72%；优化留学生生源结构，进一步提高留学生培养质量这一因素占比最低，为24.55%。14.55%的受访者认为这七个因素重要，其中，优化留学生生源结构，进一步提高留学生培养质量这一因素占比最高，为19.09%；加强国际科研合作，参与国际或区域性重大科研计划这一因素占比最低，为10.91%。7.92%的受访者认为这七个因素非常不重要，其中，优化留学生生源结构，进一步提高留学生培养质量这一因素占比最高，为10%。3.64%的受访者认为这七个因素不重要，其中，优化留学生生源结构，进一步提高留学生培养质量这一因素占比最高，为6.36%。

（八）确保财政投入能够促进高校发展

60.15%的受访者认为行业主管部门的政策支持和经费投入，加大政府对高校的政策扶持和财力投入，建立针对行业特色高校的科学评价体系，加大校友甚至社会人士对高校的财力投入，重视行业特色高校的校友资源开发，扩大与社会各界的联系、拓宽资源渠道等六个因素非常重要，其中，加大政府对高校的政策扶持和财力投入这一因素占比最高，为71.82%；加大校友甚至社会人士对高校的财力投入这一因素占比最低，为50%。21.06%的受访者认为这六个因素比较重要，其中，加大校友甚至社会人士对高校的财力投入和扩大与社会各界的联系、拓宽资源渠道这两个因素占比最高，为26.36%；加大政府对高校的政策扶持和财力投入这一因素占比最低，为12.73%。10.76%的受访者认为这六个因素重要，其中，加大校友甚至社会人士对高校的财力投入这一因素占比最高，为15.45%；建立针对行业特色高校的科学评价体系这一因素占比最低，为6.36%。6.82%的受访者认为这六个因素非常不重要，1.21%的受访者认为这六个因素不重要。

四、国际行业特色高校典型治理模式

（一）国际治理理论的发展

1. 治理理论的演化历程

治理（governance）源于政治学的范畴，通常指国家治理，即政府如何运用国家权力来管理国家和人民。20世纪80年代，在西方国家的社会矛盾日益暴露这一背景下，一些国家政府的公共行政管理相继出现严重危机，传统科层体制的公共行政管理模式已经无法适应瞬息万变的信息社会的发展，已经无法解决政府所面临的日益严重的社会问题。因此，传统的"统治"（government）走向"治理"是大势所趋，新公共管理理论应运而生，它强调政府与社会公民的合作与协商，强调引进企业管理的若干方法来改革政府管理机制，更关注于公共服务的质量和最终结果。

自1989年世界银行首次使用"治理危机"（governance crisis）一词以来，"治理"被广泛运用于政府管理研究中,治理理论逐渐成了西方学术界的热点,治理也从政治学领域延伸到公共管理学范畴,许多政治学家、经济学家,甚至政治活动家从各自的立场出发对治理进行了不同的界定,治理理论在经济学、政治学、社会学及法学等社会科学领域也均被广泛运用。随着新公共管理思潮的兴起,治理影响到经济领域,同时也逐渐发展为描述各种公共部门改革的流行用语,治理一词也不断被赋予新的含义[1]。

治理理论的主要创始人之一罗西瑙将治理定义为一种由共同的目标所支持的一系列活动,这个目标未必出自合法的及正式规定的职责,而且也不一定需要极端强制力使人服从。因此,治理就是这样一种规则体系,它依赖主体间重要性的程度不亚于对正式颁布的宪法和宪章的依赖程度。此外,治理主体并非仅仅指向政府,也可能不需要靠政府的权威予以强制实施,即无政府的治理[2]。格里·斯托克(Gerry Stoker)对治理理论的发展也做出了重大贡献,他提出了著名的五分法,其主要内容有以下五点:治理肯定了集体行为涉及的社会各公共机构之间存在的相互依赖;治理虽出自政府,但又不局限于政府的公共部门及其管理者;治理为社会和经济问题指出了界线和模糊点;治理是行为者网络的自主性;治理虽不完全依赖于政府权威,但政府也应该吸纳新的技术与工具来掌舵和引导。此外,针对传统的政府治理模式,B.盖伊·彼得斯提出了政府在未来的四种主要治理模式:市场模式、参与模式、弹性模式和解制模式[3]。珍妮特·V.登哈特和罗伯特·B.登哈特试图在传统公共行政与新公共管理模型相对照的基础上,提出其认为可供选择的替代模式,即新公共服务[4]。Kooiman强调,治理所要创造的结构或秩序不是由外部强加的,它发挥作用所依靠的是多种主导的且互相发生影响的行为者间的互动[5]。全球治理委员会对治理的概念进行了较为权威和具有代表性的界定,它在《我们的全球伙伴关系》中指出,治理是各种公共的或私人的个人和机构管理其共同事务的诸多方式的总和。治理是使相互冲突的或不同的利益得以调和并且采取联合行动的持续的过程,这既包括有权迫使人们服从的正式制度和规则,也包括各种人们同意或认为符合其利益的非正式的制度安排。它有四个基本特征:治

---

[1] 蒋洪池,马媛. 高等教育治理模式及其经验观测维度的比较分析框架[J]. 比较教育研究, 2012, (21): 8.

[2] 詹姆斯·N.罗西瑙. 没有政府的治理[M]. 张胜军,刘小林,译. 南昌:江西人民出版社, 2001.

[3] B.盖伊·彼得斯. 政府未来的治理模式[M]. 吴爱明,译. 北京:中国人民大学出版社, 2001.

[4] 珍妮特·V.登哈特,罗伯特·B.登哈特. 新公共服务:服务,而不是掌舵[M]. 北京:中国人民大学出版社, 2004.

[5] Kooiman J. Modern Governance: New Government-Society Interactions[M]. London: SAGE Publications, 2002.

理不是一整套规则，也不是一种活动，而是一个过程；治理的过程的基础不是控制，而是协调；治理既涉及公共部门，也涉及私人部门；治理不是一种正式的制度，而是持续的互动[①]。

总体而言，众多治理理论的相关文献得出的结论表明，治理这个词有着种种意思，同时也有着不同的用法，但它们都有一项基本的共同之处，即是统治方式的一种新发展，其中的公私部门之间以及公私部门各自的内部之间的界线均趋于模糊[②]。与统治相比，治理的本质区别在于，虽然治理也必然需要一定权威，但它所偏重的统治机制并不仅仅是依靠政府的权威或制裁。治理更关注主体的多元性，治理的主体既可以是公共机构，也可以是私人机构，甚至是私人机构和公共机构的相互合作。传统的统治是一种自上而下的权力运行模式，强调政府对其他公共事务的单向管理；治理是一种上下互动的合作管理过程，更强调建立在主体间共同的利益和认同之上的一种良性合作，其权力运行模式是多向而非单一的。

2. 高等教育治理模式的类型

在对当代高等教育系统的研究中，美国著名教育专家伯顿·R.克拉克教授对此贡献良多，有着举足轻重的地位，他关于高等教育系统的论述被视作公认的关注当代高等教育系统的起点。在其著作《高等教育系统——学术组织的跨国研究》中，他创造性地概括出了高等教育系统的三种典型的权力分配模式：欧洲大陆型、英国型和美国型。该理论得到了高等教育界的广泛认可，并为之后的教育学家研究高等教育系统奠定了坚实的研究基础。此后，范·菲赫特（van Vught）等学者把高等教育治理区分为"政府制"与"政府监督"模式。斯波恩（Sporn）描述了共享治理的概念，关注协商、外部利益相关者的角色、所有群体的参与和结合以及高等教育相关的目标。此外，著名教育家伯恩鲍姆（Birnbaum）强调，大学治理即实现以法律权威为基础的行政体系与以专业学术权威为基础的教师体系的微妙平衡而去设计治理结构的过程。

高等教育治理需要深入研究的内容纷繁复杂，而治理模式又是其重中之重。在针对高等教育治理模式的颇多研究中，不同的学者有其不同的见解，但从宏观上看，不外乎有以下三种：学术权力主导模式、政府权力主导模式和市场导向模式。

学术权力主导模式是指，在学术权威的基础之上，学术权力具有第一性，采用这类模式的国家以德国和法国等欧洲大陆国家为主。这一治理模式源于洪堡所创柏林洪堡大学时的中心理念和原则，即学术自由。作为现代大学制度诞生的标志，柏林洪堡大学仍保持着学者治校的传统。学术权力主导模式在本质上是学者

---

① 全球治理委员会. 我们的全球伙伴关系[R]. 北京：牛津大学出版社, 1995.
② 格里·斯托克, 华夏风. 作为理论的治理：五个论点[J]. 国际社会科学杂志(中文版), 1999, 36(3): 23-32.

治校的代名词，其主要形式是大学教授通过校内的各种学术评议会和委员会，来实施学校运行过程中的各种重大决策。校务委员会是高校的最高决策机构，其成员主要由教授组、学生组、教研人员及其他行政人员组成，各组别都有一定席位来行使表决权。选举校长是校务委员会的主要职责之一，其中，学术事务（如教学、科研和教师的人事任命等）主要由教授席位进行表决，在此类学术事务管理中，教授席位占据了绝对优势的地位。高校学术评议会是校务委员会的下属机构，其主要职能是管理和协调高校学术事务，除了学术事务之外，高校学术评议会还负责确定校长候选人及批准教授候选人的名单。在学术权力主导模式中，校长是高校的代表，负责学校的行政管理[1]。学术权力主导模式主要有以下三个特征：第一，学者以学科为基础，形成一个学术共同体；第二，学术共同体自行负责其事务；第三，内部自治、外部独立[2]。毫无疑问，在学术权力主导模式中，教授、学者发挥着核心作用，学术委员会是高校治理过程中的最终决策者。与其他群体相比，学者更能把握住学术的脉搏，更熟知高校的学术目标，以及更明确如何去实现这些目标。在欧洲，学术权力主导模式作为一种主导的治校模式盛行于20世纪初至20世纪80年代初，是高校内部治理模式的最初形态，符合当时高校的文化学术氛围，出现了一段时间的文化繁荣期，但随着时代大环境的变化，学术权力主导模式也日渐式微，原因在于：第一，大学内部更习惯于已有的管理方法，缺乏创新力和判断的决断力，从而导致大学内部的决策效率偏慢；第二，就高校的最终决策机构学术委员会而言，其成员一般默认是颇有资历的年长教授，这在本质上体现了对学者专业权威的尊重，但实际上剥夺了学术资历尚浅的学者参与高校内部决策的机会与权利，这造成了不同学术群体之间学术权力分配不均衡等的诸多问题与矛盾；第三，学者和教授在学术方面的造诣毋庸置疑，但他们大多都在一定程度上缺乏实际的治理技能，如财政管理能力和行政管理能力。时代发展的步伐大步向前，对高校提出了许多新的要求和挑战，这要求高校内部治理需要更高效和专业的管理人才，这给传统的以学术权力为主导的治校模式带来了诸多挑战。

政府权力主导模式是指，在政府权威的基础之上，以政府权力主导高校治理。政府对高等教育的影响力极其显著，苏联及日本高校是采用政府权力主导模式的较典型代表。高等教育的权力主要集中在中央政府手里，高校发展的最主要财政支持来自政府拨款，政府既是高校的举办者，又负责对高校进行管理和监督。高等教育的大部分事务都直接在政府的管理之下，如高校的入学条件、高校培养目

---

[1] 刘义. 主体及模式：高校治理现代化的多重选择[J]. 中国成人教育, 2015, (19): 36-38.

[2] 朱剑. 西方大学内部治理模式的嬗变：从学院式走向创业型[J]. 华东师范大学学报(教育科学版), 2020, 38(1): 85-96.

标、课程的编排、高校行政人事的任命和对高校的监督与评价等。政府不仅通过确定各高校的职能、规划各高校的发展方向和人才培养的最终目标等方面来对高校进行管理，而且通过法令和行政法规对高校的内部事务来进行直接管理，其中对人员编制、学科设置、经费使用方法等方面都有严格的规定[①]。高校受制于政府教育部门，在一定程度上是政府的下属部门，享有相对较少的自主权，缺乏学术自由的文化氛围。此外，高校的研究内容也在政府的严格监督之下，政府对高校的各项学术经费资助是以项目清单的形式来进行分配的，学术项目的研究方向、内容及各项开支一般以报告的形式详细记录下来，以便政府相关部门审查。高度的官僚制度是政府权力主导模式的另一个重要特征，这体现在高校的管理决策人员一般是由政府指派，而不是通过选举产生。此外，高校的变革大多是基于政府部门整体的改革推进，外部力量对高校变革的推动力非常小。政府权力主导模式在高校治理中的具体运行方式主要通过层级式治理模式实现。层级制是指公共组织按等级将不同部门从纵向划分为不同上下层级的组织机构，管理范围和管理权限随着等级的降低而逐渐降低的组织类型。上下级之间是统一的直线关系，领导的指挥和命令按照垂直方向自上而下地贯彻执行。就决策过程来看，高校的绝大部分日常决策均实施了层级式治理模式，层级式治理模式的具体运行机制通常为：学校高层领导分配给中层领导某项任务，在接受其上级部门的授权后，中层领导首先对任务进行详细分解，再把任务分配给不同的下级部门来具体开展与实施，在完成任务之后，下级部门向中层领导反馈工作进展情况，中层领导再向学校高层领导汇报工作。例如，学院主任在接到上级领导的任务或指示后，将任务下达给办公室的科长，而科长再把任务细分给各科员，各科员在完成任务后向上级领导汇报工作进度。通过具体的运行机制，层级式治理模式中自上而下的授权体系与自下而上的反馈体系可以得到良好的结合，从而发挥出层级式治理模式的独特优势，由此可见，层级式治理模式在大学运作的过程中具有不可或缺性。

市场导向模式是指，高校只有在借鉴吸收现代化企业的运作模式并争夺地区或全球性市场时，才能更好地发挥出其应有的职能作用和功效，为了给学生提供更好的学术服务，高校的领导层扮演着生产者和企业家的角色。在市场导向模式中，学生是买方市场，各个高校是卖方市场，卖方即高校只有在招收更多学生的基础之上，才能获得更多的政府经费资助，从而扩大其社会影响力。外行治理理念是市场导向模式的最核心特征，该理念在美国与澳大利亚的高校中十分盛行。为了在生源与经费的激烈竞争中取得更优势的地位，美国许多高校具体采取了外行领导内行的法人董事会制度来更高效地治理高校内部事务，从而促进学校的繁

---

① 刘义. 主体及模式：高校治理现代化的多重选择[J]. 中国成人教育，2015，(19)：36-38.

荣发展。法人董事会的具体运作机制通常为：董事会是高校内部的最高权力机构，是法人治理模式的核心机构，董事会规划着学校未来发展的大政方针，对高校的发展承担起最高的责任，高校的学术和日常事务由董事会推选出的法定代表人——校长来主持管理。如此一来，高校内部的决策权与行政权形成了相对独立的局面。市场导向模式的核心特征在于"外行领导内行"，即由校外非教育人士来管理高校，董事会的成员通常由外部人员如商业、公共管理及政治界的相关人士组成，外部人员通过参与和控制高校的最高权力机构来影响高校的规划与发展。此外，高校法人治理结构"以权力制约权力"的模式是市场导向模式的另一主要特征，其核心特质体现为对政府的公权力、高校的决策权和行政权，以及社会教育权等权力的制衡，以及对权力制衡中法治精神的遵守和弘扬。它具体表现为对政府的公权力、高校的决策权和行政权，以及社会教育权等权力进行基于自律与他律机制相结合的权力制衡[1]。市场导向模式的竞争优势在于，高校可以更快速地适应新的时代机遇和挑战。在市场导向模式里，高深的学问和知识并不是高校本身所追求的首要目标，高校本身在某种意义上也并不属于公共产品，高等教育被视作一种商品、投资及战略资源[2]。传统的学术权力主导模式追求学问本身，高校是知识的象牙塔，高校的最高追求应是研究高深学问，学术至上是高校的学术文化，高校的氛围十分严谨，学生应试图努力达到进入象牙塔的基本门槛；市场导向模式致力于让高校走出象牙塔去迎合市场，即高校应把促进学生的全面发展作为自身的主要追求，应采取能更高效地为学生服务的治理模式，从而能够适应时代发展的大环境、大背景。

（二）国外行业特色高校治理模式

1. 牛津大学治理模式

牛津大学有着悠久的学者治校传统，自创建之日起，其所有权就不属于创立人和捐助人，而属于全体教职工，是学术行会的典型高校[3]。牛津大学长期以来是一个拥有自治法人地位的大学，是一个自治的法人实体，原因在于其拥有皇室授予的大学特许状，这为牛津大学保持其学术自由的传统提供了法律上的坚实保障[4]。此外，皇室授予的大学特许状具有法律效力，其目的是保护牛津大学内部能够实现学术自由，这是牛津大学能够坚持独立自治的根本法律保障。在特许状的保护下，牛津大学能够合法取缔外界对其内部治理的干预，因此，学术自由和自主自

---

[1] 祁占勇. 高等学校法人治理结构中的权力制衡模式及其内涵[J]. 高等教育研究, 2016, 37(3): 34-38.

[2] Marginson S, Considine M. The Enterprise University: Governance and Reinvention in Australian Higher Education[M]. Cambridge: Cambridge University Press, 2000.

[3] 甘永涛. 英国大学治理结构的演变[J]. 高等教育研究, 2007, (9): 88-92.

[4] 吴合文, 张强. 牛津大学治理改革构想述评[J]. 比较教育研究, 2007, (3): 55-59.

治成了牛津大学最核心的办学特色。牛津大学治理结构经过 900 多年的不断发展和修正，形成了以主政大会（congregation）和理事会（council）为主体的二元治理结构，以及以副校长为首的高级行政官团队（senior executive body）。主政大会是牛津大学最高的立法和权力机构，理事会是大学主要的决策和执行机构，以副校长为首的高级行政官团队是大学行政权力的代表。

主政大会即教职工大会是牛津大学的立法机关和最高权力机构，对牛津大学的各项立法事务拥有最终的决定权。由教职工大会通过的任何决议或依大学法规和规章采取的任何行动或决定，对牛津大学的所有机构和成员都具有约束力[1]。教职工大会由大约 5500 名成员组成，其中包括学术人员、学院和学会理事机构的负责人与其他成员，以及高级研究、信息计算、图书馆和行政相关人员。根据牛津大学章程的规定，教职工大会负责制定大学目标与发展政策，并任命经验丰富的高级管理人员监测目标的实现，其立法和权责范围包括：第一，审核和批准大学章程和规章的修订；第二，审议由主政大会或理事会提交的重大决策问题；第三，选举理事会和治理团体成员，并负责任命副校长；第四，决定理事会提交的修改、废除或增加法规或条例的提案；第五，授予学位以及行使大学章程和规章赋予的其他任何权力。主政大会根据大学章程和规章制定的任何政策和决议对大学所有成员均有效。

理事会是牛津大学的最高行政机构，负责具体执行教职工大会制定的决策。理事会由教职工大会选举出的教职工大会会员、理事及其他外部人员组成，具体有着对大学进行监管、对资金和资产进行管理等的职责。理事会也对英格兰高等教育基金理事会负责，并确保资金的使用满足同大学签订的诸多条款。理事会定期举行会议，其负责人是副校长。

与英国独特的君主立宪制背景相适应，牛津大学校长也只是学校名誉上的首脑，他除了主持校内各种重要庆典、处理校友的捐赠和对外代表牛津大学出席参与各种活动之外，并不具体管理学校事务。牛津大学校长这一职位对外公开向社会招聘，由全体教职工大会选举产生，一旦上任即终生任职。

牛津大学中的副校长即牛津大学里地位最高、权力最大的高级官员，任职一般不超过七年，其相当于美国大学的校长，也相当于我国大学的校长，拉丁文原意是"代表校长的执行官"，从 16 世纪开始取代校长成为牛津大学行政权力最大的执行官。副校长是牛津大学最主要的学术和行政管理官员，同时也是英格兰高等教育拨款委员会指派的官员。副校长的职责是提供学校发展的战略方向，副校长是由一个有名望的委员会提名并报告给理事会，然后理事会把提名提交给全体

---

[1] 孙丽昕. 英国大学内部治理的权力共享与制衡机制分析——以牛津大学和斯特灵大学为例[J]. 高教探索, 2014, (5): 89-94, 114.

教职工大会审批而产生的。

综上，牛津大学是至今仍坚持采取学术权力主导模式来治理学校的大学之一，保持着学者治校的悠久传统以及独立自治和学术自由的特征。独立自治体现在，牛津大学始终不属于政府管辖，在特许状的保护下，享有高度的自治自由；学术自由体现在，教职工大会是牛津大学的最高权力机构，充分保护了学术的权威，巩固了学术的地位。但是，随着时代背景的变化发展，牛津大学也对学者治校这种传统的治理模式进行了适当改革，其中以扩大教职员工的类型最为典型，如此一来，牛津大学的高层行政管理人员更加多样，从而能够集思广益，更好地促进牛津大学的发展。

2. 斯坦福大学治理模式

斯坦福大学位于美国加利福尼亚州旧金山境内，临近高科技园区硅谷（Silicon Valley），是世界上著名的私立研究型大学。斯坦福大学位于世界大学排行榜十强之列，更是常年被世界大学学术排名列为世界第二的大学，有着世界级的学术影响力，是世界一流大学。因此，斯坦福大学的治理结构十分值得我们去深入分析。

美国高校的治理结构包括外部治理结构和内部治理结构两方面。外部治理主体涉及广泛，包括美国联邦政府、州政府、基金会、专业认证协会、校友、企业等组织和个人，通过对大学进行直接资助、监督或评价等方式参与大学的管理事务。内部治理主体包括董事会、校长、教师评议会、各院系领导、教师、学生等主体。最能体现美国内部治理特征的是共同治理制度，其作为院校自治的产物和大学校园民主的体现，已成为美国大学的基本共识之一，也被当作美国高等教育推向全球以及商业领域最有价值的出口物之一[1]。共同治理的正式提出，源于1966年美国大学教授协会（American Association of University Professors，AAUP）、美国教育理事会（American Council on Education，ACE）和美国大学董事会协会（Association of Governing Boards，AGB）联合发布的《学院与大学治理的联合声明》（以下简称《声明》）。几十年来，共同治理已经成为美国大学传统文化中不可或缺的一部分，这确立了美国大学和学院"共同治理"的基本模式。《声明》还规定了院校治理中董事会、校长、评议会、教师和学生各自的角色，以及不同层级之间的责任分配[2]。

总体而言，斯坦福大学是典型的采取市场导向模式治校的高校。董事会是斯坦福大学的最高权力机构，是一个长期的信托监管机构，负责管理投资基金、任

---

[1] 桂敏. 美国公立大学治理结构公司化趋势及其特征分析——新管理主义视角[J]. 比较教育研究, 2015, 37(1): 66-71, 96.

[2] 刘爱生, 顾建民. 美国大学共同治理的思想内涵[J]. 比较教育研究, 2012, 34(1): 8-12.

命大学校长和处理一些财务事项，如年度财政预算和超过2500万美元的开支等。董事会掌控整个斯坦福大学，并决定学校的运作政策，是一个自我任命与更新的机构，所有的董事职位都由董事会成员自愿担任，该职位需要服务两个周期，每个周期为五年，大多数董事的任职期限只有十年。董事会最多设有35个席位，成员选择标准主要基于其自身专长和对大学的贡献程度。董事会不需要向任何人汇报工作，其职责主要是确保斯坦福大学尽可能成为最好的大学，在大学校长的筛选与任命上具有绝对权力，同时，教师作为大学校长选拔委员会的成员也会参与校长的遴选工作。校长人选确定之后，他或她有权任命教务长、副校长和学院院长。斯坦福大学的内部治理结构自上而下依次是大学校长、教务长、副校长、学院或研究中心的负责人。副校长主要负责财政、校园建设、管理和其他事务，直接向校长汇报工作，不从事学术工作。

教务长同时也是斯坦福大学的首席财政官员。事实上，斯坦福大学设有专门的财务官，负责财政事务管理，如大学的支出、预算和租赁等事务，但只有教务长才有权最终决定预算。与此同时，教务长咨询团队里也有来自不同学院的教师，以应对不同部门的诉求[①]。

教师评议会是斯坦福大学的最高学术治理机构，主要负责学校的学术与研究政策以及学位的授予工作。教师评议会由四个常设委员会来具体运作，它们是指导委员会、计票委员会、规划与政策委员会和指派委员会。学术委员会是一个较为庞大的机构，由12名当然成员和55名选举出来的成员组成。学生代表、注册员、学术事务副教务长、教师发展与多样化副教务长以及学术委员会名誉退休代表等也作为常邀嘉宾出席会议。学术委员会主席、副主席和指导委员会成员由内部选举产生。

综上，在美国大学内形成了以校长为首的行政权力系统和以教师评议会为代表的学术权力系统，董事会是大学的最高权力机关，主要负责制定大学的宏观发展政策和大政方针。大学内的学术事务和行政事务往往交织在一起，很难截然分开，有些学术事务决策后还要通过行政系统去实行，校长成为协调、沟通学术系统和行政系统的关键角色。因此，校长一般是教师评议会的职能成员，主持和召开教师评议会会议。一般而言，教师评议会负责管理学术事务，但是也任命教师参与一些重要的行政管理委员会，从而保证教师能参与某些重大行政事务的决策。由此可见，在美国大学中虽然形成了学术权力系统和行政权力系统的划分，但是它们之间相互渗透，形成了"管理共享"的良好机制。

3. 东京大学治理模式

东京大学评议会于2003年通过了《东京大学宪章》，明确指出，在全球化时

---

① 朱剑，眭依凡，俞婷婕，等. 斯坦福大学的内部治理：经验与挑战——斯坦福大学前校长约翰·亨尼西访谈录[J]. 高等教育研究，2018，39(11)：104-109.

代背景下，东京大学应朝着实现更加自由的、能够充分发挥大学自主性的新的社会地位及职能而奋斗。《东京大学宪章》以多元、分权、民主的原则构建内部组织管理体系，对大学内部组织管理框架做了明确的制度设计[1]。根据《国立大学法人法》，东京大学在学校管理层主要设置三个管理机构：董事会、经营协议会及教育研究评议会。校长和董事组成董事会，董事会负责审议学校重大事项；学校日常管理工作由经营协议会负责；教育研究评议会只负责审议教育研究的相关事项。国立大学法人化改革的目标是提升董事会的权威，强化校长的管理权[2]。校长作为东京大学的最高领导代表，同由副校长或教授担任的理事组成东京大学治理体系中的领导机构。校长只对董事会负责，是学校的最高负责人，是东京大学的法人代表，同时也是法人团队的最高领导，有权任命董事及全校所有教职工。

除校长作为东京大学内部治理权力之一外，该校主要的内部治理机构还有理事会。理事会是东京大学治理体系中的最高决策机构，其成员由校长和理事构成，理事由校长任命。理事会的工作职能在于协助校长处理大学法人相关业务。校长在决策与中期目标和中期计划有关的事项，制定、修改或者废除有关大学或者部门的重要法规或其他重要事项时，须经过议员会的审议。除此之外，校长也要根据需要召开议员会会议。议员会相关的议事章程等重要事项由议员会决定[3]。

经营协议会与教育研究评议会为东京大学内部治理体系中的审议机构，分别针对学校经营和教育研究相关事项进行审议。经营协议会的职责主要有以下几项：第一，负责与中期计划和年度财政计划相关的财政事项，预算制作、执行及决算相关事项；第二，制定、修改或废除与经营管理有关的重要规则；第三，负责人员报酬、员工工资和退休津贴标准的制定；第四，负责有关入学费等事项；第五，负责关于大学法人组织及运营情况的自我检查和自我评价事项。

教育研究评议会主要负责有关教育的各项事项，其职责主要是：审议中期计划和年度财政计划中教育研究的有关事项；制定、修改或废除本科及研究生院规章和其他有关教育研究的重要规定；制定有关教员人事方针、纪律处分的事项；确定授予荣誉教授头衔标准和审核拟授予荣誉教授人员；编制教育课程相关方针的事项；负责为学生提供建议、指导和其他帮助的事宜；负责学生注册、毕业或完成课程以及其他有关学生身份和处罚的重要事项；制定学位规则的颁布、修改、废除及授予办法；确定授予名誉博士标准以及审核拟授予名誉博士人员；负责关

---

[1] 王瑛滔，李家铭. 大学法人化与大学治理结构变革——东京大学的经验和启示[J]. 全球教育展望, 2012, 41(11): 53-56, 62.

[2] 李成刚，许为民，张国昌. 大学治理结构中学术力量和行政力量的配置与定位研究——基于四所国外高校的分析[J]. 中国高教研究, 2014, (8): 11-16.

[3] 孟园园，朱剑. 日本东京大学内部治理体系探析[J]. 世界教育信息, 2018, 31(22): 41-49.

于教育和研究状况的自我检查与自我评价的事项；负责其他与东京大学教育研究相关的重要事项[①]。

经营协议会与教育研究评议会都可以向东京大学校长选考委员会提出免任校长的申请，校长选考委员会的成员主要由经营协议会与教育研究评议会两大机构选出的成员构成，两大机构选出的成员人数相同，共计16人。校长选考委员会的职能包括校长的选任及解任，议事时，若出席会议的委员人数未超过一半，则不能举行会议。

综上，东京大学的几大治理机构之间分工明确且权力互相制衡。校长作为最高权力代表，可以通过对理事会、经营协议会、教育研究评议会成员的任免而对这三者形成制约；理事会通过具有的行政审议权及优先讨论权对校长的权力形成约束，且校长必须经过理事会的审议才能做出最终决定，从程序上对校长的决策权力形成制约；经营协议会和教育研究评议会选举校长选考委员会的成员，检查和评估大学法人经营方面的事务，审议咨询大学重要事项，对校长的权力形成一定的制约；校长选考委员会有权提议选任或解聘校长，同样对校长的权力形成制约。通过这样的权力分配和行使模式，可以有效避免一家独大造成的行政权力或者学术权力垄断的局面，从而实现了东京大学权力的相互制衡，保证了大学的内部治理有序进行。

五、多元协同下的国防军工特色高校治理模式分析

国防军工特色高校是我国高等教育体系的重要组成部分。在"双一流"建设的背景下，国防军工特色高校既面临着战略性机遇，也面临着严峻挑战。国防军工特色高校转型发展必须立足现有基础，认真审视自身定位，辩证处理好人才培养、科学研究、学科建设中的若干重点关系。

教育是国之大计、党之大计。党的十九大报告提出"加快一流大学和一流学科建设，实现高等教育内涵式发展"[②]，这是新时代我国高等教育的必然要求，也是建设教育强国的必然选择。国防军工特色高校自创办以来，始终与国防科技事业发展紧紧地联系在一起，深度参与了一系列国防领域重大工程项目，为国防企事业单位培养输送了一大批拔尖创新人才，是建设高等教育强国的重要力量。

受历史条件的影响，国防军工特色高校带有明显的军工特色，突出体现在办学的目标和定位上，即主要面向军工行业培养人才和开展研发，因此，其体系也

---

① 孟园园. 日本一流大学内部治理结构研究[D]. 金华：浙江师范大学，2020.
② 《习近平：决胜全面建成小康社会 夺取新时代中国特色社会主义伟大胜利——在中国共产党第十九次全国代表大会上的报告》，https://www.12371.cn/2017/10/27/ARTI1509103656574313.shtml[2017-10-27].

相对封闭。随着改革的不断深入，国防军工特色高校经历了多次主管部门的转变，在管理体制、高校学科结构、学校发展方式上发生了改变，一批高校走上了转型之路。进入新时代，以建设中国特色世界一流大学为发展目标，国防军工特色高校必须回归大学本质，围绕"坚持特色、建设一流"这个主题，增强大学发展的内生动力和建设活力。以西北工业大学为例，具体阐释在新时代"双一流"建设背景下，国防军工特色高校转型发展过程中应如何辩证处理好人才培养、科学研究、学科建设中的若干重点关系，协调好当下和长远、局部和整体的关系。

（一）辩证处理好满足行业现实需求和引领未来社会的关系

人才培养是高校的核心使命，人才培养质量决定着高校办学水平、声望和地位。高校人才培养的目标任务与经济社会发展需求紧密相连。20世纪50年代，社会主义新中国急需大批建设人才，高校的首要任务就是培养走出校门就能"上手工作"发挥作用的人才。与此同时，国防军工特色高校以满足国防科技事业发展需要作为人才培养的目标与定位，人才培养的行业性和目的性很强，专业对口教育的理念体现并贯穿于高校教学的全过程中。在这一办学定位下，国防军工特色高校为国家培养了一大批"红色工程师"，为社会主义建设做出了贡献，由此产生的效果不容置疑。

习近平在2018年召开的全国教育大会上的重要讲话，从党和国家全局的高度深刻阐释了"培养什么人、怎样培养人、为谁培养人"这一教育的根本问题，为系统回答和解决新时代高校使命、任务和实践问题进一步指明了方向、提供了根本遵循。在新时代，高校人才培养定位应适时做出调整，认真反思培养目标、培养内容、培养方式和培养条件，深化改革人才培养目标和规格、专业设置和建设、课程体系和教学内容、教学方法和教学手段、教学评价和质量监控，所培养出的拔尖创新人才应是能够担当民族复兴大任的时代新人。随着军民融合发展战略的深度推进，国防军工相关领域逐步开放，很多综合性高校也进入了国防军工领域。近年来，许多非传统国防军工特色高校的毕业生就业于国防主机院所并发挥了重要作用，而国防军工特色高校受传统惯性的影响，多年来一直培养的"专业对口"本科毕业生越来越难以满足行业对高素质、复合型人才的需求，凸显了国防军工特色高校人才培养定位调整的滞后。要建成世界一流大学，高校就必须培养出能够引领未来发展的高级人才，更好地对世界科学技术和社会经济发展产生积极影响；国防军工单位也需要更多的能在10年、20年后担任领军任务的跨行业、跨领域总师，而不再是仅仅满足于行业现实需求。在这种情景下，国防军工特色高校要重新审视人才培养定位，辩证处理点与线、当下与长远的关系，努力提高人才培养质量和水平。为此，西北工业大学牢固树立人才培养核心地位，坚持"以学生为根、以育人为本、以学者为要、以学术为魂、以责任为重"的办学理念，积极探索与世界一流大学相匹配的人才培养模式，进行全员、全过程和全方位育人，不断提升人才培养质量。一方面，广泛开展调研，认真总结行业需求和对人才培养的新要求，将其及时纳入人才培养体系中，加强学生职业生涯规划教育和就业创业指导服务体系建设，帮助学生增强核心竞争力。学校在人才培养的沃土中精耕细作，瞄准未来行业"总师"级人才，组建试验班，探索新形势下行业领军人才培养模式，深化产教融合和联合培养，不断巩固学校行业特色。另一方面，学校回归本分、回归初心、回归大学之道，遵循学生成长成才的规律，从学生终身发展、全面成才的角度出发，持续推进人才培养工作改革创新，完善价值塑造、能力培养和知识传授"三位一体"的人才培养体系，培养具有家国情怀、追求卓越、引领未来的领军人才。此外，学校还为学生提供更多自主选择的空间和机会，搭建各类综合素质教育平台，形成了通识教育与专业教育互为补充的教育体系，不断强化学生知识、能力、人格、素养、社会责任感的培养，为培养引领未来的高素质人才打下坚实基础。

（二）辩证处理好承担国防工程项目和从事前沿基础研究的关系

党的十九大报告指出，"加强应用基础研究，拓展实施国家重大科技项目，突出关键共性技术、前沿引领技术、现代工程技术、颠覆性技术创新，为建设科技强国、质量强国、航天强国、网络强国、交通强国、数字中国、智慧社会提供有力支撑。"[1]随着"双一流"建设的逐步推进，基础研究水平在高校科研评价体系中的权重不断增加，基础研究的导向性日趋明显。随着国防军工领域的壁垒被逐步打破，非传统国防军工特色高校积极参与国防军工科研，同时企业是市场的主体，也是技术创新的主体，在资金、平台、保障机制等方面具有天然的优势，一些国防军工企业的工程能力不断增强，工程任务逐步让位于国防军工企业的趋势已初显，这些均给国防军工特色高校的传统科研模式带来了挑战。长期以来，国防军工特色高校拥有自己的科研体系，基本是以从事国防工程项目和型号任务为目标追求，特色优势也正是在这一过程中逐步形成的。不可否认，在特定的历史条件下，国防军工特色高校为国防科技事业的长足发展做出了重要贡献，但对前沿基础研究重视不够，这成为其高水平、可持续发展的短板。做工程项目不完全等同于做学术研究，科研经费也不完全等同于科研水平。这亟须国防军工特色高校调整科研价值取向，处理好承担国防工程项目和从事前沿基础研究的关系。需要明确的是，承担国防军工项目与从事前沿基础研究是辩证统一的，二者相辅

---

[1] 《习近平：决胜全面建成小康社会 夺取新时代中国特色社会主义伟大胜利——在中国共产党第十九次全国代表大会上的报告》，https://www.12371.cn/2017/10/27/ARTI1509103656574313.shtml[2017-10-27].

相成。例如，美国加州理工学院在航空航天等领域取得的成就享誉世界，该校非常重视基础研究，正是基础研究和工程研究的相互支撑与配合，成就了其辉煌。如果没有坚实的理论支撑和前沿的学术水平，承担的国防工程项目就不可能达到最前沿、最先进的水平。反之，如果国防军工特色高校对国防工程领域的重点难点问题做得早、研究得深，持续挖掘工程项目背后的深层次理论和原理，就可能会成为前沿、特色优势，对学术界产生深远的影响。为此，在新的历史机遇下，一方面，西北工业大学深化科研体制机制改革，完善科技创新评价体系，健全科技成果转化机制，鼓励科研人员在不同领域、不同岗位追求卓越、创出特色，积极营造鼓励探索、宽容失败的科技创新环境，支持一批教师在宽松的科研环境中持续研究和长期积累，推出系列原创性高水平的研究成果。另一方面，学校坚持"顶天、立地、育人"的科研价值取向，开展有组织的科研活动，抓好技术推动与需求牵引的协同，既鼓励教师潜心开展基础前沿技术研究，也支持其瞄准装备研制需求，形成充足的技术储备，从而服务国民经济主战场和国家重大需求。同时，学校加强前瞻布局，瞄准国际科技前沿和国家重大需求超前培育，鼓励开展基础性、支撑性、战略性研究，不断提高原始创新能力。此外，学校还按照"三个面向"的要求，加紧谋划长三角研究院等异地创新机构的平台建设和内涵建设，汇聚前沿学术资源，全面开展一流的科学研究，努力产出原创成果和关键技术。

（三）辩证处理好学科单一和学科综合的关系

学科是培育高校核心竞争力的核心载体，学科建设是高校核心竞争力培育的核心举措。从国内外高校发展的历史和实践来看，一流学科建设与一流大学建设是共生共荣、相互促进的。《统筹推进世界一流大学和一流学科建设实施办法（暂行）》明确要求，"优化学科建设结构和布局"，"以一流学科建设引领健全学科生态体系，带动学校整体发展"。高校要不断加强"高峰"学科和"高原"学科建设，以"高峰"学科带动"高原"学科，打造一流学科。为了抓住新一轮科技革命和产业变革的机遇，我国高等教育正在发展新工科、新文科、新医科、新农科，学科交叉和特色学科将成为趋势，学科布局将不断调整和优化。与此同时，我国高等教育通过实施"优势学科创新平台"和"特色重点学科项目"等重点建设项目，已有一批重点学科建设取得重大进展，接近世界一流水平。高校现有的学科体系和布局是在长期办学过程中积淀形成的。国防军工特色高校虽整体力量较为雄厚，但因长期立足单一行业，行业痕迹明显、优势学科较为单一、学科面狭窄、学科交叉融合不够、学科布局失衡，加之"办大学就是办学科"的学科逻辑不断强化，既不利于科技创新取得大的突破，也不利于人才综合素质的培养，且影响丰富多彩的校园文化的形成。随着科学技术的进步和发展，国防军工领域的任何一个系统都涉及若干学科方向，单一学科已无法满足现代国防军工发展的需求。在竞争日益激烈的今天,高校都在认真总结提炼、大力发展自身学科特色,重点突围,努力优化学科的生态,在特色或优势学科的带动下实现多学科协调发展,以特色带整体、以整体促特色,多学科交叉融合,在做强传统优势学科"高峰"的同时,形成若干学科"高原",以构建具有国际领先地位的特色学科群来提升核心竞争力。国防军工特色高校也不例外,在学科规划上,国防军工特色高校不能把坚持学科特色简单地理解为单一或狭窄的学科布局,更不能把学科综合发展理解为放弃学科特色。从世界著名高校的发展轨迹来看,没有一所学科面窄的大学成为世界一流大学,事实上很多一流大学都是在一流学科引领的基础上逐渐发展壮大并形成自己独特优势的,如美国卡耐基梅隆大学、麻省理工学院等一流大学的发展历程都有力地证明了学科综合性与发展特色优势学科并不矛盾,而是相互促进、相互推动的。建设世界一流大学,必须构建一个一流的学科体系和学科布局。国防军工特色高校在处理学科关系的时候,应坚持整体性、系统性、协调性和一致性的原则,从学校长远发展和学科整体优化的视角来统筹学科建设,营造良好的多学科发展生态,正确处理好传统优势学科与非传统优势学科之间的共生发展关系,使传统优势学科与新建学科真正实现协调发展,从而形成既有特色学科又有交叉学科、既有重点学科又有支撑学科的发展态势。

第三节 新时代行业特色高校的战略管理

行业特色高校作为社会的重要组成部分,具有自身鲜明的发展特征,在对内外部因素进行考量时,要从行业特色上不断深入发掘。一般而言,我国行业特色高校发展的外部和内部影响因素主要有宏观条件、内外环境、人才培养、科研与学科建设和战略举措五个。

据调查,70%以上的受访者认为国家政治环境、师资队伍建设、学科建设情况、科研创新情况对所在学校制定发展战略的影响程度非常大,1.82%的受访者认为同类院校的发展状况对所在学校制定发展战略没有影响,0.91%的受访者认为社会文化因素和办学定位对所在学校制定发展战略没有影响。

一、行业特色高校发展战略的演进历程

新制度主义理论认为,组织变革与发展的内在动因源于制度变迁。新中国成立以来,以高等教育管理体制改革、隶属关系调整等制度变迁为标志,行业特色高校发展战略的演进可以划分为三个主要时期:以"行业办学"为主题的依附型战略时期、以高等教育管理体制转轨与"大众化"为主题的扩张型战略时期、以供给侧结构性改革与"双一流"建设为主题的特色型战略时期。在不同的历史时

期，行业特色高校的自身属性和发展战略表现出鲜明的差异。

（一）以"行业办学"为主题的依附型战略时期（1949~1978年）

新中国成立初期，为满足优先发展重工业战略的需要，加快摆脱工程技术人员严重缺乏的局面，我国参照苏联模式，从1952年开始按照工程、师范、农林、医药、艺术、财经、政法等专业大类相继开设、重组了一批服务于特定行业的高等学校，行业特色高校由此兴起。到1957年，全国普通高校数量为229所，行业特色高校占绝对比重。通过几轮大规模的院系调整，我国高校结束了院系庞杂、设置分布不合理的状态，高等教育"行业办学"体制逐步确立。此举同当时的经济体制和行政体制相协调，符合当时国家经济建设特别是工业发展的需要，对于调动各部门、各地区发展高等教育，培养经济建设急需的专业人才发挥了重要作用，奠定了我国高等教育的基本格局[①]。

这一时期，在高等教育"行业办学"体制与条块分割的办学格局下，我国逐步建立起高度集权的高等教育管理体制。一方面，将高等教育的管辖权收归国有；另一方面，计划经济体制决定了"行业办学"的高等教育管理体制，包括对办学经费、学科专业设置、招生考试、毕业生统一分配等高校内部事务的支持与指导，以确定高校的发展方向。通过一系列政策的制定，政府具有了对高等教育发展和改革的绝对控制权，高校实则成为政府的附属，成为一类"接受性"而非市场性的"同形"组织，被动地遵循由国家制度化了的规范、价值和技术知识[②]。院系调整塑造了高校与行业产业的密切关系，保证了行业人才资源的供给和优先发展重工业战略的顺利实施。行业特色高校深深依附于所服务行业的发展过程，呈现出了"专业化技术人才"的培养模式和"高度集中、结构严密"的权力形态。

（二）以高等教育管理体制转轨与"大众化"为主题的扩张型战略时期（1979~2010年）

改革开放后，特别是在社会主义市场经济体制对人才的迫切需求下，行业特色高校在其主管部门的支持下办学规模迅速扩大，服务面进一步拓展，但同时，计划经济体制下"行业办学"体制的条块分割、专业过窄、重复设置、重复建设、"包得过多、管得过死"等弊端日渐显现[①]，巨大的财政补贴和沉重的财政压力使高等教育管理体制的改革迫在眉睫。1993年，我国相继印发《关于加快改革和积极发展普通高等教育的意见》和《中国教育改革和发展纲要》，对原先国家集中

---

① 王亚杰. 关于行业特色型大学建设的几点思考和建议[J]. 中国高教研究, 2009, (3): 4-6.

② 周志强, 亓晶. 行业院校战略行为与外部政策的耦合问题研究[J]. 高校教育管理, 2019, 13(1): 36-43, 54.

计划、政府直接管理的办学体制进行改革，逐步实行中央与省（自治区、直辖市）两级管理、两级负责为主的高等教育管理体制和改革方向。1998年印发的《关于调整撤并部门所属学校管理体制的实施意见》把原机械工业部、煤炭工业部等九个部门所属的93所普通高校调整划归至教育部或属地管理，基本消解了"行业办学"体制。到2004年，在"共建、调整、合作、合并"方针指导下，原中央部委管理的571所行业特色高校中的509所进行了不同程度的划转与调整[①]，基本形成了中央教育行政主管部门和地方政府两级管理、以省级政府统筹管理为主的新体制，并初步构建了以综合性高校、多科性特色型高校和职业院校为主体的高等教育结构。

这一时期，经济体制转型是高等教育管理体制变革的根本因素。从制度演进的视角来看，市场经济体制的确立标志着我国高等教育制度开始由国家本位向市场本位演进[②]。一方面，高等教育的管理权限从中央向地方纵向转移，由服务行业、部门经济发展转为区域经济发展，一定程度上转变了行业特色高校人才培养的面向；另一方面，政府部门机构设置的变化以及职能的调整使高校的管理权限从教育行政部门向高校横向转移，扩大教育规模，改革就业制度，推动社会化办学，成为这个时期的政策热点。此外，高等教育大众化成为这一时期重要的制度安排。凭借相对较长的办学历史、完整的学科专业结构和良好的教学基础，在多方的利益博弈下，规模扩大成为行业特色高校在高等教育管理体制改革期实现发展的战略选择。通过学科专业结构调整、扩招和多校区建设等措施，绝大多数行业特色高校基本完成了由单一学科体系、服务单一行业向多科化、综合化、地方化的战略蜕变，同时也产生了行业特色日渐式微、同质化趋势明显等新的矛盾和问题。

（三）以供给侧结构性改革与"双一流"建设为主题的特色型战略时期（2011年至今）

面对我国高等教育大众化转型过程中的制度变迁，行业特色高校经历了调整和适应的"阵痛"，其隶属关系、投资渠道、科研来源、服务面向和范围、招生和就业市场等都发生了较大变化。行业特色高校需要不断寻求突破行业壁垒、扩大办学规模、调整学科专业数量和布局，以化解发展环境中的不确定因素和"同质化"问题所带来的影响。为此，《国家中长期教育改革和发展规划纲要（2010—2020年）》将促进高校办出特色作为重要内容，提出要"适应国家和区

---

① 王亚杰，张彦通. 论新时期特色型大学的建设和发展[J]. 教育研究，2008, (2): 47-52.

② 周光礼. 中国大学办学自主权(1952—2012): 政策变迁的制度解释[J]. 中国地质大学学报(社会科学版), 2012, 12(3): 78-86, 139-140.

域经济社会发展需要，建立动态调整机制，不断优化高等教育结构"，"建立高校分类体系，实行分类管理"。《中共中央关于全面深化改革若干重大问题的决定》明确了深化教育领域综合改革的总要求，标志着上一轮管理体制改革后的调整适应期彻底结束，以高等教育领域供给侧结构性改革为特征的新一轮改革正式启动。

这一时期，我国迈入经济中高速增长的新常态，行业产业发展进入"提质增效""结构优化"的新时期。把发展重点从注重规模和数量转向在稳定规模的基础上追求质量和内涵，主动引领行业技术创新和服务区域经济社会发展，提升优质高等教育资源的供给能力和水平，成为诱发高等教育领域供给侧结构性改革的根本动因。"双一流"建设、"新工科"建设等的提出，为行业特色高校的改革与发展提供了新的历史机遇，鼓励行业特色高校在各自层次水平、行业领域、学科方向办出特色、争创一流，这成为新的制度环境。由于制度供给与制度环境的差异，不同隶属性质、学科水平、行业特征的行业特色高校的内部结构与功能的差异更加明显，导致行业特色高校出现在综合化与特色化、区域性与行业性等战略选择上摇摆不定的发展困境。行业特色高校亟须重新审视其与内外部各组织间的关系，寻求组织在现阶段及未来发展中涉及的多重利益与多元价值的融合和创新路径。

二、行业特色高校发展的宏观战略条件

行业特色高校发展的宏观战略条件是由经济社会环境、教育政策环境与政策资源扶持等构成。

（一）经济社会环境

回溯新中国成立后我国的高等教育改革，政治因素、经济因素等先后成为左右其发展的主导，这当然与教育发展的外部逻辑有关，教育本身不可能超出政治、经济、社会、文化等外在因素之外而单独存在。行业特色高校作为社会的组成部分，其发展离不开社会这个大环境，也必须站在经济社会发展的全局高度来分析其发展的宏观环境。

当前，社会和经济的发展深刻地影响着高等教育的发展与改革，对高等教育提出了新的使命，赋予了高等教育新的地位。如何发展高质量的教育使经济更加强劲、科技更加进步、文化更加繁荣、社会更加和谐、人民生活更加殷实，是新时代中国教育值得探寻的重要课题。今天的教育，是明天的科技，是后天的经济。教育尤其高等教育具有十分重要的战略地位。高等学校的教育教学工作直接关系到民族整体素质的提高，社会经济文化等事业的发展。另外，经济发展方式的转变与创新型国家的建设深刻影响着高等教育的发展。当前也是国家经济结构战略

性调整的重要时期,优化产业结构,全面提高农业、工业、服务业的水平和效益,合理调整生产力布局,促进地区经济协调发展,实现可持续发展,是摆在我们面前的一项重要工作。为此,高等教育的改革与发展,必须与国民经济战略性调整相结合,瞄准经济结构战略性的需要,着眼于产业结构和就业结构的变化趋势,调整学科结构和课程专业结构,转变人才培养观念,提高人才培养质量,只有这样才能适应社会和经济发展不断变化的需求。因此,迫切需要在创新型国家建设战略任务下,汇聚创新型人才,搭建创新平台,实现科技创新,助推科技兴国、教育强国。

(二)教育政策环境

国家的教育政策和改革措施是高校发展的先导,高校的发展是在高等教育政策与改革的指引下进行的。我国行业特色高校是在新中国成立初期高等教育院系调整过程中兴建和发展起来的、和行业紧密相关的特色院校。这类院校为国家工业化建设培养了大量专门人才,满足了社会发展的多方面需要。改革开放后,我国高等教育为适应市场经济体制发展的需求,整合全国教育资源,优化高等教育结构,提高高等教育水平,在 20 世纪末进行了大规模的高等教育管理体制改革。在"共建、调整、合并、合作"的方针指导下,300 多所原属 50 个中央政府部门管理的高校分批次、有组织地进行了划转和调整。除一部分学科专业优势突出、关系国家经济社会发展全局、社会发展水平相对较高、在相应行业领域中起示范作用的大学划归教育部直接管理外,大部分行业性高校划转到地方管理,基本形成了在国家宏观指导下,中央和地方政府两级管理,以地方政府管理为主的新型管理体制。管理体制改革的同时,高校在招生、学科专业建设、管理等方面拥有了更多的办学自主权,进一步推动了行业特色高校地位的改变和办学模式的转型。然而,行业特色高校在脱离原有行业部门管理、面临"新上司"的环境下陷入迷茫区,是依旧服务原行业部门还是融入新归属地经济发展,是向原行业部门寻求支持还是争取地方政府的资源,是优先发展新兴学科还是增强传统特色学科优势,是融入区域经济社会发展还是坚持服务行业,如何定位,如何发展,如何处理它们之间的关系,如何在提升创新能力和行业技术进步中发挥更大的作用,成为行业特色高校发展过程中面临的前所未有的挑战。近十余年来,随着高校竞争日趋激烈,各类大学排名和高校评价体系日渐增多,但是这些评价体系强调综合性排名,普遍以总量和规模为标准来评价。以投入水平为导向的单一的、统一的评价标准导致许多行业特色高校放弃特色优势学科,拓展非主流学科和专业,办学目标趋同化、综合化,一定程度上影响了行业特色高校的特色化、个性化发展;同时,重学术性的评价指标使行业特色高校的教师对教学和行业应用性研究重视不够,更加倾向追求纯理论学术研究,这不仅影响行业院校自身发展,而且一定程度上影响行业产业科技进步。

（三）政策资源扶持

高校对国家政治、经济、文化生活有着广泛而深远持久的影响，政府作为代表全民利益的公共机构，必然会对高校采取干预性的态度，以确保高校更好地为公众服务。现行的体制下，政府是高校政策扶持者和经济资源支持者，对高校的发展有着举足轻重的作用。高校的发展是建立在物质基础之上的，不管是一流大学建设还是普通高校建设，如果缺乏基本的物质支持和资金投入，就不会有"大楼"，更不会有"大师"。虽然当前我国高等教育的投入体制转变为国家、集体、个人多元化投入的新格局，出现了财政拨款、教育税收、学费、校办产业、社会捐赠、助学基金、科研经费等多样化经费来源，但国家财政预算内拨款仍是大部分高校经费的主要来源。政府对某所学校在资金和政策上扶持力度大，该学校就发展迅速。因此，政府对高校的支持程度是影响高校发展的重要外部因素。高等教育管理体制改革后，行业特色高校、行业及政府之间的既有关系被打破，行业特色高校基本上施行部委和地方共建或直接划归地方管理。这使得原行业部委对行业特色高校的支持弱化，行业的直接投入逐渐减少，对行业特色高校的政策倾斜也逐渐取消。经费的减少和政策的转变在很大程度上限制了行业特色高校继续为所属行业服务的能力的发挥和加强，进而影响并制约了行业特色高校的可持续发展和综合创新能力的提高。在这种情况下，行业特色高校要生存和发展，除了要继续坚持依托行业办学这条道路，还要向政府和社会积极拓展资源。政府可以为划转后的行业特色高校提供办学所必需的土地支持、资金支持和政策支持，这就要求行业特色高校处理好依托行业和面向地方两者之间的关系，合理定位，积极转型，充分依靠行业资源与政府支持走出一条跨越发展的新路。

三、行业特色高校发展的内外战略环境

（一）行业景气度

行业特色高校的发展与行业景气度的关系表现为周期性波动与震荡，在蓬勃发展时期，行业的支持力度进一步增大，有力地支撑着行业特色高校的人才培养、科研创新及毕业生就业；而在行业发展低迷时期，囿于自身状况，行业对相关院校的需求与投入出现较大幅度的波动，行业特色高校的生存与发展就会步入困难期。例如，在世纪之交，钢铁行业的不景气对北京科技大学的影响，石油价格的低迷对石油类大学的影响；近几年来煤炭市场的需求量大大减少，又遭遇进口煤炭的强烈竞争，导致国内煤炭价格下滑，继而引发了国内煤炭行业企业的效益不景气，从而导致煤炭行业在人力资源、行业技术上的需求下降，严重影响了煤炭

行业特色高校毕业生就业、科研成果的转化和办学效益的提升。同时，行业社会声望也是影响行业特色高校发展的一个重要因素，某行业社会声望高，则生源与师资优秀率高，学校发展就好。以农林、地矿、电力、通信几个行业来比较，农林、地矿行业院校培养的人才很可能没有电力、通信行业院校培养的人才就业环境好，那么选择农林、地矿行业院校的学生就相对少，如此，就会形成由于行业社会声望的不同而产生的发展水平的不同。

在调查中，52.42%的受访者认为以行业共性技术和关键技术为突破口提升创新能力，发挥在行业发展中不可替代的支撑和引领作用，提升行业社会形象以吸引优质生源，形成与行业部门之间长期稳定的合作机制，把握高校发展政策与行业繁荣度的关系，加大共建力度、优化高校与行业部门间的互动模式这些因素非常重要。21.97%的受访者认为这些因素比较重要，其中，认为加大共建力度、优化高校与行业部门间的互动模式和形成与行业部门之间长期稳定的合作机制两个因素比较重要的受访者最多，占到24.55%。14.85%的受访者认为这些因素重要。认为这些因素非常不重要的受访者占比为7.12%，认为这些因素不重要的受访者占到3.64%。

（二）地域因素

地域因素通常包括地理位置、行政区位、人口数量、自然环境、区域优势和政府特征等要素。地域不同造成行业特色高校之间的空间差异，而且还会因比较优势而加剧人才、资金等资源的正向流动，促使行业特色高校在收益递增的机制下沿着有利于自身生存与发展的方向转型，最终使院校彼此间形成进一步的分化。具有不同地理位置和区位经济条件的行业特色高校发展不平衡，一般情况下西部地区对划转院校的经费投入与驱动力相对不足，而位于经济发达地市的高校占有相对优势，其所获得的办学资源比较丰厚，对优秀生源和师资的吸引力也更大。这在一定程度上影响着行业特色高校学科建设的重点和方向，以及行业特色高校服务的内容和特色。例如，山东科技大学、河南理工大学和西安科技大学都是原归属煤炭工业部管理、后划转地方管理的煤炭行业高校，分别位于我国的东部、中部、西部。山东科技大学位于经济发达的沿海城市，服务面向由紧贴煤炭行业需求，为我国煤炭行业培养高质量人才，转向围绕"一蓝一黑"两大战略，服务山东半岛蓝色经济区建设和煤炭行业发展，促进行业和区域经济社会共同发展。河南理工大学坚持面向中原经济区建设和煤炭行业需求两不误。西安科技大学坚持扎根西部和服务行业不动摇，坚持人才培养、科学研究、发展战略面向行业和西部，从而形成浓郁的"矿业"和"西部"办学风格。可见，地域因素对行业特色高校具有不可忽视的影响，所以，充分开发和利用好因地理位置差异而形成的区域比较优势，并把这一区域比较优势转化为学校竞争优势，无疑对行业特色高校的可持续发展具有重要战略意义。

51.82%的受访者认为突出在区域发展中发挥不可替代的支撑和引领作用这一因素非常重要，43.64%的受访者认为行业特色高校发展与区域经济社会发展相协同、妥善利用所处区位的资源地理人口文化等优势、行业特色高校与区域发展相互依存这三个因素非常重要；30.23%的受访者认为这四个因素比较重要；15.23%的受访者认为这四个因素重要；6.14%的受访者认为这四个因素非常不重要；2.73%受访者认为这四个因素不重要，其中，3.64%的受访者认为突出在区域发展中发挥不可替代的支撑和引领作用、行业特色高校发展与区域经济社会发展相协同这两个因素不重要。

（三）竞争因素

高校竞争是经济学或社会学意义上的在有限社会资源中主体博弈和自我调适的行为过程，主要是发展竞争而非生存竞争。高校发展要通过竞争获取更多的优质资源，并形成各自不同的办学特色。要实现办学目标，提升办学质量，完成转型发展，行业特色高校面临着巨大的挑战和竞争。客观地说，目前我国行业特色高校面临的竞争主要有两个方面。一是在既有的教育格局下，教育资源分配上的竞争。在"211工程"与"985工程"的推动下，重点大学得到国家和社会的大力扶持，而大多数行业特色高校没有进入"985工程"之列，没有特殊的计划与工程支持，这就拉大了与重点大学的差距，使行业特色高校在资源获得、毕业生就业、社会声誉竞争中都处于劣势地位。二是转型发展后的行业特色高校在新环境下面临的竞争。由于高校教学评估及各种大学评价排名的影响，部分高校相互攀比，片面求高、求大、求全，规模超大化，学科全面化，定位一流化，无限制、无区别地通过各种途径吸引优秀生源和高水平师资队伍，扩展学科覆盖面，希望以此来实现跨越发展的目的，这使得部分行业特色高校很难集中精力发展自身的特色优势，导致了内涵的弱化和教育质量的下降，影响了自身核心竞争力的提高。

第四节 新时代行业特色高校与政府、市场和社会的关系

一、行业特色高校与政府的关系分析

（一）政府职能对行业特色高校发展的影响

据调查，64.55%的受访者认为政府对高校的政策扶持力度对行业特色高校内部治理的影响程度比较重要；66.36%的受访者认为政府对高校的财政投入力度对

行业特色高校内部治理的影响程度非常重要；55.45%的受访者认为主管部门和地方政府对高校的合作共建力度对行业特色高校内部治理的影响程度非常重要。超过一半的受访者认为政府部门通过适当的政策制定和合理的资源配置，引导各大主体协同创新，但不起主导作用。

46.36%的受访者认为政府在校企/校地合作中的统筹协调力度对行业特色高校内部治理的影响程度非常重要。对于校企合作，所有受访者所在学校都与相关企业开展了校企合作，99.09%的受访者所在学校通过开展合作研究的方式进行校企合作，50%以上的受访者认为高校自身影响力、高校内部动力、企业创新能力是影响所在学校开展校企合作的主要因素，58.18%的受访者认为校企双方的合作效果一般。62.73%的受访者表示所在学校与企业较早开展产教融合协同育人，已开展多方面合作，但有72.73%的受访者认为校企合作保障机制不健全，责任/权利/义务界定不清等问题会制约或影响本校产教融合协同育人的开展及效果。

政府是宏观治理主体，通过简政放权，赋予高校相应的权责；同时，政府又是高校的管理者和监督者。政府对行业特色高校内部治理的影响程度总体而言是非常重要的，其通过政策扶持、财政投入、统筹校企合作、合作共建等多种方式或途径来对行业特色高校内部治理产生影响。尽管所有受访者所在学校都开展了校企合作，但整体而言效果一般。

（二）政治环境、科技因素和社会发展需要的影响

政治环境、科技因素和社会发展需要是学校在制定发展战略时主要考虑的三个因素，分别占到93.64%、83.64%和80%。70%的受访者认为国家政治环境对自己所在学校制定发展战略时的影响程度非常大，68.18%的受访者认为科技因素对自己所在学校制定发展战略时的影响程度非常大，62.73%的受访者认为社会发展需要对自己所在学校制定发展战略时的影响程度非常大。90%的受访者表示所在学校在制定发展战略时要重点参考校级管理人员的意见，72.73%的受访者表示所在学校在制定发展战略时要重点参考教授代表的意见，69.09%的受访者认为所在学校在制定发展战略时要重点参考行政机关处级管理人员的意见，62.73%的受访者认为所在学校在制定发展战略时要重点参考学院处级管理人员的意见。

对于衡量学校发展战略规划的实施效果的指标，根据受访者所认为的重要程度进行排序，依次为重大社会贡献（5.06%）、实现既定的建设目标（4.59%）、国内/国际影响力提升（4.25%）、师生因能力提高所获得的幸福感（3.58%）、学校加速发展（3.50%）、学校排名上升（3.47%）和其他（0.04%）。

二、行业特色高校与市场的关系分析

本部分涉及的行业特色高校与市场的关系研究中，"市场"主要界定为用人

单位，即高校毕业生就业的单位与机构。

本次共发放 120 份调查问卷，共计回收 96 份问卷，其中 84 份为有效问卷。所有受访者均为本科及以上学历，超过 65%的受访者是硕士及以上学历；59.52%的受访者年龄在 26~35 岁，女性受访者的占比为 19.05%，男性受访者的占比为 80.95%。

本次问卷受访者所在单位的性质以科研单位和国有企业为主，超过 54%的受访者所在单位为世界 500 强企业，有 67.86%的受访者所在单位属于科研和技术服务行业，有 25%的受访者所在单位属于制造业。有 55.95%的受访者所在单位位于中西部地区，校园招聘是受访者所在单位招聘国防军工行业特色高校毕业生的主要渠道之一。超过 97%的受访者的单位属于国防科技企业，其中 86.9%的受访者所在部门是人力资源部。受访者主要以普通基层员工、基层管理者和中层管理者居多，其工龄集中分布在 5~15 年，超 70%的受访者的年收入在 15~35 万元。

（一）人才评价

本次问卷对用人单位的 2016~2021 年毕业生和新员工的相关特质进行测量，其中毕业生和新员工均毕业于国防军工行业特色高校。

1. 2016~2021 年毕业生

在单位所招的国防军工行业特色高校毕业生的人才状况方面，所有毕业生的学历均在本科及以上，其学历层次为"橄榄型"结构，即 84.52%的硕士研究生是庞大的中间阶层，本科生和博士研究生分布在很小的两端，如图 1.6 所示。

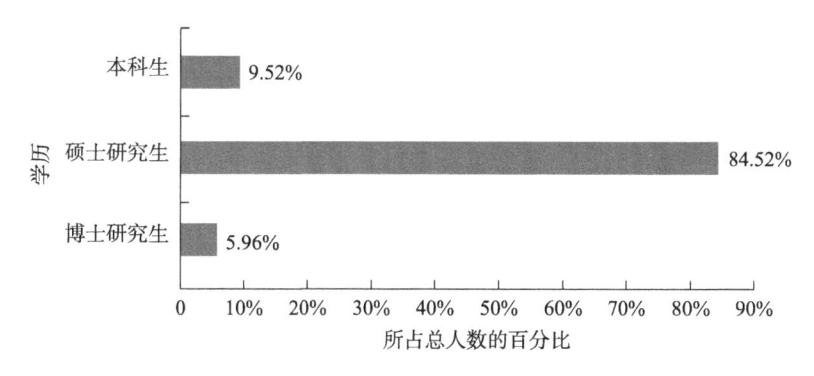

图 1.6　2016~2021 年毕业生学历层次图

单位 2016~2021 年招收的行业特色高校毕业生的专业集中分布在机械类、电子科学与技术类、控制类（图 1.7）。单位在招聘国防军工行业特色高校毕业生时优先考虑的因素主要有专业对口程度、毕业院校名气及综合排名、学历、项目经历、学习成绩及院校的行业特色属性。

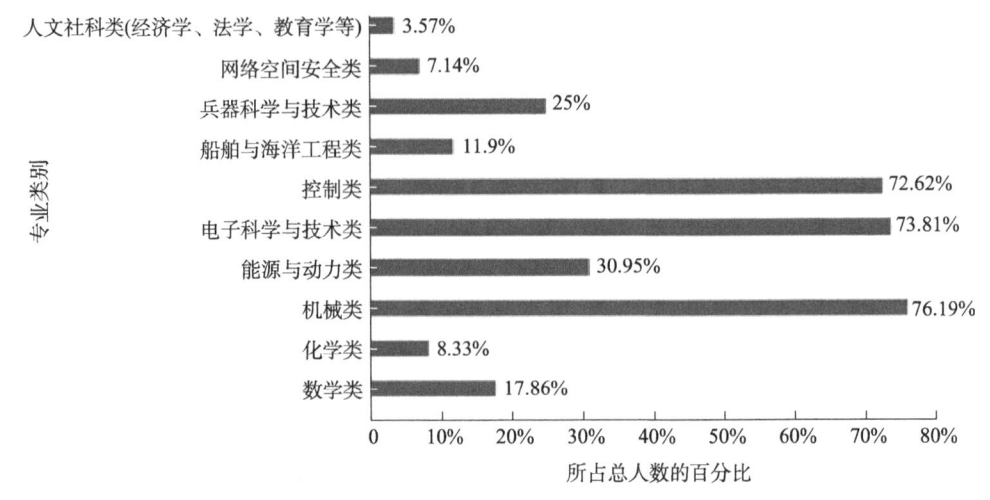

图 1.7 单位 2016~2021 年招收的行业特色高校毕业生的专业分布图

在受访者所在单位对国防军工行业特色高校毕业生的评价特点方面，专业基础知识、专业前沿知识、研究方法论知识、实务操作知识，以及外语、计算机等工具类知识被认为是国防军工行业特色高校毕业生所掌握的重要知识（图 1.8）；自主学习能力、团队协作能力、沟通协调能力、自我管理能力、解决问题能力和创新创造能力等对国防军工行业特色高校毕业生的个人发展最为重要；专业特长、事业平台、学习能力、适应能力和职业规划被认为是影响国防军工行业特色高校毕业生成才速度的主要因素。

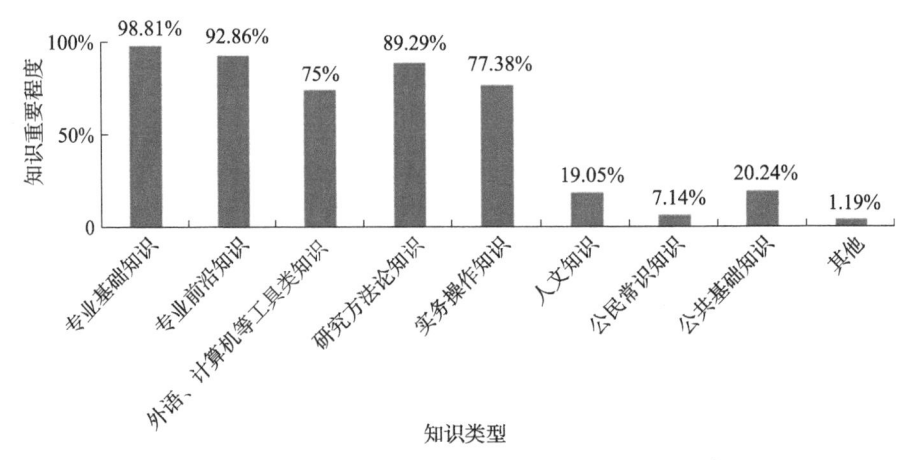

图 1.8 国防军工行业特色高校毕业生所需掌握的重要知识图

总体而言，受访者所在单位对国防军工行业特色高校毕业生及人才培养的质量非常满意。在专业知识与技能、工作实践中知识更新及创新能力、团队意识与合作精神和人才培养整体水平这几个方面，超过 80%的受访者所在单位表示满意。

2. 新入职员工

新入职员工主要指入职一年以下的员工，受访者所在单位主要从价值塑造、知识传授和能力培养三个方面对新入职员工进行评价。

在价值塑造方面，绝大部分受访者认为，国防军工行业特色高校在人才培养过程中十分注重有关国防领域的价值塑造，并取得了显著成果。具体表现为受访者所在单位的新入职员工十分热爱国防事业，他们了解我国国防科技发展的现状，并对国家的发展感到自豪，有着非常浓厚的家国情怀和国防精神；他们大多发自内心地坚信"国防连着你我他"，从内心认同"没有国防，国家就永无宁日"。其中，大于71%的受访者认为，自己所在单位的新入职员工十分了解国防科技工业发展现状；有70%的受访者十分认同其单位的新入职员工了解国家国防安全政策或法规这一现状；超81%的受访者认为，新入职员工有着与"爱国奉献"这一军工价值观相一致的个人价值观，受访者所在单位的绝大部分新入职员工将工作视为一项事业，而不仅仅是赚钱的工具。超过70%的受访者认为，新入职员工把个人目标和国富民强目标紧密地联系在一起；超过90%的受访者评价，其单位新入职员工对国家强盛、军工发展而感到自豪；有84%的受访者认同，新入职员工十分热爱国防科技事业。甚至超过68%的受访者认为，其单位新入职员工把投身军工事业作为毕生职业理想，如图1.9所示。

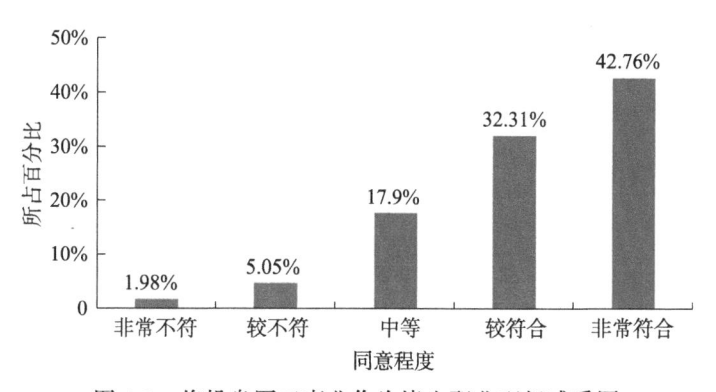

图1.9 将投身军工事业作为毕生职业理想感受图

在知识传授方面，关于新入职员工的知识水平，大部分受访者对毕业于国防军工行业特色高校的新入职员工非常满意。超过79%的受访者认为，新入职员工拥有扎实的专业基础知识、熟练掌握操作工具软件的知识与技能、了解所在学科的前沿知识和广泛涉猎多学科知识；此外，新入职员工还善于通过新工具、新渠道去学习专业知识；他们经常主动探索学习新的知识和理论、主动总结实践经验、能够熟练运用专业工具解决学习问题。

在能力培养方面，大部分受访者认为，新入职员工不仅有着扎实的基础知识，还能运用所学知识甚至运用多学科知识去解决实际问题，能从多种渠道获取所需信息，能从复杂信息中提炼出所需内容，善于分析问题并提出解决方案。超过83%的受访者认为，新入职员工在工作中能够认真对待每一个细节，善于提出新颖独特的观点、新想法和新思路。他们拥有辩证思维，能注重反思自己在实践中的对错得失，善于从事情的阴面中发现阳面，遇到问题会持续钻研，直到将其解决。

此外，受访者对新入职员工的团队协作能力十分满意，大部分受访者认为，新入职员工能够在肯定自身优点和长处的基础上，去学习同事身上的优点和听取别人的建议。在团队合作中，新入职员工善于协调各方矛盾，能够协调冲突使双方有效沟通以达成共识，把高质量完成任务看作自己的本分并且愿意为自己所完成的工作承担责任，乐意主动与别人交流并解决分歧。在工作中，他们善于激发别人士气以达成任务目标，善于通过制订详细计划推进团队任务，擅长与合作伙伴沟通，从而提高工作效率。89%的受访者评价新入职员工富有良好的团结协作精神；90%的受访者认为，新入职员工善于与团队成员合作完成任务。

（二）人才需求

在受访者所在单位未来三年（2022~2024年）对工业和信息化部直属的七所学校应届毕业生的需求方面，有39.29%的单位需求明显增加，28.57%的单位需求略有增加，25%的单位需求量持平。受访者所在单位对国防军工行业特色高校毕业生学历的需求仍然主要是硕士研究生和博士研究生。受访者所在单位预计需求的国防军工行业特色高校专业门类主要有控制类、电子科学与技术类、机械类、电气工程类和软件工程类。

（三）人才培养

1. 对行业特色高校的看法

受访者所在单位对行业特色高校在人才培养中的作用持肯定态度，有60.71%的受访者非常同意行业特色高校是行业技术创新、知识创新和人才培养的主力军；有64.29%的受访者非常同意行业特色高校担负了许多行业、企业应用基础研究和技术研发的重任；有51.19%的受访者非常同意行业特色高校在行业共性技术创新中有无可替代的作用；有70.24%的受访者非常同意行业特色高校的学生为行业发展做出了很大贡献；有66.67%的受访者非常认同行业特色高校的学生成了公司发展的中坚力量。

2. 人才培养的建议

在肯定行业特色高校在人才培养方面有着重要地位的同时，受访者所在单位也提出了许多建议。超过60%的受访者认为，行业特色高校应该围绕行业发展需求来培养高水平创新型学术人才和应用型、复合型、技能型人才。他们提出，行业特色高校应该密切跟踪行业发展新态势,形成新的人才特色和优势;应摒弃拼规模、比数量的观念,强化人才培养质量导向;应适应社会需要,动态调整人才培养目标和规格。

在人才培养的具体措施方面,受访者认为,国防军工行业特色高校应通过基于项目的学习、企业见习实习、社会实践、创新创业活动和科技竞赛等途径来完善国防军工行业特色高校学生的知识结构,如图1.10所示;通过参与校内实习或实验室教学、参加学生科研或作品大赛、参与课堂讲授和讨论、参与教师科研项目与参与创新创业活动等途径能够强化国防军工行业特色高校学生的能力培养。

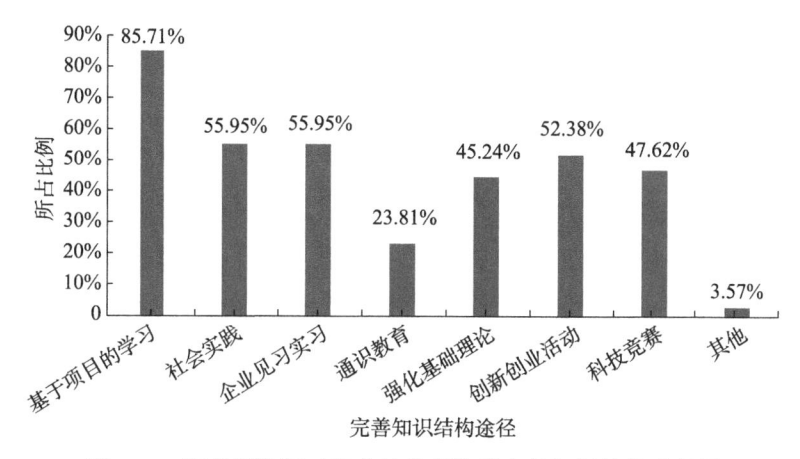

图1.10 完善国防军工行业特色高校学生的知识结构途径图

在具体教学措施方面,受访者建议,应推动教学内容更新和教学方法及培养模式的创新;应强化实践教学环节,通过增加实践教学比重等措施去着力提高学生的创新能力、沟通能力与人文素养。

在学科建设方面,受访者认为,行业特色高校应该优化学科结构,进一步拓展学科专业覆盖面;应围绕主干优势学科实现多学科协调发展;应持续加强优势学科(群)建设;应加强基础学科对其他学科的支撑作用。此外,行业特色高校还应该积极推进交叉学科培育,拓展新学科;应该适应行业发展趋势,从而形成新的学科特色优势;应该处理好做强特色优势学科与发展新兴学科的关系;应该跟踪行业发展以形成特色优势学科动态调整机制。

在高校发展与区域经济社会发展方面,受访者认为行业特色高校应该妥善利用所处区位资源、地理、人口、文化等相关优势,更需要克服所处区位资源、地理、人口、文化的劣势。他们非常同意行业特色高校发展与区域经济社会发展是相协同和依存的,有66.67%的受访者非常同意行业特色高校应着力解决行业区域共性与关键技术问题(图1.11);73.81%的受访者十分赞成行业特色高校应该大力推进高校产学研合作与协同创新;71.43%的受访者认为,行业特色高校应该与行业、区域协同建立重大研发与应用平台，应该注重成果转化，从而增强服务行业产业和社会的能力。

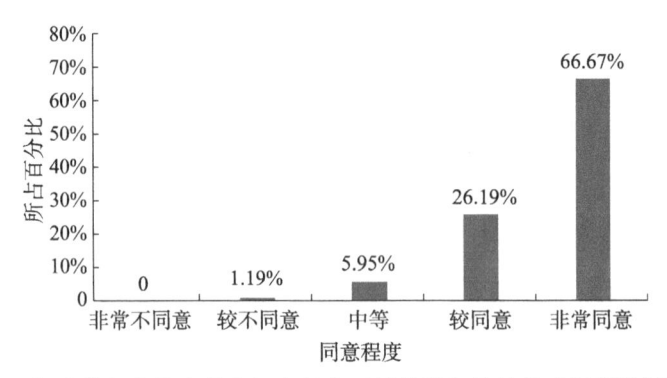

图1.11　行业特色高校应着力解决行业区域共性与关键技术问题赞同程度图

在校企合作方面，受访者对于校企合作对人才培养的作用有着积极的看法，71.43%的受访者非常同意校企合作能够搭建科技竞赛、社会实践等高质量实践平台，从而提高学生综合竞争力，以及提高学生培养与岗位需求的匹配度。受访者认为，校企双方应该深化合作程度、扩大合作规模和开发合作的多种形式。66.67%的受访者非常同意企业主要负责人应该主动参与校企合作；69.05%的受访者十分赞同高校主要领导人应该主动参与校企合作；超过59%的受访者非常赞同企业应该为高校人才培养提供技术、平台支持，高校则应该面向企业定向培养专业人才；57.14%的受访者认为应该设立奖惩机制，从而提高校企合作参与者的积极性。

此外，63.1%的受访者十分支持行业特色高校去适应行业产业需求，从而建立人才培养质量标准体系；53.57%的受访者提出，行业特色高校应非常积极地开展与国际标准实质等效的工程教育认证。

三、行业特色高校与社会的关系分析

高等教育社会化功能的加强，使得高等教育不再是一种独立的事业，而是一项面向社会、融入社会的公益性事业。高等教育受到的社会期待在增强、社会责任在加大，这些在客观上要求高校关注区域社会发展，做好服务工作。

（一）社会对行业特色高校的需求

进入21世纪后，中国的社会经济文化迎来了前所未有的机遇和挑战。随着市场经济的快速发展和知识经济的兴起，高校作为培养人才和直接产出科学技术的基地，掌握着社会经济发展的核心资源。在经济的快速发展中，高等教育发挥着重要的作用。第一，高等教育为经济的发展培养了大批人才，这些人才成了经济可持续发展的动力。第二，高等教育所产生的大批科技成果都转化成了实际的生产力，有力地推动了其所服务对象的快速发展。第三，高等教育承接了大批的经济、企业发展研究课题，有效地解决了一大批社会发展的难题。伴随着经济的快速发展，发挥核心作用的高等院校自身也取得了长期的进步，"985工程""211工程"的实施极大地提升了一大批高等院校的综合实力。

长期以来，行业特色高校都把与相关行业结合作为自身发展的主要方向。在知识经济时代，区域经济的发展在很大程度上取决于人力资源素质、科技创新能力和科技成果转化，而行业特色高校在这些领域具有巨大的优势，是实现区域经济快速发展的动力之一。首先，行业特色高校为区域经济发展提供人才支持。行业特色高校能够为区域经济发展培养大批带有行业属性的专业人才，提高劳动力的专业综合素质，从而促进区域经济的集约式增长。其次，行业特色高校所具有的科技优势能够带动其所在区域的产业结构发生变化。行业特色高校不断孕育出新的高新技术企业以及新的产业，为区域产业升级提供动力，这有利于新技术的发展，从而推动产业的更新。最后，行业特色高校通过其自身的科技创新成果，可以直接融入区域经济的发展中，通过创建校办企业、研究中心、咨询公司、科技园，以及参与重大项目建设等方式，孵化和应用科研成果，把科研成果直接转化为生产力，从而促进科技与区域经济结合，为推动区域经济较快发展做出重要贡献。

（二）行业特色高校服务社会的方式

第一，行业特色高校的人才培养。人才培养是高校的首要职能。行业特色高校人才培养的特色在于，以培养满足行业需求、适应行业发展的专业化人才为己任。首先，行业特色高校的专业分布主要集中在支撑行业发展的专业和学科上，特色专业招生计划占学校总体招生计划的大部分。其次，行业特色高校的优势专业依托行业特色。最后，行业特色高校的毕业生主要面向服务行业就业，遍及行业内各个企事业单位，领导岗位中不乏他们的身影。

第二，行业特色高校的科学研究。在国家科技创新体系中，高等教育是系统的核心，行业特色高校是该核心的重要组成部分，承担着专属领域内基础科学的研究职能。行业特色高校经过几十年的发展和积淀，形成了具有鲜明特色和优势的学科和专业。在一批批科研人员、教师和学生的不断探索与研究的过程中，行业特色高校产出了相当可观的科学研究成果。每年行业特色高校都会有相当数量的论文、发明专利以及各种级别的科技成果奖问世，对区域经济的发展做出了重要贡献。衡量行业特色高校科学研究水平的指标主要有论文、发明专利及科研成果。论文是衡量研究活动的重要产出指标。高校教师、科研人员及学生发表论文的数量和质量可以从侧面反映学校的办学水平、办学实力以及科学研究的成果和效率。目前，世界上许多国家都用文献计量学的原理和方法来评价一所大学、一个科研机构，甚至一个国家和地区的科研产出。源于行业特色高校的论文对区域中的行业经济提供了有力的理论和技术支撑。

专利是衡量科技创新能力的重要指标。相对于社会其他研究机构和生产企业而言，高校申请专利具备申请量大、授权率高、发明专利比例大、数量增长迅速的特点。行业特色高校的专利有相当一部分面向行业需求，并在行业内得以实施。

国家和地方政府为了鼓励在推动科技进步和社会发展中做出突出贡献的个人和单位，设立了各级各类奖励。高校以及高校的科研人员是此类奖项的主要获得者。行业特色高校因其在与行业相关的优势学科上具备国际一流、国内领先的水平而常常获得此类奖项。

第三，行业特色高校的社会服务。长期以来，行业特色高校因与具体的行业之间形成了较为紧密的关系而有了更多的机会和渠道直接为社会提供服务。高校中的教师和科研人员能够通过提供技术转移、管理咨询的形式为行业企业服务，甚至作为专家参与到区域行业政策的制定和调整中。同时，高校通过共建实验室、兴办企业等方式与企业开展合作，将科研成果直接转化为现实生产力。

（三）社会需求对行业特色高校发展的推动作用

行业特色高校为行业培养人才，要根据行业的特点，推进学校的发展。

第一，人才培养适应行业发展的需求。这主要体现在以下几个方面。在新时代，我国经济转型发展，新信息技术突飞猛进，各行各业发生了重大变化，对学校发展提出了新要求。以工业发展为例，在工业发展中发生了许多重大变化，突出表现在三个方面。一是新业态不断涌现。由于信息技术革命、产业升级、消费者需求倒逼等多种原因，新业态不断涌现，如智能工业机器人、电子商务、数字员工、现代物流、3D打印、生物医药、汽车服务、观赏农业、在线教育、家政服务、养老服务等。因此，行业特色高校要根据新业态，适时调整学科专业，以培养新业态所需人才。二是技术发展神速。相对而言，理论是比较稳定的，技术创新发展、变化很快。行业特色高校要关注本行业的技术发展，洞察前沿，不断调整人才培养目标、教学内容和方法。三是现在高水平企业的研发能力、技术创新水平超过高校。在计划经济时期，企业的任务就是生产，国家很少拨款给企业进行科学研究。现在，国家法律规定，企业总生产值的3%要用于科研，企业用于科研的经费充足，科研水平随之提高，技术创新的主体在企业。因而，行业特色高校要紧紧依靠企业，与企业建立联盟，形成知识创新、技术创新和服务的交流平台，共同开展科学研究和人才培养。

第二，学科专业建设要体现行业特点。行业不同，需求不同，特点也不同，行业特色高校在学科专业建设中要体现行业的特点。以农业为例，农业有许多不同于其他行业的特点。一是区域性。这是农业的显著特点。农业在大自然中进行，大自然是人们无法控制的。"橘生淮南则为橘，生于淮北则为枳"就是典型的写照。因此，行业特色高校要根据自身行业的特点，创建办学特色。二是周期长。

一般而言，由于季节性、对象的生命性等原因，农业要培育一个新品种并在现实生产中应用，需要相当长的时间。因此，农业特色高校要有长远的战略规划，倡导团队精神，鼓励代代相传。三是艰苦性。农业要在大自然中进行，日晒雨淋，比较艰苦，但艰苦可以磨炼人的意志，提升人的精神。农业特色高校要利用这一情境，锻炼和培养学生热爱劳动、吃苦耐劳的品质，然后将行业精神融入学校的精神，建设自身独特的精神文化。例如，中国劳动关系学院将"劳动情怀深厚"作为人才培养目标，举办劳模本科班，弘扬劳动精神。

（四）社会需求对行业特色高校发挥作用的途径

第一，区域经济的发展将能够为行业特色高校的建设提供各类资源。这种资源的投入最直接的表现形式为，行业特色高校为区域经济中的相关主体服务时，这些主体将为行业特色高校支付相关的费用。实质上，一所高校的所有资源都是来源于经济中的其他主体。对于行业特色高校而言，其与行业管理部门的脱钩使其从行业维度获取资源的途径逐渐消失，而与区域经济的结合将能够开辟新的资源来源。

第二，区域经济的发展将能够为行业特色高校的功能作用提供承载平台。一方面，区域经济的发展过程能够吸收行业特色高校所培养出来的人才，而且经济发展得越好，这种吸收作用越明显，表现为经济发展形势好时，包括行业特色高校在内的高校的就业形势将较好；另一方面，区域经济的发展为行业特色高校的科学研究成果提供实践与转化的平台，同时，在区域经济发展中出现的难题可以使行业特色高校的服务职能作用得以发挥。

第三，区域经济的发展将对行业特色高校的学科布局与发展方向产生影响。长期以来，行业特色高校的行业属性使其已经能够按照行业的发展趋势实时调整优化自身办学特色。在与区域经济的互动过程中，区域经济产业特点的变化将引导行业特色高校应当能够根据需求适时地调整学科布局与发展方向。

四、"四元关系"对行业特色高校治理模式变革的相互作用机制

（一）各因素对行业特色高校发展的相互作用机制

行业特色高校既要服务于行业，也要面向地方，还要积极争取行业与地方政府的支持。在新的历史条件下，行业特色高校要协同处理好与政府、市场、社会之间的关系，坚持面向行业不动摇，以服务求支持，以贡献求发展，不断提升自身的核心竞争力。有效地梳理行业特色高校与政府、市场、社会间的关系，建立具备良性互动、有机协调、有效制衡的高校治理模式，离不开政府的政策支持和合理引导，政府职能在行业特色高校的发展中发挥着不可或缺的引领作用。

高校的行业属性、地理区位、学科实力、产教融合和国际化程度等因素对高校治理模式的变革都会产生影响，而且这些因素之间也在一定程度上存在相互作

用机制，而行业特色高校的战略发展与市场等外部治理要素之间会不可避免地产生矛盾冲突。在不同的矛盾中寻求自身的战略发展正是行业特色高校发展变革中持续面临的问题，在矛盾和发展中探究高校与不同因素之间的整合路径及其与社会之间的相互促进关系是行业特色高校发展的每个阶段的必然存在。

（二）提升行业特色高校治理机制的途径

从艰苦创业到遭逢挫折，从更名合并到重塑自信，行业特色高校的发展进入了新的阶段。这一方面源于对高等教育办学的新的客观理性的认识，另一方面源于其赖以生存的行业基础依旧存在，同时也是国家需求和行业发展新变化带来的新契机，这些因素使得行业特色高校敢于重树旗帜，不盲目攀比综合性大学，围绕自身特点继承并发展传统优势，打造相对优势，办出特色，走出新路。

1. 争取外部支持，营造良好外部环境

纵观一波三折的发展历史，不难看出，行业特色高校与国家政策、行业发展的依存度相对较高，从办学规模到筹资渠道，从学科发展方向到高层次人才培养，从办学知名度到社会美誉度，无一不受外界影响乃至制约。因此，行业特色高校应实时关注政策动向，把握政策机会，寻求多方关注和投入力度，增强自身在政策制定中的发言权，做好学校事业发展规划。行业特色高校应呼吁教育主管部门尽快改革评估以及各种评比标准，制定相对公平、鼓励特色发展、以建立多元化高等教育格局为目标的政策导向。

行业特色高校既面临一些相同的问题，也可能经受不同的压力。有些行业特色高校在行业内部竞争者较少，一枝独秀，在获得行业支持方面的压力相对较小；有些行业特色高校在行业内部竞争者较多，需要突破重围，在竞争中脱颖而出。无论是前者还是后者，都需要以积极主动的态度，以贡献求发展，以服务求支持，构造与行业、企业的良好关系，争取行业层面的实质性支持，特别是在行业科技项目参与、行业发展规划制订、行业人才培养等方面加强沟通和交流，深化感情和合作，把省部共建等协议落到实处。

2. 打造内涵特色，提升核心竞争力

行业特色高校的发展既需要外部环境的推动，也需要走内涵发展的道路，坚持办学特色不动摇，集中力量提升核心竞争力。

行业特色高校必须大力加强战略执行力。行业特色高校学科结构相对简单，校园规模相对较小，办学历史单纯，容易导致学校管理停留在策略层面，过多关注具体事务，考虑长远发展问题不足。行业特色高校加强战略执行力，就是要提高把特色的办学理念、发展规划、学校决策落到实处的能力。要实现从策略管理到战略管理的转变，领导班子应切实加强战略管理意识。一方面，通过对学校战

略体系的深入了解，在资源相对有限的情况下，按照有所为、有所不为，有所先为、有所后为的办学思路，采取非均衡发展模式，通过推进资源配置集约，集中有限资源重点支持和建设优势学科与特色学科，有效贯彻和执行学校战略；另一方面，要形成领导的集体意识，要使战略定位和规划目标成为学校领导层的工作关注点，成为学校上下共同的思想基础和行为规范。加强战略执行力还需要建立和完善精细化管理制度，培养责权清晰、纪律严明、责任心强、落实力强的管理干部队伍，避免形成议而不决、决而不行、行而不果的不良执行文化和作风。

行业特色高校必须不断强化人才吸引力。人才资源是决定大学核心竞争力的核心要素，是大学发展的第一资源。对于行业特色高校而言，学科是否有优势往往体现在是否拥有行业领域内公认的大师、大家。因此，办学必须以人才为本，切实做到依靠人、为了人、发展人。一方面，要以学科建设为龙头，拓展学科魅力，增强学术荣誉，使群英尽来、人才济济，树立尊重人才、发挥个性的人才观念，为他们施展才华提供、创造广阔空间，做到人尽其用；另一方面，要统筹规划，整合资源，结合学科发展和教学任务需求，制订一段时期内的人才引进培养规划，设立高层次人才队伍培养专项资金，启动高层次人才队伍培养计划，进一步解放思想，以超常规的热情、超常规的努力、超常规的举措吸引人才、培养人才、用好人才。

行业特色高校必须努力提升学术创新力。行业特色高校的安身立命之本即为某一领域中的学术研究相对优势。因此，坚定学科建设的龙头作用，不断攀登学术高峰是这些行业特色高校的永恒要务。一方面，要推进优势学科集群建设，形成优势突出、特色鲜明的学科集群梯队，凝练学科方向，瞄准国际发展前沿，打造学科群旗舰和学科群品牌，并率先在优势学科领域为社会发展做出卓越成绩；另一方面，要适应现代科技发展，建立交叉学科群，根据各学科发展规律积极组建由相邻学科、相关学科构成的学科群体，进一步促进学科协作和协调发展，通过优势与非优势结合、基础与应用结合、工科与理科结合、理工与文管结合，寻求新的学科增长点。同时，还要加强学术创新平台建设，争取获得教育部、财政部和行业主管部门的支持，逐渐成长为国家拔尖专门人才培养基地、科技创新基地和国际交流基地。

行业特色高校必须积极扩大科技影响力。科技影响力是一所学校综合科技实力的直接反映，也是赢得外界美誉度的重要因素。行业特色高校的科技影响力根源于其强大的学科优势，是学科建设成果的关键体现。对接国家需求、适应行业发展需求，要求高校大力培育科技影响力，用实力说话。培育科技影响力要走成果集成道路，要找准优势领域，在学科、人才、平台、财力等方面集成力量，积极承担"863计划""973计划"等国家重大科研任务，创造一批具有显示度的科技成果；要组建强大的创新团队，着力解决科研队伍整合难、人才引进难、资源共享难的问题，探索建立和完善以科研团队和课题组为核心的内部组织管理模式和校际合作模式，提高科研活动效率；要重视科研的社会服务功能，深深扎根行业领域，面向行业战略需求与相关科技前沿，面向国民经济建设和社会发展主战场，从现实、紧迫的需求出发，切实解决行业领域的大量科技问题，通过产学研合作等方式，探索鼓励成果转化的新激励模式；要注意形成保持可持续科研能力的长效机制和环境，建立和培育一种能够促进学术自主发展和教学相长的学术传统和制度框架，积累发展后劲。西北工业大学在这一方面的思路是进一步凝练科学方向，整合科技力量，紧紧追踪国内外科学研究前沿，选准制高点和突破口，不断增强承担重大科研任务和服务经济社会发展的能力。

行业特色高校必须充分关注文化引领力。文化引领力是大学的隐性社会责任之一。行业作风也深深地影响着行业特色高校的大学气质和大学文化，行业特色高校应充分发挥其在特定方面的知识、思想、人才上的独特优势，成为引领特定文化的旗帜和阵地。关注文化引领力，对外则以大众为宣扬对象，以行业文化为宣扬内容；对内则以广大师生为宣扬对象，以大学精神和办学理念为宣扬内容，借助各具特色的校训，打造各有魅力的办学风格，构建学术自由、兼容并包的学术环境，营造良好的大学氛围。

第五节　新时代行业特色高校创新发展机制

一、师资队伍建设现状分析

本小节的研究主题之一是行业特色高校（国防军工）的师资队伍建设。调查问卷分为"教师的基本情况"、"教师队伍现状及问题"、"教师队伍建设与活力"、"教师能力素质"和"高校人才评价体系"五部分，共有19个问题，包括6个填空题、12个选择题、1个开放性问答，总共77个统计变量。根据研究设计，本次共发放调查问卷500份，最终回收问卷449份，其中有效问卷402份，有效回收率为80.4%。所用的数据统计工具为SPSS 22.0。

我们分别从"院校层面"和"个人情况"两个维度对调查的教师个体样本进行分类。其中，个人情况涉及个人年龄、个人教龄、职称、毕业院校类别和是否获得过本校学位五个要素。调查显示，在院校层面上，工业和信息化部所属七所高校中，来自南京理工大学的样本数量占比最多（21.14%），北京理工大学的样本数量占比最少（1.24%）；在个人情况方面，七所样本高校中的中级、副高、高级职称的比例为91∶189∶122，毕业院校为国内高校的占比为90.55%，有74.38%的教师获得过工作所在高校的学位（表1.11）。

表 1.11　402 位受调查教师的个体样本分布表　　　　　　单位：位

高校	个人年龄					个人教龄				
	30岁及以下	31~40岁	41~50岁	51~60岁	61岁以上	5年及以下	6~10年	11~20年	21~30年	31年及以上
北京航空航天大学（26位，6.47%）	1	14	9	1	1	5	6	13	1	1
北京理工大学（5位，1.24%）	0	1	4	0	0	0	2	2	1	0
哈尔滨工程大学（82位，20.40%）	0	37	28	17	0	0	23	31	21	7
哈尔滨工业大学（72位，17.91%）	2	27	32	11	0	10	20	21	15	6
南京航空航天大学（56位，13.93%）	2	28	19	7	0	16	14	14	7	5
南京理工大学（85位，21.14%）	13	47	17	8	0	36	21	15	9	4
西北工业大学（76位，18.91%）	5	46	18	6	1	26	16	21	7	5
总计	23	200	127	50	2	93	102	117	61	28

高校	职称			毕业院校类别		是否获得过本校学位	
	中级	副高	高级	国内	国外	有	无
北京航空航天大学（26位，6.47%）	6	13	7	24（92.31%）	2（7.69%）	17（65.38%）	9（34.62%）
北京理工大学（5位，1.24%）	0	5	0	5（100%）	0（0）	3（60%）	2（40%）
哈尔滨工程大学（82位，20.40%）	7	34	41	76（92.68%）	6（7.32%）	79（96.34%）	3（3.66%）
哈尔滨工业大学（72位，17.91%）	17	33	22	66（91.67%）	6（8.33%）	62（86.11%）	10（13.89%）
南京航空航天大学（56位，13.93%）	17	22	17	51（91.07%）	5（8.93%）	36（64.29%）	20（35.71%）
南京理工大学（85位，21.14%）	28	43	14	78（91.76%）	7（8.24%）	51（60%）	34（40%）
西北工业大学（76位，18.91%）	16	39	21	64（84.21%）	12（15.79%）	51（67.11%）	25（32.89%）
总计	91	189	122	364（90.55%）	38（9.45%）	299（74.38%）	103（25.62%）

通过 SPSS 22.0 对调查问卷进行信度、效度分析。结果显示，自编调查问卷的可靠性检验结果为 0.917，具有较高的信度。KMO 值为 0.918，并且通过了显著

性水平为 0.05 的巴特利特球形检验，说明问卷的数据非常适合做因子分析。本次因子模型提取了三个主成分，一共解释了总体的 61.624%，说明此模型提取的主成分在解释和说明总体的效果时很好。信度、效度的结果说明，自编调查问卷具有很高的信度和效度水平，可以有效支撑调查分析结果（表 1.12）。

表 1.12 调查问卷的效度（一）

成分	初始特征值			提取平方和载入		
	特征值	方差贡献率	累积贡献率	特征值	方差贡献率	累积贡献率
1	8.145	45.247%	45.247%	8.145	45.247%	45.247%
2	1.512	8.398%	53.646%	1.512	8.398%	53.646%
3	1.436	7.978%	61.624%	1.436	7.978%	61.624%
4	0.902	5.011%	66.634%			
5	0.766	4.256%	70.891%			
6	0.690	3.831%	74.722%			
7	0.645	3.584%	78.306%			
8	0.616	3.424%	81.729%			
9	0.513	2.851%	84.581%			
10	0.463	2.574%	87.155%			
11	0.415	2.307%	89.462%			
12	0.371	2.060%	91.522%			
13	0.335	1.862%	93.384%			
14	0.320	1.777%	95.161%			
15	0.292	1.624%	96.784%			
16	0.235	1.306%	98.090%			
17	0.232	1.289%	99.380%			
18	0.112	0.620%	100.000%			

注：除因四舍五入外，累积贡献率等于前面各成分方差贡献率之和

（一）教师队伍现状及问题

对于教师队伍现状及问题，49.00%的受访者认为对外交流渠道少，45.88%的受访者认为成果共享和展示的渠道少，40.76%的受访者认为基础实践能力弱，38.31%的受访者认为学生培养中行业针对性弱，37.68%的受访者认为国际化程度低，35.41%的受访者认为师资规模小，35.41%的受访者认为行业结合不紧密，33.85%的受访者认为不适应现有考核评价体系，33.18%的受访者认为学科数量少，32.74%的受访者认为行业实践能力弱，18.49%的受访者认为服务国家战略意识薄弱，还有 3.34%的受访者认为教师队伍还存在其他问题（图 1.12）。

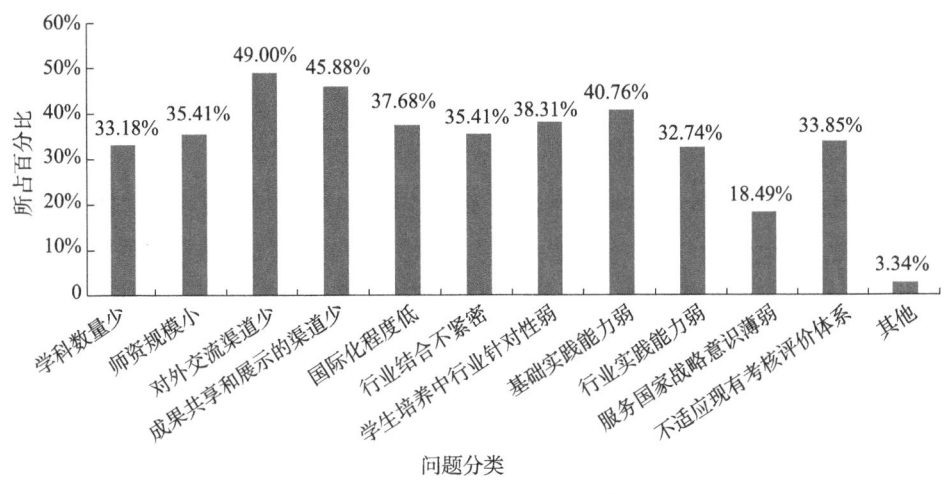

图1.12 教师队伍现状图

（二）教师队伍建设与活力

对于教师队伍建设的影响因素，45.66%的受访者认为学校积极推动人事制度改革，探索建立教师能进能出、岗位能上能下的工作机制非常重要，0.45%的受访者则认为非常不重要。59.34%的受访者认为学校加强青年教师培养，着力培养层级合理的后备人才梯队非常重要，0.22%的受访者则认为非常不重要。38.08%的受访者认为学校积极引进优秀的海内外人才非常重要，2%的受访者则认为非常不重要。48.55%的受访者认为建设一批提升学生全球胜任力和国际化视野的课程非常重要，1.11%的受访者则认为非常不重要。63.03%的受访者认为学校建立青年教师职业发展通道和成长体系非常重要，0.22%的受访者则认为非常不重要。55.46%的受访者认为建立针对行业特色高校的科学评价体系非常重要，0.22%的受访者则认为非常不重要。60.58%的受访者认为建立科学的科研绩效考核与激励机制非常重要，0.22%的受访者则认为非常不重要。44.32%的受访者认为选派优秀教师赴国内外高水平机构访学交流非常重要，0.89%的受访者则认为非常不重要。33.63%的受访者认为加大优秀外籍教师和专家的引进工作力度非常重要，3.34%的受访者则认为非常不重要。

（三）教师能力素质

对于影响行业特色高校教师能力素质提升的关键因素，60%以上的受访者认为包括个人能力、家国情怀、行业实践、基础研究。对于国防类行业特色高校教师会因保密要求，在各类评奖评优中很难体现实际工作量，严重阻碍其工作积极性这一问题的解决方法，55%以上的受访者认为专门设置国防类评审组，在综合学科评审的评委构成中增加长期从事军工科研的专家的占比，增设行业内专家的同行评议环节，对服务国防的教师单设评审指标，对做出重大贡献或取得标志性成果的教师开设"绿色通道"。

（四）高校人才评价体系

对于所在高校的人才评价体系，25.84%的受访者认为非常满意，2.67%的受访者认为很不满意。23.16%的受访者非常满意学校现有的岗位考核和职称晋升体系，4.23%的受访者很不满意。25.17%的受访者认为所在高校的岗位考核和职称晋升体系与大多数高校的做法基本一致，1.11%的受访者认为很不一致。30.96%的受访者认为所在高校有必要设置专门的行业服务岗位，2.67%的受访者认为很没必要。20.49%的受访者愿意调整岗位类型为行业服务岗，9.8%的受访者非常不情愿。

二、行业特色高校的人才培养

高校的主体职能和基本价值是人才培养，高校的立身之本在于人才培养。培养具有行业背景的，能够支撑经济社会发展的高水平创新人才是行业特色高校的根本使命。当前，行业特色高校的人才培养存在诸多问题，如专业面偏窄、创新能力薄弱、实践能力不强、适应周期过长等。究其原因，与其人才培养模式单一及趋同化、培养目标模糊、培养机制的社会适应性不强等因素有密切的联系。

（一）人才培养目标

培养目标是人才培养的规格和标准，是高校培养什么样的人的一种价值主张和具体要求，是高校人才观的集中反映，也是高校理想和使命的具体体现。高校教育的质量首先取决于人才培养目标设计的质量。学校办学的根本性的问题之一就是人才培养的目标定位，它不仅决定着学校的办学方向，而且对教学内容的选择、教学计划的制订，以及教学的安排和实施都起着决定性作用，对高校的发展具有重要的导向作用。对于一所学校，人才培养的目标定位准确，人才的规格质量才有保证，人才的出口才会比较畅通，学校才能实现可持续发展。高等教育管理体制改革前，行业特色高校为相应行业产业培养专门适用的人才，其培养目标比较明确。但是，随着经济体制的转型与教育管理体制的改革，部门管理体制的解体，高等教育大众化、市场化、人才市场的激烈竞争和需求变化，以及随着经济社会的快速发展，学生和家长日益增长的教育需求等，都对行业特色高校的人才培养提出了严峻的挑战。

我们选取西北工业大学、西安交通大学、北京航空航天大学、哈尔滨工业大学、东南大学等八所高校对其培养目标及人才培养模式进行比较分析，其中包含国防军工行业特色高校，也包括其他工科高校。选取材料大类培养方案、计算机大类培养方案为分析对象，分别从其构成要素、培养目标、课程设置、专业分流、教学方式等维度进行比较分析，从而得出结论。不同高校本科生大类培养方案的比较如表 1.13 所示。

表 1.13 部分高校本科生大类培养目标及规格比较

学校名称	培养目标及规格	人才类型定位
西北工业大学	面向国家、国防和区域建设的主战场，以先进材料及制备技术为特色，与材料学科国际前沿交叉融合，培养掌握坚实的自然科学基础与专业知识，能够从事材料与化工相关领域的科学研究、设计开发、生产制造、工程管理和科学研究等工作，具有家国情怀、追求卓越、国际视野、创新创业精神、团队协作精神、组织管理能力、良好的职业道德和社会责任感的复合型领军人才	复合型领军人才
大连理工大学	培养具有材料制备与过程控制的基础知识和技能，在材料成型过程控制和工艺优化、材料制备过程的计算机模拟、新材料开发和制备等领域从事设计制造、科学研究、技术开发、运行管理及经营销售等工作的高级复合型人才	高级复合型人才
哈尔滨工业大学	培养面向高分子材料科学与工程及相关领域的专业基础扎实、综合素质全面、工作能力强、富有创新精神的德、智、体、美、劳全面发展的专业人才	专业人才
西安交通大学	面向国家社会经济发展对材料科学与工程领域高素质人才的需求，培养具备扎实的数学和自然科学基础、全面的材料科学与工程基础、丰富的专门知识和实践经历，具有健全人格、人文情怀、社会责任感、全球视野、科学素养、求实创新精神和领导力，可以在材料、机械、航空航天、电子和信息等领域从事材料技术开发、产品研制、科学研究和项目管理等工作，能解决各行业中材料领域复杂工程问题，并在上述领域起引领作用的工程应用复合型人才	复合型人才

在培养目标及规格方面，由于高校类型不同、层次不同、生源质量不同，各个高校在培养规格上也体现出了一定的差异，对学生知识、能力和综合素质的要求的侧重点不尽相同，一定程度上反映出各校培养规格的特色。从总体上看，这几所高校基本都要求学生掌握专业基本理论、基本知识、技术技能，能从事相关领域的工作，具备一定的科学研究能力。不同的是，如西北工业大学、北京航空航天大学这类国防类院校都提出了要培养出具有"家国情怀"的人才；西安交通大学作为综合类院校，主要强调"夯实基础、重视实践、强化能力、注重个性"的要求，复旦大学则强调"人文情怀、科学精神、国际视野和专业素养"，这也体现出了各个学校都能根据自己的特色对培养目标和规格进行规范和要求。

1. 材料大类

如表 1.14 所示，不同高校的材料大类在培养目标和规格方面都有所差别，其以学校总的培养方案为前提，再根据各自大类的特点和优势进行适当的调整。

表1.14 部分高校本科生材料大类培养目标及规格比较

学校名称	培养目标及规格	人才类型定位
西北工业大学	致力于培养具有家国情怀、追求卓越、引领未来的领军人才，使学生具备健康体魄、高尚品格、广博学识、创新精神、全球视野与持久竞争力，德智体美劳全面发展	领军人才
西安交通大学	以"夯实基础、重视实践、强化能力、注重个性"为目标的创新型人才培养方案	创新型人才
大连理工大学	实施精英教育，培养精英人才	精英人才
北京航空航天大学	着力培养具有高度的国家使命感和社会责任感、理想高远、学识一流、胸怀寰宇、致真唯实的领军人才	领军人才
东南大学	造就具有家国情怀和国际视野、引领未来和造福人类的领军人才	领军人才
复旦大学	致力于培养具有人文情怀、科学精神、国际视野和专业素养的各类人才	各类人才

2. 计算机大类

如表1.15所示，除去高校自身的培养目标，计算机大类的培养目标关键词主要有计算机技能等。高校结合了各自特点对培养目标进行定位，如大连理工大学强调培养研究型、应用型人才等。

表1.15 部分高校本科生计算机大类培养目标及规格比较

学校名称	培养目标及规格	人才类型定位
西北工业大学	培养基础宽厚，知识、能力、素质俱佳，富有创新精神和创新能力，具有国际化视野，掌握计算机科学与工程方面的基本理论、基本知识和基本技能，在计算机科学与技术专业及其相关领域具有国际竞争力的复合型、创新型、引领型计算机专业人才	复合型、创新型、引领型人才
大连理工大学	培养适应国家社会经济和科学技术发展需要的德智体全面发展，具有扎实的基本理论、良好的学科素养和创新精神及获取新知识的能力，知识面宽，外语应用水平高，工程实践能力强的研究型和应用型高级科学技术与工程应用人才	研究型、应用型人才
哈尔滨工业大学	面向国际前沿和国家需求培养具有社会责任感、专业使命感和国际视野，身心健康，勇于探索未知、迎接挑战，恪守工程伦理道德，具备计算思维能力、能够综合运用所学知识解决与计算相关的复杂问题的创新能力，具备学科交叉融合、团队合作与跨文化交流能力，能够在计算机及相关领域引领未来发展的卓越人才	卓越人才
西安交通大学	培养适应21世纪国家现代化建设需要的，德、智、体、美全面发展的，富有社会责任感，系统扎实地掌握计算机基础理论、计算机系统结构、计算机软件和计算机应用技术与技能的，具备信息获取、存储、检索和处理能力的，在计算机、通信、自动化和电子等信息技术领域起引领作用、具有国际视野和竞争力的创新型高层次专门人才	创新型高层次专门人才
上海交通大学	培养能适应新时代信息技术发展需要、具有开阔视野、德智体全面发展的计算机科学与技术领域的专门人才，包括具有创新能力的研究型人才、具有设计能力的工程型人才和具有组织能力的管理型人才	研究型、工程型、管理型人才

如表 1.13、表 1.14 和表 1.15 所示，各个高校的培养目标都各具特色，从材料大类和计算机大类的培养方案来看，都是在学校总体的培养目标的要求下，结合大类和学科特色，对人才培养提出了具体的要求和培养方向。

在人才类型定位方面，"领军""复合""创新"变成了高频词汇，一定程度上体现了这几所高校的"同"，但又不完全相同，这恰恰说明由于学校的类型定位、办学定位、办学指导思想、办学条件的不同，不同类型高校的本科人才的培养目标定位存在一定的差异性，同时也表明了大类培养对人才知识结构、能力结构多样化和人才素质的综合化、全面化的要求。

虽然这些高校类型定位不一样，但是在提倡学生全面发展的今天，各个学校的培养目标和规格都不约而同地体现出了要促进学生的全面发展，这恰恰说明了大类培养模式在强调通识教育这一方面是成功的。

（二）人才培养模式

人才培养模式是人才培养体系的重要组成部分，是指在一定的教育思想和理论指导下，为学生构建知识、能力、素质结构以及实现这种结构的方式。高等学校的重要职能之一是人才培养，而人才培养的载体在于人才培养模式，因此，对高校的发展来说，人才培养模式起着举足轻重的作用。每一所高校都不能回避的课题是如何组合各种教育教学要素，并建立与办学特色和办学理念相一致的人才培养模式，从而实现教育教学的发展目标。行业特色高校的人才培养模式多年来受计划经济体制的制约，过多地强调专业知识教育，注重"专才型"人才培养，而且在专业设置上对学科专业的划分过于细致；同时，过多地注重课堂教育，而轻视实践练习，这对于工科学生的教育教学是非常不利的，严重影响其人才培养质量。

1. 材料大类

如表 1.16 所示，各个高校材料大类培养方案的课程设置主要包括通识课程、学科专业课程，不同的是有的高校根据自己的特色及需求在课程设置里面添加了其他课程，如西北工业大学的素质拓展课程、大连理工大学的第二课堂。

表1.16 部分高校本科生材料大类培养方案课程设置比较

学校名称	课程体系	课程类型
西北工业大学	通识课程；学科专业课程；个性发展课程；素质拓展课程	思想政治理论类；军事类；体育与健康类；审美与艺术类；语言类；数学与自然科学类；新生研讨类；信息类；创新创业类；文明与经典类；管理与领导力类；全球视野类；工程伦理与可持续发展类；写作与沟通类；学科基础课程；专业核心课程；专业选修课程；实践实训；毕业设计（论文）；综合素养类；学科拓展类；学术深造类课程及素质拓展课程

续表

学校名称	课程体系	课程类型
大连理工大学	通识与公共基础课程；大类与专业基础课程；专业与专业方向课程；创新创业教育与个性发展课程；第二课堂	思想政治类；军事体育类；通识类；外语类；计算机类；数学类；物理类；化学生物类；大类平台课程；专业基础课程；专业课程；专业方向必修课程；专业实验、实习、实践、实训；毕业设计（论文）；跨学科交叉课程；个性发展课程；创新创业教育课程；社会实践；健康教育；其他（社团活动、讲座、两组学习、劳动等）
哈尔滨工业大学	通识与公共基础课程；学科大类与专业基础课程；专业课程；毕业论文	思想政治类；军事类；通识教育类；外语类；体育类；计算机类；数学类；物理类；学科基础课；专业基础课；专业课程；专业实验、实践
西安交通大学	通识教育类；大类平台课程；专业课程	公共课程；核心课程；选修课程；数学和基础科学类课程；专业大类基础课程；专业核心课程；专业选修课程；思政教育；其他

2. 计算机大类

如表1.17所示，各个高校计算机大类培养方案的课程设置大体上都分为通识课程、学科专业课程及其他，西北工业大学和大连理工大学都有个性发展课程。

表1.17 部分高校本科生计算机大类培养方案课程设置比较

学校名称	课程体系	课程类型
西北工业大学	通识课程；学科专业课程；个性发展课程；素质拓展课程	思想政治理论课程；职业规划与发展课程；心理成长与个人发展课程；军事训练、理论课程；公共通修基础课程；分层次选修课程；非专业数学类课程；自然科学基础课程；科学素养类课程；经管法类课程；人文素养类课程；艺术素养类课程；学科基础课程；专业核心课程；学科前沿课程；专业选修课程；毕业设计（论文）；集中实践环节；科研训练
大连理工大学	通识与公共基础课程；平台与专业基础课程；专业与专业方向课程；创新创业与个性发展课程；第二课堂	思想政治类；军事体育类；通识类；外语类；计算机类；数学类；物理类；化学生物类；大类平台课程；专业基础课程；专业课程；专业方向必修课程；专业实验、实习、实践、实训；毕业设计（论文）；跨学科交叉课程；个性发展课程；创新创业教育课程；社会实践；健康教育；其他（社团活动、讲座、两组学习、劳动等）
哈尔滨工业大学	通识教育课程；专业教育课程	公共基础课程；数学与自然科学基础课程；人文与社会科学基础课程；创新创业课程；跨学科课程；国际课程；毕业设计；其他
西安交通大学	通识类课程；学科课程；集中实践	思想政治与国防教育；体育、英语、计算机；基础通识类课程；基础科学课程；专业主干课程；专业课程；毕业设计、课程设计；工程实践、科研训练；课外实践

如表1.16、表1.17所示，各校现行培养方案的课程体系构成基本上包括通识教育课程、学科基础课程/专业教育课程和实践课程三大要素，各个学校再根据自己的特色和要求增设其他类型的课程，但总体上没有很大的差别。为了更充分地

体现大类培养模式的培养目标和规格，通识教育课程在每一个学校的培养方案里面都有，排在首位；学科基础课程/专业教育课程是为学生提供专业知识技能的课程，可以反映专业特色，是以该专业最核心理论知识和技能为内容的课程；实践课程可以是教学实践，也可以为社会实践、科研实践、课题模拟申报等。每个学校或者大类再根据自己的特色增设其他类型的课程，有的高校增设了第二课堂，有的设有素质拓展课程。

从课程类型上看，主要分为思政军理类、学科基础课程、专业课程、必修课程、选修课程等。比如，哈尔滨工业大学和大连理工大学设置了跨专业课程，有的将通识教育课程按模块整合归类，如西北工业大学。

各高校课程设置基本符合国家新的培养方案的要求，各高校根据自身的特色对课程设置的侧重点均有不同侧重。对三类课程结构设置的不同，有利于不同层次、不同领域的院校形成自己的特色，打造独特的办学理念和风格，也顺应了《国家中长期教育改革和发展规划纲要（2010—2020年）》的需要。

（三）人才培养社会适应机制

高校是社会的高校，离不开社会的支持，但如果高校长期不能以服务社会需求为己任，或者公众感觉不到高校的这种努力，培养的人才学不致用、缺乏实践经验、眼高手低现象突出以及培养定位不清晰，就势必会导致社会对高校支持度的下降。行业特色高校培养人才的最终目的是服务行业产业、促进经济社会的发展，人才培养的社会适应性至关重要，即行业特色高校要适应社会的需求，培养出来的人才要能适应社会、市场和行业发展的需要。这就需要行业特色高校以经济结构调整和产业升级需要为导向、结合行业科技创新和社会进步的需要，建立完善的人才培养机制，面向行业企业和地方需求强化人才培养的适应能力，形成人才培养规格的动态调整机制，从而应对行业景气周期、社会需求滞后对人才需求的波动影响。增强人才的社会适应性，是行业特色高校实现以服务求支持，在贡献中求发展的关键所在。

（四）专业博士教育的优势分析与路径优化

1. 优先支持行业特色高校增设博士专业学位授权点

行业特色高校的区域分布是历史上国家计划大区布局的结果，行业特色高校在中西部地区也有一定的数量。应在具有学术博士学位授予权的行业特色高校中增添部分专业博士培养资格，尤其对一些在国家重大战略、关键领域和社会重大需求领域具有特色和优势的行业特色高校给予优先支持和适度倾斜，这有助于进一步完善省域博士教育布局，全面提升研究生教育服务国家和区域发展的能力。另外，考虑到行业特色高校已具备良好的产教融合和行业协同基础，应支持具备学位授权自主审核权的行业特色高校增设一批博士专业学位授权点，将完善博士专业学位授权点区域布局、支撑区域经济社会发展的举措落到实处。

2. 稳步扩大专业博士研究生招生规模和类型

专业博士学位的扩张是研究生教育领域一个重要的全球性现象[①]，但我国近年来专业博士研究生招生规模的超常规增长，更多地具有补偿性质，增速虽然很快，但基数较低，仍然不能满足需求。当前，我国专业博士研究生中，工程博士占有较大比例，这符合我国经济发展对高层次人才的迫切需要，成为我国科技创新和自立自强的支撑，其中，首批开展工程博士教育的 25 所高校中，一半以上是行业特色高校。高校应继续坚定自信，坚持走自己的路，扩大现有专业博士的招生数量，从而更好地服务国家经济建设。同时，依托行业特色高校，进一步加快论证相关行业领域新增专业学位博士类型的可行性，培养更多高层次应用型和复合型创新人才。

3. 进一步明确专业博士的培养定位与质量标准

培养目标决定着培养过程，同时也体现着人才培养重点与核心。专业博士教育受到质疑，一方面由于培养过程与学术博士雷同，存在"学院化"倾向，未彰显出自己的实践性特质；另一方面，毕业水准又突出强调实践性，忽视学术性标准，自我降低教育"含金量"[②]。行业特色高校要在传承弘扬已形成的优势与特色的基础上，进一步转变思想认识，主动调整办学定位，不断提升培养质量。在招生环节，要以培养研究型专业人员为目的，入学资格审核方面，在加强学术水平考核的同时，更应关注学生的实践背景以及对所从事专业工作的内涵、特性和意义的理解程度。在培养过程中，要紧密围绕行业需要，挖掘自身学科特色，加强学科交叉与融合课程体系建设，吸纳具有丰富实践经验的校外专家，打破传统指导方式及惯性思维，增强学生解决实践复杂问题的能力。在毕业环节，论文要强调实践应用性与学术创新性并重，突出专业实践领域实际问题的解决，并进一步完善分流退出制度，严把"出口关"，确保人才输出与社会需求有机衔接，从而适应国家经济建设和社会发展的需求。

4. 不断深化产教融合培养模式改革

加强产学研用合作，是开展学位研究生教育的重要支撑。哈佛大学教育领导博士项目与近 40 个全国性校外组织建立合作[③]，提供了大量生动活泼的现实案例

---

① 王世岳, 沈文钦. 教育政策的跨国学习: 以专业博士学位为例[J]. 复旦教育论坛, 2018, 16(4): 94-100.

② 袁广林. 专业博士培养目标定位: 研究型专业人员[J]. 学位与研究生教育, 2014, (11): 1-5.

③ 包水梅. 哈佛大学"教育领导博士"学位的创设及其培养方案研究[J]. 学位与研究生教育, 2012, (8): 64-70.

和需要解决的实际问题,为第三学年顶岗实习提供了保障和锻炼平台,对学生实践能力培养发挥了极其重要的作用。当前,我国专业学位培养过程中,社会、企业参与度还不够高,应出台相关激励和支持政策,以建立"国家主导、行业指导、社会参与、高校主体"的培养体系为目标,推进高校、行业、社会和国外同行等多方力量共同参与、联合培养,进一步加大行业在招生、课程体系、教学方式、实践培养和学位授予各环节的参与度,有效打破目前相对封闭的培养模式,突出实践导向。

5. 构建涵盖培养全过程、全要素的多元多维评价体系

完善的考核评价体系是确保人才培养质量的必要措施[1]。美国在强化博士学位在学期间综合考试考核成绩的同时,还构建了由联邦政府(芝加哥大学国家民意研究中心组织的博士学位获得者调查)、专业协会(美国心理学会开展的博士就业跟踪调查)、研究学者(华盛顿大学研究生教育创新与研究中心开展的博士毕业十年后调查)和高等院校(麻省理工学院院校研究中心组织的博士生离校调查)组成的四层次博士跟踪调查体系[2],对保障博士培养质量发挥了积极作用。当前,可引进行业学会评估、用人企业评估等方式,加强对博士培养质量的评价,着重突出特定职业领域实践能力的衡量,使评估成为某些特定社会职业从业者必须具备的教育经历和一些职业资格认证的重要依据,促进专业学位与职业资格认证有机衔接。同时,加强对专业博士学位授权点的调查和反馈,提升评价针对性和有效性。

(五)人才培养现状分析

本部分的研究主题是行业特色高校(国防军工)高质量发展与创新型人才培养。调查问卷分为"学生的基本情况"和"行业特色高校高质量发展影响因素的评价"两部分,共19个问题,包括1个填空题、16个选择题、2个开放性问答题,总共202个统计变量。

根据研究设计,本次共发放调查问卷1500份,最终回收问卷1464份,其中有效问卷1431份,有效回收率为95.4%。所用数据统计工具为SPSS 22.0。

从三个维度对调查的在校生个体样本进行分类:院校层面、教育层级和专业层面。调查显示,在院校层面上,工业和信息化部所属七所高校中,来自南京理工大学的样本数量占比最多(39.41%),来自哈尔滨工程大学的样本数量占比最少(0.98%);在教育层级上,七所样本高校本科生、硕士生、博士生的比例约为

---

[1] 秦琳. 博士生教育改革的逻辑、目标与路向——知识生产转型的视角[J]. 教育研究, 2019, 40(10): 81-90.

[2] 刘怡, 刘晨光. 如何保障博士培养质量?——美国四层次博士跟踪调查体系的研究与借鉴[J]. 国家教育行政学院学报, 2019, (9): 53-60.

60∶38∶2；在专业层面上，七所样本高校的工科专业学生和非工科专业学生的比例约为 87∶13（表 1.18）。

表 1.18　1431 位受调查在校生的个体样本分布　　　　　单位：位

院校层面	教育层级			专业层面	
	本科生	硕士生	博士生	工科	非工科
北京航空航天大学（120, 8.39%）	57（47.50%）	47（39.17%）	16（13.33%）	118（98%）	2（2%）
北京理工大学（139, 9.71%）	138（99.28%）	1（0.72%）	0（0）	101（73%）	38（27%）
哈尔滨工程大学（14, 0.98%）	14（100.00%）	0（0）	0（0）	10（71%）	4（29%）
哈尔滨工业大学（299, 20.89%）	295（98.66%）	4（1.34%）	0（0）	206（69%）	93（31%）
南京航空航天大学（199, 13.91%）	191（95.98%）	7（3.52%）	1（0.50%）	175（88%）	24（12%）
南京理工大学（564, 39.41%）	111（19.68%）	449（79.61%）	4（0.71%）	548（97%）	16（3%）
西北工业大学（96, 6.71%）	59（61.46%）	29（30.21%）	8（8.33%）	92（96%）	4（4%）
总计	865（60.45%）	537（37.53%）	29（2.03%）	1250（87%）	181（13%）

通过 SPSS 22.0 对调查问卷进行信度与效度分析。结果显示，自编调查问卷的可靠性检验结果为 0.994，具有较高的信度。KMO 值为 0.990，并且通过了显著性水平为 0.05 的巴特利特球形检验，说明问卷的数据非常适合做因子分析（表 1.19）。本次的因子模型提取了 15 个主成分，一共解释了总体的 76.614%，说明此模型提取的主成分在解释和说明总体时的效果很好（表 1.20）。信度与效度结果说明，自编调查问卷具有很高的信度和效度水平，可以有效支撑调查分析结果。

表 1.19　调查问卷的信度

检验		测度值
KMO 检验		0.990
巴特利特球形检验	近似卡方	344 481.388
	自由度	16 290
	显著性	0.000

表 1.20　调查问卷的效度（二）

成分	初始特征值			提取平方和载入		
	特征值	方差贡献率	累积贡献率	特征值	方差贡献率	累积贡献率
1	91.940	50.516%	50.516%	91.940	50.516%	50.516%
2	16.712	9.182%	59.698%	16.712	9.182%	59.698%
3	6.708	3.686%	63.384%	6.708	3.686%	63.384%
4	4.309	2.368%	65.752%	4.309	2.368%	65.752%
5	3.473	1.908%	67.660%	3.473	1.908%	67.660%

续表

成分	初始特征值			提取平方和载入		
	特征值	方差贡献率	累积贡献率	特征值	方差贡献率	累积贡献率
6	3.126	1.717%	69.378%	3.126	1.717%	69.378%
7	2.063	1.133%	70.511%	2.063	1.133%	70.511%
8	1.947	1.070%	71.580%	1.947	1.070%	71.580%
9	1.687	0.927%	72.508%	1.687	0.927%	72.508%
10	1.630	0.895%	73.403%	1.630	0.895%	73.403%
11	1.424	0.782%	74.185%	1.424	0.782%	74.185%
12	1.198	0.658%	74.844%	1.198	0.658%	74.844%
13	1.126	0.619%	75.463%	1.126	0.619%	75.463%
14	1.076	0.591%	76.054%	1.076	0.591%	76.054%
15	1.019	0.560%	76.614%	1.019	0.560%	76.614%

1. 在校生对高校人才培养模式的满意度

超45%的受访学生认为，其所在高校非常注重关心学生个人成长与发展、开发学生潜能、尊重理解学生、强化学生能力素质培养、重视学生建议和团队建设、鼓励合作精神；非常重视促进学生之间情感交流、鼓励学生之间相互协作、倡导学生之间团结友爱；非常重视培养学生乐于接受新事物的能力、注重基础科学研究、倡导原创和推动颠覆性技术研究。此外，学校尤其重视对家国情怀的价值塑造。有68.03%的受访学生认为其所在高校非常重视弘扬军工报国精神；有68.92%受访学生认为其所在高校非常重视倡导国家利益至上。

2. 在校生对课程教学的满意度

有62.7%的受访学生认为，课程设置与岗位职业能力相对接是影响行业特色高校发展的非常重要的因素之一；有63.73%的受访学生认为，教学条件与人才培养目标相匹配对推动行业特色高校高质量发展非常重要；此外，超过55%的受访学生认为加强基础课程对专业学科的支撑、加强对学生的就业指导与职业规划、推动教学内容与教学方法更新、强化实践教学与增加实践教学比重、面向行业企业开展深度校企合作和通过校企合作提高自身理论实践素质与增强岗位适应能力对推动行业特色高校高质量发展起到了非常重要的作用。

3. 在校生对高校各方面资源建设力度的认可度

超过60%的受访学生认为教学活动要具有学术性、要有学科领域带头人、学术活动的内容要反映研究领域前沿，非常赞同行业特色高校应该丰富图书馆资源、网络信息资源，保证科研经费充足。大部分受访学生认为，除加强自身的校园文化建设、信息化和智慧校园建设之外，行业特色高校的高质量发展和建设非常需要社会各界的支持和帮助。有52.87%的受访学生认为，加大社会人士对高校的经费支持对推动行业特色高校高质量发展起到非常重要的作用;有57.92%的受访学生强调要重视校友资源的开发;有59.36%的受访学生提出,行业特色高校应非常重视扩大与社会各界的联系,拓宽资源渠道;有60.18%的受访学生认为,行业主管部门的政策支持和经费投入对行业特色高校的高质量发展有着非常重要的作用;有63.52%的受访学生认为,政府应加大对行业特色高校的政策扶持和财力投入,这对行业特色高校的高质量发展起到了非常关键的作用。

4. 在校生对高校学生评价制度的满意度

在学术平台与管理上,69.67%的受访学生认为,学术管理应该民主、科学,尊重学者的研究风格和劳动付出。在高校学术评价上,67.01%的受访学生认同学术成果评比强调学术卓越成就与创新对行业特色高校的高质量发展有着非常重要的作用;高达73.91%的受访学生提出,学术评价应该严厉打击学术剽窃、学术腐败、弄虚作假等不正之风;有66.73%的受访学生非常赞同建立科学的科研绩效考核与激励机制。

5. 影响行业特色高校高质量发展的关键因素

在高校区域位置方面,超60%的受访学生认为行业特色高校的高质量发展与其地理区域位置有关,63.27%的受访学生认为行业特色高校需妥善利用所处区位资源、地理、人口、文化等相关优势,61.38%的受访学生认为行业特色高校需要克服所处区域资源、地理、人口、文化等相关劣势(图1.13)。

图1.13 对行业特色高校高质量发展影响较大的因素图

三、行业特色高校的学科建设与科研分析

(一)学科建设

学科平台是教师群体赖以生存与成长的依托,更是人才培养与专业建设的基础。高校如果没有学科作为依托,就等于没有发挥其职能的根基,高校将无法进

行人才培养、科学研究、服务社会和传承文化。学科特色是行业特色高校发展的核心所在。行业特色高校的优势学科与行业发展密切相关，占领着本领域的学科前沿，引领着本领域学科的发展方向，在一定时期内具有充分的话语权和不可替代性。在部分高水平的行业特色高校中，甚至形成了强势学科群，部分学科在国际上达到领先水平。追求并保持在优势学科中的领先地位是行业特色高校赖以生存的重要生命线。反之，如果优势学科被弱化，那么将使行业特色高校的"特色"顿失，给办学和发展带来严重冲击。如何立足实践、把握未来，对学科发展进行长远规划；如何解决好巩固传统优势与拓展新兴方向之间的矛盾，摆脱学科面比较狭窄的困扰，克服特色被弱化甚至丢失的问题等，是当前行业特色高校需要着力解决的问题。

（二）科研创新与服务社会

科学研究是高校服务社会的重要基础。尽管现代高校服务社会的形式在不断发展变化，但社会服务的内容与方式越来越多地与科学研究密切相关，高校服务社会的途径主要是通过科技或文化成果转化以回馈社会。行业特色高校面向行业发展的特征决定其科学研究与服务社会对其自身和行业发展尤其重要。通过提升科研实力，学校将更加主动地适应不断变化着的经济社会发展和行业变化，更好地为社会和行业服务，从而实现自身的可持续发展与良性运行，是行业特色高校发展的价值所在。科研创新能力的薄弱，将会影响行业特色高校服务社会功能的发挥，进而严重阻碍学校发展的价值实现。为此，行业特色高校必须汇聚创新人才，凝练研究方向，构建创新平台，以提升科研实力和科技创新能力，进而提升学校核心竞争力和推进我国向高等教育强国迈进的步伐。

（三）学科与科研互动机制

学科专业与科学研究互为基础、相互促进，科学研究能够促进新兴学科的形成，能够推动传统学科的改造，从而促进新兴学科与优势学科的交叉整合。形成优势学科（群）又能很好地推动科学研究的创新。刘献君教授[①]曾深刻地指出"科学研究中重大问题的解决要靠强大的学科实力，只有高水平的学科，才可能聚集一批高水平的教授，建设高水平的基地，形成浓厚的学术氛围。只有高水平的学科，社会才能对其产生认同感和信任感，也才有可能承接重大的科研项目。"因此，行业特色高校要注重建立学科与科研之间的良性互动，一方面，要以强大的优势学科（群）为科学研究集聚资源、吸引项目、引领前沿；另一方面，要在科学研究的过程中不断创新、不断开拓、不断发现，促进学科门类的丰富和完善。

---

① 刘献君. 论高校学科建设[J]. 高等教育研究, 2000, (5): 16-20.

四、行业特色高校创新发展机制的案例

（一）坚持立德树人根本任务，培养新时代国防科技领军人才

1. 传承"空天报国"红色基因，建设"课程思政"体系（北京航空航天大学）

北京航空航天大学围绕立德树人的根本任务，不忘"培养红色工程师"的初心，牢记"空天报国"的使命担当。建校伊始，北京航空航天大学的教授有80%从海外留学归来，秉持"祖国需要就是我们选择"的信念，投身国家和北京航空航天大学建设，为新中国培养了王永志、戚发轫等第一代红色工程师，也将"空天报国"镌刻成为永不褪色的北航精神。

2012年，歼-15舰载机工程总指挥罗阳校友牺牲在工作岗位上，被习近平誉为"民族的脊梁"[①]。北京航空航天大学的师生备受感染，自编自导自演了大型原创音乐剧《罗阳》，将这段关于信仰与奉献的故事在北京航空航天大学校园里年年上演，引导师生"演罗阳、学罗阳、做罗阳"，把空天情怀、强国兴邦的使命责任内化为北京航空航天大学学子创新报国、创业奉献的理想信念。

学校坚持"把盐溶解在食物中"的思政育人理念，精选覆盖面最广的三门核心课程作为"课程思政"试点，将红色基因和理想信念、家国情怀、哲学思维、创新精神、团队意识、国际视野等元素有机融入课堂教学内容，使核心课程成为立德树人的重要载体。2019年6月14日，《中国教育报》头版头条报道该校"课程思政"建设成效。60多年薪火相传，"空天报国"精神被北航人始终坚守、践行、传承和弘扬，有超过50%的博士毕业生和1/3以上的硕士毕业生选择在国防系统就业。"空天报国"成为北航人代代相传的红色基因。

2. 传承"延安根"红色基因，涵育新时代国防人（北京理工大学）

学校以立德树人为根本任务，继承弘扬"延安根、军工魂"的红色基因，实现红色基因"代代传、不断线"，形成了涵育新时代国防人的特色人才培养实践。

筑牢文化根基，用"延安根、军工魂"凝聚师生价值归属和精神动力。将"延安根、军工魂"教育元素融入主渠道、主阵地，把红色基因精神内涵和师生先进典型作为鲜活案例融入思政教育，推动校史校情教育全覆盖。实现思想政治理论课与学生日常思想政治教育贯通、与校史校情教育贯通、与社会实践贯通、与学生党建工作贯通，牢铸爱国奋斗价值取向。2019年北京理工大学牵头中国人民大学等八所高校成立延河高校人才培养联盟，探索红色人才培养新模式。

丰厚文化滋养，在坚持国家利益至上、坚持服务国家重大需求实践中培育时代新人。在承担国家重大战略需求的国防任务中产生了"大先生""大团队"，

---

① 《人民日报署名文章：总书记说到过这样一些英雄（3）》，https://baijiahao.baidu.com/s?id=1712174755940294849&wfr=spider&for=pc[2021-09-29].

其言传身教使青年牢记初心传统、强化使命担当。打造科教融合育人平台，开展"军工百团"社会实践，熔铸学生"军工品格"。建成以徐特立铜像、延安石、新校史馆为代表的文化景观"中轴线"，打造特色文化符号。红色基因融入教师课堂、贯穿学生成长。

学校不断赋予"延安根、军工魂"新的时代内涵，形成了理论与实践结合、课内与课外互动、线上与线下融通的文化涵养长效机制，红色基因内化于心、外化于行，在校生入党比例逐年升高，毕业生积极投身国防、服务基层，到国防系统就业的人数占直接就业人数的比例达 1/3。学校立足"价值塑造、知识养成、实践能力"三位一体的人才培养模式，以培养"胸怀壮志、明德精工、创新包容、时代担当"的领军领导人才为目标，以集成协同、交叉融合为理念，系统谋划、协同发力，开展创新创业人才培养实践。

3. 厚植军工报国情怀，培养新时代国防科技领军人才（西北工业大学）

强化军工报国情怀，塑造学生献身国防的价值追求。将军工报国情怀、"三航精神"融入人才培养的全过程，引导学生立大志向、上大舞台、入主战场、干大事业，矢志国防报国。打造翱翔系列型号总师进校园的思政育人品牌，统筹推进思政课程和"课程思政"建设，做到门门课程有思政。

优化"三航"特色学科专业布局，坚守国防科技人才培养。聚焦国防科技现代化需求，布局了一批特色一流学科专业，重点建设航宇、材料、兵器等"3+2"一流学科（群），包括飞行器设计、航空宇航制造工程等 10 个国防特色学科；聚类形成航空航天类、海洋工程类等九个本科生大类，坚持不懈培养国防领域优秀人才。

构建"产学研用+国防"深度协同育人机制，提升学生创新实践能力。强化科研育人，以大团队、大平台、大项目、大成果支撑人才培养。超过 80% 的学生毕业论文选题来源于大飞机、探月工程、深海探测等国家/国防重大科研项目；学生参与的科研项目超过 80% 来源于国防军工领域；超过 80% 的学生赴国防科研单位开展实习实践和科研工作。"翱翔系列微小卫星"项目获得第二届中国"互联网+"大学生创新创业全国总决赛冠军。

扎根西部、献身国防的爱国奉献精神和国防军工特质深深地融入西北工业大学学子的灵魂和血脉，毕业生投身国防科技领域就业的比例达到 40%，居全国普通高校第一，在西部地区就业的比例达到 43%。近年来涌现出了以"民机三总师"（ARJ21 飞机总师陈勇、C919 基本型总师韩克岑、CR929 中俄远程宽体客机中方总师陈迎春）、直-20 总师邓景辉、首次实现海上航天发射的长征十一号运载火箭型号总师张飞霆、我国首款大型水陆两栖飞机 AG600 常务副总师王正龙等为代表的一大批杰出毕业生，其在国家/国防重点领域"愿意去、留得住、干得好"，续写了新时代国防科技领军人才培养"西工大现象"。

4. 以"徐川思政工作法"为特色，构建主渠道引领与常态化渗透相融合的思政教育教学新模式（南京航空航天大学）

学校根据全国高校思想政治工作会议精神和学校思政工作的总体要求，秉承"航空报国""献身国防"的优良传统，以问题意识为导向，以学科建设为平台，以理论研究为支撑，以话语转化为路径，以达成实效为目的，以"徐川思政工作法"为特色，构建了主渠道引领与常态化渗透相融合的思政教育教学新模式。改革传统"照本宣科"的思政教学模式，聚焦供给侧，找准"真"问题，努力实现教材体系向教学体系的转化，解决思政教育针对性不足的问题。重点打造新媒体平台，通过"南航徐川"微信公众号，借助网络交流的私密性、便捷性等特征，引导学生提出在课堂上不敢提、不愿提的"真"问题，由实际问题的反馈改进教学内容和侧重点，倒逼思政教育体系设计。通过研（深化理论）、讲（讲透道理）、建（组好团队）、传（多方传导），直面问题，因材施教，践行"精准滴灌"的教育理念，创新形式，转化话语，形成"寓理于情"的表达特色，构建"协同联动"的工作机制，形成"铺天盖地"的辐射效果，达到"入脑入心"的教育实效。

学校既有一线思政课教师的优秀教学团队作保障，又融合了校内外思政教育工作者的力量，形成全员育人队伍。团队研发的思政课程和工作方法在全国高校和各行业中产生示范影响。团队成员主讲的优秀示范党课由教育部思想政治工作司组织在全国范围内巡讲，辐射全国140余所高校。"徐川思政工作法"由江苏省委教育工作委员会在全省高校范围内推广；王岩教授的以"思维助产术"为核心理念的思政工作方法多次在"全国高校思想政治理论课骨干教师研修班"等进行示范讲授。

5. "两华精神"为引领，孕育富有红色基因的新时代革命军人（空军军医大学）

学校大力推进以文化人、以文育人工作，不断引导师生增强文化自信和文化自觉，聚力拓展践行培育社会主义核心价值观和革命军人核心价值观的新路径。

第一，强化铸魂育人。始终坚持把正确政治方向放在办校治学首位，聚力拓展践行培育社会主义核心价值观和革命军人核心价值观的新路径。深入开展"传承红色基因，担当强军重任"和"不忘初心、牢记使命"主题教育，结合驻地红色资源优势，创新教育实践环节，组织新入校学员赴延安开展革命传统教育，传承党和军队红色基因，凝聚建校兴校的磅礴力量。

第二，提升大学精神。深入挖掘学风和办学理念的文化底蕴，全面结合学校80余年来的办学历史，大力弘扬"至精至爱、效国效民"的大学精神、"德、学、和、进"的校风、"团结、求实、创新、献身"的校训，不断凝练、丰富和弘扬大学精神的文化内涵。深入开展办学思想大讨论与纠治和平积弊活动，聚焦备战打仗主责主业，统一师生的思想和行动，号召全校师生学习甘巴拉精神和伟大抗疫精神，打造学校的精神高地和文化标尺。

第三，丰富文化活动。积极开展校园文化艺术活动和课外学术科技及社会实践活动，构建了校园文化活动品牌体系，扩大了社会影响力，在丰富师生文化生活的同时，营造了健康向上、生动活泼、浓郁热烈、高雅文明的校园文化氛围。学校承办了2018年亚太军事医学年会，提升了学科在国内外医学领域的软实力；赛艇队参加多项国际和全国赛事，荣获多个奖项，有效激发了师生的参与热情，充分展示了空军军医大学的风采，打造了具有空军军医大学特色的校园文化活动品牌体系。

（二）深化人才培养模式改革，培养国防科技工业急需的高层次专业人才

1. 汇聚六维合力，创新人才加速涌现的北理工探索（北京理工大学）

学校立足培养担当民族复兴大任的时代新人，构建"价值塑造、知识养成、实践能力"三位一体的人才培养模式，以"家国情怀、追求卓越、引领未来"为培养目标，努力实现学生在价值、能力和知识维度上的协调发展，六维合力培养了拔尖创新人才，为培养高素质国防科技人才、续写新时代人才培养新华章提供了坚强保障。注重红色基因思想引领，构建"大思政"工作格局，建立"十育人"工作体系，把"延安精神""军工文化"融入人才培养的全过程。构建本研一体化人才培养体系，以徐特立学院为引领，打造基础知识精深、能力素质并重、分类卓越成才的本研一体贯通培养体系。"SPACE+X"改革一体，整体推进专业建设、培养模式、实践能力、课程建设、激励机制、体制改革，打造"金专""金课"名师成果奖。书院学院专业大类一体，实施跨学院跨专业大类招生、大类培养和书院制，开设智能机电、医工融合等交叉融合实验班，提升人文素质，跨界培养人才。科学研究实践创新一体，创建"双创"大平台、大中心、大团队、大项目，将科技创新优势转化为人才培养优势，将教师学术科研能力转化为学生创新创业能力。国内国外培养教学一体，享世界一流大学资源，促学生国际交流，建设中俄学院、大数据专业、对标课程，工科专业接轨国际工程教育"第一方阵"。

2. 支撑国防现代化建设，培养国防急需的高层次专业人才（哈尔滨工程大学）

哈尔滨工程大学始终坚持"国家战略在哪里，人才培养就到哪里"，发挥长期服务国防优势，依托军地合作，开展协同育人，紧密结合承担的型号研制、科学研究任务，在国防科研和办学过程中锤炼技术攻关队伍、培养国防急需的高层次专业人才。

2018年，教育部批准清华大学、北京大学、哈尔滨工程大学三所高校与中国人民解放军军事科学院首批开展联合培养专项计划，这是军改实施以来融合发展的重大举措。哈尔滨工程大学2018年首批培养20名博士生，2019年培养规模达到 40 名博士生、20 名硕士生，合作导师共 80 人，在全国高校中合作规模最大、类型最全，并在船舶、控制、力学、动力、水声等国防关键核心技术和前沿共性问题领域联合承担装备预研、前沿创新等研究任务，发挥了示范引领作用。

服务"一带一路"倡议，培养知华友华的国际一流人才。学校长期与国际原子能机构（International Atomic Energy Agency，IAEA）密切合作，探索建立中国特色、国际标准的核教育体系，为中国和全世界培养了一批高素质核领域人才，获得国际社会高度评价。基于在国际核领域人才培养的良好声誉，学校积极响应并服务"一带一路"倡议，在教育部的大力支持下，2017 年倡议并推动设立了首个"中国政府原子能奖学金"项目，五年来为"一带一路"沿线国家和新兴核能国家培养了 200 名硕士、博士留学生。将中国技术、中国制造、中国标准、中国文化传播到世界，为提升国家软实力做出了应有贡献。国际原子能机构评价该项目是构建核领域人类命运共同体，推动"一带一路"、核工业走出去的具体举措。国际原子能机构官方网站发表了题为"中国为核发展新手国家培训核能工程师"的署名文章。

3. 学科与专业建设协同，打造人才培养南航样板（南京航空航天大学）

依托高层次学科平台建设一流本科生校内实践创新基地。依托机械结构力学及控制国家重点实验室等 11 个国家及省部级科研优势平台，建设一批以高水平科研项目为载体的主题创新区，全面向学生开放，实现学生课外科技训练全员覆盖。

依托高水平学科团队组建一流教学团队。坚持学科建设与专业建设统一规划，由学科带头人担任专业负责人，学科团队骨干成员承担专业核心课程教学任务。重视老教师的传帮带作用，采用青年教师导师制、课程组集体备课、定期组织课程教学创新竞赛等方式，整体提升教师的教学能力。

构建教研融合、高水平科研转化为高质量人才培养的有效机制。出台相关政策，激励教师及时将科研成果转化为课程内容、教学案例，不断更新教材和实验设备，结合工程实际研发出了一批具有自主知识产权的力学实验教学设备。

实施本硕博贯通式人才培养新模式。率先设立工程力学优秀生培养班——钱伟长班，实施本硕博贯通式培养，探索了创新人才精英化培养的有效模式。

2019 年，学校在国际大学生工程力学竞赛中获奖九项，在第十届全国周培源大学生力学竞赛中总成绩为全国第一并获得全国唯一团体特等奖。2016 届工程力学钱伟长班被誉为南航最牛毕业班。教师教学团队获得首届"全国高校黄大年式教师团队"称号和中央四部委授予的"全国专业技术人才先进集体"称号。2018 年《依托优势学科，构建与实践工程力学专业创新人才培养新体系》项目获国家级教学成果奖一等奖。

4. 践行"强大国防"使命,构建工程精英培养的南理工体系(南京理工大学)

第一,建立"使命担当"英才培养机制。根植"强大国防"使命,提出了"为中华民族复兴立命、为武器装备现代化立行"的教育理念,在人才培养的各个环节渗入军工文化元素。将知识传授、能力培养、文化引领、价值培塑等融会贯通,将军工文化育人理念落细、落小、落准到人才培养全过程,通过言传身教、教学相长,不断培养学生的家国情怀和奉献精神,从而提升了学生献身国防的使命感、责任感、荣誉感和自豪感。

第二,构建军民融合课程体系。以兵器装备发展及国民经济建设对通专结合的军民两用人才的需求为导向,在打牢工程基础理论和专门知识的基础上,模块化构建了火炮等军工特色专业,设置了先进发射等交叉学科领域卓越工程师培养专业课程,实施校企双导师制,培养"三师型"领军人才。依托国防科技重点实验室、"111计划"引智基地、国际合作办学项目,聘请国内外名师专家,开办暑期学校和系列讲座。

第三,打造多层次专业实践教学平台。以创新设计和工程实践能力培养为导向,校企协同、优势互补、科教融合,打造了多层次、多模块的工程素质与创新实践能力培养平台,建设了国家级实验教学示范中心、科教融合的专业实验室、高层次科研实验室、多样化的学生自主创新工作室、校企优势互补的工程实践教育中心,全面提升了学生的基础实践能力、专业综合实践能力和自主创新创业能力。

在国防科技工业相关领域,一大批该校校友已经成为我国国防建设事业的中坚力量。2015年大阅兵兵器方阵中武器系统的总师或副总师均由该校校友担任。

5. 构建"三者合一"的工程实践,完善武器类拔尖创新人才培养体系(南京理工大学)

南京理工大学依托本校武器类学科优势,结合研究生教育综合改革,通过完善武器类博士生专业知识体系、构建"梯次配备+小组指导+分类培养"的拔尖创新人才培养机制、构建"三者合一"的工程实践培养体系,创新了武器类博士生培养模式。通过优化培养方案、拓展培养渠道,完善武器类拔尖创新人才知识体系。优化培养方案,形成"通专结合"的课程体系;拓展培养渠道,建立"四维一体"的课外学习方式,强化武器类博士生的专业知识。通过国际顶尖军工院校研访等方式,博士生将紧跟国际学术前沿;借助实地试验等途径,使博士生系统掌握工程技术。立足自主,依托"两高"(高水平团队+高层次项目),构建梯次配备、分类培养的拔尖创新人才培养机制。依托高水平国防创新团队,院士、总师引领,梯次配备,培养自主创新能力。按方向组建技术小组,组内纵向技术攻关,组间横向协同合作,从而提高跨学科解决科研问题的能力。全链贯通,自主参与,构建武器类博士生"三者合一"的工程实践创新培养体系。博士生作为参试者，参与武器系统全寿命研制试验，从而全面提高了解决复杂工程问题的能力。近年来武器类博士生的自主创新能力提升显著，成果示范和辐射作用突出。博士生章冲以第一作者在 Science（《科学》）上发表了我国火炸药领域首篇论文，引领了新型超高能含能材料研究；许元刚以第一作者在 Nature（《自然》）上发表了我国含能材料领域首篇论文。2/3 以上的毕业生在国防系统就业，涌现出程刚、张培林等一批具有献身精神的国防领军人才。

6. 以智能无人系统/机器人技术为主线的强军新工科"无人"专业课程体系构建与实施（国防科技大学）

学校根据"无人作战"新型作战力量的发展对"无人装备工程""无人系统工程"等强军新工科专业人才培养提出的新要求，构建了以智能无人系统/机器人技术为主线的"无人装备工程""无人系统工程"专业课程体系，从而实现理论教学与综合实践教学的融合贯通。根据无人装备的技术特征，"无人装备工程"专业课程的必修课程划分为机电系统课程群、信息系统课程群、控制系统课程群、智能系统课程群；根据无人系统的技术特征及作战应用，"无人系统工程"专业课程的必修课程划分为机电系统课程群、信息系统课程群、控制系统课程群、智能作战课程群。"无人装备工程""无人系统工程"专业的机电系统课程群、信息系统课程群、控制系统课程群均设置一个综合设计项目，分别为机电系统综合设计项目、信息系统综合设计项目、控制系统综合设计项目。通过上述一体化设计以及贯穿本科学习全过程实施的综合实践系列课程，训练学员综合运用所学的机械、电子、通信、控制、导航、智能等方面的知识，设计并实现典型的智能机器人系统，完成复杂地形穿越或者对抗竞赛等预定任务，实践典型无人系统装备的"需求分析、资料查阅、方案设计、理论计算、工程实现、试验调试"的全套设计实现流程，巩固所学的基础理论和专业知识，培养工程素养和协作精神，激发创新思维和科研兴趣，大大提升了学生的创新实践能力和解决实际问题的能力。

7. 探索航天教育国际合作新路径，构筑"一带一路"航宇发展新高地（西北工业大学）

学校依托航空宇航优势学科，大力推进与世界一流大学的交流与合作，探索建立以"一带一路"为重点、以国际平台为依托、以联合研究为牵引、以人才培养为使命的航天工程教育国际合作新路径。

发起成立"一带一路"航天创新联盟，搭建航天国际合作平台，建立了以我为主、21 个国家 63 个成员单位在内的国际合作网络，吸引莫斯科航空学院、米兰理工大学等国际名校加入。在西班牙、埃及等多国举办航天学术活动，累计 1000 余人参加，成为以"一带一路"为主题的大学联盟中在国外举办系列活动为数不多的单位，极大地提升了中国航天工程教育与学科国际影响力，为航天强国建设贡献了智慧。

作为欧盟 QB50 项目的亚洲区总协调单位，西北工业大学与 23 个国家的 40 余所大学、研究机构合作开展微小卫星研发工作，学校自主研制的"翱翔一号"卫星首次搭乘美国"天鹅座"飞船进入国际空间站，形成中国航天对美合作的实质性突破，为中国航天服务"一带一路"沿线国家贡献西北工业大学方案。此外，与亚太空间合作组织（Asia-Pacific Space Cooperation Organization，APSCO）联合，获批"未来空天飞行技术创新型人才国际合作培养"等项目，建成了航天创新人才培养基地。

（三）技术、知识创新方面：大力加强学生创新创业教育

1. 依托"冯如杯"竞赛，打造创新创业教育体系（北京航空航天大学）

在大类招生、大类培养的背景下，学校创新创业教育逐步成为学校科研优势向人才培养优势转化的有效载体。学校鼓励"师生共创+学生原创"相结合的创新培育模式，明确以创新为基础的创新创业教育导向，于 2016 年成立了创新创业学院，下设教育中心、活动中心、指导中心、实践中心、研究中心五个分中心，学院办公室设在校团委。各部门在现有工作基础上，整合校内创新创业教育资源，凝聚创新创业合力，实现了校内创新创业教育的高效沟通和无缝衔接。目前，学校创新创业工作形成了资源统筹、齐抓共管、上下联动、全面推进的良好工作格局。

"冯如杯"竞赛作为北京航空航天大学创新创业教育的核心载体，逐渐形成了创意、创新、创业的"一杯三赛"竞赛模式，通过竞赛鼓励学生大胆创意、动手创造、勇于创业，从而形成了北京航空航天大学独特的从创意到创造再到创业的创新创业氛围。正是基于"冯如杯"竞赛的沃土，近年来，学校在"挑战杯"全国大学生课外学术科技作品竞赛、中国"互联网+"大学生创新创业大赛等全国大赛中获得冠军、特等奖、一等奖多项。该校学生创新创业团队也被包括《新闻联播》在内的主要媒体多次报道。近百个学生创业团队成立公司、走向市场，特别是涌现出了拔尖的学生创业企业，其得到了千万级的风投资金，创造了数十亿的市值。

2. 四融合四促进，实践创新创业人才培养新模式（北京理工大学）

学校创建先进材料实验中心等 20 个集科研、教学、创新于一体的公共平台，建设工程训练中心、三电中心（智能电子信息系统研究所/电工电子国家级实验教学示范中心）、前沿交叉科学研究院等从基础到前沿的创新中心，组建无人机队、赛车队、机器人队等多学科交叉的学生"双创"团队，搭建高层次学科团队指导的学生"双创"项目。推动创新创业与知识体系融合，促进学生创新思维培养与能力提升；推动创新实践与科学研究融合，促进科技创新优势转化为人才培养优势；推动创新平台与学科平台融合，促进创新创业实践生态升级；推动创新团队与教师团队融合，促进教师学术科研能力转化为学生创新创业能力。从而，形成

"四融合、四促进"的学生创新创业教育"北理模式"。

创新创业成果不断涌现，学生团队斩获多个国际国内大奖，在第四届中国"互联网+"大学生创新创业大赛中获得冠军、季军和金奖，创赛事纪录。冠军倪俊本科一年级起就浸润在北理创新文化"塑"、创新模式"育"、创新平台"促"的氛围中，多次率领车队参加国内外比赛30余项，2016年被中国科学技术协会纳入"青年人才托举工程"，2017年获得"北京青年五四奖章"。

3. "德才培育并举、科教深度融合、自主创新实践"的哈工大育人理念（哈尔滨工业大学）

在秉承"规格严格，功夫到家"校训的哈尔滨工业大学莘莘学子中，有一群具有"特别能吃苦、特别能战斗、特别能攻关、特别能奉献"基因的航天人，组成了紫丁香学生微纳卫星团队。紫丁香学生微纳卫星团队成立于2012年，凝聚了航空宇航、力学、计算机等九个学科的100多名本科、硕士和博士学生。

紫丁香学生微纳卫星团队，是一个开放的学生自主创新实训平台，建立了"按兴趣和特长自主选题+多学科导师团队"的培养模式；是一个国际合作示范平台，学生自主与国内外60余所大学和学术组织建立实质性合作关系；是一个航天科普和爱国教育平台，提出了"依托工程实践传承航天精神"的感悟式德才并举的教育方法。

紫丁香学生微纳卫星团队屡创佳绩，我国首次由学生自主研发的"紫丁香一号"和"紫丁香二号"卫星相继发射成功，《科学》杂志刊登了"最美地月合影"，"紫丁香一号"卫星从国际空间站释放，开启了我国在校学生参与国际空间研究计划的新篇章。紫丁香学生微纳卫星团队近年来获得20余项国家级奖励（一等奖及以上），开创了"德才培育并举、科教深度融合、自主创新实践"的人才培养新模式，相关成果获国家级研究生教育成果奖一等奖。

央视网、人民网、光明网、凤凰网等均跟踪报道、深刻剖析了"学生把梦想做上天"背后对于高校人才培养的意义和作用。

4. 构建校地深度融合的创新创业教育模式，打造国家双创示范基地（南京理工大学）

南京理工大学开展类型丰富、途径多样的创新创业教育与实践，将创新创业教育与区域发展整体规划深入融合，将体制机制进行创新探索，打造扎根区域服务社会的国家级双创示范基地，得到了主管部门的高度认可和新闻媒体的广泛报道。创新了针对性的双创培养新模式，围绕区域、企业、院所对创新人才的需求，吸纳产业教授、产学研实习基地等社会优质创新资源，实施融合-普惠、拓展-精英和提升-典型三种创新创业教学方式，精准、有效地促进不同创新创业需求的学生的成长发展。学校在2017年成立了创新创业教育学院，先后遴选建设了22个大学生创新创业工作室。打造环南京理工大学创新创业区，利用地缘优势与南京市各行政区共建"紫金创谷"双创街区、南理工科技创新园、南京机器人研究院等一批政产学研用双创载体。

南京理工大学先后获批"全国高校实践育人创新创业基地""全国深化创新创业教育改革示范高校""全国创新创业典型经验高校""首批中美青年创客交流中心""二月兰创新工坊"获批国家级众创空间，学校大学生创新创业实践基地获评"2017—2020年度江苏省大学生创新创业示范基地"、南京市"市级众创空间"等称号，2017年学校成功入选国家双创示范基地。

（四）协同创新方面：大力推进科教产教协同育人

1. 科教融合、校企协同、国际合作的定制人才培养北航模式（北京航空航天大学）

北京航空航天大学在多年试点经验的基础上，于2017年启动建校以来规模最大的人才培养改革，全校按照四个大类招生，并成立覆盖一二年级全体本科生、强化通识教育的"北航学院"。该学院围绕五大学科群，下设了士谔书院、士嘉书院、冯如书院、守锷书院、致真书院、知行书院等六大书院。书院的核心功能涵盖通识教育、导师制及社区育人。学校探索出了一条具有"中国特色、北航风格"的本科生大类招生、书院培养的特色道路。

围绕"大飞机"重大专项，与中国商用飞机有限责任公司联合举办了"大型飞机高级人才培训班"，为国产大飞机的设计、研发、制造和运营定向培养核心人才，其中500余名学员工作在中国商用飞机有限责任公司的各关键岗位上。围绕"两机"重大专项，成立"吴大观英才班"，聚焦航空发动机领域，到2018年已定向培养六届学生。2018年，在习近平主席和马克龙总统的共同见证下，北京航空航天大学与法国国立民航大学签署合作备忘录，在杭州共建中法航空大学，围绕"航空强国"战略，培养航空、民航高端人才。学校不断通过专项招生和定制培养，为航空航天、信息安全等国家重点行业领域持续输送一流创新型人才。

2. 科教融合，在哈工大学习的高"性价比"得到社会广泛认可（哈尔滨工业大学）

哈尔滨工业大学建立了"以学生为中心，学生学习与发展成效驱动"的教育理念，构建了"核心价值塑造、综合能力养成和多维知识探究"三位一体的人才培养模式，完善了"通识教育、专业教育、实践创新、个性发展"四个融合的课程体系，实施了"转理念、强通识、精课程、重实践、抓两化（个性化、国际化）、健组织、严评价、促发展"八大举措，强化了学校人才培养特色。在专业教育和通识教育间把握平衡，人才培养向交叉融合转移。建立的大类招生、大类培养体系实现了八个专业集群招生，所有学生可自主选择专业和发展方向；布局创建战略新兴专业，建设 13 个新型辅修专业，加大跨学科人才培养力度；进行交叉学科方向研究生培养，实现本研人才培养在课程体系、实习实践平台、教学管理、信息化支撑系统等方面的全面贯通；将最新科研成果凝练固化为课程教学内容，将科研项目用于学生培养，将科研设备开发为实践育人平台，将科研方法用于学生创新创业实践能力的培养。

经过系统培养，学校的毕业生就业竞争力排名明显高于入学分数排名。学校在 2019 届校园招聘 500 强企业宣讲高校排行中居全国第一，在泰晤士 2018 年全球大学毕业生就业能力排行榜中居全球第 143、中国第七（不包含香港和台湾的高校）。

3. 共建协同培养机制，构建高素质国防科技人才培养共同体（西北工业大学）

依托多方培养单位，共建协同培养机制。依托国防特色的国家级实践示范基地、协同创新中心等联合培养平台近 100 个，实施本硕贯通式培养计划和工程博士培养计划；打破学院及专业、企业及部门壁垒，实现培养方案统筹规划、培养资源精准对接和高效共享，每年选派近千名研究生去企业深度参与工程实践。

建设一批协同创新中心，联合培养高层次科技人才。通过实践实习、挂职锻炼等与专业学习融合贯通，与中国航天科技集团公司等单位共同建设了航天动力技术协同创新中心等四个协同创新中心，并先后与中国航空工业集团公司第一飞机设计研究院、航天恒星科技有限公司等单位开展了有关联合培养高层次创新人才的战略合作，将专业学位研究生人才培养与国防项目紧密结合，协同培养了一批优秀的国防科技人才。

大力加强实践实习基地建设，在实践中协同培养学生。建立完善了专业学位研究生实践基地管理办法等一系列规章、制度，大力加强实践基地建设，鼓励院系与国防科研单位共建实践基地，先后与陕西飞机工业有限责任公司等单位建立了全日制工程硕士研究生实践基地，与多家企业建立了全日制工程硕士联合培养合作关系。

面向国家和国防重点建设领域设立工程博士专项班。联合中国航空工业集团公司第一飞机设计研究院、中国飞机强度研究所、中国航空发动机集团、中船重工 705 研究所等大型国防企业，聚焦未来飞行器、船舶与海洋工程、智能无人系统、未来飞行器、航天装备、无人海洋装备、稀有材料、"两机"专项等国家和国防重点建设领域灵活设立多个工程博士专项班，着力增强研究人员的创新能力和综合实践能力，推动高端前沿技术创新，培养行业领军人才。

4. 依托北斗重大工程任务，培养高层次、高水平的战略型和专家型人才（军队院校）

学校创立了"多专业交叉融合的课程体系""关键技术攻关与前沿探索并举的选题体系""与北斗系统建设无缝对接的实践体系""多层次多方位导师联合

培养的指导体系"四位一体的研究生培养"北斗模式"。强化科研创新在卫星导航知识体系中的主导作用，构建集基础、应用、前沿于一体的研究生课程。以重大需求为导向的选题方法，将研究生培养紧密依托北斗型号工程建设开展，先后为解决以北斗一号全数字快捕、北斗二号卫星抗干扰、北斗三号系列卫星载荷为代表的系统建设瓶颈问题，提供了重要的技术支撑。依托北斗科研大团队，构建"导师+助理导师+专家级工程师+教学管理办公室"的多方位、多层次的研究生培养指导方法，培养过程更加规范化和制度化，从而提高了研究生管理与指导质量。

经过重大工程洗礼、"北斗模式"培养的研究生，其科研创新和工程实践能力表现突出，成为北斗建设的重要力量。学校北斗团队研究生在读期间先后有36人次获得省部级科技奖励，并作为主要完成人申请专利86项，授权56项，占单位专利总数的60%，部分成果已在北斗系统中得到应用。毕业研究生广泛分布在北斗系统建设总体与研制单位、各北斗装备总体与研制单位、全军各大院校，成了以北斗系统和装备建设为代表的航天工程中坚力量，其能力得到业内高度认可，其中产生了一批骨干和领军人才。唐小妹等三人入选国防科技大学青年拔尖人才计划。

（五）治理体系创新方面：着力提升治理能力现代化水平

1. 着力提升治理能力现代化水平，不断完善治理体系（西北工业大学）

学校党委坚持以习近平新时代中国特色社会主义思想统领"双一流"建设全局，紧紧围绕习近平"制度是关系党和国家事业发展的根本性、全局性、稳定性、长期性问题"的指示精神，以确保办学正确政治方向为抓手，以释放办学活力为着力点，持续推进中国特色现代大学制度建设，不断完善治理体系，着力提升治理能力现代化水平，为"双一流"建设营造良好的制度保障。

全面加强学校党的建设，把党的领导贯穿"双一流"建设的全过程。学校党委充分发挥把方向、管大局、做决策、抓班子、带队伍、保落实的作用。修订党委全委会、党委常委会、校长办公会议事规则，发布《西北工业大学落实"三重一大"决策制度实施办法》，健全学校重要工作常态化督查督办机制。学校党委常委会常态化研讨"双一流"建设中的重大问题，聚焦涉及学校改革发展稳定的重大问题和事项进行调研决策，坚决落实党中央关于教育改革发展和"双一流"建设的各项决策部署，为"双一流"建设提供坚强领导保障。

压实工作责任，构建"双一流"建设管理体制。学校成立一流大学建设领导小组，负责"双一流"建设的统筹协调和实施推进，审议事关"双一流"建设的重要事项；校学术委员会就"双一流"建设中的重要事项决策进行咨询和把关；各职能部门通力合作，协同推进各项建设任务和改革任务，形成了党委统一领导、校长负责、一流大学建设领导小组统筹推进、校学术委员会咨询把关、各职能部门分工协作的"双一流"建设管理体制。

着力建章立制，推进现代大学制度建设。一是坚持以《西北工业大学章程》为基本遵循，健全完善相关规章制度。坚持党委领导下的校长负责制，坚持民主集中制，规范学校议事规则和决策程序，进一步明确党委和行政关系，积极推进校务委员会工作的开展。二是成立学校规章制度建设工作小组，科学规划规章制度顶层设计。支持学术委员会遵照章程开展工作，健全了以学术委员会为核心的学术管理体系与组织架构。三是完成工会、教职工代表大会、共青团的换届工作，充分发挥教职工代表大会、学生代表大会等组织的作用。引导广大师生参与到学校发展规划、重大改革和涉及师生切身利益的重要事项中，充分发挥师生在民主监督和民主管理中的作用。四是通过先行先试，逐步扩大学院在岗位设置、人才引进、考核评价、薪酬分配等方面的自主权，完善落实学院办学主体地位的制度体系。

持续扩大开放，完善社会参与机制。积极构建集地方政府、国防科研院所、知名企业于一体的社会参与机制，汇聚支撑学校发展的合力。瞄准长三角一体化发展、粤港澳大湾区建设、西部大开发等，与西安市人民政府签订战略合作协议，推动翱翔小镇等科技特色小镇和环西工大军民融合创新带建设。与江苏省合作共建太仓校区和长三角研究院，推动深圳研究院、青岛研究院等异地创新机构建设。积极投身陕西新时代"追赶超越"和大西安建设。主动对接军工集团，先后与中国航空发动机集团、中国船舶集团有限公司等签订战略合作协议，深化与中国航空工业集团有限公司、中国航天科技集团有限公司、中国航天科工集团有限公司的联系，围绕人才培养、项目合作、科技研发与产业化发展等方面开展合作。

加强统筹协调，优化资源配置。一是按照"资源随人走、随新走、随改革走、随贡献走、随公共平台走"的原则优化资源配置。优先支持人才培养、师资队伍、学科公共平台、"3+2"一流学科（群）及新兴（交叉）学科建设。二是改革公用房配置机制，建立"基础资源+竞争性资源"的公用房资源配置模式及以绩效和经济为杠杆的公用房调配机制。按照"办公定额、教学保障、科研有偿、绩效导向"的原则，建立有偿使用和绩效评价机制，推动学院使用绩效和经济杠杆开展房屋核算。三是构建科研设施开放共享机制，建立了以校级分析测试中心为主体，多个共性学科公共平台为支撑的科研设备开放共享机制，着力推动大型仪器的开放共享，盘活校内科研设施资源，降低科技创新成本。

2. 深化管理体制改革，充分释放办学活力（北京航空航天大学）

完善学科建设管理机制，促进学科内涵式发展。在拓展学科面的同时，严把学位授权点的申报和设立质量关，围绕国家发展战略和经济社会发展需求，以提高质量为宗旨，有序开展学位授权点增列工作。对各学位授权点建设水平进行全面梳理和评估，对建设质量不高的学位授权点进行动态调整，促进了学位授权点建设质量的提升。完善学科建设评估机制、优化考核指标，将研究生指标、建设经费等资源调配与国家战略需求、学位授权点建设质量挂钩，激发学科创新活力。

深化人才培养机制改革，完善培养质量评估体系建设。完善覆盖全部教学环节的教学质量评价标准，健全学生评价、学院评价、教师自评、同行评价、专家评价的多维度教学质量评价体系。加强校院两级督导，实施校领导听课制度。建立教学基本状态数据库及评估系统，开展教育教学质量常态化监测；以"树典范、筑底线"为原则完善学位论文质量保障机制，出台《北京航空航天大学研究生指导教师岗位管理办法》《北京航空航天大学落实研究生导师立德树人职责实施细则（试行）》，健全研究生导师权责机制；全面实行博士生招生"申请－考核制"；建立健全涵盖保障型、半竞争型和竞争型的研究生创新激励体系，引导和激励研究生潜心学术、追求卓越。

深化人事制度改革，建立人才队伍的多元评价机制。学校深入研究出台《教师队伍分系列发展与评价总体方案》。以分类管理、科学评价、强化责任、人尽其才为原则，构建教研、教学、研究、实验、管理服务五大系列，强化师德师风第一标准要求，全面清理"五唯"（唯分数、唯升学、唯文凭、唯论文、唯帽子），着力深化以质量、贡献、影响为核心的代表作评价制度，有效引导、激励教师选择适合自己的发展系列，推进实施教师队伍分系列发展与评价制度。启动体系化职称评审制度改革，科学统筹政策机制设计，出台《北京航空航天大学职称评审实施办法（试行）》，强化代表作评价制度，实施以权威第三方进行同行评价为主的多元化评价机制，力求评价的科学性和公正性，分系列发展效果初显。

深化科研评价方法改革，释放科研创新潜能。深化改革，清理"五唯"，完善校院两级科研组织和科研管理体系，有效完善科研治理体系、提升科研治理能力。优化青年拔尖人才支持计划的选拔，强化考核，强调以需求为导向开展基础前沿研究；优化重大科技创新支持计划，激励引导科技创新向质量、影响、贡献导向转变。依托航空发动机研究院、前沿科学技术创新研究院等创新特区，建成重大装备超大关键构件增材制造研究院、电磁安全先进技术研究院等10个分院。

3. 坚持和加强党对学校工作的全面领导（北京理工大学）

把党的政治建设摆在首位，增强"四个意识"，坚定"四个自信"，坚决做到"两个维护"，把党的领导、党的建设贯穿办学治校的全过程。推动形成了以大学章程为统领，以党委领导下的校长负责制为核心，以职能部门和专业学院为依托，以学术委员会、教职工代表大会等为支撑的现代化大学内部治理体系，完善了党委领导、校长负责、教授治学、民主管理的治理结构。

实施思想引领计划。持续完善落实党中央决策部署和上级工作要求快速响应、扎实部署、督查问责的工作机制。高扬旗帜，持续推动习近平新时代中国特色社会主义思想深入人心、落地生根，做好党的理论创新成果"三进"工作，及时学习宣传贯彻习近平的重要讲话和重要指示精神，加强对重大问题的理论阐释和深度解读。制订、推进、落实《关于加强高校党的政治建设的若干措施》的工作方案。扎实开展"三严三实"专题教育、"两学一做"学习教育和"不忘初心、牢记使命"主题教育。持续深入推进中央专项巡视整改、工业和信息化部专项巡视检查整改工作。制订巡察工作规划和巡察工作办法，建立党委巡察工作长效机制。

实施能力锻造计划。坚持新时代好干部标准，制定完善《北京理工大学中层领导人员管理办法（试行）》《北京理工大学中层领导人员选拔任用工作实施细则》等制度，紧密结合学校机构改革，优化班子结构。打造忠诚、干净、有担当的高素质干部队伍，营造良好的选人用人环境，加强精准分类和关键业绩导向，激发干部勇担重任、能担重任。搭建挂职锻炼平台，每年推荐十余名干部教师去部委、地方挂职借调。依托校外党性教育基地持续开展暑期集中培训实践，实现中层领导干部三年全覆盖。

实施固本强基计划。落实党建工作责任制，突出党组织政治功能，出台《中共北京理工大学委员会关于进一步加强和改进基层党组织建设的若干意见》等基层党建工作制度。突出"书记抓、抓书记"，北京理工大学作为中共中央组织部遴选的试点单位，在全国高校率先开展院级党组织书记抓党建述职评议考核工作，并拓展到全体师生党支部。

坚持和完善党委领导下的校长负责制。学校党委贯彻落实民主集中制，严格执行"三重一大"规定，党委书记、校长经常性沟通机制更加完善。推进党务公开、校务公开，制定了《北京理工大学党务公开实施细则（试行）》，及时向师生员工、群众团体、民主党派、党外人士、离退休职工等通报学校重大决策及实施情况。

建立促进学术发展的体制机制。充分发挥校学位评定委员会、学术委员会、各学部在学术事务中的科学决策、民主管理与民主监督的作用，实施"大部制"改革，推进扁平化管理，以信息化建设推动管理流程再造，建成教师服务大厅，形成线上线下一体化校务服务体系，提供专业化、精细化服务，打造一流的管理服务运行机制。探索实施校院两级管理体制改革，制定了《关于推进校院两级管理体制改革的若干意见》，以人事管理制度改革和财务管理制度改革为牵引，推动学院综合改革，持续增强学院的办学活力。

4. 坚持党的领导，健全内部治理体系和社会参与机制（哈尔滨工业大学）

坚持和加强党的领导。一是全面实施党的领导强化工程。以成为听党指挥、跟党走的中国特色社会主义大学排头兵为目标，高站位、高标准贯彻新时代党的建设总要求和新时代党的组织路线，将党的全面领导落实在管党治党、办学治校、育人育才的全过程。二是深入实施党建体系优化工程。构建学校党委主导、基层党委主体、党支部主心骨、党员主人翁的工作格局，完善横向覆盖、纵向连接、效能贯通的责任体系，形成一整套党建工作制度体系，充分发挥基层党委"中间段"的关键作用。三是积极实施党支部创新工程。全面推行"+支部"模式创新，通过"四学三讲一提升"等建设项目着力提升党支部标准化、规范化水平，实现"双带头人"教师、党支部书记全覆盖，打通党建工作"最后一公里"。四是有效实施党建和思政工作协同工程。传承"精神引领、典型引路"的党建特色做法，推动党建与思政工作深度融合，全面提升育人水平。

健全内部治理体系。一是健全以《哈尔滨工业大学章程》为基本遵循的内部治理体系。重新修订党委常委会和校长办公会议事规则、"三重一大"等制度规范，模范执行党委领导下的校长负责制。二是发挥校学术委员会和校学位委员会的作用。校教学委员会、科学技术委员会、人力资源委员会和学术道德委员会独立行使学术事务的决策、审议、评定和咨询等职权；院教授会、学位分委员会、大类教学指导委员会在学术决策和学术事务管理中的作用进一步加强。三是坚持民主管理和监督机制。严格执行教职工代表大会制度，明确学校重要制度需通过教职工代表大会审议通过，推进实施共青团、学生会、研究生会改革方案，按期召开教职工代表大会、学生代表大会、研究生代表大会。四是扩大和落实学校办学自主权。获批全国首批学位授权自主审核高校，通过"申请–考核制"选拔适合培养需要的学生，创办面向学科交叉的15个新型辅修专业；推动"放管服"改革，提高学校采购限额，扩大采购人自主权；赋予二级学院充分的办学自主权，充分发挥学院和各类人才的积极性、创造性。

健全社会参与机制。一是深化学校与国家部委和地方政府共建机制。工业和信息化部、教育部为学校"双一流"建设提供政策环境和发展空间；建设期内，黑龙江省、哈尔滨市支持学校建设中俄联合校园，省市统筹各类项目资金30亿元支持学校"双一流"建设。与黑龙江省医院、哈尔滨市第一医院签约共建附属医院。工业和信息化部与国家海洋局签署共建哈工大船海学科协议，山东省特别是威海市出资7亿多元用于威海校区创新创业园和校园建设；广东省特别是深圳市投入70多亿元支持深圳校区校园建设和学生培养，教育部复函同意哈尔滨工业大学（深圳）正式举办本科教育，国际高端人才引进成效明显。二是加强资源统筹与协同。学校积极争取社会各界、广大校友和校友企业的大力支持；引入校友资金设立"李昌教育基金""春晖创新成果奖励基金""困难不怕 哈工大是家"等100多个奖教、奖助学项目，与中国乡村发展基金会等多家公益组织建立长期稳定的合作伙伴关系；联系当地派出所、交警队、公证处、工商税务等多个社会服务部门进驻师生服务中心,建成可以办理 220 项集学校业务和社会业务的国内高水平高校办事大厅,师生满意度达 99.98%,师生服务中心荣获"省级文明窗口标兵"称号。

5. 深化管理体制改革,完善现代大学治理体系(哈尔滨工程大学)

坚持和加强党的领导。一是加强党的全面领导。以党的十九大报告提出的"加快一流大学和一流学科建设,实现高等教育内涵式发展"①的任务要求为指引,召开第四次党代会,提出了创建特色鲜明的世界一流大学的战略目标、战略步骤和战略举措。二是扎实开展"三严三实""不忘初心、牢记使命"等主题教育。紧紧围绕"党的建设"根本要求、"强国安邦"神圣职责、"立德树人"根本任务三个方面扎实开展"不忘初心、牢记使命"主题教育,教育引导党员师生育杰出人才、铸国之重器,在"双一流"建设中践行初心使命。三是认真贯彻党委领导下的校长负责制。二次修订《中共哈尔滨工程大学委员会常务委员会会议议事规则》《哈尔滨工程大学校长办公会议议事规则》,厘清议事范围、完善决策程序,党委常委会会议坚持每学期专题研究人才培养、科学研究、队伍建设等"双一流"建设核心问题,校长办公会议坚持每学期专题听取"工程 100 条"落实进展情况汇报,寒假、暑假工作会议每学期坚持务虚与务实相结合,做好全体师生员工投身"双一流"建设的思想动员和工作部署。四是深入推进"三全育人"。出台《哈尔滨工程大学关于加强和改进新形势下思想政治工作实施方案》,推动思想政治工作在七个主要方面"强起来",思想价值引领在七个育人领域"融进去",在坚守中国特色中培养一流人才、产出一流成果。五是夯实"双一流"建设的组织基础。以教学、科研等改革发展实际需求为切入点和着力点,深化基层党组织的组织力建设,"双带头人"教师、党支部书记配备 100%,建立党支部聚焦"三全育人"志愿服务的长效机制,先后组织"聚焦双一流,带头加油干""'疫'线党旗红 战'疫'当先锋"等多次特色鲜明的主题党日活动,推动党的建设与"双一流"建设深度融合、相互促进,基层党组织的战斗堡垒作用和党员的先锋模范作用显著发挥。六是强化"双一流"建设的纪律作风保障。深化运用监督执纪"四种形态",强化日常监督执纪;推进重要职权清单建设,引导全体党员干部对标"双一流"建设要求,依法用权、廉洁用权、高效用权;高质量开展校内政治巡察,推动各基层以一流为目标,将管党治党、办学治校落实落地,以全面从严治党新成效为"双一流"建设提供保证。

完善现代大学治理体系。一是深入推进依法治校。认真分解落实《教育部关

---

① 《习近平:决胜全面建成小康社会 夺取新时代中国特色社会主义伟大胜利——在中国共产党第十九次全国代表大会上的报告》,https://www.12371.cn/2017/10/27/ARTI1509103656574313.shtml[2017-10-27].

于进一步加强高等学校法治工作的意见》,建立校内单位法治工作报告制度,持续推进治理体系与治理能力现代化。二是完善现代大学制度。出台《哈尔滨工程大学规章制度管理办法》,绘制"五纵五横"制度体系图谱,构建形成以大学章程为核心,以党委领导、校长负责、教授治学、民主管理、社会参与为依托的"1+5"顶层制度体系设计与规划,为"双一流"建设夯实制度保障。三是提升民主决策、管理、监督水平。坚持教职工代表大会制度和学术委员会制度,出台《哈尔滨工程大学学生会(研究生会)章程》《校级领导联系基层和调查研究工作细则》《哈尔滨工程大学督办督查工作实施办法》,打造"学生校务参事"品牌,推进改革发展重大问题和重要事项的调查研究、专家论证、学术审议、征求意见的规范化、科学化、制度化建设,将"以师生发展为中心"的理念贯穿于"双一流"建设始终,凝聚思想共识,汇聚智慧力量。

构建社会参与机制。一是"双一流"建设获得部省市多方支持。2018年学校获工业和信息化部、国家海洋局共建;2019年获工业和信息化部、教育部、黑龙江省人民政府、哈尔滨市人民政府四方共建,学校"双一流"建设纳入山东省与工业和信息化部战略合作框架协议,为"双一流"建设争取了更多的政策支持和资源供给。二是开拓改革发展"出海口"。建设青岛创新发展基地,将其作为新兴交叉学科的改革特区,培育未来一流学科增长点;建设烟台研究院,定位海洋工程学科建设;建设南海创新发展基地,聚焦海洋维权与装备技术、海洋大数据与智慧海洋、海洋能源和资源开发装备技术、海洋生态保护与海洋旅游装备等国家战略亟须领域和海洋产业新业态。三是密切校企(院所)合作。与中国工商银行、中国银行、中国建设银行共建智慧校园,获得近8000万元资金支持;成立由400余家校友企业组成的校友企业联盟,推动校企协同合作的金额过亿元;联系挖掘社会资源在学校设立200余项奖助学金、科研学术、学生科创、文体艺术等相关基金,为"双一流"建设搭建平台、汇聚资源。

健全资源筹集和配置机制。一是健全资源的多元筹集机制。通过国家投入、部省市共建、校地合作等方式为"双一流"建设争取到稳定、优质的财力支撑和空间保障。二是优化实施面向服务需求的资源配置与共享。优化公用房资源配置,建立有偿使用机制;实施《哈尔滨工程大学公用教室管理实施办法》,优化调整存量教室布局;出台《哈尔滨工程大学大型仪器设备开放共享管理办法》,统筹仪器设备,大力提升存量资源使用效益。三是加强校园公共服务体系建设。学校核科学与技术学院31B综合实验楼、第三食堂、新体育馆相继建成使用,5G智慧校园启动建设,集350项师生服务事项于一体的网上办事中心上线运行并入选全国高等教育信息化创新应用案例集,为学校"双一流"建设创造优质环境、提供支撑。

五、新时代行业特色高校创新发展机制的构建策略

（一）人才培养创新举措

1. 打造一流教育教学资源

一方面，优化特色学科专业布局，坚守行业特色人才培养。学科、专业是人才培养的基本单元，是建设高水平本科教育、培养一流人才的"四梁八柱"。行业特色高校以行业未来发展的需求为导向，紧盯行业发展战略转型与学科发展前沿方向，将行业发展新领域、新方向、新技术纳入特色专业建设规划中，谋划前瞻性、战略性方向，配置优质资源，不断完善学校专业动态调整机制，以行业特色优势学科专业为重点，建设一批符合行业发展现代化需求的一流学科专业集群。不断探索行业特色专业的建设方式，积极按照教育部"一流专业"建设要求，从课程体系、师资队伍、基层教学组织、教学质量保障体系等方面推动行业特色专业建设推陈出新，不断培育新时代行业发展高素质人才。另一方面，增加优质行业教学资源供给，提升育人能力。一是以行业特色学科专业为牵引，立足国家战略需求和人才培养目标，加强课程体系整体设计，提高课程建设规划性、系统性。加大一流课程供给力度，尤其是行业特色类课程，从教学内容、课程体系、方法手段、实践教学等方面推动课程改革，着力打造线下、线上、混合式、虚拟仿真、社会实践等五类"金课"，设置多元发展方向课程群，构建起"校–省–国家级"一流课程培育体系。二是推动教材成体系规划、系列化建设，以国家优秀教材评选、国家部委规划教材立项建设为牵引，培育打造系列高水平精品教材，鼓励支持高水平专家学者编写既符合国家需要又体现个人学术专长的高水平教材，充分发挥教材育人功能。三是构建由重点实验室、实验教学示范中心为引领的实验教学体系。充分发挥重点实验室开展行业发展自主创新研究的实践优势，引导学生特别是研究生深度参与行业科研项目，在突破基础研究、攻关关键技术、集成重大项目的过程中，培养大批行业领军人才。

2. 深化国际合作协同育人

国际经济联通和交往仍是世界经济发展的客观要求，要以高水平对外开放打造国际合作和竞争新优势。行业特色高校要坚持教育对外开放不动摇，不断深化和巩固伙伴关系，持续优化国际合作格局，为新时代多元化、创新型、国际化的一流行业人才培养提供强有力的支撑。

一是优化国际合作模式，积极突围。面对日趋紧张复杂的国际关系，行业特色高校要主动调整国际合作格局，积极开拓欧洲合作伙伴进而逐步辐射全球，拓展国际合作的战略纵深。聚焦国家在本行业领域亟须发展技术瓶颈和高端人才短缺，以中外合作办学、联合培养等为平台有效引入外方优质办学资源，持续提升人才培养层次。二是深入推动与国际组织合作，拓展国际化人才培养新模式。瞄

准国家新兴技术和重点战略需求,以创新型、紧缺型、复合型国际化行业人才培养为目标,探索人才培养新机制。依托优势学科积极培养具有全球竞争力的人才,开拓学生在国际组织实习、实践和任职的机会,创建国际化教育共同体。三是主动构建多边合作平台,持续扩大影响力。依托学科优势发起大学联盟,扩大"朋友圈",以多边带动双边,促进合作层次提升。四是践行"一带一路"倡议,培养知华、爱华的外籍专业人才。积极响应"一带一路"教育行动,着力提高教育对外开放水平。以行业优势学科为依托,构建本硕博全覆盖的高质量留学生人才培养体系,为"一带一路"沿线友好国家培养知华、友华的行业尖端人才。

3. 完善一流质量保障体系

人才培养质量是高校的生命线,质量建设是高校可持续发展的基础工程,是培养一流人才的根本和保障。行业特色高校要以人才培养目标为依据,加强人才培养顶层规划,以提高教学质量为宗旨,以完善保障体系为重心,深化改革,驱动创新,促进教学质量稳步提高。一是建立以学生发展为中心的教学质量监控体系和评估机制,发挥评估促改促建的作用。以教育部本科教学审核评估等为抓手,建设教学状态数据库,开展周期性教学质量自评估。以教师、学生、校内外学科专家、行业专家、用人单位等利益相关者为评估主体,对教学管理、专业发展潜力、课程教学目标达成度等进行评估,获得系统、相互关联的质量信息,探索形成"评估—反馈—改进"的长效机制,构建具有鲜明特色的多维质量评估体系。二是开展用人单位调研,建立人才培养质量反馈机制。因为行业特色,用人单位与建设高校的联系更加紧密,在人才培养质量保障体系中也具有更加重要的地位。学校领导要主动走访行业企业,了解毕业生在岗学习工作情况,听取用人单位对毕业生在技术素养、领导力、组织协调能力等方面的评价和意见建议,并据此及时调整培养方案,确保人才培养符合行业需求。通过邀请校友返校诊断开方,准确掌握行业用人单位对毕业生能力素质方面提出的新要求,并及时将这些新要求细化分解到人才培养的过程中,有针对性地提高学生竞争力。三是开展专业评估及认证,完善专业质量保障机制。以工程教育认证为契机,进一步规范专业教学,完善专业质量保障机制,推动以学生发展为中心的教育理念贯穿专业教学全过程。通过专业认证(评估),有力促进相关专业体系的有效运行,推动专业内涵建设。

(二)科学研究创新举措

习近平强调,"希望广大科学家和科技工作者肩负起历史责任,坚持面向世界科技前沿、面向经济主战场、面向国家重大需求、面向人民生命健康,不断向科学技术广度和深度进军。"[①]党的十九届五中全会指出,坚持创新在我国现代化

---

① 《习近平:在科学家座谈会上的讲话》,https://baijiahao.baidu.com/s?id=1677549460006891757&wfr=spider&for=pc[2020-09-11].

建设全局中的核心地位,把科技自立自强作为国家发展的战略支撑[1]。进入新时代,一方面,新一轮工业革命催生以科技创新为引领的行业产业快速变革,传统产业升级,新兴产业兴起;另一方面,西方发达国家对我国的极限封锁,使得"卡脖子"技术难题对发展的限制效应越发明显。高等学校是我国培养高层次创新人才的重要基地,是我国基础研究和高技术领域原始创新的主力军之一,是解决重大科技问题、实现技术转移、成果转化的生力军。行业特色高校担负着培养行业创新人才、促进产业结构调整、解决行业关键技术、推进行业科技进步的重任。

1. 优化科研顶层布局

与综合性大学相比,行业特色高校存在优势学科群较为集中、学科结构体系较为单一、主要侧重于某一类应用学科、文理基础学科相对较薄弱、学科间交叉融合力度不够及新兴交叉学科拓展能力不足等学科特色。这些学科特色一方面为行业特色高校解决工程难题、提升集成创新能力提供了条件;另一方面表现为对工程问题背后的基础科学问题研究较为薄弱,以学科交叉研究拓展新的科研增长点的能力欠缺,导致"从 0 到 1"的颠覆性、根本性的技术变革创新较少,科技创新引领行业发展的能力有待提升。新时代行业特色高校要优化科研顶层布局,坚持服务"四个面向",聚焦行业发展前沿,要进一步拓宽传统学科科研方向以适应时代发展,强化交叉学科研究以催生新的科研增长点。瞄准国家原创导向和重大需求关键难题,针对行业科研生产中存在的方法不新、规律不明、机理不清等问题,加强基础科学研究布局,凝练并解决若干基础科学问题,以实现"从 0 到 1"的重大突破;围绕行业国之重器、民生急需等重要领域,承担若干重大系统集成项目,突破若干关键技术。同时,对于部分行业特色高校,还应注重军口和民口科研渠道协调发展。

2. 强化有组织的科研

习近平在科学家座谈会上强调,"要发挥高校在科研中的重要作用,调动各类科研院所的积极性,发挥人才济济、组织有序的优势,形成战略力量。"[2]技术攻关常常不是一个人、一个单一学科团队能够完成的。聚焦重大现实问题、服务国家重大需求,必须深入推进有组织科研,克服单打独斗、资源分散的弊端,全面提升大学服务国家战略的科技能力。行业特色高校学科专业设置相对聚焦,科研方向服务特定行业,科研成果向特定行业汇聚,科研目标存在共同愿景,具备开展有组织科研的优势条件。行业特色高校要进一步巩固有组织科研的优势积累,首先,要

---

[1]《中国共产党第十九届中央委员会第五次全体会议公报》,https://www.12371.cn/2020/10/29/ARTI1603964233795881.shtml[2020-10-29].

[2]《习近平:在科学家座谈会上的讲话》,https://baijiahao.baidu.com/s?id=1677549460006891757&wfr=spider&for=pc[2020-09-11].

积极引育"帅才型"战略科学家，有组织地建立以院士为核心的战略科学家团队，充分发挥各类领军人才、学术带头人的引领作用，争取国家自然科学基金委员会、教育部、科学技术部等设立的重大重点项目。其次，要设立专项科技支持计划，创新组织方式，凝聚全校优势科研力量，聚焦以重大科学问题为导向的基础研究，提前谋划培育重大重点项目，培育重大集成创新成果。最后，要强化与政府和行业产业对接联动，紧密围绕行业发展需求，在行业重点领域为国家高质量发展提供支撑。

3. 夯实战略科技力量布局

党的十九届五中全会深刻把握当前国内外形势变化和新时期我国经济社会发展对高质量科技供给的迫切需要，坚持目标导向和问题导向相结合，对强化国家战略科技力量做出全面部署。强化国家战略科技力量，是应对国际经济科技竞争格局深刻调整、把握新一轮科技革命和产业变革机遇的必然选择，是催生新发展动能、支撑经济社会高质量发展的客观要求，是优化国家创新体系布局、引领带动科技创新综合实力系统提升的重要抓手。高校作为科技创新的主体之一，是强化国家战略科技力量的重要载体，特别是对于具有面向行业、服务行业特色的行业特色高校，加强与行业产业合作，建设以国家重大需求为导向、以行业高质量发展为基础的国家战略科技力量是必然选择。要汇聚全校科技资源，加快国家实验室、基础科学中心、前沿科学中心、国家重点实验室等国家战略科技力量布局与建设。一方面，要强化顶层设计和系统布局，瞄准人工智能、量子科技、集成电路、生命健康、脑科学、生物育种、空天科技、深地深海等前沿领域，谋划培育若干具有前瞻性、战略性的重大科技项目，为国家战略科技力量建设奠定基础。另一方面，要强化协同创新，国家战略科技力量作为有望引领未来发展的战略制高点，需要最具优势的创新单元形成合力，行业特色高校要推动跨学校、跨学院、跨学科、跨团队的科研组织模式，为科研力量汇集创造条件。

4. 创新科技管理体制

习近平在科学家座谈会上指出，"要加快科技管理职能转变，把更多精力从分钱、分物、定项目转到定战略、定方针、定政策和创造环境、搞好服务上来。要加快推进科研院所改革，赋予高校、科研机构更大自主权，给予创新领军人才更大技术路线决定权和经费使用权，坚决破除'唯论文、唯职称、唯学历、唯奖项'。"[①] 在新时代，行业特色高校的科技管理工作要围绕提高创新体系整体效能，以激发人才活力为重点推动科技体制改革，完善创新生态。第一，要提高高校科技管理

---

① 《习近平：在科学家座谈会上的讲话》，https://baijiahao.baidu.com/s?id=167754946000 6891757&wfr=spider&for=pc[2020-09-11].

人员的服务意识和专业素质。高校科技管理人员要认识到"服务"在科技管理中的核心作用，不断学习专业知识，主动了解国家科技工作政策、国家发展需求、行业发展前沿方向，学习知识产权保护专业知识，树立强烈的责任心和团队协作精神。第二，创新完善科技评价、考核和激励机制。突出"品德、能力、业绩"的人才评价导向，强化"能力、质量、实效、贡献"的科研评价导向。强化分学科、分岗位、分类别、分层次、分阶段的评价，建立导向明确、科学精准、竞争择优的人才考核评价体系，坚持全面考核与重点考核相结合。弘扬科学家精神，促进科研价值观的进一步转变，完善以代表性成果、创新质量和标志性贡献为重点的科研评价体系。坚持定量评价与定性评价相结合、大同行评价和小同行评价相结合、个人评价与团队评价相结合、长周期评价与短周期评价相结合、代表性成果与实际贡献相结合，建立结果评价、过程评价、增值评价、综合评价的多元评价机制。依照实事求是和按劳分配的原则，根据科技人员的不同特点因人而异地进行激励，积极营造尊重知识、尊重创新的社会氛围，让科技人员在创新活动中得到合理回报，通过成果应用体现创新价值。各级组织激励、团队激励和个人激励要有机结合，发挥各级管理团队、个人的主观能动性。第三，提高科技成果转化率，加强产权保护意识。加强高校知识产权管理，明确所属技术转移机构的功能定位，强化知识产权申请、运营权责。在项目立项时，应充分考虑市场和企业的需求，做好市场调研工作，分析成果的市场前景和成果转化的难易程度，强化知识产权保护意识。在科研的各个环节引入市场机制，促进科技与经济相结合，使高校科技成果随时能进入市场供企业和用户选择和交易。完善科技成果、知识产权归属和利益分享机制，提高骨干团队、主要发明人的受益比例。第四，营造创新氛围，释放科研人员活力。积极优化高校行政管理结构，使行政管理人员服务于学术人员与学术活动。强化教师的学术权力，使其在学术管理中享有更多的决策权与话语权。建立跨学校、跨学院、跨学科、跨团队的科研协作制度和政策，积极鼓励与支持高校教师在学术活动中的协同合作。

（三）社会服务创新举措

践行社会服务的办学使命，是高校的基本职能之一。尤其对于行业特色高校而言，办学历史中蕴含着丰富的服务国家经济社会发展的优良传统，为满足我国各项事业建设发展需要做出了巨大贡献。2021年《政府工作报告》中指出，扎实推动京津冀协同发展、长江经济带发展、粤港澳大湾区建设、长三角一体化发展、黄河流域生态保护和高质量发展，高标准、高质量建设雄安新区。推动西部大开发形成新格局，推动东北振兴取得新突破，促进中部地区加快崛起，鼓励东部地区加快推进现代化。支持革命老区、民族地区加快发展，加强边疆地区建设。积极拓展海洋经济发展空间。新时代下，行业特色高校分布广泛，在服务经济社会发展和产业改革创新等方面大有可为。要聚焦国家战略需求，主动对外开放拓展，积极构建社会参与机制，深化产教融合，推动高校向"国家＋地方政府＋企业＋社会"多元配置资源转变，在开放办学中汲取养分，在反哺自身发展的同时服务区域经济社会发展。

1. 培养"愿意去、留得住、干得好"的人才

行业特色高校在培养国之栋梁和社会精英的过程中，要结合地域特色、社会需求和行业发展，最大限度地确保培养的人才更具有针对性，让人才愿意去、留得住、干得好。东中部地区在满足当地社会经济发展对人才刚性需求的同时，要以国家战略、社会需求和个人成长为导向，强化价值引领，引导毕业生服务国家和社会发展需要。西部地区要发挥地区优势，增强学生就业认同感，把价值观融入思想政治教育中，建立与地方政府、行业企业的就业输送新机制，精准对接地方人才需求。近年来，高校就业也逐渐由卖方市场转为买方市场，面对毕业生就业压力和社会适应性问题，行业特色高校要注重培育职业能力，构建多层次、递进式的实践教学体系，注重培养学生的创新意识和解决实际问题的能力。

2. 提升成果转化能力

围绕高校创新链布局行业产业链，围绕行业产业链部署创新链，从而推动社会服务转型升级。推进高校科技园建设，通过建设分园、技术转移中心等载体加强成果转化能力。加快重点项目推进力度，促进学校社会服务规模化、集群式发展。完善对科技成果转化研究人员的激励措施，从人员聘任、职称评定等方面，建立符合服务科技成果转化要求的研究开发人员"转型"机制。加大技术转移管理人员的培养力度，逐步形成服务高校科技成果转化的专业人员队伍。加强校内财务部门、科研部门、国有资产管理部门、科技园等在促进成果转化方面的政策协同，营造激励创新和成果转化的文化氛围。

3. 构建社会服务平台

行业特色高校要依托与行业企业紧密联系的优势，全力打造科技创新要素"聚集地"。高校要推进校地深度融合，通过与政府、企业签订战略合作协议，围绕人才培养、重大项目合作、科技研发攻关、科研平台共享等方面开展合作，通过在地方建立创新机构、联合实验室等平台载体，充分发挥高校人才、科技优势和地方产业、经费优势，为高校发展汇聚资源，提升人才培养水平和科技创新能力，积极推进毕业生在地就业、科技成果在地转化，更好地服务国家区域发展战略需求和地方经济社会发展。近年来，各高校在设立异地研究院方面已有探索和实践，如西北工业大学宁波研究院、北京航空航天大学杭州创新研究院等，未来社会服务平台要更加关注内涵建设。同时，高校要聚焦地方发展、行业改革瓶颈问题，

积极发挥人才优势，大力推进高水平智库建设，为地方政府决策、产业发展提供建议。

（四）文化传承创新举措

《中共中央关于党的百年奋斗重大成就和历史经验的决议》中强调，要推动中华优秀传统文化创造性转化、创新性发展。文化传承与创新是高校的办学使命之一，是中国高等教育发展到新阶段的内在要求，体现了大国崛起的过程中高等教育界的理论自觉和文化自信。在新时代，行业特色高校要把文化建设作为高校发展的重要战略。坚定文化自信，积极培育和践行社会主义核心价值观，构建"大文化"工作格局，形成具有本校特色的大学精神和大学文化品牌。大力宣传学校优良传统，在人才培养环节中强化中华优秀传统文化、革命文化和社会主义先进文化教育，加强师德师风建设和科学家精神，以文科发展、艺术展演为重要载体营造学校人文艺术气息。不断提升文化软实力，推动学校各项事业的快速发展。

1. 丰富学校精神谱系

行业特色高校要深入宣传学校校训、校风、校歌、办学理念等核心精神理念，深度总结凝练在国家发展历程中的重要贡献和典型事迹，加强校史校情教育，传承弘扬优良的精神文化传统。结合学校学科特色和行业背景，深入开展学校特有的精神文化研究，进一步挖掘学校文化特色和精神理念，对教风、学风进行总结凝练，不断丰富学校精神谱系。比如，北京航空航天大学打造"空天报国"精神标识，传承听党话、跟党走的红色基因，坚守为党育人、为国育才的使命担当，践行爱国奉献、敢为人先的价值追求，把"空天报国"精神融入课堂教学、社会实践、创新创业中；西北工业大学凝练"三航精神""总师文化""西工大现象"等特色文化，将家国情怀融入人才培养、科学研究等各个环节。

2. 完善大学文化管理制度

行业特色高校要认真研究党和国家对文化传承与创新的工作要求，贯彻落实大学文化建设相关的系列管理制度。通过制度建设，引导学生热爱祖国、服务行业，引导教师崇尚教学、潜心育人，引导科研人员甘于奉献、勇攀高峰，引导全体员工履职尽责、爱岗敬业。加强对大学文化建设工作的理论研究和经验总结，结合学校实际情况，对制度进行完善，从而提升大学文化管理的科学性、规范性。

3. 建设底蕴深厚的校园环境

校园环境是文化传承与创新的客观载体，是高校文化建设的重要抓手。高校要结合校史校情，围绕人才培养目标，统筹规划环境文化建设。对学校重要场所和文化景观进行顶层规划、联合策划和分步实施，通过特色文化景观建设、博物馆建设等，提升校园环境的文化内涵。比如，哈尔滨工程大学持续发挥作为国家

3A级景区的哈军工文化园的特色文化育人作用,强化哈军工纪念馆、哈尔滨工程大学船舶博物馆的育人功能和文化辐射作用;落成哈军工导弹工程系等系列溯源碑;开辟杏林文化景观,丰富文化内涵。南京航空航天大学打造了以南京航空航天馆、校史馆等为主体的"三航"场馆文化,以陈达院士雕像、陶宝祺院士雕像等为代表的人物雕像文化,以院士林、校友林为特色的名人园林文化,将学校景观文化打造成为传承办学传统、彰显治学理想、陶冶师生情操、培育良好校风的重要载体。

4. 打造一批特色文化品牌

分类指导校内文化活动,有针对性地培育和打造一批具有影响力的文艺作品、具有传播力的网络文化作品、具有广泛参与度的文化活动和富涵学科特色的学院文化品牌,促进跨文化交流,提升文化育人的成效。比如,西北工业大学打造的原创话剧《寻找师昌绪》,将师昌绪院士坎坷的人生经历注入时代精神内涵,树立新时代的科学家形象,传承爱国奉献、敬业守责、朴实无华的科学家精神,该话剧入选"共和国的脊梁——科学大师名校宣传工程"。

(五)国际交流合作创新举措

习近平在科学家座谈会上指出,"越是面临封锁打压,越不能搞自我封闭、自我隔绝,而是要实施更加开放包容、互惠共享的国际科技合作战略。"[1]新时代行业特色高校要强化合作内涵,积极推进全球拓展,主动融入"一带一路"建设,建立与世界一流大学紧密合作的伙伴关系,注重实质性国际合作与交流。持续完善与世界一流大学和机构的高端人才联合培养机制,加快推进高层次中外合作办学项目。提升留学生服务管理水平,打造高质量的国际教育。提升教师队伍国际化水平和学生全球竞争力。

1. 培养具有全球竞争力的拔尖创新人才

一是以质量为导向提高本科生的全球学习能力。打造升级版的本科生海外交流培育方案,提高中长期出国学生交流的比例,在专业培养中强化国际合作交流要求,加快建设"通、专、跨、国际化"的新型课程体系。二是提升研究生面向全球的创新能力。完善多元化的研究生出国交流机制,拓展学生赴国际组织实习实践渠道,提高研究生合作培养的层次,探索研究生互授联授学位工作,优化研究生跨境培养模式。三是推进国际学生教育体制改革。支持相应机构和院系更好地发挥作用,进一步优化国际学生招生、培养和管理的策略、模式与体制,加快打造一批特色的来华留学项目,在国际学生培养质量的提升上实现关键突破。

---

[1] 《习近平:在科学家座谈会上的讲话》,https://baijiahao.baidu.com/s?id=1677549460006891757&wfr=spider&for=pc[2020-09-11].

2. 围绕全球前沿方向开展实质性创新合作

一是在协同攻关中提升原始创新能力。聚焦世界科技前沿领域，完善国际科技协同创新机制，推进全球范围内的新型产学研深度合作，加强对重大国际科研合作项目的培育，力争在承担国际科技重大合作、重点项目中形成一批标志性原创成果。二是持续构建国家级、政府间的国际合作平台。完善全球科技合作网络，面向世界科技前沿深度参与国际或区域性重大科研计划，与全球战略伙伴打造创新联合体，围绕基础研究、颠覆性科技等加大共建重大创新平台的力度。三是推进高级别的中外人文交流。全面融入国际主流学术圈，加快在人文社科等领域与国内外大学合作成立科研机构，积极培育国别与区域研究中心。选派优秀教师赴国内外高水平机构访学交流，鼓励教师在国际重要学术组织担任管理职务和学术职务，鼓励青年教师和博士后出国参加重要学术交流。

3. 构建全球引才环境

一是建立全球人才图谱，重点、精准地引才育人。结合一流学科发展需求，借力国家人才项目，加快引进诺奖级国外学术大师、国内外高水平大学长聘教师、全球高被引学者等高层次人才和优秀青年学者。二是注重创新用才机制。坚持不为我所有、但为我所用的理念，推动用才与引智并重、个人引育与团队引育结合，完善讲座教授、兼职兼任教授、访问学者等多形式用才制度，为人才施展才华创造更好的条件。三是构建人才发展的国际化环境。完善教师发展体系，进一步创新人才评估评价机制，凸显国际化评估导向，明确教师在考评、晋升、聘任等方面的国际化要求，加大关于国际化建设、国际声誉提升和对外合作交流情况的考核与激励。

4. 高标准建设全球开放发展的特色平台

一是打造国际教育合作样板区。构建高水平中外联合办学平台，完善与世界一流大学接轨的专业培养模式、课程体系、质量监控体系、教师评聘机制和师德师风建设机制等。二是加快建设多元文化交融的国际化校园。按照全球开放发展要求升级改造校园软硬件环境，建设对外籍师生更加友好的教育教学、校务管理、后勤服务等相关信息平台，在海外名师讲学、联合创新等方面进一步营造浓厚的校园国际化氛围。三是依托全球合作网络适时设立国外科教基地。对接国外合作伙伴需求，借助战略合作伙伴和国外校友的力量，积极探索国外联合授课、授予学位等形式，促进国外人才引进、科研合作、成果转化和优势学科率先"走出去"。

5. 建设一流的国际化工作体系

一是创新联动协同的工作机制。优化跨部门协同以及部门与院系联动体制，健全全球开放发展过程中的风险识别、防范机制，探索国际化工作的社会资源投入模式，完善支撑保障体系。二是充分释放院系的国际化活力。发挥院系在开放发展中的主体作用，挖掘学科参与国际合作交流的潜力，全面评价院系开放发展的成果、经验与问题。三是提升国际化队伍的战斗力。改进国际化建设队伍的聘任方式，分类分层开展国际化能力建设培训，常态化选派教师和管理人员到合作高校驻点挂职，全面提升开放发展的管理服务能力。

第二章　行业特色高校高质量发展的内涵、机制与路径研究

本章基于有关行业特色高校发展战略、要素关系和创新发展机制的研究，采用文献研究、调查研究、实证分析、问卷调查、访谈法等方法，系统论述行业特色高校高质量发展的内涵、作用机制和实现路径，主要内容如下。第一，研究行业特色高校高质量发展的内涵及评价维度。通过梳理高校高质量发展内涵，高校高质量发展与经济高质量发展内涵差异，论述高校高质量发展在人才培养、科学研究、社会服务和文化传承四大职能中的体现，确定行业特色高校高质量发展的内涵维度。第二，研究行业特色高校高质量发展的作用机制。通过提取行业特色高校高质量发展的影响因素，建构行业特色高校高质量发展作用机制的概念模型，提出行业特色高校高质量发展作用机制的相关假设，得出行业特色高校高质量发展影响因素的作用机制。第三，研究行业特色高校高质量发展路径。通过分析行业特色高校高质量发展的理论逻辑与现实困境，探索新时代我国行业特色高校高质量发展路径选择。

第一节　行业特色高校高质量发展的内涵及评价维度研究

一、高校高质量发展的内涵

习近平在十九大报告中指出："我国经济已由高速增长阶段转向高质量发展阶段"[①]。高质量发展是"创新、协调、绿色、开放、共享"五大新发展理念的综合体现。创新发展解决的是高质量发展中的动力问题，协调发展解决的是高质量

---

① 《习近平：决胜全面建成小康社会　夺取新时代中国特色社会主义伟大胜利——在中国共产党第十九次全国代表大会上的报告》，https://www.12371.cn/2017/10/27/ARTI1509103656574313.shtml[2017-10-27].

发展中的不平衡问题，绿色发展解决的是高质量发展中的人与自然和谐共生问题，共享发展解决的是高质量发展中的公平正义问题。任保平和文丰安提出，衡量经济高质量发展的标准包含经济发展的有效性、协调性、创新性、持续性、分享性等方面[1]。十九大之后，"高质量发展"成为社会领域研究的热门词汇，频繁出现在教育、文化、公共服务等领域中。与"高质量发展"的广泛使用形成鲜明对比的是，已有研究对特定领域中高质量发展内涵的深入剖析相对较少，对质量、高质量和高质量发展核心内涵的研究也有待进一步深化。基于此，本节将通过对质量与高质量、内涵式发展与高质量发展之间的关系辨析，剖析高校高质量发展的内涵。

（一）质量与高质量

质量的定义众多，其中，以国际标准化组织（International Organization for Standardization，简写为ISO）给出的定义最为通用。《质量管理和质量保证——术语》将质量定义为"反映实体满足明确和隐含需要的能力的特性总和"。《质量管理体系——基本原理和术语》将质量定义为"一组固有特性满足要求的程度"。前后两个定义均强调特性、满足需求、能力或程度等关键要素，说明质量的概念与实体的特性强弱、需求满足能力或程度高低等因素有强关联性[2]。可见，在属性方面，质量本身就是对实体的判断，而高质量是对质量的更高评价，是质量程度的更高要求。

因此，要判断高校的发展是否为高质量发展，除了要构建评价体系对高校发展质量做出判定以外，还要对质量达到的水平和效应提出更明确的要求。也就是说，我国高等教育发展模式的变革，即从以量的增长为主的外延式发展转变为以质的增长为特色的内涵式发展，意味着高校的发展质量已经有了实质性提升。但高等教育的高质量发展是相较于内涵式发展阶段而言的更高水平发展，在高等教育高质量发展阶段，高校不仅致力于知识创新的使命担当，而且改革人才培养模式，致力于培养德才兼备的学生；高校不仅是国家民族发展的希望，更是推动人类社会文明进步的力量。有学者提出，表面上看，"高质量"似乎比"有质量"中的质量要求更高，但是实际上并非如此[3]。高质量和质量体现的均是教育的品质，只不过高质量凸显了质量的比较概念，相当于对质量的水平做出判断，因为通常只有水平才容易区分出高低。

（二）内涵式发展与高质量发展

内涵式发展是一种以数量增长、规模扩大的外延式发展为基础和前提的转型升

---

[1] 任保平, 文丰安. 新时代中国高质量发展的判断标准、决定因素与实现途径[J]. 改革, 2018, (4): 5-16.

[2] 钟晓敏. 新时代高等教育高质量发展论析[J]. 中国高教研究, 2020, (5): 90-94.

[3] 王建华. 什么是高等教育高质量发展[J]. 中国高教研究, 2021, (6): 15-22.

级式发展，基本要求是转变单纯依靠数量的增加、规模的扩大来寻求发展的外延式发展模式，旨在通过回归事物本体，以内生性的、协调性的发展，实现事物内部结构的优化、体制机制的改革创新及发展潜力的最大化挖掘，目的是开拓一条更加科学、更加理性的，可实现速度、结构、规模、质量、效益相统一的可持续发展道路[①]。但是，也有学者对"内涵式"和"外延式"简单两分法的高校发展模式提出质疑，他们认为高校新的"外延"扩张有两种表现形式：一是高校通过集聚外部异质性稀缺教育资源或创新资源而丰富要素；二是高校依托内涵建设成效，与外部主体合作共建实体或虚体机构而拓展发展空间[②]。这本质上也符合内涵式发展的理念。本章认为，高质量发展是内涵式发展的延续和深化，是高等教育发展方式的又一次革新。高质量发展比内涵式发展的概念更加丰富，不仅指明了发展方式的变革，还包含了对发展质量的关注以及对高等教育与经济、社会、文化等关系协调发展的重视。因此可以说，高质量发展对于内涵式发展而言，既是延续，又有扩展，既是传承，又有革新。

（三）高校高质量发展的内涵

高校高质量发展理念是对内涵式发展理念的传承和革新，是高校内部自我完善和高校外部需求相满足的协调发展理念。因此，衡量高校的发展质量应该包含两个维度：内部自我完善程度和外部需求满足度。具体而言，对内部自我完善程度的评价依然沿用我国高校质量评价的已有模式，即通过学科评估、同行评议、内部质量管理等手段，保证高校在获得关键资源的基础上，拥有较高水平的人才培养质量、科学研究质量以及文化传承和社会服务质量；对外部需求满足度的评价是从高校应对国家重大战略需求、服务地方经济社会发展、助力行业企业转型升级和响应（满足、回应）人民群众对优质高等教育的期盼等方面进行评价。综上所述，高校高质量发展理念是高校内部自我完善和高校外部需求相满足的协调发展理念，是一种以提升高等教育质量为核心的可持续发展理念。发展的主要路径是遵循"立德树人"的根本任务，以一流学科建设为重点，拓展资源获取能力，完善内部治理结构，对接国家重大需求，提升对外部需求的满足程度。

二、高校质量评价与高校发展质量评价的辩证关系

（一）对高等教育质量的评价

我国高等教育的发展经历了以数量增长为主的外延式扩张阶段到以质量提升

---

① 崔瑞霞，谢喆平，石中英. 高等教育内涵式发展：概念来源、历史变迁与主要内涵[J]. 清华大学教育研究，2019，40(6)：1-9.

② 胡文龙，李忠红. 论新时代高校高质量发展的"内涵扩张型"模式[J]. 高等工程教育研究，2019，(4)：133-138.

为主的内涵式发展阶段,目前正在进入以质量提升为核心的规模与效益协同并进的高质量发展阶段。随着高等教育发展阶段的变化,高等教育的质量评价方式也在不断革新。具体而言,在以数量增长为主要特色的高等教育外延式扩张阶段,保障高校拥有基本的办学条件是评估的主要目的,因此,以对硬件水平、师生比、师资队伍的数量和结构等的相关评价为核心的高等学校本科教学工作水平评估是这一时期最为典型的质量评估活动。随着我国高等教育进入内涵式发展阶段,办学质量成为衡量高校办学水平的核心指标。世界一流大学排名和学科评估成为评判高校办学水平的两种较具代表性的评价模式。虽然两种评估方式在目的和导向上存在差异,但是都涵盖了高校办学水平的人才培养、科学研究和社会服务方面。世界四大大学排行榜已经对一些国家政府的高等教育政策,众多大学的办学理念、方向和行为,以及普通大众对高等教育的认识等产生了不可低估的影响[①]。学科评估是政府主导的对大学学科水平进行评价的方式,其数据来源更准确、评估过程更严格,评估结果也直接影响着高校的办学资源的分配。从评估指标的设置来看,由于行业特色高校在应用性和实践领域的贡献无法被合理地纳入,行业特色高校通常处于弱势地位。进入高质量评估阶段之后,高校的办学质量不仅体现在内部成果的水平上,还体现在对外部需求的满足程度上,因此高质量发展阶段的评价需要涵盖更多已有评价中被忽视的贡献性因素。同时,高质量发展阶段的评价目的是以评促改,单纯的排名式的评价方式将被问题挖掘的诊断式评价代替,截断式的间断性评价将被持续性的改进型评价取代。

(二)对高等教育发展的评价

从不同的视角分析,高校质量和高校高质量发展有时是同义,有时又相差甚远。高校高质量发展的核心依然是提高高等教育质量,在这个层面上高等教育质量与高等教育高质量发展是同义的,但是如果将发展作为核心词,将关注的重心集中在对高校发展的评价上,两者的差异性就非常显著。高等教育质量是对高等教育过程和结果的评价,更多的体现是在横向对比中呈现,通过与整体常模中的相对位置来呈现。高等教育发展是高等教育办学过程中投入与产出之间的对比关系,虽然与质量的评价存在关联,但是更多地体现在历史比较之中。

因此,对高校高质量发展的评价除了需要基于量化指标的评价系统外,还需要大量质性的发展诊断,让高等教育发展的评价不仅限于成为排名的另一种方式,而是以评促改,不断地改进高校的办学行为。在高等教育发展需要提高办学效率的时代,量化评估就是一种好的评估范式;当高等教育过了高速增长期需要加强内涵和高质量发展时,那种以效率为主导的量化评估就显得不合时宜[②]。

---

① 胡建华. 大学评价的排名化与国际化[J]. 江苏高教, 2020, (4): 1-6.
② 王建华. 论高等教育的高质量评估[J]. 教育研究, 2021, 42(7): 127-139.

三、行业特色高校发展的历史传承与时代创新

高等教育发展的阶段不同,行业特色高校高质量发展的时代属性也不同。我国高等教育已经进入内涵式发展阶段,高等教育体系也进入普及化阶段,支撑高校发展的政策导向、资源保障和运行逻辑都发生了新的变化。

(一)行业特色高校发展的历史经验

行业特色高校具有历史性,在以往的发展历程中,行业特色高校已经形成了一些稳定的特征,行业特色高校高质量发展需要历史传承。主要表现在以下几个方面。

1. 行业特色学科优势突出

从一定意义上说,一所高校的优势学科所在,也就是这所高校的特色所在。行业特色高校最大的优势就在于其拥有若干代表国家先进水平和战略需求的特色优势学科,并以行业的应用贯穿和体现其中,体现出鲜明的行业特色,同时也集中体现了高校的核心竞争力。高水平行业特色高校都形成了与行业密切相关的优势学科,如中国石油大学的石油与天然气工程,中国矿业大学的矿业工程,中国海洋大学的水产、海洋科学,中国地质大学的地质学、地质资源与地质工程等一级学科都具有雄厚的基础和强大的实力,在国内外都处于领先地位。行业特色高校的这些优势学科的水平,往往高于其他多科性、综合性的大学。正是因为这些优势学科,行业特色高校才逐步形成并确立了自己的特色与品牌。行业特色高校正是通过这些优势学科培养人才、服务行业。同时这些学科不能孤立存在,需要相应的学科支撑,形成多学科体系。

2. 高校发展服务行业需求

行业特色高校在新中国成立初期形成,发展至今已有半个多世纪,纵观整个发展历程,其是与整个国家的国民经济与行业发展紧密联系在一起的。体制改革前,行业特色高校一直处于行业部门的管理下,高校领导由行业主管部门任免,学校发展重大问题由行业主管部门决定,行业特色高校从招生、培养到就业这一全过程几乎全部"口对口"地适应行业实际需要,专业调整与人才培养模式变革基本符合行业生产要求,这为行业发展提供了人才保障和智力支持。高校科研和技术应用也和行业实际需要紧密相关,一些行业生产中存在的突出问题能够及时反馈和转化为高校中的研究课题,从而极大地推动了行业技术创新。高校也因解决行业发展中的关键性难题而取得了较多的学术资源,获得了较高的学术评价,在学术上取得了较快的发展。即使在新的管理体制下,行业特色高校仍然在很大程度上保持着为行业企业的生产实践服务的优良传统。

3. 产学研深度融合

行业特色高校的历史性还体现在产学研深度融合上。从历史和现实来看，行业特色高校在自身建设与人才培养过程中，与特色行业部门、协会、企业等有着大量合作与交流，在共同承担科研任务、联合建立培养基地、共享资源等方面有着良好的合作，始终协同发展。同时，无论是人才培养的规格要求还是科研创新的成果导向，行业特色高校都与行业企业的需求相契合，注重服务地方建设、服务国家科技进步、服务经济社会发展。行业特色高校的贡献，不仅在于理论创新，更在于技术创新，行业特色高校立足本行业，将先进的技术成果进行深度开发和工程化研究，以技术集成的形式在行业内转移和推广，通过技术创新，服务生产实践，从而提高行业的生产和服务水平。

（二）行业特色高校发展面临的时代新需求

行业特色高校具有时代性，新时代行业特色高校应随着经济社会形势的变化而变化，行业特色高校高质量发展需要时代创新。党的十九大以来，我国经济社会发展进入以国内大循环为主体、国内国际双循环相互促进的新发展格局，科学研究工作也强调四个面向——坚持面向世界科技前沿、面向经济主战场、面向国家重大需求、面向人民生命健康，不断向科学技术广度和深度进军。以核心科技自主权争夺为核心的中美竞争也进一步加剧。在此背景下，行业特色高校需要应对新的时代需求，做出更大的贡献。

四、行业特色高校高质量发展的评价体系

行业特色高校是我国特殊历史时期形成的一类高校的总称。依托行业发展是这类高校共同的属性。作为高等教育生态和"双一流"建设的重要组成部分，行业特色高校的高质量发展具有独特性和典型性[1]。但是，经历了多年的发展，随着学科布局的不断调整，不同行业特色高校之间学科发展的状况存在差异。按照学科评估的维度，部分高校已经完成从行业特色高校向综合类高校的转型，即使按照现行的学科评价体系，也具备了很强的学科竞争力，并保持着与行业之间的深入融合。按照学科实力和行业耦合程度可以简单地将行业特色高校划分为不同的类别。

（一）行业特色高校高质量发展的内涵

行业特色高校作为高校类别中的重要分支，首先具备高校发展的通用属性，

---

[1] Ellis J, Mullan J, Worsley A, et al. The role of health literacy and social networks in arthritis patients' health information-seeking behavior: a qualitative study[EB/OL].https://pubmed.ncbi.nlm.nih.gov/22997575/[2021-07-18].

同样需要遵循人的发展、知识增长和教育的基本规律，承担着人才培养、科学研究、社会服务和文化传承等职能。在通用标准中，行业特色高校的高质量发展的内涵与其他高校具有通用性。其次，行业特色高校相比于其他类别高校具有自身的独特性，其在学科设置、行业关系、产教融合程度等方面特色鲜明，肩负着为行业发展提供支撑的独特责任。学术水平是高校发展的基础，行业特色高校发展过程中需要处理好学科声望与应用研究之间的关系。缺少学术水平的支撑，行业特色高校的资源获取的多元性和发展的可持续能力都将受到影响。因此，行业特色高校高质量发展是在学术达标水平基础上突出行业特色的高质量发展。行业特色高校高质量发展有通用标准的高质量发展评价体系，在高质量发展的评价维度上，鉴于行业特色高校发展过程中存在的困局，应该构建与行业特色高校实际贡献相适应的评价指标，弥补现存评价标准无法估计行业贡献的遗漏。

（二）行业特色高校高质量发展的评价维度

行业特色高校独特性的根本在于行业属性，因此，在高校通用标准的评价体系之外，应该从行业创新人才培养力、行业性学科高峰度、行业产教融合程度、行业标准制定参与度和行业国际化交流水平五个方面呈现行业特色高校的高质量发展情况。

1. 行业创新人才培养力

立德树人是高校的根本任务，行业特色高校要完成高质量人才培养，不仅应该注重立德树人，还应承担为行业企业输送创新型人才的重要使命。因此，行业创新人才培养质量主要体现在行业就业比例、行业企业联合培养基地情况、行业性奖项获奖情况等指标。

2. 行业性学科高峰度

"双一流"建设背景下，学科结构是高校高质量发展的重心所在。在历史发展阶段，行业特色高校在隶属划归之前通常是以行业性学科为主的单科类高校，行业性学科实力较强，其他学科相对缺乏；划归之后，无论是走"综合化"发展路线的高校还是延续"专门化"发展模式的高校都进行了学科的拓展和结构的调整。在此背景下，行业特色高校学科发展程度的评价可以从学科高峰的维持度和学科生态的协调度两个方面入手。学科高峰的维持度是指所在高校的与行业相关的优势学科是否依然在国内高校间保持着竞争优势，甚至有所加强。学科生态的协调度是指以行业优势学科为核心是否构建了紧密的跨学科生态系统，是否促进了其他相关学科的良性发展，是否生成了新的优势学科平台。

3. 行业产教融合程度

产学研用结合一直是行业特色高校的比较优势所在。创新驱动背景下，国家对将科技成果转变为生产力的需求越发迫切，企业对基础研究与应用研究相结合的意愿越发强烈，产教深度融合的程度将进一步加深。行业特色高校需要在维系与相关行业现有合作的基础上，探索高校-企业人员互聘的模式，深化科技成果精准转化的程度，构建产教深度融合的平台。

4. 行业标准制定参与度

行业特色高校要助推行业的高质量发展，除了通过产教深度融合实现产品竞争力的提升之外，还要深入探讨行业标准的修订，甚至主导行业新标准的创立。

5. 行业国际化交流水平

行业特色高校的高质量发展要坚持扩大开放。行业特色高校要同世界同类一流大学和一流学科高校之间开展高水平人才联合培养和科技联合攻关，引入国际优质教育资源，加大优势学科资源的国际输出，为行业发展贡献力量。同时重视发展中外合作办学，探索适应多元教育体制的教育教学新模式，培养具有家国情怀、全球视野、现代意识、行业能力、创新精神的卓越国际化人才。

第二节　行业特色高校高质量发展的作用机制研究

一、行业特色高校高质量发展机制问题的提出

新时代背景下，行业特色高校高质量发展机制的研究对于新时代高等教育理论研究和行业特色高校的转型发展具有重要的理论和现实意义。首先，高校发展一直是国内外高校管理人员研究的重要领域，但是受限于理论、方法和数据，现有研究的角度较窄，研究不够深入。其次，经济发展动能转变意味着我国经济运行依赖科技创新的程度加深，高水平高校管理和科技管理政策也应做出适应性改变。最后，长期以来，行业特色高校受限于传统行业关系弱化、学科设置单一等问题，一直存在共性的转型困境。在"双一流"建设背景下，行业特色高校如何维持传统学科优势、优化学科结构、保障关键资源、提升内部质量都是亟待研究的共性问题。本节的研究成果将助力我国行业特色高校冲击世界一流大学和一流学科，使高水平行业特色高校始终站在行业领域科技创新和人才培养的前沿，更好地服务于国家重大战略需求。

在行业特色高校高质量发展机制研究方面，陈申华等基于全面质量管理理念提出，高等教育全面质量管理需要国家、省市和高校三者在高等教育管理中的协调一致，并根据三者的不同角色分别提出了从宏观、中观和微观层面开展以质量

为核心的管理改革措施[1]。彭青结合高等教育发展的新特征、新要求，提出高等教育高质量发展的实现机制需要通过内涵式发展夯实基础，通过"双一流"建设提升高度，通过供给侧结构性改革促进教育公平，三者共同支撑高等教育高质量发展[2]。张继平和董泽芳提出，以质量与公平互促实现高等教育合理分流，需要确立各得其所的资源配置机制，建立因材施教的多次选择机制，形成各美其美的特色发展机制，构筑和衷共济的弱势补偿机制[3]。罗泽意和贺青惠基于逻辑推演提出，科技进步为了推动高等教育发展应该选择"浸润—渗透—扩散"的温和式路径，且该路径可以使科技进步成果有条件地准入高等教育系统，最终形成双向循环系统，从而融入国家创新体系[4]。王帮俊和李爱彬通过梳理国内外行业特色高校发展动态，总结得出行业特色高校高质量发展的内涵、路径与研究展望[5]。

已有研究主要基于逻辑推演方法论述行业特色高校的作用机制，缺少研究数据的支撑。因此，本节基于协同演化理论、资源基础理论、战略选择理论、组织创新理论和扎根理论研究法，对中国航发动力股份有限公司等九家军工集团及哈尔滨工业大学等五所国防高校开展专题访谈，收集整理访谈数据，运用 NVivo 12 软件处理访谈文本，通过科学地编码与分析，梳理了行业特色高校高质量发展的作用机制。

二、相关理论基础

（一）协同演化理论

协同演化最早由生物学家 Paul Ehrlich（保罗·艾里奇）和 Peter Raven（彼得·瑞文）于 20 世纪 60 年代提出，之后扩展到组织战略、经济学等诸多领域。在组织管理领域，有许多学者根据各自研究目的和需要对协同演化给予了不同的解读。Norgaard（诺加尔德）认为协同演化是相互影响的各种因素之间的演化关系。Lewin 和 Volberda 认为企业可以通过与外部环境的相互影响来为组织谋求最有力的发展空间，并提出了适用于组织协同演化的框架——企业、产业和环境的多层次协同

---

[1] 陈申华，王柱京，龙承建. 论高等教育全面质量管理[J]. 国家教育行政学院学报, 2010, (3): 64-67.

[2] 彭青. 高等教育高质量发展的本质含义与实现机制[J]. 南通大学学报(社会科学版), 2019, 35(4): 133-140.

[3] 张继平，董泽芳. 质量与公平并重: 高等教育分流的本质含义及实现机制[J]. 华中师范大学学报(人文社会科学版), 2018, 57(2): 186-192.

[4] 罗泽意，贺青惠. 科技进步推动高等教育发展的路径与机制[J]. 当代教育理论与实践, 2021, 13(2): 85-90.

[5] 王帮俊，李爱彬. 行业特色高校的高质量发展: 内涵、路径与研究展望[J]. 煤炭高等教育, 2020, 38(5): 1-6.

演化分析框架，该框架认为组织的变异、选择和保持不是单独发生的，而是在组织与环境之间不断的交互作用中进行的[1]。基于协同演化理论，本章认为，行业特色高校的高质量发展与外部环境是密不可分、相互影响的；同时，行业特色高校的高质量发展是组织的一种积极变化，这种变化是在与环境的不断交互作用中进行的；此外，在研究行业特色高校的高质量发展中不能孤立地分析高校内部或外部环境的某一个层次，而应该将二者结合共同考虑。

（二）资源基础理论

资源是创新活动的必要条件，Wernerfelt 提出从资源代替产品的角度来审视企业战略决策，企业是有形资源与无形资源的独特组合，而非产品市场的活动，将战略制定的基础由外部的"产业结构分析"逐步转移到内在资源与能力分析的"资源基础观念"上[2]。资源基础理论是以资源为战略决策的思考逻辑中心和出发点，以资源与能力引导战略发展方向与竞争优势。

资源基础理论旨在解释组织如何在竞争环境中保持独特和持续的优势，该理论主要基于以下两个假设：第一，行业中的组织可能拥有不同的资源；第二，这些资源在组织间具有不可复制性，因此从资源方面来看，组织差异可以持续相当长的一段时间[3]。资源基础理论认为组织可以基于自身资源和能力与其他组织竞争，基于产品、资源、能力和替代品的相似性来识别竞争对手，创造一个独特的资源情境，使其竞争对手望尘莫及，无法对其形成威胁[4]。组织相对于其他组织的竞争优势是建立在其所拥有的异质性资源和关系的基础上。当组织采用一种独特的、能够创造价值的、难以被竞争对手复制的战略时，这种竞争优势便会建立起来[5]。如果竞争对手始终无法了解和复制这种战略，组织便会拥有持续性的竞争优势。换句话说，组织持续性竞争优势的建立源于组织控制着有价值、稀缺、不可替代和难以复制的资源和能力。

（三）战略选择理论

20 世纪 50 年代，Simon（西蒙）、March（马奇）和 Cyert（西尔特）等学者

---

[1] Lewin A Y, Volberda H W. Prolegomena on coevolution: a framework for research on strategy and new organizational forms[J]. Organization Science, 1999, 10(5): 519-690.

[2] Wernerfelt B. A resource-based view of the firm[J]. Strategic Management Journal, 1984, 5(2): 171-180.

[3] Pfeffer J, Salancik G R. The External Control of Organizations: A Resource Dependence Perspective[M]. NewYork: Harper & Row, 1978.

[4] Wood P A. The spatial corporate organization and its changing environment: implications for the office sector[C]//Ernste H, Jaeger C. Information Society and Spatial Structure. London: Belhaven Press, 1990: 39-52.

[5] Hillman A J, Dalziel T. Boards of directors and firm performance: integrating agency and resource dependence perspectives[J]. The Academy of Management Review, 2003, 28(3): 383-396.

率先开展了企业战略行为决策相关研究,从而开启了战略选择研究的新视角。他们强调组织并不总是受到环境影响而被动接受,也有机会重塑环境,管理层应该考虑到通过组织之间以及组织与其所处环境之间相互适应来制定自身战略。尽管战略选择理论学派认识到外部环境中的力量和变量是动态的,企业战略的制定受这些因素相互作用的影响,外部环境的变化会促使决策者调整其经营性战略,但是,他们更关注决策者的一些特征对环境和战略关系的影响,核心解决的问题是企业管理层和战略的关系,以及企业管理层对环境的异质性战略响应问题。

战略选择理论认为,外部环境是动态的,经营战略受到外部因素相互作用的影响。外部环境带给组织机会和威胁,组织战略选择是组织决策者应对动态的外部环境的结果[1]。组织所处的环境限制了他们的行动范围,组织适应的有效性取决于组织决策团队对环境条件的看法以及组织为应对这些条件所做出的决定[2]。因此,组织发展要关注外部经济环境、制度政策、文化环境、法律法规等社会环境因素,还要关注行业发展态势、技术革新现状等产业环境因素。在现有的市场经济大环境下,外部制度和商业背景的多变性对组织提出了更高的要求,组织要提高自身对环境变化的敏感度,选择环境的同时适应和管理环境,确保自身战略选择和外部环境的动态匹配,从而在保持自身竞争优势的同时确保组织绩效的良好发展。

(四)组织创新理论

组织创新理论来源于约瑟夫·熊彼特的基于技术论的创新理论。在20世纪30年代末,经济学家弗兰克·耐特和罗纳德·科斯对组织问题做了开拓性的探索,开创了现代组织理论的先河,同时也是组织创新理论研究的新起点。人们逐渐认识到,创新需要组织具有吸取外部信息的能力,以及容许结构、人力资源等变革的能力,最具有创新性的组织是那些具有内部发生改变的倾向的组织。虽然学者对组织创新的定义多样化,但组织创新理论认为,为了对快速变化的环境做出响应,组织必须快速采纳新方法,密切关注新的和有用的事物,组织在收集、综合、利用、传播信息方面的速度越快,就越能有效地展开竞争。组织创新是组织调整内外部资源、能力和结构的过程与方式的总称。这表明,组织创新的研究既要明确其过程,也要明确可以采取的各种方式、这些方式的各自应用条件以及不同方式的取舍和整合等。

(五)扎根理论研究法

扎根理论(grounded theory, GT)是质性研究的一种重要方法,起源于格拉斯和施特劳斯两人于20世纪60年代在一所医院里对医务人员处理即将去世的病

---

[1] Mintzberg H, Waters J A. Of strategies, deliberate and emergent[J]. Strategic Management Journal, 1985, 6(3): 257-272.

[2] 陈向明. 质的研究方法与社会科学研究[M]. 北京: 教育科学出版社, 2000.

人的一项实地观察。扎根理论是一种定性研究的方式,其中心思想是在经验资料的基础上建立理论,即在系统性收集资料的基础上寻找反映事物现象本质的核心概念,然后通过这些概念之间的联系建构相关的社会理论。扎根理论一定要有经验证据的支持,但是它的主要特点不在于其经验性,而在于它从经验事实中抽象出了新的概念和思想。研究者在开始研究之前一般没有理论假设,直接从实际观察入手,从原始资料中归纳出经验概括,然后上升到系统的理论。这是一种从下往上建立实质理论的方法。

三、行业特色高校高质量发展的影响因素提取

基于 CiteSpace 软件,对 1990~2020 年行业特色高校高质量发展的相关中外文献进行可视化的梳理,在中国知网(China national knowledge infrastructure,CNKI)以"行业特色高校"或"行业特色大学"为主题搜索,最终得到 1001 篇 CNKI 中文文献。

(一)按照关键词的频次高低提取影响因素

关键词反映了一篇文献内容的核心,包括主要研究内容、研究方法及重要结论。所以,对大量有关行业特色高校的文献的关键词做共现化和网络分析,生成一个可视化的知识聚类文献图谱,使读者对影响行业特色高校发展的因素有整体的认识。对 1990~2020 年的相关文献数据进行关键词分析,在 CiteSpace 的操作界面将共现网络分析选定为关键词(keyword),得到该领域内相关文献的关键词分析的结果。

图 2.1 是对 CNKI 中的文献进行的关键词共现的网络图谱,节点越大说明出现频次越高,连线越粗说明联系越强。从关键词共现图谱(图 2.1)可知,共 167

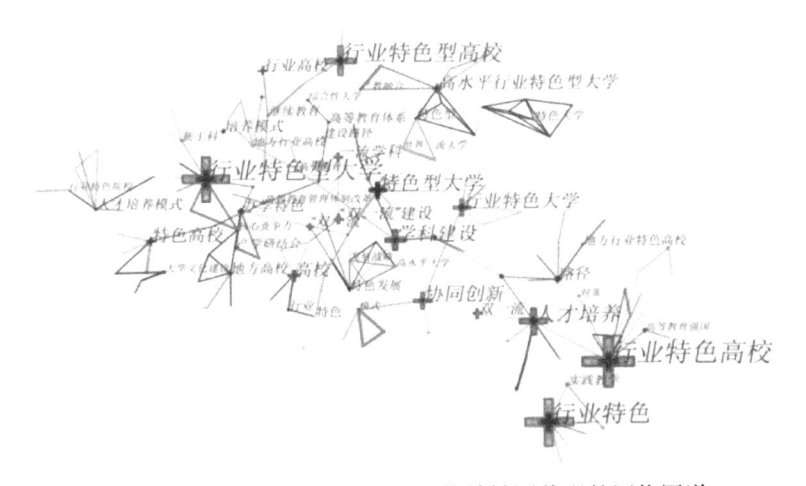

图 2.1 基于 CiteSpace 的关键词共现的网络图谱

个节点，206 条连线，网络密度值是 0.0149，说明关键词较为集中，研究主要围绕行业特色高校、行业特色型大学、行业特色型高校、高水平行业特色型大学、学科建设、人才培养等几方面展开。对关键词进行聚类分析之后，如表 2.1 所示，行业特色高校学术研究领域排名前十的关键词分别是行业特色高校、高水平行业特色型大学、人才培养、学科建设、协同创新、"双一流"建设、地方高校、路径、模式、产学研结合。如表 2.1 和图 2.1 所示，有关行业特色高校的研究主要集中在三个方面：一是以人才培养、学科建设、协同创新、产学研结合为代表的行业特色高校发展的具体策略，二是以"双一流"建设、高等教育强国、高水平发展为重点的行业特色高校发展的政策背景，三是有关行业特色高校转型的路径和模式探索。

表 2.1　行业特色高校学术领域排名前十的关键词列表

关键词	出现频次	关键词	出现频次
行业特色高校	395	"双一流"建设	34
高水平行业特色型大学	68	地方高校	28
人才培养	61	路径	23
学科建设	39	模式	19
协同创新	39	产学研结合	14

（二）按照关键词的突现强度大小提取影响因素

将节点选定为关键词，运行 CiteSpace 得到 1990~2020 年 CNKI 中文文献中排名前九位的突现词（图 2.2），突现强度数值越大，表示该词受到的关注度越高。关键词的突现分析可以反映出该领域的新兴趋势和突然变化。

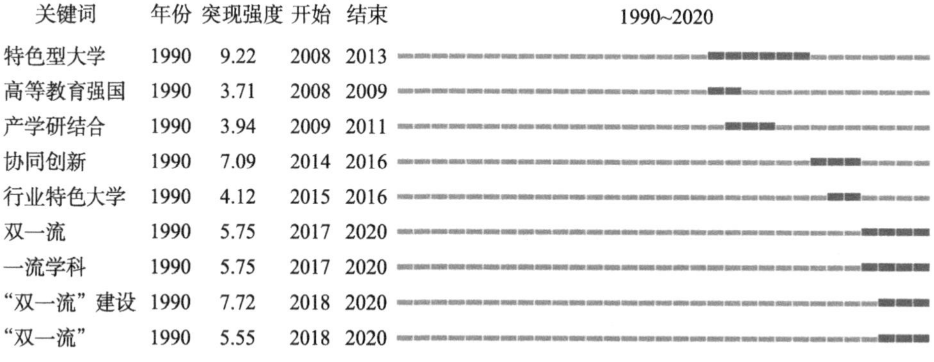

关键词	年份	突现强度	开始	结束	1990~2020
特色型大学	1990	9.22	2008	2013	
高等教育强国	1990	3.71	2008	2009	
产学研结合	1990	3.94	2009	2011	
协同创新	1990	7.09	2014	2016	
行业特色大学	1990	4.12	2015	2016	
双一流	1990	5.75	2017	2020	
一流学科	1990	5.75	2017	2020	
"双一流"建设	1990	7.72	2018	2020	
"双一流"	1990	5.55	2018	2020	

图 2.2　行业特色高校研究关键词突现强度排名图

如图 2.2 所示，特色型大学、"双一流"、一流学科几个关键词持续时间较长，说明学界在研究行业特色型大学的时候总是与创建"双一流"高校和一流学科相关联；以上几个关键词在结束时间上也较晚，这表明"双一流"高校和学科建设是近几年行业特色高校发展的目标之一。除特色型大学之外,协同创新、"双一流"建设是九个强突现程度的关键词中排名较高的。结合突现持续时间和突现强度,发现行业特色高校研究领域的研究热点在于两个方面:一是"双一流"建设、一流学科等政策层面,二是以协同创新、产学研结合为代表的方法层面。这与上述关键词频次分析呈现出的三大方面的其中两方面相互印证。

综合关键词频次高低和突现强度的分析结果,本节将行业特色高校发展的影响因素汇总为两层面。第一,国家提出的"高等教育强国"战略包括建设高水平大学以及"双一流"建设,是影响行业特色高校发展的环境因素。第二,人才培养、学科建设、协同创新是影响行业特色高校发展的内部因素。

四、半结构化访谈探索行业特色高校高质量发展机制

(一)方法选择

本章采用扎根理论的质性研究方法对访谈数据进行归纳和梳理。质性研究比较适合在微观层面对个别事物进行细致、动态的描述和分析,通过研究者和被研究者之间的互动对事物进行深入、细致、长期的体验,能够对事物的"质"得到一个比较全面的解释性理解[①]。扎根理论被誉为质性研究中最科学的方法论,强调必须在自然情境下,采用归纳的方法对社会特殊现象进行探究和建构。本章试图寻找影响行业特色高校高质量发展的影响因素以及影响因素内部的逻辑关系,因此采用扎根理论的质性研究方法进行研究。本章主要运用程序化扎根理论的三个编码步骤来探索行业特色高校高质量发展的影响因素:一是通过开放式编码对原始资料进行分析和归类,形成概念和初始范畴;二是通过主轴编码对初始范畴进行归纳,得到主范畴;三是通过选择性编码建立核心范畴,发展行业特色高校高质量发展的影响因素理论。编码小组共5人,经过编码培训后,进行分组,A组、B组各为2人,共同对原始资料进行编码;C组为1人,负责协调A组、B组在概念化、范畴化过程中发生的编码分歧。鉴于数据信息量较大,为使编码过程更加规范,本章运用NVivo 12质性分析软件进行数据整理和分析。

(二)资料分析

在资料分析过程中,随机选择九份访谈对象的访谈记录,即将2/3左右的访谈记录用于数据编码和理论模型框架的构建,剩余的三份访谈记录用作后续的理论饱和度检验。

1. 开放编码

开放编码,顾名思义就是要求研究者怀着开放的心态,不带主观偏见和理论

---

① 王建明,贺爱忠. 消费者低碳消费行为的心理归因和政策干预路径:一个基于扎根理论的探索性研究[J]. 南开管理评论, 2011, (4): 80-89.

定式，尽可能地将收集到的原始信息按其本来样貌进行初步编码。开放编码就是将资料揉碎和重新整合，旨在界定概念和发现范畴。本章采用编码分析软件 NVivo 12，首先进行"贴标签"，即对资料进行简化和初步提炼，根据开放编码的要求逐句、逐行和逐段对原始访谈文本资料进行初始整理，提取出与行业特色高校高质量发展行为有关的原始代表语句建立自由节点，将其分解成不同的独立信息单元，得到如"需要大力提倡发展文化类的文科，行业特色高校的需求导向非常明显，有针对性地对某个行业加快效率培养人才"等 289 条原始语句。其次，发展概念，由于初始编码形成的概念数量庞大且语义交叉，通过不断比较，关键语句将渐归理论类属，经分析、归纳后，抽象出能体现或影响行业特色高校发展的关键信息，形成 24 个初始概念，如"学科数字化"是经过原始语句"把传统的学科和信息技术结合"归纳抽象而成的。最后，提炼范畴，范畴是对概念的进一步凝练，比概念更具指向性和选择性，它以某一概念为中心，将其他种类的概念聚集于该概念类属内以形成概念群，经概念聚拢后提炼初始范畴，如将"学科发展战略规划、明确学科发展方向、学科数字化"进一步整合，归纳进"学科结构"范畴。通过开放编码并结合文献，得到八个初始范畴，分别为学科建设、文化融合、师资队伍、政府政策、地域分布、行业属性、校企合作、创新能力，如表 2.2 所示。

表 2.2 开放编码形成的范畴示例

范畴	概念	访谈文本中的原始数据
学科建设	学科发展战略规划	在战略性、前瞻性领域要有 3~5 项关键核心技术的一个突破
	明确学科发展方向	在这次双一流的总结和学科评估中，我们也在进一步地明确学校整体的学科发展
	学科数字化	把传统的学科和信息技术结合
	学科交叉融合	在新兴交叉学科实施容错计划，要打破学科壁垒，在理工、医工、文工、工工交叉，包括经管和工业这些方面要做一个深度的交叉。然后在西医学、健康学院，包括人工智能等这些方面来做更多的学科交叉的增长点
文化融合	精神文化培养	没有针对行业特色高校制定出可以吸引学生的政策，对学生群体的国防精神、军工文化的培育也有所欠缺
	营造文化氛围	需要大力提倡发展文化类的文科，我们建立了艺术学院，艺术学科的发展对全校文化氛围的营造有很重要的作用
	教师文化培训	对新教师进行学校文化、军工文化、国防文化的培训
	国际交流与合作	扩大留学生规模，提高留学生质量，同时鼓励"走出去"，参加国际化项目合作和会议，共同推动科技进步
师资队伍	稳定师资队伍	我们学校从 2016 年以来实行"长准聘"的制度，整体上来讲，在稳定师资队伍上有相应收获
	师资队伍国际化	在当前的国际形势下，行业特色高校师资队伍国际化对于我们来讲是比较难的

续表

范畴	概念	访谈文本中的原始数据
政府政策	人才培养政策支持	国家在人才培养方面支持不够，限制还很多
	政策导向	比如说信息对抗技术，这些专业都是当时各个学校依据国家的这种特色需求建立起来的
地域分布	联合发展	首先要服务于国家的重大战略，其次要积极参与地区的区域经济发展，要把行业特色、区域经济发展和学校发展结合起来
	招生生源质量	在招生生源方面，地域位置会影响其质量
行业属性	国家发展重要战略	国家的国防战略会在整个国家的发展过程中起到非常重要的作用
	聚焦行业发展	行业特色最大的特点是，国家针对社会经济发展、工业发展的短板，有针对性地聚集力量去倾斜发展某个行业
	提高培养效率	行业特色高校的需求导向非常明显，有针对性地对某个行业加快效率培养人才
校企合作	国际合作	国际合作范例，发射龙江二号小卫星的时候，有一个学生在小卫星上安了一个摄像头，拍了一幅号称"最美地月合影"的图片，发表在《科学》杂志上
	就业合作	和各个企业集团建立了就业的重点合作计划
	实习实践合作	和行业企业和科研单位都保持合作，校友很多，设置创新实践基地，大一点的国企都是战略合作单位，本科生的实习实践、研究生的项目都和这些企业有天然的联系，这是我们的特色，也是优势
	创新创业项目支持	我们以前就和政府的开发区合作，有政府注资的公司，也提供相应的专家，为有创新创业想法和项目的学生提供专家咨询、财务运营、公司运营方面的支持
创新能力	创新研修	开设了很多创新研修课，大家在实验室里实际动手来做
	创新创业项目竞赛	我们会有创新创业的项目，到大三阶段会有集中的学科竞赛的培育，所以我们学生的学科竞赛成绩也非常好
	营造创新氛围	开展研究生"学术创新季"，举办"天宫杯"研究生创新实验竞赛、"临近空间杯"博士生科技创新竞赛、研究生国际学术论坛，营造浓厚的学术氛围，让学生提升创新能力，同时也为更高层次的竞赛输送好的项目

2. 主轴编码

主轴编码是通过聚类，每次只对一个类属进行深度分析，围绕这个类属寻找相关关系，因此称该类属为"轴心"，主要任务是发现和建立范畴之间的潜在逻辑联系[①]，发展主范畴。鉴于初始范畴比较分散与宽泛，范畴与范畴之间的关联性不明朗，在深入分析范畴间的因果关系和反复比较的基础上，根据不同范畴之间的内在联结和逻辑关系，将对以往资料和逻辑的梳理归类，形成更系统概括的范畴。

---

① 朱旭东. 论教育学科服务国家重大发展战略的时代内涵[J]. 教育研究, 2020, 41(5): 4-9.

本节的研究主题是探讨行业特色高校高质量发展的影响因素，经过轴心编码，发现八个初始范畴间存在相互关系和逻辑次序。高等教育的主要任务是培养具有创新精神和实践能力的高级专门人才，服务社会。因此，人才培养和成果创新是高校实现办学目的的两大基本手段，确定了人才培养和成果创新两大主范畴之后，将学科建设、文化融合、师资队伍归入人才培养的范畴，将校企合作、创新能力归入成果创新的范畴；而政府政策、地域分布、行业属性符合外部情境相关理论。依据上述理论，对开放编码形成的八个初始范畴进行归纳，形成人才培养、成果创新、外部情境因素三个主范畴。各主范畴代表的意义如表2.3所示。

表2.3 主轴编码形成的主范畴

主范畴	对应范畴	范畴的内涵
人才培养	学科建设	在学科发展上具有战略性、前瞻性，发展交叉学科、新兴学科，巩固优势学科
	文化融合	针对行业特色高校，注重培育学生和教师群体的国防精神、军工文化，同时也提高国际交流水平
	师资队伍	行业特色高校师资队伍国际化，"长准聘"的制度稳定师资队伍
外部情境因素	政府政策	党的十九届五中全会明确提出建设高质量教育体系；中共中央、国务院印发了《深化新时代教育评价改革总体方案》，强化分类评价思想，推进高校分类评价，引导不同类型高校科学定位，办出特色和水平
	地域分布	行业特色高校首先要服务于国家的重大战略，其次要积极参与地区的区域经济发展，要把区域经济发展和学校发展结合起来，但地域位置会影响行业特色高校的招生生源，尤其在西部地区这种负向影响更大
	行业属性	行业特色高校的需求导向非常明显，针对性地为某个行业加快效率培养人才；行业也为高校提供了就业、实习实践的机会
成果创新	校企合作	和行业企业与科研单位都保持合作，设置创新实践基地，基于企业业务需要建立研究生的科研项目，企业为有创新创业想法和项目的学生提供专家咨询、财务运营、公司运营方面的支持
	创新能力	开设了创新研修课，培养学生动手实践能力；鼓励学生参加各类创新创业项目，提升创新能力；开办学科竞赛，提升学生的专业能力

3. 选择编码

选择编码指在所有已找到的概念类属中经过系统的分析后选择一个起到提纲挈领作用的"核心类属"，把所有其他的类属串成一个整体拎起来，将较大多数的研究结果囊括在一个比较宽泛的理论范围之内。通过对主范畴的深入探析，主范畴之间的相互关系已呈现相对清晰的脉络，此处已涵盖建立核心范畴的基本要素，结合本章的主题，发现外部情境因素反映了行业特色高校高质量发展的条件和原因，人才培养、成果创新两个主范畴反映了行业特色高校高质量发展的行动策略。

在政府政策、地域分布、行业属性的影响下，行业特色高校通过人才培养与成果创新，达成行业特色高校高质量发展的目标。这一过程通过范式模型"条件/原因—行动策略—结果"这一逻辑进行范畴联系，如图2.3所示。

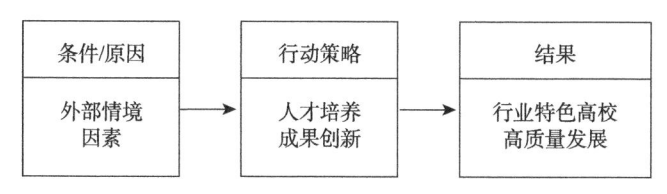

图2.3 核心范畴的范式模型

五、研究探索行业特色高校高质量发展机制

基于以上文本三级编码的结果，结合现有研究以及协同演化理论等相关管理学理论，对行业特色高校高质量发展的关键要素进行阐述和分析，结果如下。

（一）外部情境因素

1. 政府政策

高等教育发展战略要求行业特色高校实现新时代的高质量发展。国家颁布了一系列鼓励大学投身社会服务的文件，如《国家中长期教育改革和发展规划纲要（2010—2020年）》提出大学要全方位开展社会服务，拓展社会服务范围。《国务院办公厅关于深化产教融合的若干意见》鼓励大学要融入国家创新体系，加强学科、人才、科研与产业的互动。2020年10月，中共中央、国务院印发的《深化新时代教育评价改革总体方案》指出，强化分类评价思想，推进高校分类评价，引导不同类型高校科学定位，办出特色和水平。党的十九届五中全会明确提出建设高质量教育体系，2035年建成教育强国，这标志着中国教育进入了全面提质创新的新的发展时代。

2. 行业属性

沈宏宇、刘敬严等都指出，行业特色高校本身即为行业发展的产物，其生存和发展必须以行业为依托，远离行业必将导致特色的丧失和优势的弱化，行业特色高校长期建立的特殊学科，针对行业的特殊需要以及独特的校园文化是很难改变的[1][2]。一方面，行业部门及相关企业在不同的行业发展阶段对所在行业特色高校的支持力度变化较大，主要表现在：在发展稳定良好时期行业支持力度加大，

---

① 沈宏宇. 中国行业特色研究型大学发展研究[D]. 哈尔滨：哈尔滨工程大学, 2010.

② 刘敬严, 刘金兰, 刘春姣. 基于服务营销视角的高等教育质量实证研究[J]. 现代教育管理, 2010, (6): 54-56, 59.

能够有效地帮助行业特色高校培养人才、科研创新和学生就业；在发展低迷、衰退时期根据自身情况对行业的投入适当削减，行业特色高校的发展也随之进入困难时期。另一方面，行业的整个社会威望或者社会形象对高校生源质量也具有影响，从而直接影响特定相关行业高校的实际生源质量。如果行业社会威望高，那么更容易吸引好的生源和师资，从而形成良性循环，共同助力行业特色高校的发展与开拓。

3. 地域分布

为区域经济社会发展服务是实现高等教育高质量发展的必由之路。蔡袁强指出地方既是高校生长的土壤，又是高校自身发展的不竭动力与源泉，高校针对区域社会发展的需要，形成自身的办学特色，通过创新型人才培养和科研成果转化，拓宽社会服务职能，这不仅能够更好地为本地区社会发展服务，还能为高校高质量发展赢得更广阔的生存空间[1]。不同地理位置、区域经济条件的行业特色高校之间的发展是不平衡的。一般而言，西部地区综合性学科经费和驱动力都相对不够，而位于经济发达地市的高校则具有相对的优势，其办学资源较丰富，对优秀的生源、师资吸引也较大。高雪梅等[2]通过对地方行业特色高校毕业生在东北三省的就业情况进行分析，验证了地区行业特色高校对区域建设的影响力与贡献力之大；围绕一流学科建设实施路径，通过分析海洋类地方高校发展战略及创新驱动部署，探究其地域优势为高校发展及区域发展带来的促进作用。

（二）人才培养

人才培养始终是高等学校的首要任务和核心工作，也是高等学校服务社会经济发展的主要手段。陈武元和李广平提出人才培养是大学转型中始终需要遵循的基本原则，为了实现成功转型，大学应当科学规划人才培养定位，确保与大学转型同步协调；改革评价考核体系，促进教学科研互动；构建开放式培养机制，实现育人多元协同，通过推动人才培养转型成功，助力大学实现转型发展目标[3]。本章认为人才培养能力是行业特色高校实现高质量发展的内部驱动因素，也是行业特色高校高质量发展的前提条件。习近平在全国高校思想政治工作会议上指出，"高校立身之本在于立德树人。"[4]只有培养出一流人才的高校，才能够成为世界

---

[1] 蔡袁强. 地方大学的使命：服务区域经济社会发展——以温州大学为例[J]. 教育研究, 2012, 33(2): 89-94.

[2] 高雪梅, 于旭蓉, 胡玉才. 地方行业特色型高校一流学科建设路径的思考[J]. 学位与研究生教育. 2017, (6): 29-34.

[3] 陈武元, 李广平. 大学转型发展与人才培养转型[J]. 中国高教研究, 2021, (10): 36-42.

[4]《习近平：把思想政治工作贯穿教育教学全过程》, http://www.xinhuanet.com/politics/2016-12/08/c_1120082577.htm[2022-07-16].

一流大学。办好我国高校,办出世界一流大学,必须牢牢抓住全面提高人才培养能力这个核心点,并以此来带动高校其他工作。

1. 学科建设

学科建设不仅是高校提高科研水平、加快创新人才培养、形成核心竞争力的重要一环,也是行业特色高校高质量发展的内部动力之一[1]。学科建设是实现高质量的本科教育和高水平的研究生创新教育的基础,是从事高水平科学研究和产生创新成果的基础。建设以本行业领域学科为特色的学科群,促进相关学科间的交叉融合,实现"异峰突起,群峰竞秀"的学科发展格局,从而为提高学校核心竞争力奠定基础。

2. 师资队伍

高水平的师资队伍建设是人才培养的重要基础。高水平行业特色高校应紧紧围绕学科发展、人才培养和科学研究的需求,创造育人环境,坚持引进与培养相结合的原则,吸引和培育优秀人才,从而建设一支高水平的师资队伍。同时,教学是人才培养的重要环节。教师教学质量的高低决定了人才培养质量的高低,高质量的教学过程可以激发学生潜力、发展学生思维、提高学生创新能力等,是推动人才培养转型的关键[2]。因此高师资队伍建设作为高校优秀人才培养的基础,也是影响行业特色高校高质量发展的内驱力。访谈发现,目前行业特色高校已经陆续实施了行业特色高校师资队伍国际化、以"长准聘"的制度稳定师资队伍等措施。

3. 文化融合

文化是大学之魂,要落实高等教育在人类社会发展中所需承担的教育责任、学术责任、社会责任和国际责任,离不开高校独特文化功能的发挥[3]。文化融合既包含行业特色文化的传承,又意味着开拓的时代精神和国际化水平。行业特色高校承担着行业发展振兴的历史使命与精神追求,在不断地传承与发展中都凝聚了自己的特色文化。在受访的五所高校中,献身国防的文化氛围普遍浓厚,各高校均重视培养青年教师、海归教师的国防意识以及为国奉献的精神,并且寄希望于教师在日常课程教育中培养学生的国防情怀。在文化建设中必须坚持传承行业优秀文化,进一步增强师生对行业优秀文化的认同,这是我们培养和输送行业优秀人才的一条宝贵经验。不仅如此,行业特色高校还要着眼于时代和行业的发展新

---

[1] 王冀生. 文化是大学之魂[J]. 北京大学教育评论, 2003, (4): 42-46.

[2] 李世超, 苏竣. 大学变革的趋势——从研究型大学到创业型大学[J]. 科学学研究, 2006, (4): 552-558.

[3] 王战军. 什么是研究型大学——中国研究型大学建设基本问题研究(一)[J]. 学位与研究生教育, 2003, (1): 9-11.

趋势和新要求，以行业优秀文化为基础，大力开展文化创新。要积极探索行业传统文化与时代精神的结合，特别是行业特色高校，更要有一份豪情壮志，不断增强文化育人的功效，培养大批具有人文精神、科学素养、创新能力和务实作风的行业优秀人才，从而为我国文化建设提供人才支撑。

（三）成果创新

1. 创新能力

受访的五所高校尤其重视人才创新能力的培养，强调课程与实践相结合，普遍鼓励学生参与科研竞赛或提早进入实验室学习，以此培养学生的科学研究能力。高校需要重视为学生开展课外活动、培养学生实践技能，积极开展大学生创新性实验计划项目，鼓励学生参加科学研究、课外科技活动、社会实践和各类竞赛。实践创新能力主要是指工程实践和创新创业能力。李世超和苏竣指出创业型大学将教学、科研和决策咨询与促进经济社会发展的使命结合起来，使知识生产市场化，加速科技成果转化，为产业和社会经济发展服务[1]。研究型大学要面向世界科技前沿、面向经济主战场、面向国家重大战略需求办学。王战军倡导把一批高水平研究型大学建成创新型大学，这对增强高等教育综合实力、服务国家创新驱动发展战略、建设科技强国具有重要作用[2]。

2. 校企合作

当前，行业特色高校主要通过项目合作、基地共建、合作办学、人才联合培养、成果孵化等方式与企业展开合作，校企合作模式一方面为高校人才实践锻炼提供了良好的事业平台，另一方面也为企业解决了生产研制等方面的难题，实现了企业与高校的双赢。校企合作有助于科技成果研发，有利于实现科技成果顺利孵化以及科技成果的产业化。为促进高校与校外行业企业的合作顺利进行，具体可以采取以下做法：首先，校外行业企业和高校应该增强合作意识，高校内部需要为校外组织参与人才培养打开渠道，增加信任感；其次，可以成立合作工作小组，由高校管理层代表、校外组织代表、学院代表组成，共同解决人才培养过程中的问题，负责制订人才培养方案，创建创新创业实训基地、成果孵化平台等。高校和行业企业与科研单位都保持合作，设置创新实践基地，基于企业业务需要建立研究生的科研项目，企业为有创新创业想法和项目的学生提供专家咨询、财务运营、公司运营方面的支持。

---

[1] 李世超, 苏竣. 大学变革的趋势——从研究型大学到创业型大学[J]. 科学学研究, 2006, (4): 552-558.

[2] 王战军. 什么是研究型大学——中国研究型大学建设基本问题研究(一)[J]. 学位与研究生教育, 2003, (1): 9-11.

六、行业特色高校高质量发展机制

本章试图研究行业特色高校高质量发展实现过程中各影响因素如何作用于发展目标，基于半结构化访谈和理论研究对行业特色高校高质量发展机制影响要素的分析结果，遵循"驱动因素—主体行动—目标实现"的内在逻辑，构建行业特色高校高质量发展实现的理论模型（图2.4）。

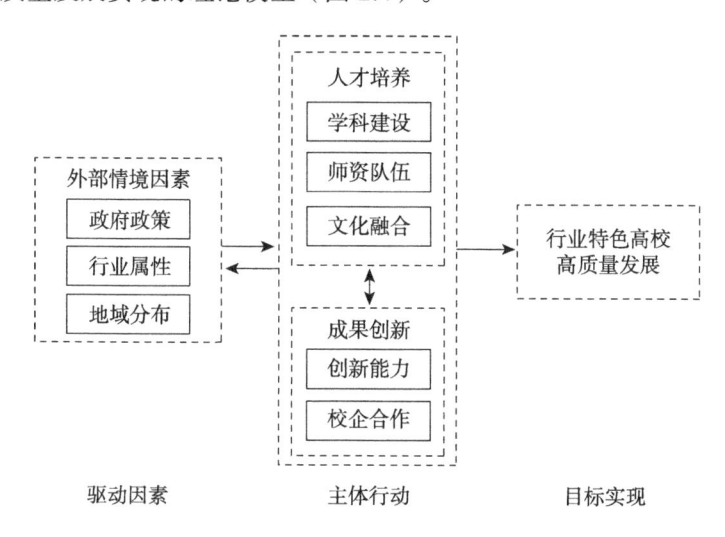

图 2.4　行业特色高校高质量发展实现的理论模型

（一）驱动因素分析

根据协同演化理论，行业特色高校高质量发展的主体行动和外部情境因素相互影响，密不可分。行业特色高校的高质量发展是组织的一种积极的变化，这种变化是在环境的不断交互作用中进行的。此外，在研究行业特色高校高质量发展中不能孤立地分析高校内部或外部环境的某一个层次，而应该将二者结合共同考虑。因此，外部情境因素的变化将引起高校的主体行动，同时高校的主体行动也会影响政策、行业与区域发展。例如，胡昌翠和石晓男从教育生态系统理论出发，指出大学是一个由多要素构成的复杂系统，社会服务与学校的教学、科研和各项工作水乳交融，大学要以服务国家重大战略和区域经济社会发展为目标，倡导面向社会发展需求的人才培养模式和科学研究范式[①]。管培俊提出振兴中西部高等教育，必须由政府主导深化改革，政府、社会、学校、企业、科研院所多方参与，双向发力，才能助推高质量发展[②]。李辉和于晨莹通过访谈数据提出行业特色高校

---

① 胡昌翠, 石晓男. 研究型大学何以高质量服务社会——对一流研究型大学社会服务关键要素的考察[J]. 中国高教研究, 2021, 339(11): 75-82.

② 管培俊. 振兴中西部高等教育　助力高质量发展[J]. 中国高教研究, 2021, (12): 1-5.

产学研融合必须培养学生行业精神、传承行业特色文化,面向行业构建培养体系[①]。阎光才也提出行业特色高校在自身建设与人才培养过程中,要加强与特色行业部门、协会、企业等的合作[②]。由此可见,行业特色高校的高质量发展受到来自政府、高校、行业、社会多方的影响。

(二)主体行动分析

组织发展需要关注外部情境的变化,并且提高自身对外部环境的敏感度,选择环境的同时适应环境,确保自身战略选择与外部环境动态匹配,此外,组织需要对外部环境的变化迅速响应,提高组织绩效并维持竞争优势。高校的发展既要遵循高等教育办学治校育人活动的内在规律,又要满足社会发展需要并受到社会制约。高等教育的首要、根本功能是为经济发展和社会进步培养高素质人才,但也要加强服务社会、服务地区、服务经济的作用,面向国家战略需求。因此,一方面,行业特色高校凭借独具优势的学科结构、浓厚的军工文化氛围、高水平的教学队伍,为行业输送优秀人才,服务于国家战略;另一方面,通过与企业合作,建立实习实践基地,安排教师企业挂职锻炼及参观、实践,同时高校为企业管理人员及员工开展各类培训,使高校专家参与企业技术指导,面向企业实际问题做科学研究,实现科研成果转化,共同解决行业技术难题。面向区域、行业、国家战略需求,高校开展人才培养和成果创新,反过来,高校的人才培养成果以及科研创新成果都能够影响区域经济、行业发展以及国家的前途命运。例如,陈斌提出实现高等教育高质量发展需着力提升高校学术创新能力,完善高等教育结构,丰富高等教育发展模式[③]。基于战略选择理论和组织创新理论,行业特色高校为应对外部情境的变化,应该选择积极的发展战略,通过人才培养、成果创新保持自身的竞争优势,从而实现行业特色高校高质量发展的目标。

资源基础理论认为,组织持续性竞争优势的建立源于组织控制着有价值、稀缺、不可替代和难以复制的资源和能力。基于资源基础理论,高校内部资源包括人才培养、学科建设、师资队伍、创新能力、校企合作、文化融合。这些内部资源以有形资产和无形资产两种形式共同存在,由于具备有价值、稀缺、不可替代和难以复制的特点,其可以帮助行业特色高校形成独特的竞争优势。王嘉毅和陈建海也指出大学的发展是一个系统,这一系统能够有效整合内外部资源,同各利益相关方开展合作,为区域、国家甚至全球的重大挑战性事务提供高质量社会服务,在创新驱

---

① 李辉,于晨莹. 产学研融合培养行业特色创新人才研究——基于军工企业访谈的分析[J]. 教育发展研究, 2021, 41(21): 47-54.

② 阎光才. 斯坦福的硅谷与硅谷中的斯坦福[J]. 教育发展研究, 2003, (9): 87-91.

③ 陈斌. 高等教育高质量发展:价值意蕴、现实境遇与建设策略[J]. 重庆高教研究, 2021, (11): 12.

动时代，研究型大学要主动对接国家和地区发展需求，以开放共赢的姿态与各利益相关方展开互动[①]。行业特色高校师资队伍建设是行业特色创新型人才培养和行业特色高校高质量发展的重要资源。行业特色高校的发展和创新型人才培养要注重行业特色文化与国际开放文化的结合。学科建设既是培养行业特色创新型人才的重要前提，也是行业特色高校高质量发展的重中之重。高校人才队伍建设是建设高质量高等教育体系的基础工作，行业特色高校高质量发展要求师资队伍、科研队伍、管理队伍、辅助队伍向高素质、专业化、创新型发展。由此可见，高校的人才培养应该从学科建设、师资队伍、文化融合三个方面着手。此外，建立产学研深度融合的合作机制，是加快科研成果转化和行业特色高校高质量发展的重要方式。

综上所述，行业特色高校高质量发展受到外部情境因素的驱动以及高校自主的成果创新和人才培养的行动的影响。行业特色高校高质量发展也应从外部情境因素和内部主体行动两方面入手，一方面，高校应该充分利用自身在人才培养、学科建设、师资队伍、创新能力、校企合作、文化融合等方面的资源，形成独特的优势，从而发挥好培养一流创新人才的功能；另一方面，高校也应该加强对外部环境的响应，不断增强服务社会、服务地区、服务经济的作用。

第三节 行业特色高校高质量发展路径研究

一、行业特色高校高质量发展路径的理论逻辑

高校多元筹资是指高校为避免过度依赖单一的经费来源，构建财政拨款、科研收入、学费收入、社会捐赠等多渠道共同分担教育成本的经费来源模式。虽然多元筹资是目前学界对一流大学经费来源应有结构的普遍共识，但少有研究从理论角度明确阐释一流大学为什么要多元筹资以及多元筹资何以实现等关键问题。本节基于高校职能多元化的发展历程、高校的资源依赖特性以及高等教育办学成本分担理论，诠释一流大学多元筹资的必然性、重要性和可行性，并提出声望回馈机制是一流大学多元筹资的内在运行逻辑。

（一）高校职能多元化的历史必然

当前高校的教学职能已经不再局限于对文、法、神、医等少数专业人才的培养，而是演变成了几乎涵盖所有高深知识领域的全面教学。高校的社会服务职能已经由以美国赠地学院倡导的为所在州的经济发展和社会进步培养农工技术人才

[①] 王嘉毅，陈建海. 从研究型大学到创新性大学——我国高水平大学的发展方向[J]. 高等教育研究, 2016, 37(12): 28-34.

为主的最初形态，演化为涵盖科技成果转化、高端智库建设等多样化的社会服务形态。简言之，随着职能的多元化演化，高校已经成为推动经济社会发展的重要引擎。充足的经费是高校各项职能有序运行的基础。也就是说，高校经费的筹措从深层次上看，与高校职能发挥作用的强弱有着本质联系[①]。因此，为了更好地履行各项职能，高校需要通过多种渠道获取资源、筹措资金。

（二）稳定核心资源的现实需要

与中世纪大学相比，现代大学已经不再是仅仅依靠学费收入或政府财政性拨款收入就能相对独立于社会其他组织而存在的教学型机构。随着发展规模的"巨型化"和职能的不断扩展，高校已深刻融入经济社会发展当中，高校对于资源的需求正在不断提升，经费来源的多元化便是高校变革的集中体现。无论是中国还是欧美，凡一流大学无不是强资源依赖型学术组织[②]。

（三）办学成本分担的可行举措

首先，我国一流大学都是公办大学，无论是教学职能还是科学研究工作，都对国民经济和社会发展具有重要的贡献，具有显著的公共产品属性，因此，政府应当成为一流大学办学经费的稳定来源。其次，根据利益获得原则，一流大学的学生是高等教育的直接获益者，在一流大学的学习经历对于其知识丰富、能力增长和事业发展都具有重要的意义，因此，学生及其家庭应该承担相应的高等教育成本。再次，一流大学作为高深知识生产和传播的机构，为企业科研活动提供技术支持。企业作为技术获益者，一方面，通过纳税的形式增加国家的财政收入，再通过政府拨款间接实现对大学的资助；另一方面，企业通过科技成果转化和产教融合等方式，直接为大学提供经费支持。最后，一流大学位于高等教育系统的顶端和大学知识网络结构的核心，通过知识传播和科学研究推动整个高等教育生态系统的发展，其他层级的高校通过寻求科研合作、获取研究信息等方式，分担了一流大学的部分办学成本。由此可知，我国一流大学多元筹资不仅具备理论的适切性，更具有实践的可操作性。

（四）高校声望回馈机制的内在逻辑

高校职能的分化、资源依赖的需要和成本分担的可行证明了一流大学多元筹资的外部必然性。从内在逻辑看，一流大学多元筹资的根本原因是高校声望转变

---

① 罗泽意，贺青惠. 科技进步推动高等教育发展的路径与机制[J]. 当代教育理论与实践, 2021, 13(2): 85-90.

② 王帮俊，李爱彬. 行业特色高校的高质量发展：内涵、路径与研究展望[J]. 行业高等教育, 2020, 38(5): 1-6.

为资源的内在机制。高校多元筹资是通过一流大学的声望回馈机制来运作的。具体而言，一流大学的声望回馈机制是指高校将优质的声望资本转变为经济资本的运行机制，也就是一流大学通过提升和保持自身的名誉声望、人才培养声望、科学研究声望和社会服务声望，实现资源获取最大化的过程。在这一过程中，高校的多元筹资结构是声望回馈机制的外在表现。因此，在高校声望回馈机制中，各项职能的声望越高，获取各类资源的可能性越大。这也意味着，在高校层级金字塔中，只有一流大学具备实现多元筹资的可能性。

二、行业特色高校高质量发展路径的现实困境

（一）财政拨款的依赖性过高

近年来，政府财政预算拨款和科研拨款在我国高等教育经费结构中的占比正持续上升。此外，我国政府还通过开展"双一流"建设、"一省一校"工程等专项项目加大对一流大学的财政支持力度。通过比较研究发现，我国一流大学的经费主要来自政府，一方面，体现为财政拨款总量大；另一方面，在大学经费结构中，财政拨款占比高。大学高度依赖政府财政拨款的单一经费模式存在较大的财务风险，一旦财政拨款收入减少，将必然影响大学教学、科研、社会服务等职能的正常运行。尤其随着我国经济社会发展进入新常态，全国财政收入增速明显放缓，政府维持高速增长的高校财政拨款的难度增加。在此背景下，高校需要积极拓展多元化的筹资途径，将以政府财政拨款为主的经费来源模式转变为多渠道共同分担教育成本的经费模式，从而提高经费来源的稳定性。

（二）学费标准过低，缺少差异性

我国大学学费收入主要来自公立大学和私立大学。一流大学作为公立大学，其学费收入可区分为普通本科生学费和研究生学费两项。在研究生收费制度改革之后，我国一流大学普通本科生学费标准过低的问题一直悬而未决。这主要是因为在高等教育大众化初期，学费曾是大学经费的主要来源渠道，也曾是部分学生家庭的重要经济负担。为此，《高等学校收费管理暂行办法》规定，"高等学校学费占年生均教育培养成本的比例最高不得超过25%"。

（三）社会捐赠收入不足

1994年，我国第一家高校基金会——清华大学教育基金会成立。截至2020年，全国已成立430余家各级各类大学教育基金会。据统计，排名前20的教育基金会年均捐赠收入近60亿元，其中，仅清华大学教育基金会一家2016年的捐赠收入就超过了15亿元。然而，我国高校基金会在捐赠规模与水平、管理的专业化程度等方面仍需提高，创新力度不够、发展战略模糊也阻碍着中国大学基金会的进一步发展。在全国高等教育经费来源中，2013~2017年社会捐赠资金总规模年

均不足百亿元，在高等教育总投入中占比低于0.5%，与世界一流大学的平均水平相比还有较大差距。

（四）产教融合不足

目前，我国一流大学在产教融合和校企合作方面仍有较大不足，主要表现在与企业的合作深度和广度不够，存在动力不足、层次不高、创新激励机制和利益分配机制不健全等问题。为解决上述问题，一流大学迫切需要改进发展思路，深入推进产教融合。这既是满足企业科技创新需求、解决我国人才培养供给侧和产业需求侧"两张皮"问题的有效措施，也是实现一流大学多元筹资的重要路径。

（五）国际声望的提升未转变为国际资源的获取

高等教育系统存在森严的学术等级结构。虽然近年来我国一流大学的国际排名快速提升，进入"软科世界大学学术排名"前500名的中国大学数量由2010年的34所增加到2020年的71所，进入"软科世界大学学术排名"前100名的大学从2010年的0所增加到2020年的6所，北京大学和清华大学甚至跻身全球排名前50的顶尖大学行列，但我国一流大学还没有充分地将已经提升的国际声望转变为有利于高校发展的国际资源。这也是阻碍我国一流大学开展多元筹资的现实困境。

三、行业特色高校高质量发展的路径选择

（一）宏观层面

1. 遵循国家教育评价改革动向

首先，党的十九大报告明确提出了"加快一流大学和一流学科建设，实现高等教育内涵式发展"[①]的要求，这是新形势下我国高等教育改革发展的重要指导思想。行业特色高校要加快一流学科建设，必须走内涵式发展道路。

其次，2017年1月，教育部、财政部、国家发展和改革委员会联合印发了《统筹推进世界一流大学和一流学科建设实施办法（暂行）》，提出了"扶优扶需扶特扶新"的八字方针。作为我国高等教育的重要组成部分，行业特色高校与生俱来的优势之一便是有鲜明的办学特色，这与"双一流"建设中"克服同质化、差别化发展、扶特扶优"的要求高度契合，为行业特色高校指明了发展方向。

最后，习近平在2018年5月2日出席北京大学师生座谈会讲话时指出："大学要瞄准世界科技前沿，加强对关键共性技术、前沿引领技术、现代工程技术、颠覆性技术的攻关创新。要下大气力组建交叉学科群和强有力的科技攻关团队，

---

① 《习近平：决胜全面建成小康社会 夺取新时代中国特色社会主义伟大胜利——在中国共产党第十九次全国代表大会上的报告》，https://www.12371.cn/2017/10/27/ARTI1509103656574313.shtml [2017-10-27].

加强学科之间协同创新,加强对原创性、系统性、引领性研究的支持。"①特色学科的发展是一个动态的过程,具有相互关联、相互支撑的内在逻辑联系,学科的发展方向往往是交叉和跨学科领域。特色学科在继承传统的基础上,瞄准世界科技前沿,科学布局一流学科领域,继续做大做强,同时以强带弱,凝练挖掘出更多具有发展潜力和前瞻价值的学科,构建以特色学科为领航高峰的学科群集成模式,协同融合发展。

2. 紧跟政府的政策需求

首先,良好的外部环境是任何事物发展必不可少的条件。同样,行业特色高校良好的发展也必须有良好的外部环境,这里的外部环境主要是指政府部门。政府部门应该为行业特色高校的发展提供积极的政策与环境,指导和支持行业特色高校的发展。

其次,行业特色高校可以通过与政府共建融合、科技合作攻关等方式,成为特色产业和行业共性技术的研发中心和服务平台,为学校赢得更广阔的发展空间。同时,行业特色高校一流学科建设需要政府相关部门和企业的积极参与,形成政府、社会、学校相结合的共建机制,面向行业需求设置行业特色学科相关研究专项课题;开展以国家重大需求为导向、以解决实际问题为目标的科技创新竞赛;在高等教育成果奖项评选上,设置专项奖或在奖项评选中予以一定倾斜,这既为企业解决生产难题,又促进高校科技成果转化,实现资源共享、优势互补。

3. 服务产业引导行业

从总体来说,行业特色高校必须贴近行业需求,推进协同创新,明确发展定位。

1)强化主动竞争意识,提升核心竞争力

行业特色高校与行业之间总体而言是相互扶持、共同发展的关系。行业特色高校在与相应行业的长期合作中建立了密切联系,造就了其鲜明的行业色彩,虽然现在行业特色高校与行业的行政隶属关系弱化后,高校缺少行业部门的业务指导和资源支撑,但是行业特色高校与行业天生的联系是无法割裂的,与行业内在的不可割裂的联系和多年来形成的办学特色始终影响着行业特色高校的发展,是行业特色高校赖以生存的基础。一方面,行业通过及时向高校反映所需人才和技术的变化,加强与行业特色高校的技术联系,行业特色高校为行业提供最新的技术支持。另一方面,行业为行业特色高校的实习生提供必要的实践机会和实践指导,促进学生由理论向实践转化,缩短毕业生的就业适应期,使其快速适应岗位工作。

2)强化服务意识,注重社会实践

随着行业院校划归部属或地方管理之后,其单纯服务行业的职能定位逐步削

---

① 《习近平在北京大学师生座谈会上的讲话》,https://www.ccps.gov.cn/xxsxk/zyls/201812/t20181216_125673_1.shtml[2018-05-02].

弱，取而代之的是服务国家、支撑行业和促进区域经济的多重角色。高水平行业特色高校需要在保持自身行业特色和创新优势的同时，逐步增加科研和学科建设与地方经济社会发展的契合度。另外，由于行业特色高校与所服务行业的发展密切相关，一方面，行业特色高校需要更加注重所面向的行业的重大发展战略问题，更加注重引领行业科技进步、服务行业核心技术和共性技术研发与应用等方面的内容；另一方面，行业特色高校应更注重社会实践，利用自己与相关企业之间的联系的先天优势，贯彻"走进去"和"引进来"相结合的政策，为科研人员提供更多机会直接深入企业一线。

3）行业特色高校须扎根行业协同创新，打造行业内的话语权

协同创新模式多种多样，近年来越来越多的行业特色高校通过校企合作成立创新平台、联合实验室，这已成为国家技术创新体系的重要阵地。学科建设应成为协同创新的有力支撑，学科方向凝练形成集聚优势，以行业需求为导向推动技术创新，避免高校科研与产业脱节。此外，要意识到参与协同创新的各主体有着不同的管理模式、价值取向和评价体系，要调动各主体的参与积极性。创新组织管理体系和人事制度，以专职与兼职并行的聘任机制促进人才灵活流动，以股份、项目奖、岗位绩效等多种激励模式激发创新意愿，以契约方式明确参与各方的权责利并完善知识产权的归属和利益分配机制，确保面向行业产业的协同创新项目的落地及有机运转。积极参与区域经济发展建设和公共事务，利用高校自身优势直接服务社会，创造行业外的知名度。行业特色高校应根据自身发展情况、行业特点来积极探索差异化的服务社会之路，避免好大喜功、盲目攀比造成的资源浪费。

4. 行业特色高校产学协同创新路径选择

行业特色高校在推进与行业协同创新中具有明显的比较优势。行业特色高校要把行业特色优势融入办学全过程，开展全方位的产学协同创新平台建设，通与专、学与术、产与研有效地结合，培养具有科学家头脑、又兼具工程师实践动手能力的卓越工程人才，实现高校和行业企业更紧密的合作共赢，这样才能实现跨越式发展。

行业特色高校在协同创新模式中，通过互惠联盟机制、资源和利益共享、责任和风险共担，实现整体利益的最大化。通过明确促进动力，激励出行业特色高校与企业间合作的动力。通过监督和反馈，对行业特色高校与企业产学协同创新组织运行过程和运行结果进行监督，确保协同创新组织正常运转。

1）协同创新激发原始创新能力

高校与企业协同创新、优势互补，实现社会资本的最大化，旨在通过联合的方式促进人才的培养并提升高校的教学质量。高校要面向行业企业科技需求，凝练科研问题，聚集能科学谋划行业技术战略发展的领军人才，把国家和地方战略需求作为创新发展的动力源泉，对前瞻性研究进行长期培育，鼓励原始创新，校

企合作由成果转化的"下游"合作转变为全程合作,由局部合作转变为校企整体合作。通过科技资源和技术共享、承接上下游、产业群聚集等方式,分担创新风险,降低创新成本,使科技成果围绕需求、贴近市场、服务产业,支持和引领行业的科技进步。

2)协同创新提高学科建设水平

高校在校内或者与企业和科研院所协同创新,主要依托优势特色学科的创新团队,通过联合承担行业产业关键技术的研发任务等协同方式,不断创新高校学科建设的发展模式。因为行业特色高校有深厚的行业背景,又长期为行业产业服务,所以具备深度参与协同创新的基础。高校学科群与区域产业群无缝对接。高校的传统特色优势学科与交叉学科融合发展,使原有的学科内涵不断丰富,优势学科的外延得到不断扩大。通过协同创新,注重国际化发展,不断凝练学科科研方向,与国际前沿学科接轨,建设长期从事基础研究和技术创新的科研队伍,持续稳定地开展基础性研究、高新技术研究和重大科技攻关,促进科研平台基地的建设,不断提高学科建设的水平。

3)协同创新营造成果共享的科学评价氛围

高校引入协同创新机制,要健全科研评价体系和激励机制,遵循科技发展规律和科技人员的成长规律,根据"鼓励创新、服务需求、科教结合、特色发展"的指导原则,对科研成果分类评价,对科研人员分类评价。科学分类评价过程中不以论文作为唯一标准。对于从事基础前沿研究的科研事业单位,其科技人员的绩效评价就应突出科研质量、原创价值和实际贡献等方面的贡献;对于从事公益性研究的科研事业单位,其科技人员的绩效评价就应突出实现国家目标和履行社会责任等方面的贡献;对于从事应用技术研发的科研事业单位,其科技人员的绩效评价就应突出成果转化、技术转移和成果对经济社会的影响等方面的贡献。建立和完善以注重科技创新质量和注重实际贡献为导向的科技评价体系。不断完善协同创新的激励机制,坚持物质激励与精神激励相结合,营造科技成果共享机制、科学评价成果机制,形成利益共同体、激励相容、权责对等、个人贡献与利益分配、资源配置相挂钩。开展高校科技成果评价体系建设,确保实施绩效考核与奖励支持并重的激励约束机制。

4)协同创新促进成果转移转化

高校要完善科技成果转化政策,健全知识产权交易制度,注重技术性因素的作用的同时,也要注重非技术性因素的作用,包括技术经济性、市场适用性、产品管理与营销等。当前创新模式由科技推动型创新演变为市场拉动型创新,正向设计驱动型创新演进。高校应坚守创造和传播知识的本职工作,建立兼具独立性和专业性的技术转移专门机构,发挥专业人才作用,不断推进薪酬制度和技术人员评聘制度的改革，促进科技人才在高校和企业之间的双向流动，促进企业与高校和科研院所之间的知识流动和技术转移。建立并完善政产学研合作的动力促进机制、信息沟通机制、利益分配机制、风险评估机制、监督反馈机制等，确保长效运行模式，促进知识资本与风险资本的紧密结合，建立企业牵头、地方政府服务、高校参与的创新合作模式，把学校和企业看作是建立在双赢基础上的利益共同体，企业通过合作获得高校的技术支持，为人才培养提供实训基地。促进与行业领域及企业技术有效集成与应用，使更多的科技成果转化为生产力，为加快实施创新驱动发展战略助力。

5）协同创新建立工程人才培养体系

现代工程的综合性、多样性和跨学科交融，以及新兴产业的崛起与发展、产业的转型升级，要求工程教育的专业设置与其相适应，"大科学""大工程"观会改变和重组工程教育发展的学科专业体系。高校围绕传承知识、创新知识以及转化与应用知识三大要素，依据社会对技术集成创新人才、产品创意设计人才和工程经营管理人才的需求，需要探索具有现代工程综合性、多样性、跨学科、复合型的工程科技人才培养体系。高校邀请领域专家和企业的技术骨干参与人才培养计划制订，构建与行业产业发展需求相符合的人才培养模式。人才培养模式创新包括教育教学理念创新、教学方式创新和教育管理创新。高校与行业企业不论是采用基于重大联合攻关、基于产业群聚集的协同创新模式，还是采用基于共性关键技术研究的协同创新模式，都应不断丰富自身的办学内涵，遵循学科发展规律、构建科学合理的学科和专业体系，面向行业协同创新，创新工程教育的发展模式，办出特色、办出高水平。

（二）中观层面

1. 产教融合、校企资源共商共建共享

1）产业与教育共享教学师资资源

校企共享教学师资资源，实现校企文化互融互通、互赢互利。为更好地促进产教深度融合，需要建立校企长效合作机制，要形成常态化"共商、共建、共享、共赢"机制，构建梯次有序、功能互补、资源共享、合作紧密的"产教融合网"，构建教育与产业统筹融合发展的新格局，推动教育与经济社会协调发展。

2）产业与教育共享创新实践基地资源

通过产教融合，基于行业企业的产品、技术和生产流程，创新多主体间的合作模式，构建基于产业发展和创新需求的实践教学与实训实习环境。统筹各类实践教学资源，充分利用科技产业园、行业龙头企业等优质资源，构建功能集约、开放共享、高效运行的专业类或跨专业类实践教学平台。通过引进企业研发平台、生产基地，建设一批兼具生产、教学、研发、创新创业功能的校企一体。

2. 完善产教融合创新政策体系

行业特色高校深化产教融合，需要国家在制度设计和改革层面出台具体的举措，给予法规方面的支持与保障，同时，调动社会资本参与校企合作办学的积极性，进一步优化社会资本投入高等教育的政策环境；地方政府应将产教融合与区域经济发展规划联系起来，将行业特色高校、企业及行业协会等纳入区域经济发展规划中，对参与产教融合的行业企业给予一些权益和制度上的保障，如在投资和税收上的一些优惠政策等。

3. 建立成熟的产教融合成果转化和考评激励机制

科学有效的考评激励机制是保证校企合作持续良性运转的保障，因此应尽快成立由政府、高校、企业、行业协会等联合参与的第三方评估机构，建立产教融合效果测评的评估指标体系，体系包含对高校、企业、行业协会、政府四方的评价内容。

1）加大对科技成果转化激励

《中华人民共和国促进科技成果转化法》发布了科技成果转化相关的激励机制政策：国家设立的研究开发机构、高等院校应当建立符合科技成果转化工作特点的职称评定、岗位管理和考核评价制度，完善收入分配激励约束机制。高校和科研机构在科技成果转化过程中处于比较被动的状态，政策激励机制对高校和科研机构没有较好地发挥激励作用，因此在提高科技成果转化以及产业化的过程中不仅仅需要企业的投入，更需要合理建立高校和科研机构的利益分配政策，提高科技成果转化对直接贡献者的物质激励，实现科研人员的股权分红机制。

2）提高科研成果资源配置

过去在应用研究和工业化中资源配置相对较低，因此我们需要增加投资，对科学技术成果进行有效转化。一是大力支持科学技术由基础研究向应用型研究转变，科学研究需要根据市场需求尽快调整，使研究成果与市场相适应，从而能够更好地提高生产效率。二是坚持以市场调控为主，拓宽科技成果转化的融资渠道，促进各企业参与科技成果转化和产业化，完善知识产权质押融资体系。国家可以通过组织和建立科技成果转化示范项目，鼓励各方参与生产、学习、研究与合作，促进科技成果转化和高新技术产业化。

3）完善科技成果转化评价机制

我国传统的科技成果转化评价机制主要把重心放在基础研究上，而应用研究一直都是少数的、缺失的，因此我们更需要重视应用研究的质量和数量，应用研究的评价体系主要是论文、专利以及一些纵向课题，注重对项目资金等重要评价标准的评价和推广，却忽视了经济社会科学的转型和产业化以及技术成就。在未来的科技成果转化评价机制中，有必要为科学技术成果转化增加评价指标和评价体系，在评价体系中增加高校教师和研究人员的数量。实行科技人员分类管理，为实现科技成果转化和高新技术产业化创造宽松而良好的外部环境。

4. 搭建产教融合交流平台

产教融合将成为行业特色高校人才培养的必然选择并不断深化。产教融合中需要开展的工作涉及人才培养的方方面面，同时还需要对外联络、内外交融，必须有专门机构深入研究、精细规划、统筹推进。在产教融合过程中，不仅仅是各专业自行推进，还需要以学科群、专业群、产业群、企业群、高校联盟等多种形式，多方位交错并行、融合推进，并在运行体制机制上进行完善，确保产教融合健康长效运行，并不断焕发活力。

5. 构建产教协同育人平台

构建校企合作育人平台，在平台建设过程中政府、企业、高校、行业协会各自发挥作用。政府以资金支持、技术投入等方式推动一批权威产教融合平台的建立、发展，促进政府、学校、学生、企业间信息的充分流动与公开；行业协会负责平台日常运行、管理和维护；企业和高校作为平台主体参与信息共享和互动，平台在运行过程中定期发布有关产教融合政策、企业高校需求信息、优秀合作案例、产教融合分析报告，行业协会通过平台实现产教融合过程的监管，协助产教双方对各项行业数据的统计等，搭建起学校与企业沟通的桥梁，从而实现信息公开、合作共赢、共建共享。

（三）微观层面

1. 合理的学科结构是行业特色高校高质量发展的基础

学科是构成大学的基本元素，学科建设为科学研究提供基础和平台，是实现行业特色高质量的本科教育和高水平的研究生创新教育的基础，也是从事高水平科学研究和产生创新成果的核心资源和基地。突出特色学科、有序开办新兴学科是学科建设的核心环节。在向综合性大学转型的过程中，部分国防行业特色高校对传统的特色优势学科进行了调整、拓宽、改造，甚至有的专业被撤并，学科专业布局开始向综合性大学靠拢，广泛在人文社科、经管艺术等学科上投入建设，特色优势学科专业被弱化。国防行业特色高校应突出基于国防行业的发展需求，发展行业优势学科，并根据国家经济社会发展的需求，结合本校实际，以传统优势学科为依托，建设新兴交叉学科。

行业特色高校要优化学科结构，进一步拓展学科专业覆盖面，围绕主干优势学科实现多学科协调发展，持续加强优势学科（群）建设并加强基础学科对其他学科的支撑作用；同时积极推进交叉学科培育，拓展新学科，并适应行业发展趋势以形成新的学科特色优势，处理好做强特色优势学科与发展新兴学科的关系，跟踪行业发展以形成特色优势学科动态调整机制，使行业特色高校发展与区域经济社会发展相协同，同时注重成果转化，增强服务行业产业和社会的能力，大力推进高校产学研合作与协同创新。

2. 科学的人才培养机制是行业特色高校高质量发展的核心

人才培养始终是高等学校的首要任务和核心工作，也是高等学校服务社会经济发展的主要手段。就行业特色高校层面而言，创新型人才培养更是行业产业发展的根本。行业特色高校人才培养首先要确定培养的方向和目标。由于行业所具有的专业独特性，专业技术人才往往需要具有所属行业特色和优势的大学专门培养，这就要求行业特色高校立足优势学科专业为专门行业培养输送精英人才，同时又要适应社会需要。基于上述对人才的需求，高校精英教育必须重点关注两个方面。一方面，注重专业类型培养，重点向行业培养输送行业所需的人才，通过培养高素质专门人才，特别是依托优势学科专业培养不同类型的高精尖人才，来打造行业特色高校的人才培养品牌和核心竞争力。另一方面，注重素质培养。通过综合素质教育，高校精英人才将具备较强的专业知识、综合素养和适应行业特殊要求的思想素质，更具备较强的创新能力和工程实践能力。

3. 高水平的师资队伍是行业特色高校高质量发展的关键

拥有一流的学术大师和颇具影响力的学科带头人及其创新团队，是行业特色高校高质量发展的关键。以学科建设为主线，以实施高层次创新型人才工程为重点，构建一支强大的创新团队，拥有一流的学术大师、杰出的学科拔尖人才和学术骨干，是形成具有国际竞争力的行业特色高校的必要条件。从具体路径上来说，行业特色高校要"精准画像"，分类构建人才成长阶梯，校院协同、部门联动，健全人才发展保障机制，优化"人才成长系统"，鼓励校企人员多维度沟通，建设人才赋能体系，进一步主动贯彻落实"破五唯"要求，修订完善职称评审办法，突出品德、能力和业绩方面的人才评价导向，注重质量、贡献和影响方面的学术评价导向，构建符合学者岗位职责、学科特色和研究属性的评价标准，建立导向明确、科学精准、竞争择优的人才考核评价体系。

4. 科研与绩效评价体系是行业特色高校高质量发展的保障

科研与绩效评价体系作为高校人才培养的重要方式和高校人才培养的牵引，既保障了高水平师资队伍的成功建立，又对高校人才培养产生举足轻重的影响。科学合理的评价体系能够促进教学管理的科学与规范，进一步激励高校教师提高教学水平、提升教学质量、保证高校高质量发展。针对行业特色高校，教育主管部门应该破除"唯论文"的顽瘴痼疾，完善高校科研评价体系，将成果转化作为项目和人才评价的重要内容。加大科研经费投入，不断优化学术成果评比标准，尊重学者的研究风格和劳动付出，打击学术剽窃、学术腐败、弄虚作假等不正之风。

5. 特殊的校园文化为行业特色高校高质量发展提供良好的环境

行业特色高校承担着行业发展振兴的历史使命与精神追求，在不断地传承与发展中都凝聚了自己的特色文化，这种特色文化不但影响着一代代高校学生为国家奋斗的爱国主义精神和为社会服务的奉献精神，还影响着行业特色高校未来的发展路径。行业文化是社会主义先进文化的重要组成部分，它以独特的文化气质和风貌谱写了壮丽的历史篇章，具有强烈的社会辐射功能，鼓舞激励着行业人为中国特色社会主义事业奋斗。行业特色高校的发展和创新型人才培养离不开行业文化的熏陶，行业企业和行业特色高校需要共同努力，培养学生的行业精神。在行业精神培养和行业文化传承中，既要重视本行业的共性，又要体现自身的个性，既要继承传统文化，又要坚持与时俱进，将高校的文化、企业的文化与行业的特色相结合，通过多种手段和途径传播先进理念，培养德才兼备、全面发展的行业特色创新型人才。

6. 良好的国际化水平是行业特色高校高质量发展的必然选择

行业特色高校要立足国际视野，开展对外交流合作。国防行业特色高校要走向世界一流大学，必须走国际化道路，加强国际交流与合作，有效利用国外大学及学术机构的优质教育资源，借鉴先进理念，拓宽国际视野，立足行业特色培养国际化人才，提升科技创新能力，使其特色学科具有国际竞争力。行业特色高校需要与国际知名高校和机构建立合作关系，扩大学生赴国外交流学习的规模，但同时还需进一步提高留学生培养质量，积极推动学术资源的共享与开放，不断丰富图书馆资源与网络信息资源。

第三章 行业特色高校创新型人才培养的机制与路径研究

第一节 行业特色高校创新型人才概念界定

创新型人才受到了高度关注和广泛讨论,目前学界对于创新型人才的概念界定及内涵释义已趋于完善。基于对已有文献资料的梳理和研究,发现学者分别从以下视角对创新型人才进行了定义。

一、侧重从创新型人才的素质定义

刘宝存认为创新意识、创新精神、创新思维、创新人格、创新能力是创新型人才理应具备的五项特质[1]。王亚斌等认为创新型人才是有创新意识、创新能力和创新精神的,理论知识与实践经验兼具,可以实现有效创新,为经济与社会发展提供正向的价值贡献的人才[2]。刘霄从基本人才素质和创新性的能力素养两个方面阐述了创新型人才的定义,并着重强调创新性的能力素养,如创新性意识、创新性能力、创新性精神等[3]。任飏和陈安认为创新型人才除了具有一般人才的素质外,还具备了发掘问题、充分发挥自己长处的能力,且能将其在实践中综合利用、不断突破,进而为解决重大问题做出创新性成绩[4]。

二、侧重从创新型人才的价值定义

涂铭旌等认为创新型人才是具有相应的专业理论知识,并受到相应的专业教育,能够给社会带来创造性价值的人[5]。周瑛指出创新型人才是通过自身的创新劳

---

[1] 刘宝存. 创新人才理念的国际比较[J]. 比较教育研究, 2003, (5): 6-11.
[2] 王亚斌, 罗瑾琏, 李香梅. 创新型人才特质与评价维度研究[J]. 科技管理研究, 2009, 29(11): 318-320.
[3] 刘霄. 基于势科学视角的创新型人才对称化素质模型构建研究[J]. 潍坊工程职业学院学报, 2017, 30(4): 10-14, 38.
[4] 任飏, 陈安. 论创新型人才及其行为特征[J]. 教育研究, 2017, 38(1): 149-153.
[5] 涂铭旌, 唐英, 张进, 等. 创新型人才培养的思路、方法及路径(一)[J]. 西华大学学报(自然科学版), 2012, 31(4): 1-4, 118.

动，在某个区域、某一领域或某个项目上对经济社会发展和人类社会科技进步做出过重要奉献的人员[1]。郑玉婷认为创新型人才是具有较高的知识水平并且具有一定的实际操作能力与管理创新能力，能够独立解决问题并能通过自身的创造性思维和创新性劳动为社会发展做出正向贡献的人，是社会未来发展的主动力、促进力，可以更好地为社会做贡献[2]。

行业特色高校在中国特色高等教育发展的历史画卷上添上了浓墨重彩的一笔，目前越来越多的学者开始对行业特色高校进行相关的研究。柳力和黄优认为，行业特色高校是指在中国的高等院校系统中，除综合性高校外，面向行业、为行业服务的带有行业特征的高等院校，为国家培育了一大批专业性较强且具有行业特征的人才[3]。王根厚等认为，行业特色高校一般特指教育管理体制改革前隶属国务院的某部委，拥有鲜明的行业特点和行业学科优势的高等院校[4]。李诚龙等认为行业特色高校是我国高等教育队伍中的一类重要力量，一般指曾经隶属于行业行政管理部门、在高等教育管理体制改革后划转教育部或地方管理的院校，以及面向行业办学的非教育部直属中央院校[5]。

综上，行业特色高校是面向行业、为行业发展服务的具有显著行业特色和学科特色的一类高校。创新型人才是指具有扎实的专业基础知识、创新性思维与创新能力，拥有较强的社会责任感，追求卓越、引领未来的人才。因此，本章认为行业特色创新型人才是具有鲜明行业特色背景，且具备扎实的专业基础知识、创新性思维与创新能力，拥有较强的社会责任感，追求卓越、引领未来的人才。

第二节　行业特色高校创新型人才培养的状况与问题

行业特色高校创新型人才培养涉及多个培养主体，通过对文献资料的查阅与整理，以下主要从国家、行业、高校三个层面来分析创新型人才培养状况及存在的问题。

---

[1] 周瑛. 创新人才培养的误区与体系构建[D]. 西安: 西安理工大学, 2005.
[2] 郑玉婷. 浅论高校教育管理中创新型人才培养的策略[J]. 山西青年, 2021, (2): 120-121.
[3] 柳力, 黄优. 创新型国家建设背景下行业特色高校创新型人才培养模式研究[J]. 科技风, 2021, (2): 120-121.
[4] 王根厚, 李亚林, 陈家玮, 等. "双一流"学科建设与行业特色高校人才培养——以地质类行业特色高校为例[J]. 中国地质教育, 2020, 29(3): 9-11.
[5] 李诚龙, 赵欣, 杨团团, 等. 高水平行业特色高校建设的战略选择——基于学科视角的分析[J]. 中国高校科技, 2020, (11): 17-20.

一、国家层面

随着经济社会的不断发展变革,我国高等教育人才的培养目标也在不断改变,21世纪以来,高等学校学生培养目标向通识教育与专业教育相结合的方向发展,培养"通才""全人"。2010年7月,教育部出台《国家中长期教育改革和发展规划纲要(2010—2020年)》,明确人才培养的核心是解决好培养什么人、怎样培养人的重大问题,重点是面向全体学生,促进学生全面发展,着力提高学生服务国家服务人民的社会责任感、勇于探索的创新精神和善于解决问题的实践能力。党的十八大提出"实施创新驱动发展战略。科技创新是提高社会生产力和综合国力的战略支撑,必须摆在国家发展全局的核心位置。"[1]党的十九大报告指出"加快建设创新型国家。创新是引领发展的第一动力,是建设现代化经济体系的战略支撑。"[2]创新型国家的建设离不开创新型人才。2019年2月,中共中央、国务院印发了《中国教育现代化2035》《加快推进教育现代化实施方案(2018—2022年)》,指出教育迈入现代化必须坚持八大基本理念,实施"六卓越一拔尖"计划2.0,促进高校人才培养高质量发展,增强所培养人才服务经济社会发展的能力,提升本科教育水平,打造品质教育新高地。国家虽然出台了相关的政策,但在落实与实施等方面仍然存在着一定的问题。

有学者指出在国务院机构多次调整与高等教育管理体制改革期间,原本由行业部门所属的一类高等院校回归教育部、地方政府建设和管理,在调整与转型过程中出现许多发展难题,如政府职能缺失、缺乏顶层设计。白逸仙强调高等教育发展中的政府行为的重大改革都是从国家战略层面出发,由政府相关部门大力推动的,国家政策的制定和推行是通过各部门的相互配合、协作实现的,虽然教育部门一直推动协同创新型人才培养模式,但其他相关部门对此保留中立态度,这就导致协同创新型人才培养模式在实行过程中出现了灰色地带,导致实际实施过程存在问题[3]。张斌认为大的制度环境会影响国家对校企合作政策的制定,而权衡各部门之间的利益诉求会进一步影响制度实施的效果[4]。陈琦和韩艳指出我国高校

---

[1] 《坚定不移沿着中国特色社会主义道路前进 为全面建成小康社会而奋斗——胡锦涛在中国共产党第十八次全国代表大会上的报告》, https://www.12371.cn/2012/11/18/ARTI1353183626051659_all.shtml[2012-11-08].

[2] 《习近平:决胜全面建成小康社会 夺取新时代中国特色社会主义伟大胜利——在中国共产党第十九次全国代表大会上的报告》, https://www.12371.cn/2017/10/27/ARTI1509103656574313.shtml[2017-10-27].

[3] 白逸仙. 高水平行业特色高校"产教融合"组织发展困境——基于多重制度逻辑的分析[J]. 中国高教研究, 2019, (4): 86-91.

[4] 张斌. 多重制度逻辑下的校企合作治理问题研究[J]. 教育发展研究, 2014, 34(19): 44-50.

创新型人才培养的软硬件建设已取得一定的成效，但目前各高校在创新型人才培养上模式单一化现象严重，此外，在校企合作的具体过程中，校企双方的目标矛盾日趋凸显，国家层面仍没有相关政策制度解决这一问题[①]。自我国明确将创新驱动发展置于战略高度后，相关创新型人才政策制度逐步出台落地，但对标国家经济和社会高质量发展要求，仍存在不足。

综上所述，虽然高等教育管理体制已经历过多次改革，但有关部门在制定政策时仍受到其所处制度环境的制约，需要权衡各个部门之间的利益诉求，这就导致在政策落实过程中存在灰色地带，以至于政府政策实施效果与预期不符。由此看来，国家在政策执行过程中仍然存在实施效果与预期不符的问题。

二、行业层面

行业特色高校背靠行业，与行业共同成长。目前校企合作已成为高校人才培养的重要环节，形成了多种校企合作的模式。陈琦和韩艳指出目前我国高校创新型人才培养的主要措施有订单式人才培养、双导师制、产学研模式以及与企业共建校外实习实训基地等校企合作人才培养模式[①]。行业特色高校通过项目与企业合作，有利于提高行业特色创新型人才的培养质量，同时也营造了良好的校企合作环境。但是，随着时代的不断发展，行业特色高校与行业企业之间的合作关系已由线性模式向非线性模式转化，两者相互影响、相互发展，现阶段行业特色高校与企业合作仍然存在一些问题，面临诸多困境。Veblen对高等教育逐渐偏向世俗化和商业化做了深刻的批驳，其主张知识的获取才是高等教育乃至社会发展的最终目的[②]。唐宁认为我国高等院校传媒教育中存在对学生综合素质重视程度低、培养脱离社会需求、传授的理论与新闻实践脱离、对学生的培养缺乏创新性等问题[③]。赵桂芹提出产学研合作背景下，创新型人才的培养需要进一步增强协同育人模式的开放性，均衡教学与科研发展，增强创新文化培育动力[④]。

（一）协同的创新型人才培养困境

韩思朦认为，目前行业企业与行业特色高校在产学研过程中仍然存在运行制度不完善、协作方之间缺少具有制约力的协作协议、各协同单位的权益保障落实

---

① 陈琦，韩艳. 我国高校创新型人才培养问题及对策探索[J]. 产业与科技论坛，2014，13(12): 168-169.

② Veblen T. The Higher Learning in American[M]. New York: B.W.Huebsch, In company, 1918.

③ 唐宁. 融合与创新：新闻传播人才培养的核心价值诉求[J]. 现代传播(中国传媒大学学报)，2019，41(12): 164-168.

④ 赵桂芹."产学研合作"视阈下高校创新型人才培养的协同机制研究[J]. 经济师，2018，(12): 243，245.

难、利润分配存在风险等问题，因此降低了合作各方的互信程度，从而降低了产学研合作的质量成效[1]。黄金华指出行业企业在与高校合作过程中存在对培养认识不到位、动力不足等问题[2]。李北群和华玉珠指出行业特色高校与行业企业之间存在人才培养模式的理念、机制、资源等相关困境，他们认为行业特色高校并未理解协同创新的核心理念，而只是将协同创新和科研画等号，并不能成为人才培养的真正高效载体[3]。余华和唐斌认为现阶段我国产学研协同创新模式仍然存在创新信息沟通机制不健全、组织协调机制不完善等问题[4]。黄信恒指出由于企业和学校的利益要求不同，它们在协作过程中总是以各方利益为重，各方之间没有进一步互动和交流，造成了校企合作中合作能力的缺失，导致创新人才培养出现了发展不均衡的问题[5]。

综上所述，企业、行业特色高校之间的合作缺乏强有力的合作模式。企业行为的最终目的是获取利益，而与高校合作培养人才往往要投入大量的时间、人力、物力和财力，这种合作终究不是精确地为企业自身培养人才，这与企业行为的逐利性相矛盾，导致校企合作时企业投入的减少。由此看来，我国校企协同创新型人才培养模式仍然存在机制、资源、认识等方面的一系列问题。

（二）行业内部创新型人才培养困境

冯博等认为创新型人才的培养缺乏文化氛围的营造，需要聘请工程师导师以形成导师团队，通过改革授课模式、开展技能竞赛等方式来提升创新型人才的创新能力[6]。赵玉茜认为行业企业在进行创新型人才培养的过程中应注意制定合适的创新型人才成长的管理方式，建立创新型人才跨部门协同机制，健全创新型人才成长资源共享机制，并完善创新型人才协同培育动力机制[7]。李龙青认为企业在创新型人才的培养过程中缺乏完善的岗位技能培训机制，应该在培养过程中聚焦于技术团队创新性的增强，让创新能力成为内在驱动力，助力各专业技术人才全面

---

[1] 韩思朦. 高校产学研协同创新机制研究[J]. 法制博览, 2020, (10): 82-83.

[2] 黄金华. 校企产教研融合培养创新型人才的现状与对策[J]. 产业与科技论坛, 2020, 19(10): 104-106.

[3] 李北群, 华玉珠. 行业特色高校协同人才培养模式改革: 转型与路径[J]. 江苏高教, 2018, (4): 22-25.

[4] 余华, 唐斌. 我国产学研协同创新机制优化路径研究[J]. 湖南工业大学学报(社会科学版), 2015, 20(4): 22-25.

[5] 黄信恒. 创新驱动发展背景下地方企业与高校协同创新人才培养的思考[J]. 湖北经济学院学报(人文社会科学版), 2020, 17(3): 51-53.

[6] 冯博, 艾光华, 汪惠惠. 基于企业需求的矿业工程学科研究生创新人才培养[J]. 中国冶金教育, 2020, (5): 23-25, 27.

[7] 赵玉茜. 创新驱动战略背景下企业创新人才培养研究[J]. 中小企业管理与科技(中旬刊), 2020, (8): 140-141.

进步，此外，在充分利用网络技术及媒体技术来培养人才等方面仍有欠缺[1]。林枚等指出目前创新型人才的培养对企业可持续健康发展非常重要，但目前在企业内部尚未构建起行之有效的创新型人才激励机制，难以调动人才的积极性，缺乏人才培养规划和目标，无法满足未来创新发展的需求，同时组织内部缺乏创新氛围，很难为人才创新创业提供有效支持[2]。

综上所述，企业在创新型人才的培养过程中缺乏完善的培训机制，创新能力作为企业内在发展驱动力发挥的作用不明显，创新型人才培养影响着企业可持续健康发展的重要性未得到充分体现，鼓励创新的企业文化氛围尚且不足，导师团队发挥作用不显著，人才创新支持有限。由此看来，行业企业内部创新型人才培养仍存在诸多困境。

三、高校层面

行业特色高校对于创新型人才培养这一议题做了很多积极和有价值的探索，特别是国内一批一流大学，在创新型人才的培养上效果突出、成绩斐然，充分发挥了示范带头作用，形成了一系列较为成熟的、具有参考意义的创新型人才培养模式。白春章等指出高校主要采用开办特色班、特色院系的方式来培养创新型人才，建立书院制成为培养创新型人才的普遍模式，如具有代表性的"四所一系"模式、华罗庚班模式、元培计划（学院）模式、匡亚明学院模式、竺可桢学院模式、望道计划模式[3]。陆一等基于教育制度和管理特征，凝练总结出"强选拔–封闭特区式培养"、"强选拔–半开放式双重培养"和"弱选拔–开放闯关式培养"三种选拔与培养类型的二维分类体系，并由此提出了与之相对应的"精英学院"、"专业院系"和"校级育人平台"三种不同责任主体的人才培养项目，从而构建中国高等教育创新人才培养模式理论化矩阵模型[4]。一些学者也对行业特色高校的创新型人才培养模式进行了探索，如吴爱祥通过研究具有钢铁行业背景的北京科技大学，开创性地提出了学术型研究生人才培养的五大平台[5]。吴春雷等以中国石油大学为例，提出要建立"一体化设计、三阶段培养、多平台支撑、过程化监管"

---

[1] 李龙青. 企业创新与人才培养新模式[J]. 人才资源开发, 2020, (7): 77-78.

[2] 林枚, 韩跃翔, 曹晓丽, 等. 创新生态系统下企业创新型科技人才培养问题及对策研究[J]. 现代商业, 2020, (3): 92-94.

[3] 白春章, 陈其荣, 张慧洁. 拔尖创新人才成长规律与培养模式研究述评[J]. 教育研究, 2012, 33(12): 147-151.

[4] 陆一, 史静寰, 何雪冰. 封闭与开放之间：中国特色大学拔尖创新人才培养模式分类体系与特征研究[J]. 教育研究, 2018, 39(3): 46-54.

[5] 吴爱祥. 建立分类培养平台提高行业高校研究生质量[J]. 中国高等教育, 2013, (18): 58-59.

的培养体系[①]。陈遇春和王国栋以西北农林科技大学的人才培养实践为蓝本，提出农科拔尖创新人才培养模式由搭建人才培养平台、建设教学团队、创新体制机制、培育创新文化几个部分组成[②]。王国胤等基于重庆邮电大学计算机科学与技术学院的改革实践，提出建设优质课程群、加强师资人才培训、营造良好教学生态环境等人才培养路径[③]。虽然我国在创新型人才培养模式的探索方面已取得了一定的成效，但是许多高校首先对创新型人才培养还没有形成正确到位的观念，有学者指出，现阶段行业特色高校创新型人才培养仍然在教育观念、教育体制、教育环境建设等方面存在一些问题。

（一）行业特色高校教育观念亟须转变

要培养行业特色创新型人才，就要树立现代化的教育观念。邬大光指出中国一流大学的本科人才培养在教育理念、培养模式和教学手段等方面与世界一流大学相较还有一定的差距，亟须解决学生批判性思维不足、基础不扎实、口径窄、跨学科程度弱、国际视野不足等问题[④]。朱林和马颖莉认为目前高校中普遍存在着唯书唯上观念，缺乏批判思维；重经验积累，缺乏理性评析；重中庸和谐，缺乏竞争精神；重整体大局，缺乏个性化独立思考等问题，凡此种种皆为培养创新人才的现实阻力，使得学生保持着一种平庸的心态，不愿意去冒险，极大地限制了创新人才培养效果的提升[⑤]。孙文迪指出现阶段创新型人才培养的过程中，仍然有重理论、轻实践的情况，实践课程数量严重不足导致实践教学难以取得预期效果[⑥]。杨光英指出我国的教育模式深受传统文化的影响，以课堂教学为主要手段，将知识传授奉为最高目标，倾向"满堂灌"的教育方式，在一定程度上阻遏了学生主动获取知识的欲望和能力，极大地影响了学生思维的拓展及创新能力的培养[⑦]。

综上所述，现阶段培养出来的创新型人才虽然具有一定的创新能力，但在创新过程中缺少对其吃苦耐劳、坚忍不拔精神的培养，导致考虑问题简单片面，不

---

① 吴春雷，李克文，俞继仙，等. 行业特色高校信息学科专业学位研究生培养模式改革与实践[J]. 学位与研究生教育，2018，(4)：45-49.

② 陈遇春，王国栋. 我国农科拔尖创新人才培养模式构建研究——基于西北农林科技大学的实践探索[J]. 中国高教研究，2011，(6)：62-64.

③ 王国胤，刘群，夏英，等. 大数据与智能化领域新工科创新人才培养模式探索[J]. 中国大学教学，2019，(4)：28-33.

④ 邬大光. 大学人才培养须走出自己的路[N]. 光明日报，2018-06-19.

⑤ 朱林，马颖莉. 创新人才培养的现状及对策[J]. 市场周刊，2020，(4)：147-148.

⑥ 孙文迪. 高校财会专业创新型人才培养的困境与对策探索[J]. 湖北开放职业学院学报，2021，34(1)：10-11.

⑦ 杨光英. 以社会需求为导向的高校创新型人才培养研究[J]. 教育现代化，2019，6(61)：17-18，26.

愿创新，安于现状，墨守成规。此外，实践是创新型人才理论联系实际的重要桥梁，现阶段所培养的行业特色创新型人才虽然有较强的专业能力，但实践能力不足，导致其不能很快适应岗位。由此可以看出，行业特色高校在教育观念上仍然亟须改进。

（二）行业特色高校教育体制亟须改革

创新型人才的不断涌现依赖于建立健全的教育体制，目前我国行业特色高校的教育体制仍然有较大完善的空间。杨光英[①]指出很多高校虽然对创新型人才培养开展了大量的研究，也落实了一些改革举措，但改革并未触及根本，投入不够多，收效不明显，这也源于高校教育体制本身就缺乏自由、创新的氛围。高校管理者并非立足于学生的意愿和社会需求，而是单方面地按照学校的意愿对学生的培养做规划，忽视了受教育的主体——学生在人才培养中的重要作用，从而束缚了创新型人才的培养，导致行业特色高校所培养的创新型人才不能满足社会的需求。吴爱华等认为我国高校在人才培养评价方面存在诸多不合理现象，如在整体评价方面，重短期评价轻长期评价、重个人评价轻团队评价、重论文评价轻项目合作评价、重成果数量评价轻实际贡献评价、重科研评价轻教学评价；在科技维度的评价上，将论文数量、经费多少、项目层次、奖励规格作为考核指标，难以衡量研究工作实际的质量和贡献；从对人才培养者——教师角度的评价来看，只重视发表索引论文、申请专利和到账科研经费的量，忽视了育人才是教师的根本职责，增加了教师的科研压力[②]。张卫国认为我国的人才培养机制和模式虽然在不断推进，但相较于创新型人才培养的要求而言，还存在着人才培养模式单一、没有构成类型多样且与社会需求相适应的培养模式、创新型人才培养的途径不够清晰有效、学生的国际化视野不宽等问题[③]。张辉等认为我国高等院校人才选拔过程过于单一，不利于学生创新思维的培养与发挥[④]。

综上所述，行业特色高校现在的人才培养模式较为单一，过于注重培养学生特定的学科专业技能，没有重视通用能力的培养。单一的人才选拔模式使所培养出来的学生在创新能力、创新思维与创新人格等方面存在不足。此外，行业特色高校在科技评价、教师教育评价、人才培养评价方面都存在着唯结果论，导致教

---

① 杨光英. 以社会需求为导向的高校创新型人才培养研究[J]. 教育现代化, 2019, 6(61): 17-18, 26.

② 吴爱华, 侯永峰, 郝杰. 完善高层次创新型人才培养机制[J]. 中国高教研究, 2017, (12): 44-48.

③ 张卫国. 完善体制机制——探索创新型人才培养模式[J]. 中国高等教育, 2011, (22): 21-22.

④ 张辉, 焦岚, 李颖. 创新型人才的剖析和塑造[J]. 黑龙江高教研究, 2012, 30(6): 133-137.

师难以潜心育人。行业特色高校教育管理体制机制是创新型人才不断涌现的保证，就目前来看，我国行业特色高校在人才培养评价、科技评价、教师教育评价、人才培养机制、人才选拔机制方面仍然存在一定的问题。

（三）行业特色高校创新氛围亟须改变

文化环境是创新意识和创新能力的培养皿。创新意识是由先进文化沉淀而生的一种社会文化形态，独特、新颖的思想往往发生于相对自由的环境。因而，高校应构建一个宽松自由的外部环境。张敏认为我国高校在创新型教育和科研氛围的塑造方面仍然有所欠缺，没有做到社会化教育与个性化教育并驾齐驱，没有重视学生的特长，在学生的创新能力、创新素质、创新意识培养以及创新知识传授等方面做得还不够[1]。姜博等指出，高校的教育环境无论是在物理环境还是在心理环境上都十分单一，导致学生在面对困难挫折时缺乏强大的心理素质，不利于创新型人才的培养[2]。朱晓江和陈瀛认为我国高校广泛地缺乏提倡创新的文化环境，由于我国高校的教育多采用单向的灌输方式，将知识的传递和全盘接受视为主要目标，学生缺少"取其精华、为我所用"的思考，用什么学什么，对于通识课程和人文课程的关注较少，这就导致在人才培养的过程形成了"专业的狭窄"，并且我国高校也缺少锐意创新的校园文化氛围，创新型人才创新的意愿以及创新能力的培育均受到了极大的抑制[3]。孙人极通过对我国创新型人才培养模式进行分析，指出行政权力对高校办学的干预较多，教授难以提出结合自身教学和科研经验的办学思路和发展方向，并且高校对于探索过程中所犯的错误给予的理解和包容度不足，有些高校目前的软硬件学习基础设施已经不能适应互联网时代的需求[4]。

综上所述，目前大部分的行业特色高校仍然采用的是传统灌输式教学方式，强调知识的传递和接受，并不注重批判性思维，这在很大程度上影响了创新氛围的形成，不利于创新型人才的培养。创新型人才能力的增强及素质的提升深受其所处文化环境的影响，丰厚的校园文化底蕴和浓厚的创新文化氛围对创新型人才培养的作用是润物细无声的。就目前来看，我国行业特色高校在创新氛围的塑造方面仍然存在一定的问题。

---

[1] 张敏. 创新型人才培养环境的实践设计[J]. 经济与管理研究, 2007, (7): 67-70.

[2] 姜博, 许修宏, 刘华晶. 浅谈创新型人才培养的现状与对策[J]. 黑龙江教育(高教研究与评估), 2013, (7): 57-58.

[3] 朱晓江, 陈瀛. 我国高校在创新人才培养方面存在的问题与解决办法探析——与美国创新人才培养现状的比较[J]. 湖北经济学院学报(人文社会科学版), 2010, 7(9): 70-71.

[4] 孙人极. 创新型人才培养的现状、规律与对策研究[C]. Proceedings of 2019 7th ICASS International Conference on Management, Business and Technology Education (ICMBT 2019). Advances in Education Research, 2019, 126: 631-636.

四、状况总结

当前,我国已经大步迈进科学技术迅猛发展和社会全面转型升级的新时代,国家经济发展进入创新驱动发展阶段,随着经济社会的不断变革发展,我国高等教育的人才培养目标也在改变。虽然国家、行业、高校层面都不断地进行探索和尝试,并取得了一系列的成果,但是行业特色高校在课程体系与课程内容的设置方面仍然存在着一些不足。有些行业特色高校盲目追求高层次、大规模、全学科,向综合性多学科高校看齐,传统优势学科及办学特色弱化,自身行业特色逐渐消减;人才培养目标宽泛,呈现重专业、轻通识,重学分、轻能力,重理论、轻实践的态势,导致人才培养脱离行业发展需求,毕业生在工程实践能力和创新精神方面有所欠缺,不能较好地服务行业经济建设发展;此外,行业特色高校缺乏综合实践能力与创新创业支撑平台,并且企业对校企合作缺乏动力。由于原行业部门所属的一类高等院校划归教育部、地方政府建设和管理,在调整与转型过程中出现许多发展难题,如政府职能缺失、缺乏顶层设计。这些原因都导致了行业特色高校创新型人才培养效果不够理想,从而无法充分满足现阶段社会对行业特色创新型人才的需求。

第三节　行业特色高校创新型人才胜任素质模型分析与构建

本节首先通过调研访谈等方式获取了大量一手资料,同时基于已有文献的研究成果,利用扎根理论通过开放性编码、主轴编码及选择性编码三个阶段,对调研获取的资料进行分析、演绎、归纳,凝练出行业特色高校创新型人才培养的理论框架。其次,为了进一步细化该理论框架,对创新型人才胜任素质要素进行筛选、归纳,构建了创新型人才通用胜任素质词典。再次,聚焦于国防军工行业,利用关键行为事件法对军工企业中高级管理人员和技术人员的访谈数据进行收集和编码,并将编码结果与创新型人才通用胜任素质词典进行比对,最终筛选出37项国防军工行业创新型人才的胜任素质要素。最后,根据胜任素质要素设计调查问卷,面向国防军工企业发放问卷250份,通过数据信度和效度检验以及探索性因子分析,得到包含"个性品质""创新能力""军工精神""管理能力"四个维度的国防军工行业创新型人才胜任素质模型。

一、访谈调研与数据处理

（一）调研目标

根据新时代对行业特色高校创新型人才培养的新要求，系统梳理行业特色高校创新型人才培养现状和问题，剖析行业特色高校创新型人才培养的影响因素。本节采用问卷调研与访谈的方式获取大量一手资料，采用扎根理论与实证分析的方法，揭示行业特色高校创新型人才胜任素质模型，在此基础上，构建行业特色高校创新型人才培养模式，提出行业特色高校创新型人才培养路径。

（二）调研提纲设计

基于文献资料分析初步拟定调研提纲，主要模块分为培养目标、培养过程与培养主体三个部分，然后经过课题组成员的多次讨论与修改，最终从行业企业创新型人才需求与素质要求、高校创新型人才培养的目标与理念、培养模式与路径、校园创新文化环境等多个角度进一步完善调研提纲，具体内容如下。

在培养目标方面，明确行业特色创新型人才所需具备的素质能力是进行培养的起点，同时对行业特色高校创新型人才的评价是培养人才的关键，只有明确了"什么样的人是行业所需的创新型人才""如何对创新型人才进行评价"这两个关键性问题，才能为行业特色高校培养创新型人才提供依据。高校培养的创新型人才能否满足行业发展的需求，需要具备哪些素质能力才能胜任工作、在工作中发挥创造力是该方面需要了解的主要内容。

在培养过程方面，行业特色高校创新型人才的培养过程是行业特色创新型人才培养的重要部分，只有明确了"什么样的培养过程能够培养出行业所需的创新型人才"这一关键性的问题，才能为行业特色创新型人才培养提供依据。体验式学习理论指出体验学习是一种通过经验的转换来创造知识的过程；非正式学习理论指出非正式学习是与正式学习互为补充的其他学习形式，其学习时间、地点以及目标都是非固定的，可能是由某个问题引发的学习。对于创新型人才的培养而言，明晰不同理论指导下的不同培养方式与路径都是十分重要且必要的，因此该方面主要了解高校现行培养方案如完全学分制、大类培养等，教学体制设计如多样化的教学方式等，以及目前高校创新平台建设如校企合作项目质量等方面的现状及改进方向。

在培养主体方面，研究行业特色创新型人才培养的关键问题是识别参与主体，只有找出哪些主体在创新型人才培养过程中发挥关键作用，才能为行业特色创新型人才培养提供指导意见与依据。利益相关者理论认为组织内相联系的各类主体会对整体的目标、行为、决策和活动产生重要影响。根据该理论，高校、行业企业及政府作为利益相关方，都是创新型人才培养过程中发挥具体作用的培养主体。

该方面主要了解需求视角下，目前各培养主体的权责是否明晰，以及未来如何更好地合作以培养出高质量的行业特色创新型人才。

（三）调研对象选定与访谈实施

拟定好调研提纲后，经过课题组的讨论，根据实际情况，采用线上问卷调研的方式调查和研究行业特色高校创新型人才培养现状与影响因素。从行业企业创新型人才需求与素质要求、高校创新型人才培养的目标与理念、培养模式与路径、校园创新文化环境等多个维度搜集信息，课题组先后对12家国防军工院所、企业的中高层管理人员和技术人员进行了线上问卷访谈，搜集的调研问卷信息丰富，调研对象均认真填写，如实地反映了行业特色高校创新型人才培养的问题，同时提出若干改进意见。

为了更加深入地挖掘行业特色高校创新型人才胜任要素，明晰培养模式与路径，清晰地了解需求方对行业特色高校毕业生的素质与能力要求，课题组在访谈资料梳理、分析与总结的基础上，与八家国防军工院所、企业的中高层管理人员与技术人员开展深度访谈，详细了解国防军工院所、企业访谈人员对新时代创新型人才培养需求、现状与问题、培养特点与模式等的介绍，准确把握创新型人才成长规律，共获得15万字的文本资料。

（四）数据分析与处理

本节采用扎根理论来探究行业特色高校创新型人才培养的理论框架。扎根理论分析法有别于一般的定量研究方法，它是基于收集到的、最直接的经验资料来试图建立相关理论的定性研究法，通过文件档案、访谈、观察等多种方法，把研究者本人当作研究工具，对社会中出现的现象进行长期且细致的描绘，进而构建理论。扎根理论最早由社会学者Glaser（格拉斯）和Strauss（施特劳斯）在1967年提出，他们提倡从文本数据中归纳理论，而不是去验证已有的假设，基于最原始的资料，形成含义和范畴，结合它们之间的关系，最后生成理论。

根据施特劳斯提出的程序化扎根理论的编码过程，本节将按照"开放性编码—主轴编码—选择性编码"对收集到的一手文本数据进行编码。开放性编码是扎根理论分析的基础，是研究者在不做任何预设的前提下，逐词、逐句、逐段地对文本数据进行分析编码，通过对文本数据的深入了解，提炼出更高层次内容的过程。其主要遵循以下步骤：原始资料—贴标签—概念化—范畴化。在对原始资料的范畴进行提炼后，需要进行主轴编码，即对开放性编码得到的范畴、含义及其之间的关系进行分析，将含义近似的范畴归类到一起，提炼出主范畴。在对近似范畴进行聚类后，需要进行选择性编码，通过对原始资料和主范畴进行重新审视，建立各主范畴之间的逻辑关系，并基于一定的逻辑关系和脉络，找出一个具有较强概括能力、关联能力的核心范畴。

基于开放性编码和主轴编码的结果，本节认为在行业特色高校创新型人才培养的过程中，高校、企/行业、政府作为培养主体，对人才培养起着至关重要的作用。三者应发挥自身优势，对创新型人才的培养给予最大资源支持，各司其职，相互配合，共同培养人才。在人才培养过程中，高校作为主要主体，对学生培养的影响重大，应从课程体系设计、教育教学模式改革等方面对学生进行全方位、针对性的培养，同时也应与企/行业、政府一起加大对创新教育环境及创新平台的建设力度。行业特色创新型人才不仅应该具备相关扎实的理论，如基础知识、专业知识、前沿知识、交叉学科知识等，还应具备逻辑思维、批判思维、创新思维等，同时其价值观也应与行业特色文化相符合，基于此，本节构建了行业特色高校创新型人才培养的理论框架，如图 3.1 所示。

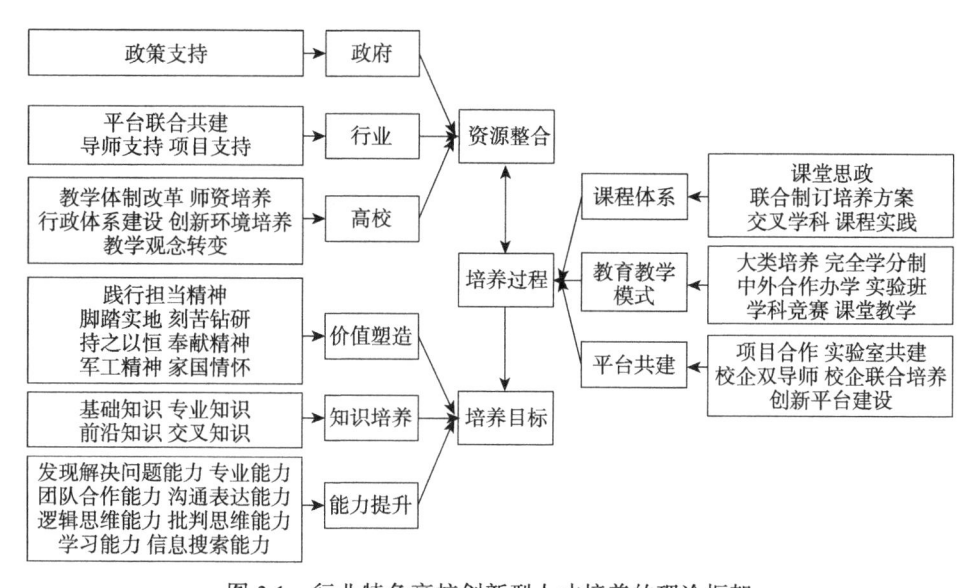

图 3.1 行业特色高校创新型人才培养的理论框架

二、行业创新型人才胜任素质表的构建

行业特色高校创新型人才培养的理论框架为进一步探索行业特色高校创新型人才培养模式和路径提供了明确的思路和方向。在这个理论框架中，最核心的是培养目标，即我们按照哪些要求去整合政府、行业和高校的资源，又按照哪些具体的标准去进行高校的课程设计、教育模式改革和校企平台共建。因此，需要对创新型人才的培养目标进行细化，详细分解出各个要素的具体定义。创新型人才胜任素质模型是对人才完成具体的任务而实现绩效目标所具有的系列不同素质的组合，包括内在动机、知识技能、自我形象和社会角色特征等维度，是一系列可

观察、可衡量、可指导和可培养的素质要项的组合。对创新型人才胜任素质模型进行界定，将为创新型人才的培养路径提供具体方向。创新型人才胜任素质模型聚焦于特定的职业类型，如管理人员和技术人员素质模型的要素构成会有差异。

如图 3.1 所示，创新型人才培养目标虽然从知识培养、能力提升和价值塑造三个维度进行了要素界定，但没有区分职业类型，属于通用型人才的素质要项。在本节中，我们将国防军工行业创新型人才的职业范围限定在技术系列，另外创新型人才的素质模型在构建之后，需要规范统计分析过程进行检验后才可以应用。因此，接下来，我们筛选出访谈对象中从事技术研发的中高级技术人才，遵循胜任素质模型开发的程序，对其开展关键事件访谈，并对访谈文本进行编码，并结合创新型人才素质模型的研究结果，筛选出国防军工行业创新型人才素质要项。

（一）构建思路

胜任素质模型是在特定的工作环境中个人特质的外显，包括人格特质、知识、能力等，它们对工作绩效起决定性作用，有可靠的衡量标准，可以通过培训、开发而改善。胜任素质模型的具体要素会因为不同行业及企业的具体要求而存在差异，为了进一步迭代、验证及修正该模型，本节聚焦于国防军工行业，首先，通过文献梳理建立创新型人才通用胜任素质词典；其次，利用关键行为事件访谈得到的数据，通过编码得到素质要项条目，并将这些条目和创新型人才通用胜任素质词典进行比对、补充和归纳，得到国防军工行业创新型人才胜任素质要项；最后，利用得到的素质要项条目，编制国防军工行业创新型人才胜任素质指标问卷，发放并回收问卷，检验问卷的信度和效度，并通过因子分析划分胜任素质模型维度，获得国防军工行业创新型人才胜任素质模型。

（二）行业创新型人才胜任素质表的构建

1. 文献分析

CNKI 是广受学者一致认可的学术论文库，故而将其作为文献搜索的平台。将搜索时间定为 2011~2021 年，关键词设定为"创新型人才"+"素质模型"或"创新型人才"+"胜任力"，共得到 77 篇相关文献，通过阅读整理，选取其中 27 篇文献作为原始资料，将文献中出现的相似或相近意思的胜任素质进行合并整理，从中提取出五项胜任素质要素族，分别为知识要素族、思维要素族、个性动机要素族、能力要素族、创新素养族。

2. 行为事件访谈

行为事件访谈（behavioral event interview，BEI）法，是一种开放式的行为回顾式探索技术，能够揭示胜任素质。本节分别从上海、北京、西安等地选取 14 家国防军工企业进行调研，从中筛选出参加过国防军工重大型号项目的中高层管理者和技术人员进行访谈，受访者积累了多年创新项目的经验，对企业员工创新过程有较为清晰的认识,保证了其提供的资料结果真实可靠。访谈问题按照标准的关键行为事件访谈要求进行设计,主要聚焦于国防军工行业创新型人才的素质要求,按照从主要工作职责到关键事件及胜任素质的归纳依次提问,收集访谈对象在创新项目中经历的关键事件细节信息。

本节通过半结构化访谈方式,收集到 8.5 小时的音频资料,转换为文本共 7 万字(包含在课题总文本 15 万字之中)。根据文献梳理和调研访谈对行业特色创新型人才胜任素质进行收集整理,最终得到 37 项国防军工行业创新型人才胜任素质要素。

三、行业特色创新型人才胜任素质模型的构建

(一)问卷的编制

本节所编制的调研问卷由两部分组成,第一部分为个人基本信息,包括性别、年龄、最高学历、工作年限、职称、所在企业规模;第二部分为变量相关题项,该部分是问卷的主体,由预调研收集整理得到的 37 个胜任素质形成了 37 个题项。问卷设计采用的是利克特量表法,量表采用 5 级尺度,用 1~5 来表示答卷者对问题的同意程度:1 表示完全不符合,2 表示不符合,3 表示一般,4 表示比较符合,5 表示完全符合。

(二)问卷的发放以及样本情况

调查问卷面向国防军工企业的中高层管理者和技术人员发放,共发放问卷 250 份,有效回收问卷 227 份,其中男性占比为 77.1%,女性占比为 22.9%,硕士及以上占比为 55.9%,在调研的 227 人中有 69.6%的人具有中高级职称。

(三)数据处理

本节通过质性研究编制出国防军工行业创新型人才胜任素质量表,对于此类问卷,其量表通过普适性、一致性和可靠性检验之后才能确保其能够准确有效地反映变量的测量要求。因此,对各变量数据的信度、可行度进行检验,确保数据结果可信准确,以保障研究的有效性,其中样本的克龙巴赫 α 系数为 0.966,大于 0.7,巴特利特球形检验显著且 KMO 值为 0.95,大于 0.7,说明样本有较好的信度,同时,使用因子分析法进行因子提取,共析出四个因子,分别为个性品质、创新能力、军工精神、管理能力。

为了进一步验证量表的收敛效度和建构信度,本节借助 AMOS 23.0 对量表做了验证性因子分析,得到其因子载荷、AVE(average variance extracted,平均方差提取)值、CR(construct reliability,收敛效度)值,其中各因子载荷均大于 0.7,AVE 值大于 0.5,CR 值大于 0.7,说明量表具有较好的收敛效度和建构信度。

通过因子分析、信度分析验证，获得因子定义，最终得到了国防军工行业创新型人才胜任素质模型，该模型有四个因子，37项胜任素质要素，如表3.1所示。

表3.1 国防军工行业创新型人才胜任素质模型

因子	胜任素质要素
个性品质	坚韧不拔、勤奋、迎难而上的精神、成就动机、独立性、耐心、灵活性、钻研精神、好奇心、上进心、自控力
创新能力	归纳思维、学习能力、宽广的知识面、抗压能力、创新思维、团队协作、演绎思维、表达能力、专业知识、收集信息
军工精神	责任感和使命感、爱国意识、保密意识、负责任、军工价值观、奉献精神、严谨性、纪律性、职业兴趣
管理能力	善于倾听、全局意识、激励下属、沟通能力、执行力、胆大心细、资源整合

通过上述分析，以国防军工行业创新型人才为研究对象，得到了行业特色创新型人才的素质模型，从而将行业特色高校创新型人才的培养目标细化分解为培养对象的胜任素质模型。由于调研对象具有一定的局限性，课题组在咨询相关行业专家后对行业特色高校创新型人才培养的理论框架进行了进一步完善，最后得出如图3.2所示的行业特色高校创新型人才培养的影响因素模型。

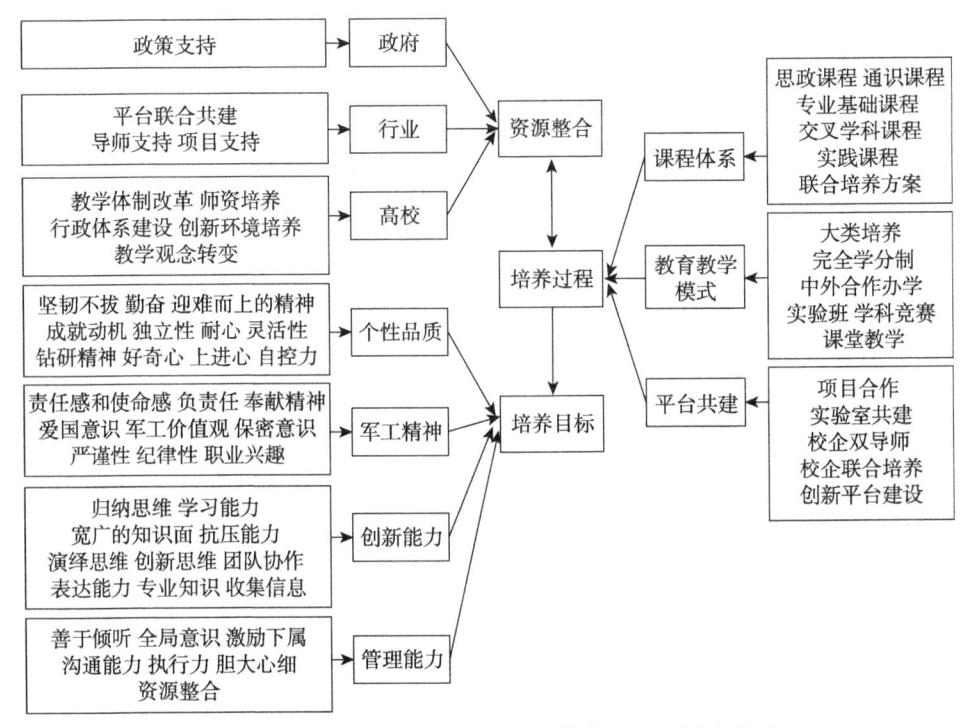

图3.2 行业特色高校创新型人才培养的影响因素模型

第四节　行业特色高校创新型人才培养模式

人才培养模式是行业特色高校实现人才培养目标的主要方式和手段。本节基于人才培养影响因素模型以及对文献资料的查阅与整理，提出贯通式和精专化两类人才培养模式。

一、贯通式人才培养模式

（一）贯通式人才培养模式的内涵及特点

贯通式人才培养模式是指将整个人才培养过程当作一个整体，根据培养目标的基本要求与特点，将其合理地分为若干个彼此联系的阶段，统筹考虑各个阶段的教学与科研工作，制订连贯的人才培养方案，采取不同的教学方法与管理方式，同时实行分阶段、分类别、分层次的考核机制和激励机制。整个人才培养过程一般分为发展期、成长期、成熟期三个阶段。目前行业特色高校贯通式人才培养模式主要有本硕博贯通、硕博贯通、本硕贯通三种实现方式。

发展期，即基础教育阶段。该阶段的主要目标为夯实基础，使学生对自身专业有详细认知，同时强化对学生创新精神、批判精神和多元思维能力等人格素质的培养，引导学生探究更具体的研究领域。

成长期，即专业教育与训练阶段。该阶段的人才通常都掌握了比较扎实的知识和技能，并逐步走向研究领域。学生逐渐接触更精深的专业知识和前沿理论，开始展开科研训练。此阶段需着力培养人才的核心素养，提升该阶段人才的创新能力和研究能力。

成熟期，即实际能力培养阶段。该阶段的人才已积累相关科研项目和工作经验，开始有成果产出。此阶段应对传统专业课程内容进行重构，以实践为主线来展开新的教学内容，一般由学院联合有关公司或单位开展半年至一年的实习，在实践过程中学生往往会形成新的思维，有新的发现，创造新的知识，从而更好地投入到科学研究中去。

贯通式人才培养模式具有以下特点。

（1）培养目的性强。各阶段统筹安排，因材施教，培养力度大，重点培养学术型人才。

（2）周期短，连续性好。最短七年即可完成本硕博连读，能最大程度上缩短教育周期，且各教学阶段相互衔接，有着极强的关联性和连续性。

（3）厚基础，重实践。重视基础知识教育，学生具备本专业领域的基础理论和专业知识；重视基本理论、方法在实践中的应用，在打牢扎实根基的基础上加强实训实践。

（4）层次性，递进式。人才培养是一个系统性、递进性的漫长过程、教学实践。

（5）分阶段的考核机制。采用阶段式评价的方式，每个阶段的考核指标不同，达标要求也不断拔高，使整个学习过程的质量能够得到保证。

从学科定位上来说，该人才培养模式聚焦于院系重点学科、交叉学科和跨学科等复杂精深的学科，注重基础与学术科研能力的培养，这种连续贯通的教学安排更有助于实施教育创新计划。从培养目标出发，力求培养具有家国情怀、知能兼顾、德才双馨的学术型领军人才。按照创新人才的发展规律，合理打通了本科生和研究生等人才培养阶段，重点对学生知识、能力、实践、创新进行系统训练和长期培养，从而有效提高人才培养质量。

（二）贯通式人才培养模式实现方式及案例

1. 本硕博贯通

本硕博贯通是指衔接本科教育阶段、贯通硕士和博士培养阶段的学术型人才培养模式。打通本、硕、博三个阶段的培养过程和方案设计并进行重整，对人才培养内容进行优化，在保持教育连续性的前提下，大幅度压缩了教育周期，极大提高了教育质量，从而为社会发展输出更多高素质创新型研究人才。

典型案例有哈尔滨工程大学光学工程学科的"3+1+X 本硕博"培养模式。该模式采取"3年本科+1年硕博课程学习+X年硕士、博士论文工作"的基本培养方案，实施动态进出机制。学生在本科阶段就配备学术导师，导师针对每位学生的特点对其学习、科研规划等提出合理的意见。前三学年，学生要完成本科所有课程与毕业设计，夯实学科基础理论并深化专业知识；在此基础上选修研究生课程，展开硕士研究生的基本技能培训，为科研奠基。第四学年上学期开设硕博公共课、硕士学位课，下学期开设硕博专业课，强化理论知识和研发能力，促进理论与实践的结合。第五学年步入硕士和博士学位论文撰写阶段，强化研究能力和创新能力。

2. 硕博贯通

硕博贯通培养模式是指对硕士、博士阶段培养环节及课程内容进行整合，选拔有学术兴趣且具有学术潜力的研究生，将其培养方案与博士阶段衔接。打破了传统高等教育体系中相对割裂和独立、知识断层和重复的研究生培育形式，是一个循序渐进的过程。

典型案例有哈佛大学的硕博贯通式培养模式。哈佛大学按照其院系和专业状况确定硕士阶段修习的课程学分和数量，学生需在前两年通过大课和研讨班的形式完成学习任务，了解学科前沿发展动态及趋势，锻炼独立思考和创新的能力；第三年需要经过多方面的考核，考核合格即可获得博士生资格并选择导师。在选定导师前，博士生将进行"实验室轮转"，即跟随不同导师到多个实验室轮转，并在每个教研室学习三个月左右以了解不同的专业分支领域,在此基础上展开师生双选工作。此外,整个培养过程中任意阶段考核有两个及以上"不通过",学生就会面临被淘汰的结果,这一规定加强了博士生的自律意识和竞争意识。

3. 本硕贯通

本硕贯通模式是指统筹施行本科及硕士研究生教育的一贯制培养,在本科阶段要完成硕士阶段的学业要求,快速进入硕士阶段开展人才培养和科研训练。一般采用"自主招生、提前批次和校内二次选拔"的多视角、多维度招生选拔方式,选拔有志于学术的优秀生源。

典型案例有西北工业大学教育实验学院的"2+X"本硕贯通式人才培养模式。"2+X"的培养方案是指前两年夯实基础课程,第三年选定导师并确定研究方向。选取全校优势工科、理科专业分成航空航天、机电、材料科学、信息及计算机、数理五个大类,按"前期拓宽、加强基础,而后自选专业学习"的模式培养,逐步弱化甚至突破学科专业之间的壁垒,激发学生自我探究热情。第一学年、第二学年按大类统一培养,第三学年、第四学年按照专业进行个性化培养,同时采用本科导师制辅助培养方式,将大类目标、专业要求及导师个性化要求相结合,培养具有学科交叉特征的复合创新型人才。

二、精专化人才培养模式

(一)精专化人才培养模式的内涵及特点

精专化人才培养模式是指高校基于自身优势学科、特色专业,选拔优秀学生进行小班教学,辅之以全面的科学教育和人文素养教育,且能够结合学生的个性化选择。根据不同高校、不同专业、不同学科的特点,借助不同的教学平台,实施差异化的培养路径,力求培养满足国家需求、带动科技进步、适应全球化竞争的拔尖创新型人才。

纵观国内高校,精专化人才培养模式多以实验班的形式为主,一般采用小班教学模式。除了强调个性化以外,还有诸多"创新和实践能力""国际化""复合型人才"等理念。由于各个院校在教育办学要求、教育办学特色和教育办学发展方向上的差异,其设置的实验班也不尽相同,主要有基础英才班、卓越工程师实验班、国际联合培养班、跨学科综合班和校企共建班。

精专化人才培养模式具有以下特点。

(1)生源严格,择优选拔。有多种选拔方式,第一种是招收高考成绩优异且有志于从事本专业领域工作的考生;第二种是通过初试与复试相结合的方式在新生中选拔,综合考虑多个方面,一般采用笔试加面试的形式,从创新思维、独立思考能力、自主学习能力和学科成绩四个方面对学生进行考核;第三种是从相关专业的优秀学生中分流,由相关专业的本科二年级优秀学生自愿报名,经学生所在学院推荐、学院综合考核、学校审核批准,进入培优班。

(2)精英化、专业化。面向国防科技工业培养科技领军人才、创新骨干人才、新兴技术人才和基础研究人才队伍,培养适应当今行业发展需要的拔尖创新人才。

(3)结合优势学科,特色培养。结合高校优势学科,培养一批特定高精尖人才。

(4)挑战传统教学方式。大胆变革传统教学模式,积极创造各种自由选择平台,切实彰显以学生为中心的教育宗旨。引导学生个性发展,尤其重视学生多元思维能力的养成、跨学科交叉创新能力的提高、全球视野的拓展以及对求知欲的激发。

(5)资源丰富,政策倾斜。为了更好地激励学生,各高校采取了不同的政策举措,如为实验班学生设立专项奖学金;学生享有优质的师资力量和良好的设备环境,可以优先使用实验室资源,有些高校还为实验班设置专用的教室,并添置相关的软件和硬件;对于参加校级及以上创新课题和创新项目研究的学生,学院给予一定的奖励经费;提高实验班学生的保研率等。

从学科定位上来说,该人才培养模式适用于各学校的优势学科和特色专业,其拥有高学习起点、高专业水准和高层次水平的学生等特定的资源优势,能更好地推进精专化人才培养。从培养目标来说,有别于一般大众型、适应型人才培养模式,精专化人才培养模式以符合相关专业人才培养规律的教育,立足行业实际,输出具有超强实践能力、创新突破精神和卓越特质的拔尖领军人才以回应社会诉求。

(二)精专化人才培养模式实现方式与案例

1. 基础英才班

基础英才班,又叫基础拔尖班或强化班。以笔试与面试的考核形式从普通班中选拔出优质学生,通过高度衔接的课程体系为后续科研打下坚实知识基础,结合各大国内外赛事平台对数理化等基础学科进行强化训练,培养出集知识、能力于一体的高质量理科创新人才。

典型案例有北京航空航天大学的华罗庚班。华罗庚班的目标是在学科交叉体系下培养具有数理融合思想的国际化理科拔尖人才。在教育教学方面,删减部分课程以精简培养计划,为学生留出充分的自主学习时间;聘请国内外优秀数学师资团队进行全英文的小班授课;突破传统的应试教育,考核时注重学生日常复习反馈与专业知识应用等。在能力培养方面,通过举办学术论坛、国际会议向内输入国外知名学者,以学期交换工作和暑期国际课堂形式向外输出优秀学生;建立低年级讨论班,高年级学生结合自身专业方向进入中国科学院数学与系统科学研究所名师、华班海外导师等优秀教师指导团队;组织参加数模竞赛,给予具备数独、心算等特殊禀赋的学生一定的技术指导,实现该方面的创新突破。

2. 卓越工程师实验班

卓越工程师实验班依托于卓越工程师教育培养计划,从社会和行业对创新型人才的需求出发,深化行业企业在人才培养过程中的参与度,学校教育与企业实践并行,着眼于培养学生的团队协作能力、实践能力与应变能力,旨在塑造高素质的工程技术人才。

典型案例有南京理工大学的卓越工程师教育培养计划。该计划分为学校教育培养和企业教育培养两部分。学校教育培养主要在与企业共建的工程实践教育中心完成,分为工程认知实践、工程专业实践、工程综合实践三个递进培养阶段,具体包括军事训练、工程技术实习、科研训练、校内实习等培养内容。企业教育培养包含认识实习、毕业实习、毕业设计和修读 1~2 门由企业人员在企业或学校开设的企业课程。该计划采取双导师制度(学校导师和企业兼职教师),学生在双导师的指导下将理论知识与课程实践相结合,完成科研训练、毕业实习和设计等重要环节。

3. 国际联合培养班

国际联合培养班,一般是筛选出学业成绩优异、沟通能力较好、外语成绩突出的学生,授课多为外语或者双语,使用外文教材,聘请国外相关领域专家参与人才培养过程,与国外知名大学签订相关协议开展联合培养工作,造就视野开阔、与时俱进、适应国际竞争需求的创新人才。

典型案例有哈尔滨工业大学中法联合培养班,该校与法国特鲁瓦工程技术大学、法国国家科学研究院等国外一流高校或机构建立了良好的合作关系,同时针对不同年级的学生采用不同的联合培养形式,向低年级学生开展双文凭项目、举办学术会议国际比赛以及出国留学、短期访问等活动,对于高年级学生则给予国际实习的机会。

4. 跨学科综合班

跨学科综合班依托双学位等形式,培养学生学科交叉融合和开拓创新能力,从多方面为"卡脖子"技术寻找突破点,开辟行业未来发展新道路,摆脱行业技术发展顶端限制。

典型案例有南京理工大学的"机械工程+知识产权"复合型人才培养模式(简称机–知班),即"3+1+2"本硕连读。首先,本科阶段以 3∶1 的时间比例同步修完机械工程与知识产权的专业课程,完成学习任务后即可获得工学学士和法学学士(辅修)两个学位。本科成绩满足一定标准即可免试攻读知识产权专业(方向)硕士研究生。其次,搭建了多层级的机械工程复合人才培养和实践平台,该平台具有机械基本实践技能训练、机械专业实验技能培养、机械+知识产权综合实践技能拓展、创新实践能力和综合素质提升、创新创业意识培养和能力训练等功能，由浅入深、循序渐进地培养学生的基础实践能力、综合实践能力及创新创业能力。

5. 校企共建班

校企共建班一般是指高校根据相关专业发展以及人才培养特点，与当地支柱产业和战略性新兴产业的龙头企业展开合作，通过产学研协同对人才进行联合培养。企业可以参与到教学模式改革、培养方案制订、课程开发与授课中，高校与企业共建实践实训平台，旨在锻造学生的行业综合实践本领。

典型案例有哈尔滨工程大学卓越工程师教育培养计划。为了培养出适应国际化、现代化以及满足市场竞争需求的卓越工程技术人员，一方面，建立校企合作培养体系，成立核化工与核燃料工程专业卓越工程师培养教育教学指导委员会，将核行业、企业单位引入原有的教学体系中，校内课程依据实践教学进行理论课程内容的优化，实践性课程坚持校企双方共研、共考和共通过，以此制订相辅相成的人才联合培养方案。另一方面，加强教师实践教学、双语教学以及工程教育研究能力的培养。制定新的考评政策，要求教师有工程实践经历；增加教师相关专业英语培训次数，夯实国际化教学基础；充分发挥国外联合培养等开放式的教学研讨交流平台的作用，营造良好的学习交流氛围。

第五节　行业特色高校创新型人才培养路径

本节从系统的角度，将创新型人才的培养过程看成一个投入产出系统，如图3.3 所示。政府（教育部门）、行业、高校为创新型人才培养投入各类教育资源，学生通过课程体系、教育教学模式和实践创新平台等要素接受理论和实践教育，

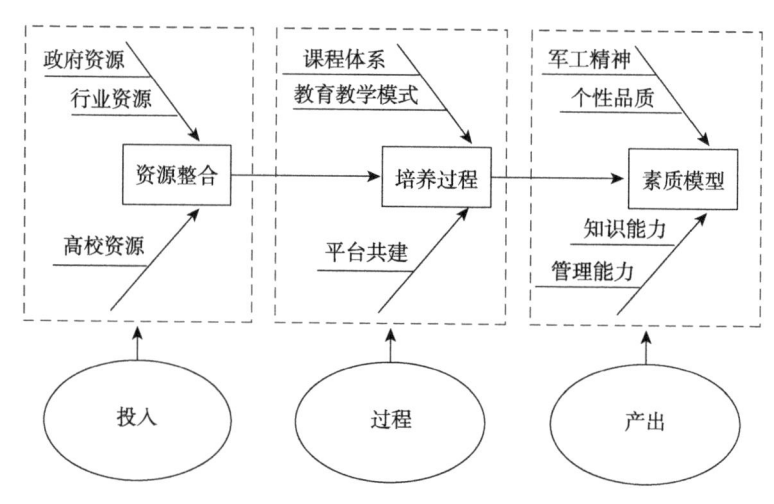

图 3.3　行业特色高校创新型人才培养过程模型

此过程构成创新型人才的培养过程，最终培养出具有扎实的理论基础、卓越的创新能力以及深厚的家国情怀的创新型人才。因此，本节着眼于师资队伍、课程体系、教育教学模式和实践创新平台四个关键要素，提出切实可行的建议。

一、师资队伍建设

师资质量对专业发展与人才培养的影响是巨大的，行业特色高校创新型人才培养需要建立一支规模、结构、质量、特色、效力协同发展，既有前沿知识、科研能力、实践水平、高素质能力，又具有国际竞争力的强大师资队伍，这样才能胜任多学科交叉融合、政产学研合作、国际交流共同培育的任务。

（一）聘请校外行业专家，构建与行业接轨的师资队伍

在教师准入制度上，应根据行业发展需要与培养规划，从学历、专业、职务和工作经验等方面设定严格的准入条件，关注教师的项目实施经验，着重考察教师对行业的敏感度，要求教师了解行业前沿技术与未来创新发展方向。

在师资队伍配备上，建立校企合作双导师制培养模式或聘请企业家担任兼职导师等，实现校企师资内外协同。要制定企业导师遴选办法，按照"能讲理论、善教实践"的标准聘任校外导师，推行行业导师全方位参与课程开发、课堂授课或专题讲座、赛事指导、论文指导等工作，培养学生实践能力。

（二）立足行业，加强教师实践教学能力培养

要强化政策激励，引导校内教师关注行业前沿，把握行业业态，支持青年教师到企事业单位锻炼学习，引导校内导师积极承担行业企业重大项目，促进理论与实践紧密联系，提高教师对行业相关问题的研究水平，增强其实践教学水平，为学生分享产业前沿和行业技术前沿发展的相关内容[①]，为培养学生分析和解决行业复杂问题的能力奠定基础。

二、课程体系建设

行业特色创新型人才需要具备多元化、复合化的知识结构[②]，所以学校应当通过思政课程、通识课程、专业基础课程、跨学科课程、实践课程等多类课程打造厚基础、宽口径、重交叉的"金字塔型"课程体系。行业特色高校既要继续发扬

---

① 孙人极. 创新型人才培养的现状、规律与对策研究[C]. Proceedings of 2019 7th ICASS International Conference on Management, Business and Technology Education (ICMBT 2019). Advances in Education Research, 2019, 126: 631-636.

② 佘明. 行业特色型大学人才培养模式的探索——以"双一流"G7联盟高校为例[J]. 中国高校科技, 2020, (6): 67-70.

行业长处，建设一批引领示范性专业课程，又要平衡其他课程建设，坚持用两条腿走路，形成多类型、多样化的课程体系。

（一）落实思政课程建设

行业特色高校课程思政内涵要进一步突出其综合性、全面性。一是推进思政课程改革创新，提升思政课程质量。推进"四史"教育融入教育教学各环节，打造具有行业特色的思政课程。同时，一体推进课堂教学、数字媒体运用与社会实践协同发展，让思政课程的思想性、理论性、针对性和亲和力上升到新的高度。二是加强课程思政建设，在集中授课期间将思政元素与开设的公共基础课、专业教育课、实验课等相关专业知识有机结合。在传授知识的同时，培养学生爱国情怀，深入挖掘各类课程和教学方式中潜藏的思想政治教育资源，把军工文化、科学精神等融入课程教学，结合高校自身校园文化对创新型人才进行价值塑造。除此以外，导师可自觉地将思想政治教育贯穿于对学生的论文、实验、项目等指导的全过程中，让学生在耳濡目染中坚定报效国家的远大理想，并增强为之不懈努力的责任感和使命感。三是开展丰富多样的社会实践活动，帮助学生树立正确的价值观、涵养家国情怀。

（二）完善通识课程建设

要加强通识课程建设，突出以学生为中心、强化目标导向、优化课程结构，建设适应个性化发展的分层次公共基础课，拓展学生的知识视野。从长远来看，打造高水平素养类通识课程，有利于学生形成良好的人文素养、提高审美水平，更有利于为高校稳定输出创新型人才提供保障。行业特色高校的通识课程应将社会主义核心价值观作为根本指向，旨在涵养学生的家国情怀，结合课程思政，将通识课程教育融入真、善、美的校园文化氛围中。

首先，完善通识课程建设，应从建设网络课程平台入手，充分发挥线上教学的优势，扩大课程受众群体，建立高校课程共享联盟，以网络课程平台为基础，实施资源共享计划。

其次，引导教师开设高质量通识课程，将教师的个人素养、课程创新程度、课程评价、课程推广程度纳入教师教学评价体系，形成激励政策制度，促使教师改进教学质量。

最后，高校应进一步完善课程体系，科学、合理地进行课程教学安排，坚持"打造金课，淘汰水课"这个最基本、最重要的原则[①]。结合高校自身优势，打造一批具有自身行业特色的通识课程，提升学生的科学素养和人文素养。

---

① 董静兰, 张晓宏. 电力特色类高校通识教育课程体系的设置研究[J]. 华北电力大学学报(社会科学版), 2022, (1): 134-140.

（三）重构专业基础课程

专业基础课程是知识结构中的根基，其主要任务是让学生学习并能够熟练运用专业理论、专业知识和专业技能，了解行业前沿动态和最新成果。因此，课程内容的时效性、实践环节尤为重要。

首先，应从课程内容体系整合入手，构建符合创新型人才需求的专业课程教材，更新教材与教学内容，增加最新的科研成果及学术动态，并邀请学科领域内的专家走进讲堂，讲授相关的研究经历和成就，加强学生对基础知识的理解与掌握。其次，在教学过程中，应将课堂表现、案例教学互动等纳入课程考核中，调动学生参与课堂的积极性，同时帮助学生学习用理论解决实际问题。最后，还要实现各专业课程间的相互联系，让学生能够将零散的知识组合成完整的知识体系。

（四）注重跨学科课程建设

以专业核心课程为中心，结合自身优势学科，发展建设跨学院、跨学科的交叉学科课程。例如，将数理化、计算机和管理基础课程融合，强化管理、经济、运筹与行业专业课程的融合，培育新的学科增长点，实现知识的内容拓展和体系重构，提供跨学科融通的专业知识体系。聚焦新工科、新文科、新医科建设，不断创建多学科交叉融合的专业课程，加大力度建设专业综合设计类课程。除此以外，课程中还应增加研究方法类、研讨类学科前沿课程，如开设各学科研究方法论课程、学术前沿专题课程等，为学生的学术研究提供科学的理论指导，从而达到夯实基础、扩宽视野的目的。

（五）重视实践课程建设

对于行业特色高校来说，要想实现课程体系改革目标，培养出适合行业发展动向的创新型人才，学生的实践能力不容忽视。这就要求教师在开展专业课程教学时，改变重理论、轻实践的思想，增加课程设计和实验在课程考核中的比例。

实践课程部分，可以分为校内和企业两部分。校内实践课程通常是在实验室和实践基地等校内场所开展多学科交叉实践项目训练，一般采用个人汇报、分组研讨、教师授课、实验检验等形式，让学生在实践中学会用批判的眼光看问题、培养自己的创新意识。企业实践课程是在企业或行业部门开展的专业实习实践，学生在双导师即校内导师和企业导师的共同指导下，在企业工程实践项目中，一方面，学习专业技能，增强适岗能力；另一方面，学习理论知识，更好地完成学位论文。

实施科研训练计划。学生通过科研训练计划可以更加深刻地理解所学习的知识[1]，培养学生的实践能力和提高学生对知识的掌握能力，进而提升学生全方面的

---

[1] 管雅静. 以学科竞赛为平台，促进教学改革和创新人才培养[J]. 科技风, 2021, (33): 101-103.

素养。

开展创新创业、学科竞赛。加强教育部门、行业企业、高校之间的联动，出台激励政策，提供专项经费，联合发起全国性、区域性的大型竞赛课题，由行业企业发布需求，提升学生分析和解决行业企业实际问题的水平。完善竞赛激励制度，对在竞赛中取得优异成绩的学生给予奖励，调动学生参加各类赛事的积极性，增强竞争意识，培养创新能力。

此外，高校还需进行毕业设计体制改革，毕业设计综合反映了学生的科研能力、实践能力和自主学习能力，加强学生论文写作对于创新型人才培养至关重要。行业特色高校要特别强调学生将实践融入学位论文的选题、开题、中期检查和答辩全程，既要完成高水平、高质量的学位论文，也要在实践中学习先进的技术。

综上，行业特色高校应本着"厚基础、重实践"的原则，在夯实基础知识的前提下，建立起课程实验、专业实习见习、实训、科研竞赛、毕业设计多个环节的实践和创新能力培养体系。

（六）聚焦前沿专题课程

前沿性专业课程在教学目的、教学内容和教学方法方面均有别于基础性专业课程：基础性专业课程旨在向学生传授专业基础知识，教学内容包括专业基础知识、基本原则、基本原理，演绎、推理是主要的教学方法；而前沿性专业课程的教学目的是增强学生的科研创新和实践应用能力，教学内容囊括了学科前沿理论、技术、发展态势以及学科知识在生产实践中的最新应用，归纳、分析、渗透、综合是主要教学方法，提倡"体验式"的课程教学。尽管基础性专业课程的教学模式已经较为成熟，但前沿性专业课程的教学显然不适合套用基础性专业课程的教学模式。首先，在实际教学中应邀请具有研究经验的老师进行授课，确保教学内容贴近现实且具有一定的深度。其次，推进高水平虚拟仿真教学课程建设，结合实际应用背景，让学生深入现实场景，积极思考和解决现实问题，增加学习兴趣。此外，还可以通过校内外或国内外教师联合授课等方式，提高基础性前沿课程的供给能力。最后，运用好合作企业、研究所等平台开展实践教学，让学生近距离接触新技术的应用、把握行业发展动态。

三、教育教学模式改革

行业特色高校进行创新型人才培养时，不仅要注重对学生的知识技能培养，如专业基础知识、前沿知识、交叉学科知识的传授，还要自觉地培养其创新能力，如逻辑思维能力、批判思维能力等。同时，为了使学生能够快速转变角色，走上工作岗位、适应工作环境，对其团队合作能力、沟通表达能力等也要进行培养。行业特色高校应以人才培养为中心，推行多样化的培养模式，针对学生的不同特质和具体培养目标，确定合适的培养模式。本部分主要分析教学方法改革，以提高教育教学质量。

（一）多元化课堂教学方法

首先，打破传统教学模式，打造多元教师授课模式。部分专业课程采用双语教学或全英文教学，让学生拓展国际视野、增强全球胜任力。双语教学有着独特的意义，能在使学生掌握专业知识、专业核心术语与概念的基础上，提升其英语水平和口语表达能力。另外，深化国际合作育人，通过引进国际高端专家来校授课，建好国际学堂，探索离岸创新和远程合作新模式，丰富优质教育资源供给。推行企业家导师进课堂，讲授行业企业应用案例，加强学生的理论联系实际的能力。

其次，加快建设互联网教学平台，持续强化"互联网+""智能+"思维，健全在线课程的学分认定制度，提倡学生自主学习。利用网络辅助教学平台推动教育模式向互动式教育转变，如采用翻转课堂、MOOC教学、虚拟仿真教学、CDIO[①]教学和线上线下相结合教学等多元化教学方式。此外，教材作为教学内容的重要载体之一，其质量的高低会影响教学的过程和教学的效果，因而高质量教材的建设也是不容忽视的。应充分利用信息技术的发展，加强新形态、数字化教材建设，提高教材的多样性、实时性。鼓励教师及时修订更新教材，不断推陈出新，与行业新发展、新技术接轨。同时要做好优秀教材的传承，不断推进优秀教材的推广使用，严把教材建设政治关、学术关，持续做好教材选新选优工作。

（二）多样化互动教学形式

首先，在教学过程中，可采用案例式教学、研讨式教学、翻转课堂、实践教学等形式深化课程内容，推动单向教育模式向互动式教育模式转变，创造良好的学习氛围，在调动学生学习积极性的同时，增强其逻辑思维能力、批判性思维能力以及理论联系实际的能力。

其次，将课堂表现考核、实验考核、创新实践考核、理论考试等有机结合，形成一套贯穿整个教学过程的科学合理的考核体系，由知识考查为主向知识、能力综合考察转变，帮助学生学会批判性思考、发现和解决庞杂的工程问题以及团队协同作战。

四、实践创新平台体系构建

强化产学研合作，整合校内外资源，构建学生实践创新平台，提升学生的实践能力与创新能力，为行业特色高校培育创新型人才提供理论指引与实践路径。

[①] CDIO 教学模式包括构思（conceive）、设计（design）、实现（implement）和运作（operate）四个步骤。

产学研合作培养过程中，要形成"政府引导、企业积极参与、高校具体实施"的合作模式。行业特色高校不仅肩负着服务国家战略、助力社会经济发展的责任，还承担着促进行业发展和经济建设的特殊任务。因此，首先，校企双方应各展所长，深化产学研合作，协作搭建创新型人才培养的实践实训平台，实现互利共赢。高校可利用企业的场地、设备及行业经验等资源，依托企业设立人才培养基金，建立校内创新实践教育中心和校外学生实习实践基地，为学生提供企业实习岗位，从而实现校企联合培养的全链条产学研合作。其次，校企共建产学研开放实验室，尽可能发挥实验室平台资源优势，开展校企联合项目、大学生创新创业项目等实践项目。最后，加强教育部门、行业企业、高校之间的联动，出台激励政策，提供专项经费，联合发起全国性、区域性的大型竞赛课题，搭建多维实践育人平台体系。由行业企业发布需求，提升学生分析和解决行业企业实际问题的水平。

第四章 行业特色高校师资队伍建设

第一节 研究背景和意义

行业特色高校是在中国高等教育发展历程中占有重要比例,以引领行业创新、服务行业发展为主要特色的一种特殊类型的大学。

行业特色高校在发展和转型中越来越不适应当前科技发展和产业变革等外部环境的发展需求。这主要表现在:一方面,学科发展集中在某些行业特定领域,结构相对单一,基础研究相对偏弱,前沿交叉学科和新兴学科发展较慢且布局不尽合理,难以满足创新驱动发展战略和创新人才培养等方面的需求;另一方面,在追求学科大而全的转型过程中,行业特色高校与原行业系统关系逐渐松散,导致外部资源减少,出现同质化现象,服务行业和技术攻关方面的能力削弱等。因此,行业特色高校的师资队伍由于长期的行业相关性和工程技术导向呈现出规模体量小、学科集中、基础研究能力薄弱、国际化程度不高、发展动力不足等问题。

本章立足新时代赋予的行业特色高校的更高要求,以优化行业特色高校师资队伍数量、结构、质量和特色,提升行业特色高校师资队伍素质与能力为目标,综合运用理论分析和实证研究方法,以行业特色高校师资队伍存在的共性问题为出发点,以国防类行业特色高校为主要研究对象,从行业特色高校师资队伍状况及问题分析、行业特色高校激发师资队伍活力的体制机制创新方法、行业特色高校人才队伍分类评价、行业特色高校提升师资队伍素质能力的路径研究四个方面来系统探索行业特色高校的师资队伍建设,提出构建立足新时代、面向未来发展的以国防类为主的行业特色高校师资队伍建设政策建议。本章进一步丰富和发展高校师资队伍建设理论体系,提出全面提升行业特色高校师资适应新时代发展要求的能力素质的模型及路径,为行业特色高校高质量发展和创新型人才培养提供有力支撑。

第二节 行业特色高校师资队伍状况及问题分析

一、新时代行业特色高校的发展历程

行业特色高校是指以特定行业为依托,围绕行业需求,针对行业特点,为特

定行业培养高素质专门人才的大学或学院，是与市场、产业、行业和岗位等密切联系的大学或学院。行业特色高校是特定历史时期的产物，是根据国家经济和社会发展需求建立的，依托行业而产生，以服务行业而发展，涉及国防、冶金、农林、石油、邮电、电子、医学等行业。历史上，行业特色高校为相关行业的发展提供了智力支撑、人才保障和技术资源，在社会进步、经济发展、国家安全、文化繁荣、科技进步等方面发挥了重要作用。

国外并没有行业特色高校这一名称，但是有它的前身——专门学院。由于在历史时期各国的行政体制下教育制度及办学体制不同，专门学院在不同的国家有其不同的存在形式；无论何种形式，只要没有和综合文理学院合并，且具备明显处于强势且形成完整体系的学科专业、有主要服务面向的特定性等特征的专门学院，都可称得上行业特色高校。

现有的行业特色高校是由20世纪50年代的专门学院发展而来的，为了满足当时的国民经济和社会发展需求而建立的。行业特色高校的前身是20世纪50年代院系合并调整所设立的专门学院。行业特色高校在办学目标、办学理念等方面也在不断转变，由行业型、专业型向综合型转变。吴立保等将行业特色高校的发展历程总结为"行业化—去行业化—再行业化"[①]。

新中国成立初期，我国在学习苏联高等教育办学模式的基础上，成立了一批行业特色高校，以服务于国民经济发展。由于每所行业特色高校仅围绕特定的学科专业进行细致和周密的建设，对师资的需求表现为数量少、专业集中、服务行业发展、培养专业人才等特征。这一师资需求特征在1960年我国与苏联的技术合作终止后变得尤为明显。由于苏联撤离全部专家，带走全部图纸、计划和资料，并停止供应我国建设急需的重要设备，我国250多个企业和事业单位的建设处于停顿、半停顿状态，迫切需要行业特色高校当时在国民经济发展所需的关键行业技术和重要设备上进行研发和突破。因此，相比综合性高校，行业特色高校在对师资的要求上，更加注重可以解决国家发展和国民经济建设中的重大工程技术问题的能力，而对基础研究的关注相对较少。

自20世纪90年代以来，随着市场经济的发展，我国高等教育管理体制开始了大规模的改革，高校由政府单一管理、封闭办学努力转变为教育部或省级地方政府和企业集团的多元化管理，开始主动面向社会、服务社会。从这一时期开始，行业特色高校在办学目标、办学理念等方面逐渐由行业型、专业型、特色型向全面型、综合型转变。综合性大学是学科比较齐全（涵盖哲、文、理、工、管、法、医、农林、经济、教育、艺术等学科门类）、办学规模宏大、科研实力强劲的综

---

① 吴立保，管兆勇，郑有飞. 制度变迁视角下的行业特色型高校人才培养模式透析——以南京信息工程大学为例[J]. 黑龙江高教研究，2011, (6): 5-8.

合实力强大的高等学府。据统计，75所教育部直属高校中，25所原隶属于教育部，6所原隶属于吉林、福建、上海等省（自治区、直辖市），其余44所高校原隶属于外交部、水利部、国土资源部（现已撤销）等其他中央部委，后划归教育部直管。原隶属于中央部委的高校基本都有相关行业背景。

2017年，教育部、财政部、国家发展和改革委员会联合印发了《关于公布世界一流大学和一流学科建设高校及建设学科名单的通知》，行业特色高校分别占一流大学建设高校和一流学科建设高校的1/3和3/4。在长期的历史发展过程中，行业特色高校取得了众多领先的科技成果，培养了大批优秀的工程技术人才，在支持国民经济建设和推动高等教育发展方面做出了巨大贡献。然而，当前正处于百年未有之大变局，新一轮科技革命和产业变革的浪潮推动行业、产业高质量转型升级，新产业、新业态和新模态不断涌现。"两个一百年"奋斗目标的实现，创新驱动发展战略、人才强国战略的实施，迫切要求行业特色高校实现转型升级和高质量发展。师资队伍建设作为最重要的基础性工作，如何根据新时代发展要求推进供给侧结构性改革、建设一流师资，成为当前高校尤其是行业特色高校高质量发展面临的关键问题之一。

二、新时代行业特色高校面临的形势与挑战

随着行业特色高校的发展转型，行业特色高校师资出现工程实践能力减弱、素质和能力无法满足行业特色高校转型需求等问题。在当前世界经济政治形势不断发展、高等教育深刻变革的背景下，全面梳理行业特色高校师资队伍建设存在的问题，挖掘制约行业特色高校师资活力的关键因素和作用机制，建立新时代行业特色高校师资队伍人才分类评价体系，探索适应新时代要求的行业特色高校师资队伍能力素质模型和提升路径，已成为当前行业特色高校高质量发展亟待解决的关键基础问题之一。

在整体办学方面，张德安[1]认为行业特色高校具有天然的行业特色和独特优势，但也面临一些挑战。例如，依赖于行业支撑而形成的不思进取、故步自封的观念，在办学理念上不够开放和先进；学科发展不均衡，除和行业紧密相关的传统优势学科外，其他学科发展慢，基础研究偏弱，传统优势学科实力出现一定程度下滑；部分行业特色高校由于隶属关系调整，和行业部门的关系逐步由紧密型转变为松散型，行业特色削弱，获得的资源减少。周南平和蔡媛梦[2]认为行业特色高校在"双

---

[1] 张德安. 行业特色高校建设研究型大学之概念认定及路径探析[J]. 教育理论探索, 2012, (13): 1-8.

[2] 周南平, 蔡媛梦. "双一流"建设中地方行业特色型高校的发展思考[J]. 高教管理, 2020, (2): 49-54.

一流"建设背景下面临着困境和挑战。比如，在综合化发展过程中行业特色弱化，归属部门的变化导致资源获取上的优势丧失，原有学科门类少，优势学科单一，其他学科发展缓慢，新发展学科存在的盲目跟风现象导致学科布局不合理，人才培养特色不明显等。杜运伟和刘康平[1]分析了地方行业特色型高校建设一流学科的必要性，并且指出了行业特色型高校存在的问题：办学定位不准确，贪大求全，同质化倾向严重，学科特色弱化，出现"摊大饼"现象，片面强调"上规模""上层次"，过分追求"多学科""综合性"的发展，结构性矛盾突出，学科结构相对单一，缺乏综合性大学那样的优势学科群。顾敏奕等[2]发现行业特色高校的师资队伍在属地化后出现了如传统强势学科和特色学科专任教师的占比逐渐降低、行业特色师资引入难、特色弱化、教学内容与实际生产应用相脱离、服务行业和承接行业重大科研攻关项目的能力下降等问题。陈文相和林芳[3]对以农林高校为代表的行业特色型高水平大学的协同创新模式进行了深入的研究，整理并总结了符合我国农林高校实际的五大协同创新模式：联合办学模式、创业育成模式、合作研发模式、项目对接模式和校地联盟模式。张德安认为行业特色高校应在办学理念上进行转变，更加注重教育教学规律、社会发展需求和国内外高校发展趋势；在目标定位上，更关注全球科学研究前沿和学术制高点，不断拓展，在关注技术攻关的同时更加注重基础理论突破[4]。

在科学研究方面，高敏和谈小龙[5]采用定量和定性的方法对2000年前后转入教育部直属的36所行业特色高校的ESI（essential science indicators，基本科学指标数据库）学术排名进行了研究分析，为行业特色高校建设一流学科乃至建设一流大学提供了重要数据参考和方法指南。钱晓红和陈劲[6]以中国矿业大学（北京）为研究对象，通过对科技奖励、科研项目和科技论文等数据进行分类统计，分析了行业特色高校、科学研究和母体行业三者的关系，构建行业特色高校与母体行业依存度的评价指标，分别针对基础研究、通用研究和特色研究进行了分析，并

---

[1] 杜运伟, 刘康平. "双一流"背景下地方行业特色型高校一流学科建设路径的思考[J]. 南京邮电大学学报(社会科学版), 2018, (4): 7-15.

[2] 顾敏奕, 王耀廷, 夏燕. 特色高校师资队伍面临的特色危机及对策探讨[J]. 中国电力教育, 2009, (12): 28-30.

[3] 陈文相, 林芳. 行业特色型高水平大学协同创新模式实践——以农林高校为例[J]. 价值工程, 2019, 38(36): 58-60.

[4] 张德安. 行业特色高校建设研究型大学之概念认定及路径探析[J]. 教育理论探索, 2012, (13): 1-8.

[5] 高敏, 谈小龙. 中国行业特色高校ESI学科排名研究署[J]. 高教发展与评估, 2019, 35(3): 30-38.

[6] 钱晓红, 陈劲. 行业特色高校与母体行业科研依存关系研究——以中国矿业大学(北京)为例[J]. 高等工程教育研究, 2014, (1): 71-75.

提出了相应的对策和建议。黄娅等[1]对以中国石油大学（北京）为代表的高水平行业特色型大学的"双一流"科技创新特色发展路径进行了探索，认为通过优化学科布局、建立多元化创新人才队伍、优化科技创新环境、构建大平台、建立与企业"人才培养+教育合作+企业项目"协同发展机制的手段可以有效提升高校的科技创新实力。

在学科建设方面，甄月桥和朱茹华[2]探讨了地方行业特色高校建设"一流学科"面临的问题及建设策略。周南平和蔡媛梦从学科发展方面、人才培养方面、师资发展方面、服务国家发展战略方面对行业特色高校的分类发展提出了路径策略[3]。张文博和田芝凡[4]以北京林业大学为例，在"双一流"背景下对林业工程学科的状况进行了分析，并明确了打造一流学科的关键是提高教学质量和保障科研水平，而夯实这一切的基础在于高水平的师资队伍。

在人才培养方面，张德安主要从课程体系、教学改革、国际化办学等方面阐述了行业特色高校如何实现人才培养目标和模式的转变[5]。梁永宏等[6]运用结构方程分析法，以重庆市地方行业特色高校的本科生为研究对象，提出了西部行业特色高校专业满意度模型，并进行了实证分析，从而得出结论，在专业满意度方面，师资力量有很大贡献，高水平师资队伍建设至关重要。

在师资队伍建设方面，面临着一些共通问题和挑战。尹虔顾[7]认为行业特色高校的师资队伍表现出了行业特色弱化、发展动力不足、国际化程度不高等特征。周南平和蔡媛梦认为行业特色高校由于学科面窄，在人才引进方面存在劣势且在师资发展方面存在重引进、轻培养的现象[2]。许安国[8]认为行业特色高校存在与行业高度契合、资源共享的优势，但也存在沟通渠道和机制日益弱化、行业对高校的支持力度不断减小等问题，具体包括：与行业契合度下降，传统的"学用一致、

---

[1] 黄娅, 孙盼科, 金衍, 等. 高水平行业特色型大学"双一流"科技创新特色发展路径探索——以中国石油大学(北京)为例[J]. 科教文汇(下旬刊), 2019, (12): 4-7.

[2] 甄月桥, 朱茹华. 地方行业特色高校建设"一流学科"的思考[J]. 黑龙江教育(高教研究与评估), 2020, (2): 81-83.

[3] 周南平, 蔡媛梦. "双一流"建设中地方行业特色型高校的发展思考[J]. 高教管理, 2020, (2): 49-54.

[4] 张文博, 田芝凡. "双一流"建设背景下林业工程学科的发展与建设[J]. 中国林业教育, 2018, 36(2): 26-29.

[5] 张德安. 行业特色高校建设研究型大学之概念认定及路径探析[J]. 教育理论探索, 2012, (13): 1-8.

[6] 梁永宏, 葛显龙, 岳凡凡, 等. 西部行业特色高校专业满意度指数模型构建——以重庆市五所高校为例[J]. 教育教学论坛, 2020, (11): 78-80.

[7] 尹虔顾. "双一流"战略下行业特色型高校师资队伍建设的思考[J]. 台州学院学报, 2017, 39(2): 53-55.

[8] 许安国. 构建行业特色型高校师资培养新模式[J]. 中国高等教育, 2010, (7): 57-58.

资源共享"的行业特色型师资培养模式难以持续；高校学科领域和服务方向不断拓宽，行业特色型师资规模减小、力量弱化；经费来源渠道多样化，面向行业开展研究的专注度有所下降。李志峰和汪洋[1]以麻省理工学院为研究对象，分析了师资队伍的结构，发现其师资队伍呈现出以专任教师为核心、以教学主导型教师和科研主导型教师为支撑、学术工作和学术岗位相匹配、多种聘任方式相结合的"洋葱型"结构特征，并提出我国的高校师资队伍存在结构化失衡、教学科研岗位结构设置单一化和同质化、学术劳动力市场在教师资源配置过程中失位等问题。张宏生等[2]以哈尔滨工业大学机电工程学院为研究对象，从师资队伍的结构和数量等角度，分析了其状况与存在的问题。

三、新时代行业特色高校师资队伍建设的现实困境——以国防特色高校为例

近年来，行业特色高校为满足学校内涵建设和外延发展，大力扩充师资规模，但由于种种原因，办学方向上普遍出现了同质化、去行业化的趋势。学校内部体制活力不足，机制创新不够，师资队伍也呈现出行业特色弱化、发展动力不足、国际化程度不高等现象。推进体制机制创新、激发师资队伍活力已成为高校内涵式发展的迫切需求。

行业特色高校是"双一流"建设的重要力量，肩负着引领行业、服务行业、建设世界一流大学与一流学科的重要使命，在推进高等教育高质量发展方面的作用举足轻重。国防特色高校是行业特色高校的重要组成部分。习近平致哈尔滨工业大学建校100周年的贺信中指出，"新中国成立以来，在党的领导下，学校扎根东北、爱国奉献、艰苦创业，打造了一大批国之重器，培养了一大批杰出人才，为党和人民作出了重要贡献。"[3]习近平的贺信为新时代国防特色高校高质量、内涵式发展指明了方向，党的十九届五中全会精神为新时代国防特色高校发展理清了思路。

（一）国防特色高校面临的挑战

西北工业大学作为国防特色高校的典型代表之一，"十三五"以来，学校深入实施人事制度改革，师资队伍的学缘、职称、年龄、学历结构不断优化，但仍存在着高层次人才学科分布不均衡、数量偏少，已有师资基础研究能力的竞争力

---

[1] 李志峰, 汪洋. 世界一流大学教师队伍的结构与分类管理逻辑——以MIT为案例[J]. 教师教育研究, 2018, 30(1): 116-123.

[2] 张宏生, 胡秀丽, 敖宏瑞. "双一流"背景下哈工大机电工程学院师资队伍建设[J]. 机械设计, 2018, 35(S2): 32-34.

[3] 《习近平致哈尔滨工业大学建校100周年的贺信》, http://www.gov.cn/xinwen/2020-06/07/content_5517776.htm[2020-06-07].

不强，引进教师与行业领域的联系弱，国际交流能力和水平不够等一系列问题，这也是其他国防特色高校师资队伍建设当前存在的共性问题。

第一，人才培养供给不足。高校人才供给结构、质量与国防科技工业人才需求标准、结构之间存在不协调、不匹配的问题，国防特色高校人才培养定位调整滞后，具体来说，人才培养目标宽泛，脱离产业需求；重专业、轻通识，重学分、轻能力，重理论、轻实践的现象依然存在，课程体系滞后于技术发展；毕业生的工程实践能力与创新精神不足，服务行业经济建设发展的能力弱化。

第二，科学研究引领不够。科研新方向、新领域探索相对滞后，学科面窄，结构较为单一，学科应用性强但基础学科相对薄弱，研究面向性强但学科视野相对狭窄；基础研究与应用研究交叉融合的程度低，由于历史和体制的原因，应用研究和工程实践导向浓厚，对前沿基础研究重视不够等。

第三，向生产力转化不高。技术创新能力不能满足行业快速发展的需求，传统政策支持被打破，原有管理体制调整，国防特色高校与国防行业的天然联系减弱；行业创新资源与能力大幅提升，这对国防特色高校在技术创新方面提出了更高要求。

（二）深层次原因分析

国防特色高校面临的人才培养供给不足、科学研究引领不够、向生产力转化不高等方面的问题，在师资队伍建设方面也有相应的映射，其深层次的根源可以从三个方面来看。

第一，学科发展单一。人才引进受限，一些新兴学科平台基础薄弱，学科关联度、匹配度低。总的来说，国防特色高校师资队伍建设存在发展特色优势学科与优化学科综合性之间的矛盾。

第二，综合能力不足。来自行业外高校的师资服务行业的能力素养不足：素质和能力与国防军工背景不匹配，行业人才培养、承接行业项目、行业实践的能力偏弱。来自行业高校的师资引领技术创新的能力不足：基础研究能力薄弱，解决"卡脖子"技术难题、引领社会科技发展的能力不够。总的来说，国防特色高校师资队伍建设存在满足行业特色需求与引领社会发展之间的矛盾。

第三，科研质量不高。科研价值取向不明确，质量评价导向不突出，前沿、特色优势不明显。总的来说，国防特色高校师资队伍建设存在承担国防工程项目与从事前沿基础研究之间的矛盾。

针对以上问题，各学者对行业特色高校师资队伍建设方向、路径和策略提出了建议。尹虔顾提出行业特色型高校应当主动对标"双一流"建设任务，集中瞄准自身传统特色与优势学科，从保持教师行业特色、完善师资考评机制、推进人才国际化等方面加强一流师资队伍建设[①]。余燕等[②]系统性地分析了地方行业特色型高校师资队伍状况及面临的困境,并以东华理工大学为例,针对师资队伍建设,提出了一套"统筹规划、错位发展、分类管理"的实施方案。王美军等[③]针对地方农业院校实验师资队伍的状况、问题进行了详细的分析,并提出了相应的建设举措。王峰[④]分析了建设"双一流"背景下高水平行业特色型大学存在的问题,并提出了相应的发展途径。

综上,行业特色高校师资队伍建设,要辩证处理好三对关系:在学科建设上,辩证处理好学科单一和学科综合的关系;在人才培养上,辩证处理好满足行业现实需求和引领未来社会的关系;在科学研究上,辩证处理好承担国防工程项目和从事前沿基础研究的关系。

第三节 行业特色高校激发师资队伍活力的体制机制创新方法

随着我国各项事业的蓬勃发展,高等教育也进入内涵式发展的关键阶段,长期困扰高校发展的体制机制性障碍,特别是用人机制的瓶颈性因素进一步凸显。全面推进教育事业科学发展,迫切要求进一步加快高校人事分配制度改革的步伐。深入研究高等学校,特别是行业特色高校激发师资队伍活力的体制机制创新方法,有利于推进行业特色高校的进一步发展以及推动新一轮高校人事制度改革。

一、习近平关于高等教育及高校师资队伍建设的工作要求

党的十八大以来,习近平在各类场合发表重要讲话,系统阐述了高等教育对美好生活、民族复兴、国家进步、世界文明的重要作用,其中,人才是高等教育中不可或缺的一部分。

习近平心系一流大学和一流学科建设,十分关注高校发展,先后20余次赴高

---

① 尹虔顾. "双一流"战略下行业特色型高校师资队伍建设的思考[J]. 台州学院学报, 2017, 39(2): 53-55.

② 余燕, 黄胜开, 乐长高. "双一流"建设背景下地方行业特色型高校师资队伍建设的理论与实践——以东华理工大学为例[J]. 东华理工大学学报(社会科学版), 2020, 39(1): 71-76.

③ 王美军, 何长征, 黄科, 等. 双一流建设背景下地方农业院校实验师资队伍建设的研究[J]. 教育现代化, 2018, 5(24): 270-271.

④ 王峰. 建设"双一流"背景下高水平行业特色型大学发展路径思考[J]. 科教文汇(下旬刊), 2017, (5): 119-121.

校实地考察，围绕高校的一流建设、党的领导、办学特色、科技创新、人才培养、师资队伍、文化自信、理想信念等诸多问题发表了系列重要讲话①。2012年11月，党的十八大报告中首次提出"把立德树人作为教育的根本任务"②，即教育不仅要传授知识、培养能力，还要把社会主义核心价值体系融入国民教育体系之中，引导学生树立正确的世界观、人生观、价值观、荣辱观③。2014年9月，习近平在庆祝第三十个教师节后在北京师范大学强调，"全国广大教师要做有理想信念、有道德情操、有扎实知识、有仁爱之心的好老师"④。这是习近平首次提出"四有好老师"的要求，对高校教师的思想基础、最低要求和职业所需提出了根本遵循。2016年12月，习近平在全国高校思想政治工作会议上强调，"教师是人类灵魂的工程师，承担着神圣使命。传道者自己首先要明道、信道。高校教师要坚持教育者先受教育，努力成为先进思想文化的传播者、党执政的坚定支持者，更好担起学生健康成长指导者和引路人的责任。要加强师德师风建设，坚持教书和育人相统一，坚持言传和身教相统一，坚持潜心问道和关注社会相统一，坚持学术自由和学术规范相统一，引导广大教师以德立身、以德立学、以德施教。"⑤这是习近平首次提出"四个相统一"的要求，是新时代对加快高校教师建设师德师风的四个基本要求。2018年9月，在全国教育大会上，习近平总书记发表重要讲话，站在新时代坚持和发展中国特色社会主义的战略高度，深刻回顾了党的十八大以来我国教育事业发展取得的显著成就，系统总结了推进我国教育改革发展的"九个坚持"，对当前和今后一个时期教育工作作出了重大部署，为加快推进教育现代化、建设教育强国、办好人民满意的教育提供了根本遵循⑥，"九个坚持"系统地总结了我国高等教育事业发展的规律性认识，是我们要始终坚持并不断完善的。2019年3月，习近平主持召开学校思想政治理论课教师座谈会并强调，"办好思想政治理论课关键在教师，关键在发挥教师的积极性、主动性、创造性。思政课

---

① 《习近平总书记教育重要论述讲义》编写组. 习近平总书记教育重要论述讲义[M]. 北京：高等教育出版社，2020.

② 《坚定不移沿着中国特色社会主义道路前进 为全面建成小康社会而奋斗——胡锦涛在中国共产党第十八次全国代表大会上的报告》, https://www.12371.cn/2012/11/18/ARTI1353183626051659_all.shtml[2012-11-08].

③ 张烁. 立德树人是根本[N].人民日报, 2012-11-30.

④ 《习近平在北京师范大学考察时号召全国广大教师做党和人民满意的好老师》, http://politics.people.com.cn/n/2014/0910/c1024-25629310.html[2014-09-10].

⑤ 《习近平：把思想政治工作贯穿教育教学全过程》, http://www.xinhuanet.com//politics/2016-12/08/c_1120082577.htm[2022-07-16].

⑥ 《人民日报评论员：牢牢把握教育改革发展的"九个坚持"——论学习贯彻习近平总书记全国教育大会重要讲话》, http://www.gov.cn/xinwen/2018-09/13/content_5321746.htm[2018-09-13].

教师，要给学生心灵埋下真善美的种子，引导学生扣好人生第一粒扣子"[1]，同时对高校思政课教师提出政治要强、情怀要深、思维要新、视野要广、自律要严、人格要正的"六个要求"。习近平对高等教育的重要论述，涵盖了"把立德树人作为教育的根本任务""四有好老师""四个相统一""九个坚持""六个要求"等重要内容。深入研究这些内容有助于更好地学习习近平新时代中国特色社会主义思想和习近平关于高等教育的重要论述。2021年9月，中央人才工作会议在北京召开，习近平在会上发表重要讲话。李克强在主持会议时指出，习近平总书记的重要讲话，从党和国家事业发展全局的高度，全面回顾了党的十八大以来人才工作取得的历史性成就、发生的历史性变革，深入分析了人才工作面临的新形势新任务新挑战，科学回答了新时代人才工作的一系列重大理论和实践问题，明确了指导思想、战略目标、重点任务、政策举措，指明了前进方向，提供了根本遵循，具有很强的政治性、思想性、理论性，是指导新时代人才工作的纲领性文献。要认真学习贯彻，增强"四个意识"、坚定"四个自信"、做到"两个维护"，把会议精神转化为做好人才工作的强大动力，转化为推动人才工作高质量发展的思路举措，转化为加快建设人才强国的生动实践，不断开创党的人才工作新局面[2]。同时也深刻阐述了新时代人才工作新理念、新战略、新举措，规划部署了加快建设世界重要人才中心和创新高地的战略目标，科学回答了新时代人才工作的一系列重大理论和实践问题，具有很强的政治性、思想性、指导性和针对性[3]。

二、高校人事制度改革发展历程

管培俊[4]系统梳理了我国高校人事制度改革经历的三大阶段。

第一阶段：20世纪80年代中期到20世纪90年代前期。这一阶段的改革重点是政府简政放权，高校自主管理，健全学校内部管理制度，打破"铁交椅""铁饭碗""铁工资"，体现按劳分配原则。改革的策略和路径是：自下而上，发展到政府部门与高校共同推进；由点到面，从少数学校、个别领域的探索发展到全方位改革，形成了高校人事制度改革第一次高潮。

第二阶段：20世纪90年代中期之后10年左右的时间。这一阶段的改革重点

---

[1] 《习近平主持召开学校思想政治理论课教师座谈会》，http://www.gov.cn/xinwen/2019-03/18/content_5374831.htm[2019-03-18].
[2] 《深入实施新时代人才强国战略 加快建设世界重要人才中心和创新高地》，https://m.gmw.cn/baijia/2021-09/29/35199886.html[2021-09-29].
[3] 本刊综合报道. 推动新时代人才工作决策部署落地生效 点燃经济社会高质量发展的"人才引擎"[J]. 中国科技产业, 2021, (10): 3-4.
[4] 管培俊. 新一轮高校人事制度改革的走向与推进策略[J]. 中国高等教育, 2014, (10): 18-22.

是高校用人机制改革，全面推进人力资源配置方式改革，逐步实现从身份管理向岗位管理的深刻转变。

第三阶段：自 2006 年之后的 10 年。这一阶段的改革强调完善机制制度，强调高校岗位管理与聘用制改革结合、与转换用人机制结合、与高校收入分配制度改革结合。高校进一步实行岗位分类管理，全面推行公开招聘和聘用制，加强合同管理，探索多种分配激励方式，调动教职工的积极性。改革校内管理体制，推进教学科研基层组织建设。高校人事管理站在更高平台上，具有更加广阔的视野，开始实现从封闭的人事管理到开放的人力资源国际化配置的深刻转变。该阶段改革的显著特点：自主性和公共性、条理性和精细、多元和开放、民主和科学。

这三个阶段的改革之路磕磕绊绊、艰难曲折，但总体上由小到大、由点到面、由表及里、循序渐进。高校人事制度改革反映了高校改革发展的规律，具有里程碑的意义，产生了广泛而深远的影响。

三、行业特色高校人事管理机制的理论内涵

人事管理机制是指人事管理系统的结构及运行机理，本质上是协调人事管理系统各个部分之间的关系以更好地发挥作用的具体运行方式，主要包括人事管理运行机制、动力机制和约束机制。具体到高校人事管理系统，人事管理机制是高校四个功能（人才培养、科学研究、服务经济社会发展、文化传承创新）实现的润滑剂，是调节人才培养、科研服务的重要杠杆，对学校管理的组织架构、人才流动、资源分配等教研活动组织要素具有重要支配作用，直接影响高校办学目标的实现[1]。

人事管理机制包括人才引进退出机制、人才培养机制、人员聘任和聘后管理机制、人员绩效考核评价机制、薪酬分配机制[2]。

（一）人才引进退出机制

"非升即走"制竞争激烈，考核残酷，成为高校筛选人才的重要机制，有其存在的必要性和合理性。一方面，对于教师的学术水平和发展潜力，高校在短期内并不了解，通过"非升即走"试用期的设定，教师可以尽情地展现各自的学术能力，进而替学校规避了由"善心的冲动"而错误续聘的风险，有效地实现了对优秀教师的甄别与筛选。另一方面，具有一定的激励和奖赏作用。"非升即走"制规定终身教授在试用期内得不到晋升，则必须离校，这一规定把教师的任用与晋

---

[1] 吴优，鲁国军. 基于现代大学特征的教学研究型大学人事管理机制创新研究[J]. 中国高校师资研究，2013, (5): 7.

[2] 王运锋，陈丹生. 基于员额制改革的高校人事管理机制创新[J]. 齐齐哈尔大学学报，2018, (7): 165-167.

升结合起来,有效地实现了对教师的激励,激励教师保持持续的学术生产力[1]。我国最早由清华大学在1993年引入"非升即走"制,目的在于改变教师聘任的终身制。在高校人事制度改革的背景下,我国不少学校开始试行或实施这一制度,北京大学、复旦大学、南开大学等进行了中国式实践。清华大学规定讲师试用期限不超过六年,副教授的服务年限不超过九年,如果不能得到晋升,高校则不予对其续聘;南开大学和复旦大学也规定讲师的试用期限不超过六年。相较于上述三所大学,中山大学的改革比较温和,规定讲师有九年的时间晋升,如九年内升不上副教授,学校将不与其续聘。

(二)人才培养机制

以创新型、创业型、双师型人才建设为聚焦点,完善人才培养机制。在创新型人才培养方面,不仅要支持基础、交叉性学科研究创新,还要加大对学校重点建设学科领域、地方产业所需紧缺人才的支持力度。要注重青年教师人才培养,破除论资排辈、重显绩不重潜力等陈旧观念,抓紧培养造就青年英才。要建立分类评价标准,完善业内专家评价机制,建立以工作总结、贡献成果为主要内容的评价方式[2]。

(三)人员聘任和聘后管理机制

教师聘任制度应体现大学的价值追求,岗位管理是教师聘任管理的前提和基础,合约管理是大学教师管理的基本做法,教师聘任工作应引入竞争机制,人员合理流动有利于师资队伍建设[3]。在人员聘任后管理中应建立科学合理的激励机制[4],充分挖掘教师潜力。高校实行激励机制的最根本的目的是诱导教师的工作动机,使他们在实现学校发展目标的同时实现自身的需要,增加对学校的认可度和满意度,从而激发他们的积极性和创造性。同时,教师聘用、调配、职务升降、薪酬高低,都将以考核结果作为主要依据。总的来说,就是要注重效率、兼顾公平,创建引才聚才的长效激励机制。

(四)人员绩效考核评价机制

建立以品德、能力和业绩为导向的人才评价体系,用正确的方法科学地评价

---

[1] 范美玲. 美国高校"非升即走"制的中国式实践及路径优化[J]. 黑龙江生态工程职业学院学报, 2018, (5): 68-70.

[2] 祁艳朝, 高晚欣. 协同创新模式下高校青年教师培养机制探析[J]. 继续教育研究, 2014, (6): 75-76.

[3] 赵志鲲. 美国大学教师聘任制度的特点与启示[J]. 高等理科教育, 2011, (5): 75-78.

[4] 周国华, 蒋国伟. 论我国高校教师激励机制的问题、原则及其实现[J]. 教育与职业, 2013, (12): 66-67.

人才，进一步完善高校人才评价机制，以实绩论人才，重视人才的使用，注重学术能力和实际作用，为人才可持续发展提供制度保障。要按照精简高效、科学合理的原则，建立多样化的教师评价考核体系，采取定性考核与定量考核相结合、定期考核与不定期考核相结合、个人考核与组织考核相结合、自我考核与他人考核相结合等考核形式。

（五）薪酬分配机制

创新高校薪酬分配方式。在体现公平、竞争、激励和系统的原则下，优化薪酬结构，建立重实绩、重贡献、向高层次人才和重点岗位倾斜的分配激励制度，实施以岗定薪、按劳取酬、优劳优酬的薪资分配办法，建立灵活多样的收入分配形式，使分配向高层次人才和创新团队倾斜，实现一流人才、一流业绩和一流报酬的结合，强化竞争和激励机制。根据自身特点，自主设置薪酬结构和分配方式，重点加大对学校急需人才的倾斜力度，可灵活采取年薪制、协议制、项目制等灵活多样的分配形式和分配办法。

四、行业特色高校激发师资队伍活力的体制机制改革创新

（一）校院两级管理体制机制创新

校院两级管理体制改革是全面深化大学综合改革、完善大学内部治理体系、建设现代大学制度的一项重要内容，是完善大学内部管理体制机制的重要切入点。改革的出发点是激活学院的办学活力，改革的突破点在于"放管服"相结合，以"放"为主、"管服"跟进，结合事权下放财权、人事权，带动人才培养、学科建设、师资队伍建设、科学研究、国际化等大学主要工作的系统改革，全面提高大学内部管理质量。因此，改革要达成的目标是：通过系统改革，学院成为拥有较大办学自主权的责任实体，最终建立起权责清晰、目标明确、制度规范、考核标准完善、激励体系健全的校院两级管理体制机制，逐步使校院两级的关系由简单的行政隶属关系变为对组织目标高度认同的紧密型战略同盟关系，学校办学充满活力、富有效率，从而促进学校科学健康发展[①]。

（二）薪酬体系体制机制改革创新

近年来，薪酬制度改革也受到越来越多高校的重视。2020年4月，《新形势下加强基础研究若干重点举措》指出要切实把尊重科研人员的科研活动主体地位落到实处，如落实科研人员在立项选题、经费使用以及资源配置的自主权，强化

---

① 郭德红，林光彬，洪煜. 关于校院两级管理体制改革的思考[J]. 北京教育(高教)，2019，(Z1): 76-79.

对承担基础研究国家重大任务的人才和团队的激励，探索实行年薪制和学术休假制度。成琼文[1]指出影响薪酬激励效应的因素是多维的、动态的，把薪酬各成分要素科学组合成"全面薪酬"模式是提升薪酬激励效应的基础。尤伟和秦国柱[2]从高校教师的学术职业特点出发，提出高校教师绩效评价应坚持包容性取向。高校教师绩效薪酬制度的包容性改革需要坚持提升教师学术职业绩效与高等教育发展的一致性，以公平正义为核心实现所有成员的包容性发展，并实现高校与外部的包容性发展。

（三）人事制度管理向人力资源管理转型

人力资源是现代企业制度的骨骼，基于人本精神对人的价值的理性认识建立的现代企业人力资源管理制度，对我国高校人事制度改革具有借鉴意义[3]。近年来，一些院校开始了改革的尝试，学校内部转变思想作风，提高学术权力在学校中的地位，行政权力从管理管制向服务管理转变。这一转变不仅仅是一种思想意识的转变，更是在追求高等教育的内在规律，实质为行政权力不再是凌驾于学术权力之上的统治者，而是服务和保障学术发展致力于学校品牌建设的管理工具。

（四）高校体制机制改革创新实例

清华大学提出深入实施人才强校战略，进一步深化人事制度改革，完善薪酬福利体系，健全教师发展培训制度和服务支持体系，促进师资队伍、研究队伍和职工队伍协调发展，形成崇教、敬业的高素质人才队伍。首先，打造高水平的师资队伍，加强人才培养和人才引进力度，加强教师教学能力的培养；其次，建设高质量的研究队伍，强化专职科研人员队伍建设，打造高水平博士后研究队伍；再次，造就高质量的职工队伍，深化教职工人事制度改革，建设高素质职工队伍；最后，完善队伍建设机制，创新人才引进与发展机制，健全教师发展制度，完善学术支持体系，优化管理与服务体系。

复旦大学提出改进人才评价激励制度。深化"三全育人"体系下的教师教书育人评价制度改革，在教师准入、人才引进、岗位考核、专业技术职务晋升、人才计划推荐等工作中突出教书育人的首要职责，强化对教书育人的业绩与贡献的考察，形成导向明确、精准科学、规范有序的良好氛围。

上海交通大学持续深化人事制度改革。完善多元人才发展通道，根据学科、

---

[1] 成琼文. 高校教师薪酬激励效应研究——以研究型大学的中青年教师为例[D]. 长沙: 中南大学, 2010.

[2] 尤伟, 秦国柱. 包容性改革：我国高校教师绩效薪酬制度优化的新路向——高校教师学术职业价值的再发现与实现途径[J]. 江苏高教, 2018, (3): 62-66.

[3] 吕保平. 关于高校人事制度改革中人本精神的几点思考[J]. 国家教育行政学院学报, 2007, (4): 66-69.

岗位特点，坚持分类评价、多元评价，不断完善专业技术职务评聘办法和人才评价体系。打造一流的人事管理服务体系，健全人才引进校院协同机制。开展编制管理改革，形成岗位和编制的动态管理机制，合理调配人力资源，充分激发各个岗位工作人员的积极性，进一步完善人事管理服务体制，着力解决人才在安居、医疗、子女教育中的问题，提高教职工的工作品质和生活品质。

浙江大学围绕学校办学体系战略布局，加快人事人才政策创新，推进新型人力资源体系建设。适度扩大专任教师规模，推动适合各学科发展特点的PI（principle investigator，项目负责人）制与团队制建设。加快建设校内外人才队伍，完善多形式的柔性引才引智制度，积极争取和利用校内外资源，深化多元用人模式改革，探索"混编"人事管理新体系，构建与科研特区、新兴研发平台相适应的人才发展体制机制。持续优化各支队伍衔接有序、梯次配备的合理结构。

南开大学推动高水平人才团队建设。集中优势资源，支持"人才特区"、交叉学科中心、国际联合研究中心等平台引进培育高水平教学科研团队。围绕培养方案调整、高端平台建设、重大课题攻关等，完善团队管理制度，实施团队负责人责任制，由团队负责人明确建设方案，经学校批准后在人才引进、聘用管理和薪资待遇等方面给予一定自主权和配套政策，健全个人与团队相结合的绩效考核评价制度，构建"个人+团队"长效支持发展模式，通过团队建设带动后备领军人才培养，形成高水平人才培育良性机制。

武汉理工大学在"双一流"建设的改革和实践中，创新体制机制，推进以首席专家负责制为重点的人事制度改革。关键在于通过体制改革激发高校内部多元主体的积极性，重点在于通过机制创新保障"双一流"协同创新团队有序运行，从而为高校"双一流"建设营造良好的制度环境和文化氛围。武汉理工大学"双一流"建设秉承以学科建设为基础，以学科交叉融合为重点，以协同创新团队为载体的总体思路，通过体制机制创新，不断激发相关主体的积极性。在人事制度方面，探索并建立优胜劣汰的用人机制，以及以创新质量和贡献为标准的考核与评价制度。

五、行业特色高校激发师资队伍活力机制体制创新的对策和建议

（一）培育人才成长生态平台

培育良好的行业特色高校人才工作和成长的生态体系，为行业特色高校人才建功立业创造宽阔的发展平台。致力于行业特色高校人才工作环境的再设计，建立多轨制人才职业生涯成长通道，以人才发展为核心，营造良好的工作环境、人际环境、成长环境及生活环境，人职匹配，用其所长，用当其时，并做到"帮助而不打扰，助推而不包办"。

（二）建设人才赋能体系

万物互联的大连接时代，数字化、智能化成为必然趋势。新生代人群，尤其是"90后""95后"，到2035年将成为行业特色高校的骨干人才，他们思维活跃、追求快乐、关注社交、善于分享、重在参与、注重体验。管理思维要以智慧协同、赋能员工、激活组织为目标，加快人才管理的赋能平台和赋能机制建设，推动数字化人力资源管理，以人的发展驱动组织发展，从关心绩效到赋能于人，用共享服务提供赋能基础。

（三）拓宽可选人才基础

拓宽人才流量基础，畅通人才交流渠道，形成广泛的可选人才基础。拓展国内、国外两个人才市场，建立两大渠道的大数据库，增大可选、可用人才的流量基础。为此，要搭建基础广泛的人才选用网络，形成渠道贯通、信息精准的人才网络化体系，保障人才的供给来源和精准搜寻。

（四）增强对人才的吸引力

充分利用行业特色使命带给人才的成就感和自豪感，以高校为责任主体，针对不同年龄段、不同背景的人才的需求特点，适应其对物质、社群、成就、权力等的不同需要，建立分层分类的个性化吸引政策，构建不同行业特色高校吸引人才的比较优势。

第四节 行业特色高校人才分类评价

一、党和国家关于人才分类评价的工作要求

人才评价是高校教师选聘、任用、薪酬、奖惩等人事管理的基础和依据，一直是高等教育研究中的热点话题。

（一）习近平同志相关重要论述

有什么样的评价指挥棒，就有什么样的办学导向。教育评价是一项世界性、历史性、实践性难题，教育评价改革是"最难啃的硬骨头"，师资队伍评价更是其中的根本环节、重中之重。

习近平在2018年两院院士大会上指出，"人才评价制度不合理，唯论文、唯职称、唯学历的现象仍然严重，名目繁多的评审评价让科技工作者应接不暇，人才'帽子'满天飞，人才管理制度还不适应科技创新要求、不符合科技创新规律。"[①]

[①]《习近平：在中国科学院第十九次院士大会、中国工程院第十四次院士大会上的讲话》，http://www.gov.cn/xinwen/2018-05/28/content_5294322.htm[2018-05-28].

2018年9月，习近平在全国教育大会上做出要求，"要深化教育体制改革，健全立德树人落实机制，扭转不科学的教育评价导向，坚决克服唯分数、唯升学、唯文凭、唯论文、唯帽子的顽瘴痼疾，从根本上解决教育评价指挥棒问题"[①]。习近平强调，"我国人才发展体制机制一个突出问题是人才评价体系不合理，'四唯'现象仍然严重，人才'帽子'满天飞，滋长急功近利、浮躁浮夸等不良风气。"[②]要加快建立以创新价值、能力、贡献为导向的人才评价体系。

（二）国家有关文件要求

2016~2020年，国家和有关部委陆续出台了20余项关于高校师资队伍人才评价改革的政策文件。2018年，中共中央办公厅、国务院办公厅印发的《关于分类推进人才评价机制改革的指导意见》指出："我国人才评价机制仍存在分类评价不足、评价标准单一、评价手段趋同、评价社会化程度不高、用人主体自主权落实不够等突出问题，亟需通过深化改革加以解决"。《关于深化项目评审、人才评价、机构评估改革的意见》指出："为全面贯彻党的十九大精神，落实全国科技创新大会部署和《国家创新驱动发展战略纲要》要求，深入推进'三评'改革，进一步优化科研项目评审管理机制、改进科技人才评价方式、完善科研机构评估制度、加强监督评估和科研诚信体系建设"。2019年，中共中央办公厅、国务院办公厅印发的《关于进一步弘扬科学家精神加强作风和学风建设的意见》指出："树立科技界广泛认可、共同遵循的价值理念，加快培育促进科技事业健康发展的强大精神动力，在全社会营造尊重科学、尊重人才的良好氛围"。2020年，科学技术部印发《关于破除科技评价中"唯论文"不良导向的若干措施（试行）》，教育部、科学技术部印发《关于规范高等学校SCI论文相关指标使用 树立正确评价导向的若干意见》，均指出应破除"唯论文"评价体系，正确引导SCI论文等学术产出，构建多元化的人才评价体系。2020年10月，中共中央、国务院印发的《深化新时代教育评价改革总体方案》作为教育评价改革纲领，强调要"改革教师评价，推进践行教书育人使命"，进一步明确了改革的方向和目标。

二、人才分类评价的相关研究动态

国内研究方面，李立国[③]认为高校教师考核评价制度存在以下问题。一是考核评价缺乏整体设计，针对高校层次类型和高校教师不同类型的多元化评价体系还

---

① 《习近平在全国教育大会上发表重要讲话》，http://www.81.cn/sydbt/2018-09/10/content_9277553.htm[2018-09-10].
② 《习近平：深入实施新时代人才强国战略 加快建设世界重要人才中心和创新高地》，http://www.gov.cn/xinwen/2021-12/15/content_5660938.htm[2021-12-15].
③ 李立国. 建立符合高校教师工作特点的学术评价体系[J]. 清华大学教育研究, 2019, (2): 10-12.

没有建立起来。二是考核评价手段单一，没有针对不同学科建立起不同的评价指标体系。三是考核评价标准体系不完善，存在重量轻质的情况，对"量"的过高要求削弱了对"质"的要求。有的指标体系过于简单，无法全面反映教师的工作；有的指标体系太复杂，对教师要求过高，操作性不强。四是考核评价的发展性功能没有充分体现，多数高校实行奖惩性考核，仅将考核评价结果与薪酬、年终奖励等利益挂钩，没有充分用于教师的发展和能力培养，发展性考核的理念尚未深入人心。操太圣[1]梳理和讨论了我国高校教师评价制度的不足、根源及解困路向，反思症结存在的深层因素，探究推进清理"五唯"问题进程的基本策略。他认为现存教师评价体系遵循"经济人"的人性假设，使得高校教师沦为"挣工分"、领取计件工资的"技工"。沈红和刘盛[2]提出，以量化为主的大学教师评价制度是物化逻辑在高等教育领域的渗透结果，要客观认识这种物化逻辑的内涵及合理与否的二重性。张泳和张焱[3]通过调研，发现单纯以科研评价为主的教师评价方式损害了高校教师工作的积极性，限制了部分教师晋升的空间，并进一步导致高校职能发展的不均衡。王钢和蒋亦华[4]以美国、英国、日本、德国等发达国家的大学教师评价尺度为对照，梳理出发达国家大学教师评价尺度存在的三个特点，阐述了其对当代大学教师评价尺度构建的启示意义。

学者也就完善和优化高校教师考核评价体系，提出了很多借鉴意见。李元元等[5]基于激励高校教师发展的原则，为高校设计了一套弹性的四维评价的教师评价体系。沈红和林祯栋[6]认为，在人事管理和学术内涵上存在着"二律背反"，这种"二律背反"在我国高校的表现是行政力量的主导和学术力量的屈从，并提出了完善和优化高校教师评价机制的"六个不唯"。杨玉圣[7]提出高校教师评价体系应该去 SCI 化，形成以同行专家评审为主体、秉承公开评审原则、以学术为本、为学术史负责的学术评价体系。

---

[1] 操太圣. "五唯"问题：高校教师评价的后果、根源及解困路向[J]. 大学教育科学, 2019, (1): 29-34.

[2] 沈红, 刘盛. 大学教师评价制度的物化逻辑及其二重性[J]. 教育研究, 2016, (3): 46-55.

[3] 张泳, 张焱. 分类发展视角下的高校教师绩效评价体系构建——基于德尔菲法的调查研究[J]. 高教探索, 2018, (8): 97-103.

[4] 王钢, 蒋亦华. 大学教师评价"尺度"建构：以发达国家为观照[J]. 江苏高教, 2018, (12): 87-90.

[5] 李元元, 王光彦, 邱学青. 高等学校教师绩效评价指标研究[J]. 高等教育研究, 2007, (7): 59-65.

[6] 沈红, 林祯栋. 大学教师评价的主客体关系及其平衡[J]. 中国高教研究, 2019, (6): 48-53.

[7] 杨玉圣. 高校学术评价"去 SCI 化"评议——论大学问题及其治理(之三)[J]. 社会科学论坛, 2010, (9): 55-68.

国外研究方面，Arora 和 Kaur[①]把关键绩效指标方法应用到高校教师评价体系的构建中，建立了以学术成果、职位安排、研究和咨询情况等为指标的高校教师考核评价体系。Manz[②]认为，优秀的科技人才，尤其是能够独当一面的高层次人才，其领导能力显得尤为重要，激发高层次人才的领导能力能够同时提升其勇于挑战、敢于攻关的科研能力。Hallinger 等[③]运用实证分析法证明了高校教师绩效评价指标体系与高校发展战略之间的紧密关系。

三、在深化教育评价改革、建立国防特色的人才评价体系方面存在的主要问题

（一）教师教育教学评价的手段还不够丰富

一是人才培养质量的评价方式还有待进一步优化。对于教师在培养学生家国情怀等方面开展的工作评价手段不够丰富。有教师表示，立德树人是根本任务，建议从学校和学院层面加强教学督导，丰富督导体系和督导人员的构成，及时督促教师强化课程思政、推进教学革新，进一步适应新时代立德树人的要求。

二是对学生评教结果的运用不足。根据西北工业大学"人事人才工作"问卷调查（样本量 650），参与问卷的教师认为能客观评价教师教育教学实绩的指标主要包括：学生评教打分（61.5%）、课堂教学学时数等精力投入（61.5%）、指导学生取得的科研成果（57.9%）、指导学生参加学科竞赛并获得奖励（51.5%）等。在学校现有的教师人才培养评价指标中，对承担课程教学学时数、取得的各类教学成果都已经有所体现，但对学生评教打分的运用明显不足，评教指标体系还需进一步优化。

（二）科研评价对教师服务"四个面向"的牵引作用还不强

一是学校在实现高水平科技自立自强中的作用发挥定位把握不够准确。行业特色高校与科研院所的比较优势不突出、错位发展不明显、共性技术攻关不够。在座谈调研中，有教师提出，破除以前的评价体系中不合理的地方，但是要避免把西北工业大学的国防特色评价体系变成国防类研究院所式的评价体系，应该把社会服务和国防研究区别开，把优质、高效的贡献纳入考核，不是简单考量承担研究院所科研项目的情况。

---

① Arora A, Kaur S. Performance assessment model for management educators based on KRA/KPI[C]. International Conference on Technology and Business Management, 2015, 23-25.

② Manz C C. Taking the self-leadership high road: smooth surface or potholes ahead [J]. Academy of Management Perspectives, 2015, 29(1): 132-151.

③ Hallinger P, Heck R H, Murphy J. Teacher evaluation and school improvement: an analysis of the evidence[J]. Educational Assessment Evaluation and Accountability, 2014, 26(1): 5-28.

二是对不同学科、不同研究领域的人才特点的研究还不全面，对评价导向的掌握不到位。对应用研究和技术开发人才参与原创性、引领性科技攻关的引导不足；对基础研究人才从经济社会发展和国家安全面临的实际问题中凝练科学问题，厘清"卡脖子"技术的基础理论和技术原理的鼓励不够、引导不足。在问卷调查中，对于国防特色人才代表性成果，大部分教师仍停留在"承担国家国防重大工程项目（86.1%）""在国家重大重点型号研制中担任的职务（72.5%）""研究成果如起草军标、工程项目规范、设计报告、试验报告等在国防领域被采纳（62.7%）"等工程应用或技术开发层面，对加强空天科技、量子信息等前沿领域的原创性、引领性科技攻关参与不够，对从工程应用研究中凝练基础科学问题的考虑不足。

（三）对于创新评价方式的举措研究不深、力度不够

一是同行专家评议机制不够健全。在座谈调研中，部分教师提出学校缺乏符合国防特色人才特点的第三方评价机制，行业系统内的专家如行业院所院士、型号总师等参与评价较少，尚未建立专门的国防高技术领域专家库。问卷调查中，教师认为可通过在综合学科评审的评委构成中增加长期从事军工科研的专家占比、增设行业内专家的同行评议环节等改革国防特色人才评价。

二是对社会评价、用户和市场评价、长周期评价等的主动探索不足、运用不够。在座谈调研中，有些教师提出，对从事原创理论或技术研究、重大"卡脖子"问题突破、哲学社会科学研究等的教师，应适当延长评价周期，引导教师在长周期评价中保持做研究的定力。

四、新时代行业特色高校师资队伍人才分类评价体系的探索与实践——以西北工业大学为例

近年来，学校不断推动人才评价改革，完善准入考核、年度考核、聘期考核和晋升考核等相关要求，全方位引进、培养、用好人才，激发人才创新活力，初步建立了具有西北工业大学特色的国防人才评价体系。

（一）健全立德树人落实机制

突出品德、能力和业绩评价导向，把好思想政治关，将师德表现作为评价人才队伍的首要条件，强调人才培养是大学的第一使命，坚决克服重科研轻教学、重教书轻育人等问题。在师德师风、教育教学和科学研究等方面坚持全面考核与重点考核相结合，强化教师思想政治素质考察和师德考核，严把教师"入口关""考核关""监督关""惩处关"，严格落实师德师风"一票否决"制；要求青年教师在晋升高一级职称时，必须有担任一年及以上的班主任或辅导员等学生工作经历；根据教师不同岗位细化教学工作内容和数量要求，重点考察教育教学能

力、课堂教学质量和人才培养实效等，在各类考核晋升标准中，对教授、副教授的课堂教学学时均有明确的规定。

（二）发挥分类评价导向作用

根据不同类型教师的特点，制定科学合理的分类评价标准。2020年和2021年连续两年修订职称评审办法，建立了8个系列、12个类别的职称评审条件，特别是对思政系列教师单列指标、单设标准、单独评审。进一步推动体美劳师资队伍建设，单设体育和美育教师职称标准，增加符合工程实践（劳动教育）教师岗位特点的评价指标，在专职科研岗位增设科技成果转化系列专门评价办法。

根据学院实际和学科特点，明确岗位定位，加强分类管理，以人才培养、创新能力、服务贡献和影响力为核心，以重大创新、重大突破等标志性成果为导向，充分发挥学院主体作用，坚持"一院一策"，指导各学院（研究院）科学合理地制定各岗位的准入条件、岗位职责要求和晋升标准。

（三）实行代表性成果评价

构建符合不同岗位职责、学科特色和研究属性的评价标准，注重质量、贡献和影响的科研评价导向，不简单以 SCI 论文、CSSCI（Chinese social sciences citation index，中文社会科学引文索引）论文相关指标作为判断学术水平的直接依据，不把人才称号作为职称评审、评奖评优等的限制性条件，有关申报书不设置人才称号栏目。同时，丰富代表性成果的形式，突出对标志性成果、业绩的考核和评价。例如，对基础研究类人才，注重评价新发现、新观点、新原理、新机制等标志性成果；对从事应用研究的教师，主要评价解决国家社会发展中关键科学问题、突破"卡脖子"核心关键技术理论机理等方面的成果；对服务国防的教师，主要考察解决国防基础研究难题、支撑装备型号研制等方面的实际贡献，论文不作为主要的评价依据和考核指标。

（四）探索构建国防特色的人才评价体系

聚焦立德树人，构建德智体美劳全面发展的导向型评价体系，引导学生增强综合素质、全面发展。完善"价值塑造、能力培养、知识传授"三位一体的人才培养体系，大力弘扬"两弹一星"精神、航空报国精神、载人航天精神，厚植爱国主义情怀。聚焦人才强校，结合国防特色，注重提升教师行业特色专业能力，加强教师实践能力的培养，支持青年教师赴国防主机院所开展博士后、挂职交流工作和学习考察，参与产学研项目和关键核心技术联合攻关。强化有组织的科研，加强机制协同、政策协同、人员协同和资源协同，围绕学校学科特色和发展目标，引导基础研究人员注重"0-1"的突破，提升从工程技术问题中寻找基础科学问题的能力，实现原创性、引领性科技攻关；引导工程技术人才聚焦国家战略需要，瞄准关键核心技术并加快共性技术攻关。学校依托重大国防科技工程项目及创新平台培育国防科技领域的国家级高层次人才，2018~2021年，学校新增国防领域国家级人才13人，国防科技创新团队4个，位居全国高校前列。

第五节　行业特色高校提升师资队伍素质能力的路径研究

一、新时代提升教师素质能力的国家要求

党的十九大提出，"建设教育强国是中华民族伟大复兴的基础工程，必须把教育事业放在优先位置，深化教育改革，加快教育现代化，办好人民满意的教育。"①

高等教育发展水平在很大程度上取决于教师队伍的整体素质。2018年初，中央相继出台了《关于全面深化新时代教师队伍建设改革的意见》和《关于分类推进人才评价机制改革的指导意见》，这是党的十八大以来党中央专门面向人才工作和教师队伍建设出台的里程碑式政策文件，也是以习近平同志为核心的党中央高瞻远瞩、审时度势，立足新时代建设教育强国、实现中华民族伟大复兴的中国梦所做出的重大战略决策，为今后的人才工作和教师工作做出了顶层设计、指明了前进方向，饱含了党中央对人民教师的殷殷期望和深切关怀。

在2018年9月10日教师节当天召开的全国教育大会上，习近平发表重要讲话，站在党和国家事业发展全局的战略高度，对广大教师为国家发展和民族振兴作出的重大贡献给予了高度评价，对建设一支宏大的高素质专业化教师队伍寄予了殷切希望，对加强教师队伍建设提出了明确要求。行业特色高校应从战略高度认识加强教师队伍建设的重大意义，坚持把教师队伍建设作为基础工作，引导教师做有理想信念、有道德情操、有扎实学识、有仁爱之心的好老师，做学生锤炼品格、学习知识、创新思维、奉献祖国的引路人，致力于建设一支宏大的高素质专业化教师队伍。习近平强调指出，"教师队伍素质直接决定着大学办学能力和水平。"②要引导广大高校教师以德立身、以德立学、以德施教，努力成为先进思想文化的传播者、党执政的坚定支持者、学生健康成长的指导者和引路人。

习近平指出，"评价教师队伍素质的第一标准应该是师德师风。"①高校教师应牢固树立"四个意识"，不断增强"四个自信"，恪守"学术无禁区、讲台有纪律"，在教书育人实践中坚决贯彻党的基本理论、基本路线、基本方略。要强

---

①《习近平：决胜全面建成小康社会　夺取新时代中国特色社会主义伟大胜利——在中国共产党第十九次全国代表大会上的报告》，https://www.12371.cn/2017/10/27/ARTI1509103656574313.shtml[2017-10-27].

②《在北京大学师生座谈会上的讲话》，http://www.moe.gov.cn/jyb_xwfb/moe_176/201805/t20180503_334882.html[2018-05-03].

化政治理论学习阐释。不管从事何种专业教学，高校教师都要做理论学习的先遣队和政治上的明白人，自觉抵制"去政治化"倾向，强化课程思政、专业思政。要真学、真信马克思主义理论和习近平新时代中国特色社会主义思想，树立正确的历史观、民族观、国家观、文化观，切实增强教书育人的使命感、责任感。要积极培育践行社会主义核心价值观。高校教师应增强价值判断、选择、塑造的能力，争做社会主义核心价值观的坚定信仰者、积极传播者、模范践行者，让健康向上的价值理念在青年学生心中生根发芽。

二、行业特色高校提升师资队伍素质和能力的路径研究动态

现有文献在对高校教师的素质和能力进行研究时，对教师个体的全面性描述或对其职业的整体性描述时多用"素质"，而对教师某一方面技能的描述或提升培养时多用"能力"。董丹[1]认为教师素质是指以人的先天禀赋为基础，通过科学教育和自我提高而形成的具有一定时代特点的思想、知识、能力等方面的身心特征和职业修养，一般包括道德素质、知识素质和能力素质。李丽丽[2]指出，在高校教师的素质建构中，理论自觉是基石，政治自觉是灵魂，学术自觉是核心，教育自觉是使命，这是高校教师素质建构的四个维度。欧阳小迅和戴育琴[3]运用胜任特征评价技术对高校教师的素质特征的结构维度进行初步探讨，发现知识素质特征、能力素质特征、反思素质特征、创新素质特征、操守素质特征及行为素质特征是高校教师素质特征评价中六个最具代表性的结构维度。

对于教师能力的研究多通过教师胜任力展开。祁艳朝和于飞[4]认为高校教师胜任力是衡量教师综合业务能力的一项重要指标。他们在研究中构建了高校教师胜任力模型，通过问卷访谈的方式得出了教师胜任特征的24个题项，并通过因子分析发现教师胜任特征分为个人魅力、教学水平、科研能力和人际沟通等四个方面。近年来，国家高度重视高校教师基础研究能力的提升，2020年4月，科学技术部办公厅、财政部办公厅、教育部办公厅、中国科学院办公厅、中国工程院办公厅、国家自然科学基金委员会办公室联合印发《新形势下加强基础研究若干重点举措》，强调要面向国际科学前沿和国家重大战略需求，加强基础研究统筹布局。王刘华等[5]通过研究认为优秀高校教师的胜任力包括：显性的教学科研能力，隐性的学生

---

[1] 董丹. 提高高校教师素质问题研究[J]. 亚太教育, 2016, (10): 188-189.
[2] 李丽丽. 新时代下高校教师素质建构的四个维度[J]. 长春师范大学学报, 2019, (11): 124-126.
[3] 欧阳小迅, 戴育琴. 高校教师素质特征评价的结构维度初探[J]. 湖南学院学报, 2015, (2): 115-118.
[4] 祁艳朝, 于飞. 高校教师胜任力模型的思考[J]. 黑龙江高教研究, 2013, (9): 43-46.
[5] 王刘华, 梁青青, 查方勇. 高校教师胜任力素质模型的构建与实证研究[J]. 价值工程, 2020, 38(21): 232-235.

导向、组织管理能力、沟通与交往能力、人格特质和成就导向。郑继兵和时伟[1]研究认为高校教师的素质与能力结构包括人文基本素质与能力、业务素质与能力、实践素质与能力、科研素质与能力等四个部分。邓修权等[2]构建了研究型高校教师能力素质模型，主要包括个性特征、必备知识、工作技能与综合能力、工作经历经验与成果，并通过对北京航空航天大学优势学科的教师能力素质进行问卷调查收集数据，借助统计分析工具验证了该模型的有效性。

国外有关教师胜任力的研究起源于能力本位教师教育、能力本位职业教育和人本教师教育。Tigelaar 和 van der Vleuten[3]指出教师胜任特征是指教师的人格特质、教学技能、教学态度及知识储备的总和，胜任特征与教师的教学成绩呈正相关。Bisschoff 和 Grobler[4]提出了教育能力和协作能力的二因素教师能力模型。McBer[5]提出高绩效教师的五种胜任特征群，即专业化、领导、思维、计划、与他人的关系。Danielson 和 Björk[6]提出的教师胜任力包括：计划与准备、教师环境组织管理、教学和专业责任感。Tigelaar 和 Vleuten[7]提出教师胜任力是指教师个体的人格特质、学科知识、教学技能及态度的综合。

在素质与能力提升方面，余燕等[8]提出，在"双一流"建设背景下，地方行业特色高校应继续在特色优势学科领域精准发力，打造一流的行业学术成果和培养一流的行业技术人才。通过选派特色学科中具有发展潜力的教师到国外研修或者访学，深度参与国外高水平研究机构科研项目，进而了解学科发展的国际前沿，开阔教师的国际化视野，提高学术科研能力。加强国际协同创新，可以牵头国际或者区域性重大科学计划和科学工程，从而创造出具有国际水平的科研成果。宁

---

[1] 郑继兵, 时伟. 高校教师素质与能力结构探析[J]. 重庆工商大学学报(社会科学版), 2011, (1): 153-156.

[2] 邓修权, 刘秀梅, 刘鑫, 等. 研究型高校教师能力素质模型构建与初步应用——基于北京航空航天大学优势学科教师调查[J]. 北京航空航天大学学报(社会科学版), 2016, 29(6): 107-113.

[3] Tigelaar D E H, van der Vleuten C P M. Assessment of professional competence[C]// Billett S, Harteis C, Gruber H. International Handbook of Research in Professional and Practice-based Learning. Berlin: Springer, 2014: 1237-1270.

[4] Bisschoff T, Grobler B. The management of teacher competence[J]. Journal of In-Service Education, 1998, 24(2): 191-211.

[5] McBer H. Research into teacher effectiveness: a model of teacher effectiveness [EB/OL]. http://dera.ioe.ac.uk/id/eprint/4566[2011-08-02].

[6] Danielson M, Björk M. International assignments: the dual-career dilemma[D]. Stockholm: Stockholm University, 2002.

[7] Tigelaar D, Vleuten C. The development and validation of a framework for teaching competencies in higher education[J]. Higher Education, 2004, 48(2): 253-268.

[8] 余燕, 黄胜开, 乐长高. "双一流"建设背景下地方行业特色型高校师资队伍建设的理论与实践——以东华理工大学为例[J]. 东华理工大学学报(社会科学版), 2020, 39(1): 71-76.

滨[①]提出了加强高校师资队伍建设的一些对策。例如,加强教师专业技能培训,提升教学学术发展能力,积极搭建教师发展平台;加强院系教研室等学习共同体建设;加强学校内部多部门协同,组织研修活动,建立完善传帮带机制,开展教学研究与指导,推进教学改革与创新;创造更多现场锻炼、行业挂职、出国研修等的机会,为优秀青年人才尽快成长打造良好的平台。乐融等[②]提出以非均衡发展与错位发展的原则配置教师资源,优先支持特色优势学科团队和领军人物的发展需求,重点加快培育与扶持优势学科领军人物与一流科学家,再兼顾学校整体师资力量的建设与发展。杜运伟和刘康平[③]建议地方行业特色型高校的师资队伍建设要重视学科带头人的选拔和培养;要健全青年骨干人才培育体系,培养一支年龄、职称、学缘结构合理,具有创新精神和活力的学术梯队;要强化高层次人才对一流学科的引领和支撑作用等。潘懋元和车如山[④]提出,特色型大学也可以通过有计划地安排教师到对口行业或单位进行专业实践和实地考察等方式,支持教师把教、学、研结合起来,帮助教师提高专业实践能力,以满足教学需要。同时,建议国家要加强对行业特色型大学优秀师资的培养,制定相关政策以鼓励学校选派中青年学术骨干和学科带头人到国内外高水平大学进修,并到相应行业系统参加行业的高级研讨与培训,了解行业技术发展前沿,参与行业类重大项目的攻关。

现有的高校师资队伍素质与能力研究较为宽泛,未能结合行业特色高校的发展需要进行充分的系统分析,有关师资队伍能力与素质方面的研究结果相对碎片化,系统性、针对性、理论性的素质能力模型相对较少。同时,现有研究中以素质能力梳理为主的定性分析较多,有针对性的实践检验和大样本定量数据分析较缺乏,因此系统性的师资队伍素质能力提升路径构建还不充分,对行业特色高校进行师资队伍素质能力培养的理论指导和实践参考有限。

三、人事制度改革下高校师资队伍素质存在的问题

随着"双一流"建设的深入推进,高校人事制度改革也不断深化,更加注重人力资源的深度开发与精细化管理,优化用人机制以及调整与之相配套的分配制度、考核评价制度,改革的关键在于构建灵活的用人关系,突出市场化导向和竞争性发展,释放更大的人力资源效能。但是,在当前的高校人事制度"老体制"

---

① 宁滨. 新时代加强高校教师队伍建设的若干思考[J]. 中国高教研究, 2018, (4): 5-8.
② 乐融, 陈中胜, 刘红芳. 科研促进教学、全面提高人才培养质量的实践与探索——以东华理工大学为例[J]. 东华理工大学学报(社会科学版), 2018, (2): 186-188.
③ 杜运伟, 刘康平. "双一流"背景下地方行业特色型高校一流学科建设路径的思考[J]. 南京邮电大学学报(社会科学版), 2018, (4): 7-15.
④ 潘懋元, 车如山. 特色型大学在高等教育中的地位与作用[J]. 大学教育科学, 2008, (2): 11-14.

与"新体制"并存的现实情况下，高校青年师资队伍素质方面也呈现出与"老体制"下师资队伍有所区别的过渡性特征，其中存在的突出问题有以下几个方面。

1. 职业价值取向失衡

面对必须承担的教学科研任务，有的教师疲于应付教学工作，只求满足完成基本任务或工作的底线要求，不愿投入更多的时间精力与学生互动交流。有的教师仅把教师岗位作为一种谋生的手段，与大学生的交往出于被动，没有充分认识到自身在立德树人中的重要角色任务和使命担当。有的教师处于个人功利目的，认为与发表学术论文相比，教学工作难以量化，发表论文比教学回报更大，工作的重心逐渐偏离教学活动。这些都反映出部分高校教师育人意识不强，追求科研回报与立德树人之间的职业价值取向趋于失衡，在职业理想和职业价值取向上出现弱化的问题。

2. 科学家精神淡化

在当前准聘长聘制度"publish or perish"（不发文就没门）[①]的生态环境下，学术评价仍然多以科研项目的量化、论文发表的数量等为主导。虽然从2018年起科学技术部、教育部等部门联合开展清理"四唯"专项行动，目的在于消解评价体系工具化和趋利化倾向，但如何科学评价人才目前依旧是教育改革一时难以攻破的问题。那么在短期考核的要求下，有的教师趋于追求速成与即时效益，存在重视论文发表数量的短视行为，甚至诱发学术道德问题，出现学术抄袭、作假、低质量论文写作的灌水行为。或者，更倾向于追求与主流范式相一致的科研，出现越来越多的同质化研究，缺少"十年磨一剑"的态度和勇攀高峰的革新精神，助长急功近利和浮躁之风，导致科学家精神淡化。

3. 职业心理压力增大

人事制度改革趋势下，教师在职业生涯的前期面临着淘汰的风险，在准聘期内承担着完成聘期教学科研任务及限时晋升的压力。在工作方面，教师处于从"学生"到"教师"的角色快速转变期，缺乏一定的教书育人经验，面对国家和社会对高校教师的职业要求期望，难免会产生一定的心理负担。在生活方面，教师在家庭和经济上的压力一定程度上会转嫁至其对工作稳定与晋升的向往，因此更加增强了职业心理压力。调研显示，当前高校教师在工作中遇到的主要困扰集中在专业发展、职称评聘、教学科研等方面，在生活中面临的难题主要是经济收入、住房问题及抚养子女等，职业心理压力已成为影响教师总体状态的关键因素。

---

① 田美，陆根书. Tenure_track 机制下青年教师发表国际学术期刊论文的压力[J]. 复旦教育论坛，2016, 14(5): 14-21.

四、新时代行业特色高校师资队伍素质能力模型及其构建

本章立足新时代赋予行业特色高校高质量发展的要求,综合运用理论分析等方法,聚焦行业特色高校师资队伍存在的共性问题,从服务国家战略需要、引领行业创新发展、推进科学研究、培养创新型人才等方面对国防类行业特色高校师资队伍迫切需要全面提升的素质与能力进行研究,构建适应新时代要求的行业特色高校师资队伍素质能力模型及素质能力提升路径。

美国著名心理学家McClelland[①]在对人才的评价与判断进行研究时,更关注于测量人的胜任力而不是智力,并于1973年提出了一个著名的冰山模型,就是将个体的胜任力素质进行了划分,分为冰山以上部分和深藏的冰山以下部分,如图4.1所示。其中,冰山以上部分包括基本知识、基本技能,是人的外在显性表现,相对而言比较容易发展和改变;冰山以下部分包括角色定位、个性特质、价值和认知、内驱力和动机,是人的隐性素质,不太容易通过外界的影响而得到改变,但对人的行为与表现起着关键性的作用,是评价人的潜能素质及预测行为的重要因素[②]。高校教师的素质能力是教师胜任力的重要方面,受冰山模型理论的启示,本章将高校教师素质划分为显性表现层及隐性因素层,其中隐性因素自深至浅可划分为四个层次。据此,构建了高校教师的素质能力模型(图4.2),并逐层进行深入分析。

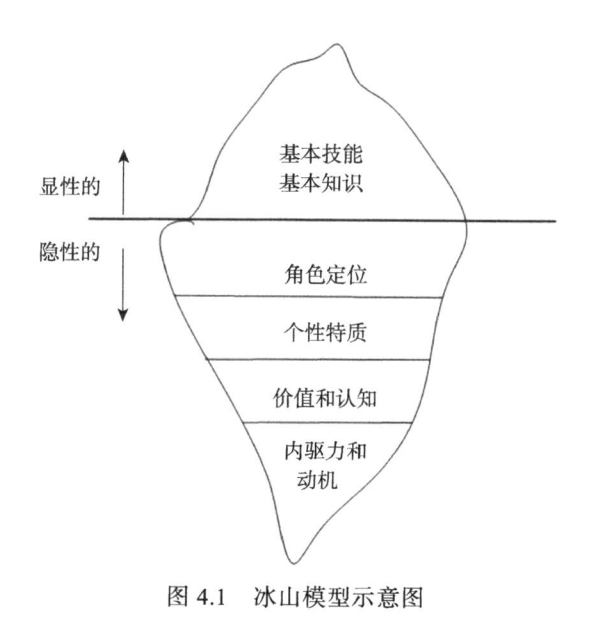

图4.1 冰山模型示意图

[①] McClelland C. Testing for competence rather than for "intelligence"[J]. American Psychologist, 1973, (28): 1-4.
[②] 陈勇,汤小宾. 基于胜任力的高校辅导员培训课程体系建构[J]. 思想政治教育研究, 2017, (4): 79-82.

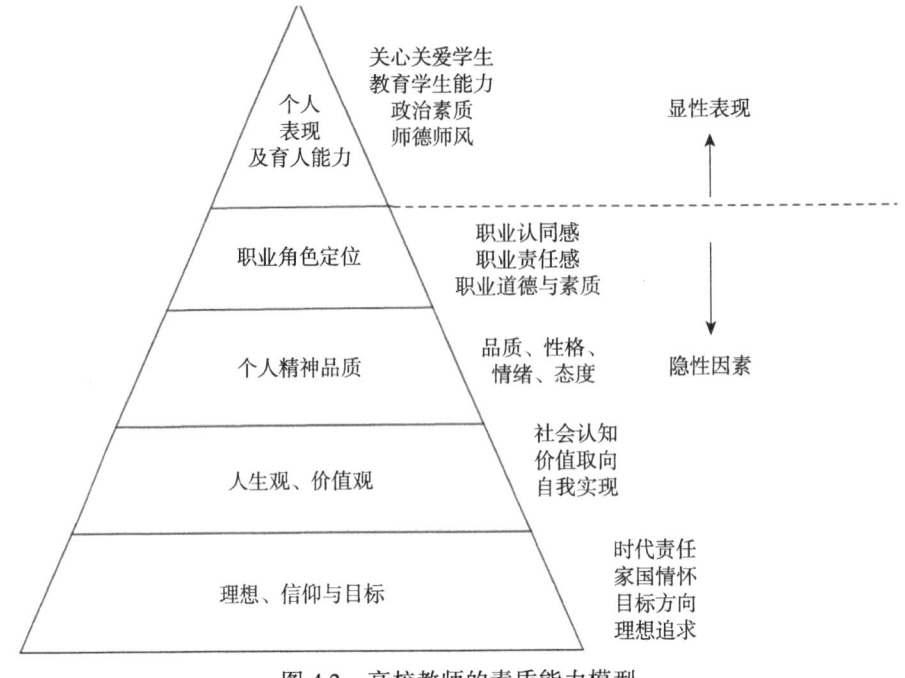

图 4.2 高校教师的素质能力模型

金字塔由顶至底分五层：
- 个人表现及育人能力（关心关爱学生、教育学生能力、政治素质、师德师风）——显性表现
- 职业角色定位（职业认同感、职业责任感、职业道德与素质）
- 个人精神品质（品质、性格、情绪、态度）——隐性因素
- 人生观、价值观（社会认知、价值取向、自我实现）
- 理想、信仰与目标（时代责任、家国情怀、目标方向、理想追求）

对于高校教师而言，素质能力的显性表现主要分为两个方面。一方面是教师本人在进行教育教学活动及工作、生活中反映出来的观念、认识、态度、行为等个人表现。另一方面是教师对学生思想教育引导的意识、能力与技巧等，如关心关爱学生的意识与能力、帮助学生素质全面提升的能力、在课堂教学中融入思政教育的能力等。

理想、信仰与目标层，是驱动个人思想和行为的根源，取决于个人对社会角色、责任的认知及自身的发展要求，如时代责任、家国情怀、目标方向、理想追求等，这是决定教师个人素质能力的最深层次的因素，起着主导和决定性的作用。

价值与自我认知层，主要是指价值观与人生观，包括对人生目的和意义的认识与态度，以及对物质、精神价值的根本看法等。这些决定了人辨别外界事物的思维、判断或取向，如社会认知、价值取向、自我实现等。价值与自我认知，是教师在既定的理想与目标下，影响其行为与态度的导向性因素。个性品质层，主要指的是个人精神品质，是在个人成长中长期形成的、持续而稳定的行为特性、心理状态、情绪反应或精神体现，如求真务实、热情真诚、勤奋上进、耐心细致、无私奉献等品质。个性品质与遗传因素、社会文化背景有关，也受个人理想及价值观等深层因素的影响，是在素质能力中趋于个性化的部分。职业角色定位层，是在所确定职业的基础上，对该职业角色要求的认知与自身定位，包括职业认同感、职业责任感、职业道德与素质等。对于高校教师而言，由于其行为世范的特殊性，对职业角色的定位有更高的要求。

此外，教育工作的要求是紧随时代的进步、社会的发展而不断提升的，所以高校教师除了应该具有稳固的职业道德和素养外，个人对职业角色的认识和定位也需要与时俱进、不断拓展。

五、新时代行业特色高校师资队伍素质能力特点分析与启发

对高校教师素质能力进行逐层分析后，可以发现有以下几个特点[①]。

（1）从显性表现到隐性因素，由浅层至深层，易被外界感知的程度逐渐减小，那么人们对陌生人进行准确判断所需的时间就越长。比如，高校教师的日常表现与育人能力可以在较短的时间内被发现或评价，而其他深层的特质则需要较长时间地观察和接触才能被判定，正所谓"日久见人心"。

（2）高校教师的素质能力显性表现是由各层隐性因素综合决定的，越深层的素质因素，越是发挥方向性和决定性作用。因此，加强教师素质能力建设提升工作，除了注重对教师显性表现技能的培训外，更重要的是需要对其深层潜在的素质进行培育。

（3）素质能力的深层因素通常是教师个体在所处环境的影响下，由内因和外因长期共同作用而形成的，是相对稳定、不易被改变的部分。这就说明提升高校教师素质能力的关键在于工作开展的持续性与有效性。持续性是要将教师培养工作融入教师的日常、贯穿于职业发展的全过程，注重良好的氛围与环境的营造。有效性是要注重工作开展的方式与手段，要增强教师教育活动的亲和力、吸引力、感染力，达到深入人心、引起共鸣的作用。

六、新时代行业特色高校师资队伍素质能力提升的对策建议

教育在国家发展、民族振兴、民生改善、技术创新中的基础性、先导性、全局性地位愈加重要，作用日益凸显。教师特别是高素质教师，是我国教育事业发展与提高的重要基石。高校作为师资队伍建设的责任主体，要在新时代的使命感召和党的教育方针指引下，推动教育优先发展，以更加高度的政治自觉与更加有力的政策措施，全面推动师资队伍向高水平发展，深入落实立德树人根本任务，为实现"两个一百年"奋斗目标和中华民族伟大复兴中国梦提供坚实基础和有力支撑。

本章结合行业特色高校，分别从理想信念、价值观、精神品质、职业道德、

[①] 孙怡晓. 基于冰山模型的高校教师思想政治素质提升路径探析[J]. 教育现代化, 2019, 9(77): 121-123.

个人发展、教育培训[①]六个方面，提出高校教师素质能力提升的路径及建议，并采用专家座谈法，邀请国防类行业特色高校师资管理专家、国防类行业企业管理人员对构建的素质能力提升路径进行指导，根据意见进一步完善提升路径。

（1）加强理想信念教育。引导教师坚定正确的政治方向，增强对中国特色社会主义的思想认同、理论认同、情感认同，树立正确的历史观、民族观、国家观、文化观，成为党执政的坚定支持者。鼓励教师将个人理想融入国家的建设发展中，激发教师的家国情怀，如通过教师培训、日常学习等方式加强政治理论学习。利用红色教育资源，进行实践教学。通过挂职、支教等途径开展社会实践，进行调查研究、学习考察、志愿服务，促使教师进一步了解国情、社情、民情，增强自身社会责任感等。

（2）培育和践行社会主义核心价值观。引导教师准确理解和把握社会主义核心价值观的深刻内涵，增强价值判断、选择、塑造能力，并把社会主义核心价值观体现到教书育人的全过程，如充分挖掘和利用我国改革发展的伟大成就、重大历史事件纪念活动、重大节日等组织开展主题教育活动，让教师在实践教育中感知、领悟、深化对社会主义核心价值观的认识。加强校园文化建设，用良好的氛围强化社会主义核心价值观[②]。充分利用身边的历史文化资源、革命教育资源、科技艺术资源等开展生动的教育活动，使教师增强对中华优秀传统文化、革命文化、社会主义先进文化的感知与理解。

（3）注重精神与品质的塑造。在师资队伍中弘扬正能量，号召教师发扬科技工作者敢为人先、攻坚克难、追求卓越的精神，以及教育工作者传播真理、传播真知、崇德向善、见贤思齐的优良品质。着重激发教师爱国奋斗精神，通过学习先进人物的感人事迹和崇高精神，强化教师的担当意识与奉献精神。大力弘扬科学家精神，把个人事业发展融入党和国家的伟大事业中去，切实担负起教书育人和科技创新的时代重任。深挖校史资源，加强对学校先辈求学治学、教书育人等方面优良传统的学习与传承等。深入开展行业背景和校史校情教育，引导广大教师追求真理、勇攀高峰，形成爱国奉献、尊重知识、崇尚创新、尊重人才的浓厚氛围。

（4）提升职业道德水平。通过教育、宣传、考核、监督等形式加强高校教师师德师风建设工作，不断提升教师职业道德水平[③]，如开展多种形式的培训宣传活

---

① 孙怡晓，高光良. 人事制度改革下高校青年教师思想政治工作探究[J]. 教育教学论坛, 2022, 1(2): 142-145.

② 邵红. 高校青年教师践行社会主义核心价值观的实现路径探析[J]. 世纪桥, 2019, (3): 58-59.

③ 张时坤，王大广，耿化敏，等. 新时代高校教师思想政治工作与师德师风建设探索[J]. 北京教育(德育), 2019, (1): 4-6.

动，强化教师的职业理想和职业道德教育。举行新教师入职宣誓仪式、老教师荣休仪式，激发教师的职业荣誉感。加强师德考核与监督，发挥制度约束作用，强化教师行为"红线"意识。发挥正面引导作用，大力选树师德典型，营造尊师重教、崇尚师德的良好氛围等。

（5）促进教师全面发展。教师的个人理想追求、价值导向、职业责任等终究要通过教师个人发展而体现。通过为教师搭建成长发展平台、解决教师工作和生活中的实际问题、关心关注教师身心健康、加强对教师的人文关怀等，助推教师全面成长与快速发展，使得高校教师拥有归属感与获得感，以良好的心理状态、精神风貌和工作热情投入教育事业，从而落实到立德树人的根本任务中。

（6）全职业生涯教育培训。遵照人才成长规律，建立贯穿于教师职业生涯的全过程的教育培训体系，包含入职教育、日常教育、在职培训、专项研修等。以增强理想信念、强化核心价值观、提升职业道德为目标，通过构建思想教育、实践感悟、氛围熏陶一体化的培育途径，教师将不断提升。为人才特别是青年人才提供发展机会和展示舞台，破除论资排辈、求全责备等观念和做法，支持他们牵头组建团队、承担重大项目，让他们在最有创新活力的年龄段有机会担当重任、快速成长。要完善人才培养和发展机制，打造贯穿人才职业生涯的全链条培养模式，开展系统、长效的师资能力提升培训。

第五章　供给视角下典型行业特色高校创新型人才培养模式研究

全球范围内新一轮科技革命和产业变革奔涌而来，与我国加快建设中国特色先进国防科技工业体系进程形成历史性交汇，体系重塑与行业转型对创新型人才的需求比以往任何时候更为迫切。与此同时，军民融合发展战略与"双一流"建设战略又形成现实性叠加，亟须高校成为推动富国强军愿景实现、培育创新型人才的战略高地。习近平2018年在全国教育大会讲话中明确指出，"着重培养创新型、复合型、应用型人才"[①]，进一步为国防特色高校人才培养指明了方向。近年来，在国家国防科技工业局（以下简称国家国防科工局）、教育部和地方政府的合力推动下，国防特色高校日益成为培育军工行业创新型人才的主阵地。然而，高校人才培养问题积压已久且更为突出：培养模式同质化严重，创新型人才培养质量下降，人才培养目标脱离产业需求，课程体系滞后于技术发展等[②]。人才培养的供给侧结构性改革问题已成为高校、行业乃至全社会关注的一大现实问题。同样，国防特色高校人才培养存在人才供给质量、结构与国防科技工业人才需求标准、结构之间不协调、不匹配等诸多问题。为此，本章基于供给视角分析国防特色高校科技人才培养制度的变迁逻辑，考察人才培养模式创新发展机理，揭示教师视角下国防特色高校的铸魂育才之道，为探索国防特色高校创新型人才培养模式创新和路径优化提供对策建议。

第一节　高校国防科技人才培养制度的变迁逻辑

国防科技工业是支撑国防军队建设、推动科技进步和经济社会发展的国家战略性产业，其创新发展本质上取决于人才驱动。自新中国成立以来，为培育行业特需人才，我国教育、产业、科技等多领域的政策集合形成了国防科技人才培养

---

① 《习近平出席全国教育大会并发表重要讲话》，http://www.gov.cn/xinwen/2018-09/10/content_5320835.htm?tdsourcetag=s_pcqq_aiomsg[2018-09-10].
② 温涛. 索构建一体化 TOPCARES-CDIO 人才培养模式[J]. 中国高等教育, 2011, (7): 41-43.

制度体系，在人才培养规模、结构和质量上取得了显著成效。迄今，我国国防科技人才培养制度形成了多需求牵引（军事装备技术需求、科技创新需求和经济社会发展需求）、多主体参与（以工业和信息化部下属的七所高校为核心，以国家国防科工局-教育部共建院校、国家国防科工局-地方政府共建院校为补充的院校同盟）、多要素融合（教育、产业、科技等）的制度体系。然而，新中国成立以来国防科技人才培养制度的发展路径、内在机理缺乏系统总结。因此，本节回顾分析我国国防科技人才培养制度演进历程，基于历史制度主义分析构架，厘清人才培养制度变迁特征、内在逻辑及动力机制，为探索培育新时代高素质国防科技人才的"中国模式"提供历史借鉴和启示。

一、分析构架：历史制度主义

历史制度主义兴起于20世纪80年代，是新制度主义三大流派之一。该理论认为制度是多重因素的复合载体，是引导行动者互动的程序、规范与协定[1]。历史制度主义倾向于从宏观背景观察制度变迁的历时性模式，整体分析制度的构建、维护与适应，探索变迁过程中的深层逻辑[2]，并揭示推进变迁的动力机制[3]。该理论为考察我国国防科技人才培养制度的变迁和机理提供了分析思路。

其一，制度变迁的关键节点。作为历史过程分析的切入口，关键节点对探索"历史重要性"尤为必要。诸多决策在特定结构或时间范围内聚集形成的关键节点在时空格局上具有独占性，可打破某些结构性条件的制约[4]，直接决定后期制度发展的路线和方向，进而实现路径锁定。本节通过综合考察我国有关国防科技人才培养的重大政策，以政策组合形成的关键节点为标准对人才培养制度的演进历程进行阶段划分，厘清不同阶段的多样化制度设计，系统展现国防科技人才培养制度的时空图景。

其二，制度变迁的路径依赖。历史制度主义的突出特征是关注制度的历史继承性和延续性，路径依赖作为制度的自我强化机制，在很大程度上解释了制度何以维系和延续的问题[5]。高昂的构建成本、学习效应、协作效应及适应性预期等会导致回报递增现象，从而推动产生路径依赖及锁定效应，在制度变迁中形成明显

---

[1] Hall P A, Taylor R C. Political science and the three new institutionalisms[J]. Political Studies, 1996, 4(5): 936-957.
[2] 段宇波. 制度变迁的逻辑框架与方法建构[J]. 山西大学学报(哲学社会科学版), 2016, 39(5): 117-125.
[3] Pierson P. The path to the European integration: a historical institutionalist analysis[J]. Comparative Political Studies, 1996, 29(2): 123-163.
[4] Hogan J. Remoulding the critical junctures approach[J]. Canadian Journal of Political Science, 2006, 39(3): 657-679.
[5] Pierson P. Increasing returns, path dependence, and the study of politics[J]. American Political Science Review, 2009, 94(2): 251-267.

稳定样态及自身内在逻辑[1]。我国国防科技人才培养制度是由国家多主体、多层面政策集合而成的，呈现出鲜明的路径依赖特征。本节在厘清制度阶段性特征的基础上，进一步探索制度变迁中路径依赖的形成缘由及内在逻辑。

其三，制度变迁的动力机制。制度演进动力源于多要素组合与分配，内生动力和外部冲击的合力共同推动了制度复合体的变迁。在制度建构过程中，利益驱动下的多元行动主体参与是推进制度变迁的核心动力，同时外部环境变化不仅为制度发展提供了条件，也成为制度演进的另一关键诱因[2]。本节通过探明制度建构的参与主体、审视推动制度变迁的核心缘由、解析外部环境压力与示范效应的作用机理，系统揭示了国防科技人才培养制度变迁的动力机制，进而为未来制度创新与变革找准切入口。

二、变迁历程：国防科技人才培养制度的历史演进

我国国防科技人才培养制度的历次调整均蕴含着特定制度逻辑，探寻制度演进的关键节点并以此为标准对制度进行阶段划分，才能精准厘清不同历史时期制度运转的内在逻辑。我国人才、产业、科技等多领域的重大政策耦合形成国防科技人才培养制度变迁的关键节点，清晰展现了承接与创新相交融的制度演进历程。依据历史关键节点，将新中国成立以来国防科技人才培养制度变迁历程划分为四个阶段，即初步探索期、恢复调整期、深化发展期和战略推进期，每个阶段都体现了自身鲜明特点。

（一）初步探索期（1949～1976年）

新中国成立后，为应对国内外复杂局势，加快国防科技工业发展，国家出台了一系列政策，从管理体系、宏观规划、培养机构、培养策略等方面对国防科技人才培养制度进行了有益探索，为当时国防科技工业发展提供了必要的人力资本。

1. 初建领导架构，启动战略规划

新中国成立初期，为推动国防科技发展和人才建设，国家正式组建中国人民解放军国防科学技术委员会等领导机构全面统辖国防科技事业，并针对不同历史时期的国防科技发展目标制订了《一九五六——一九六七年科学技术发展远景规划纲要（修正草案）》等战略规划，强调多途径、多举措地加快推进人才培养工作，为迅速崛起且渐具规模的国防科技工业体系提供人才支撑。

---

[1] Arthur W B. Competing technologies, increasing returns, and lock-in by historical events[J]. The Economic Journal, 1989, 394(99): 116-131.
[2] 段宇波. 制度变迁的逻辑框架与方法建构[J]. 山西大学学报(哲学社会科学版), 2016, 39(5): 117-125.

2. 探索构建培养体系，契合科技发展需求

为满足国防科技工业发展需求，经1952年全国高等院校调整，组建成立北京工业学院（现更名为北京理工大学）、哈尔滨工业大学等国防院校，到1966年中国人民解放军国防科学技术委员会领导下的国防特色高校增至11所。同时，有关院校积极部署和复建国防特色专业，如聂荣臻元帅在1956年提出高等教育部要扩大清华大学无线电系，中国人民解放军张家口通信学院及成都信息工程大学开办了自动控制及电子计算机专业等。上述举措为国防特色学科发育和专业发展提供了必要动力及条件保障。

3. 实施多样化培养策略，提高人才培养质量

新中国成立初期，国防科技工业处于萌芽起步期。为满足国防科技工业多层次用人需求，国家在资源极其匮乏的条件下，仍然采取了多方面育人举措：加强向苏联等国家派遣留学生，学习各国优势科技；发展多层次科技教育，举办业余大学、中等技术学校、函授学习班、小型专业性训练班等；采用专家授课、辅导及师徒结对等方式，培养军工技能人才；"两弹一星"等重大国防项目吸纳了大批青年学子，引导人才"干中学"[①]，通过项目参与的方式造就了大批杰出技术人才。

在此阶段，我国初步完成了国防科技人才培养制度从无到有的探索性建构，为后期进一步完善人才培养制度奠定了基础。新中国成立初期，由于西方国家的经济封锁与军事威胁，我国急需建立初具规模的国防科技工业体系，加快发展武器装备来保障新中国安全。因自身科技力量薄弱、教育资源匮乏，该阶段国防科技人才培养制度渐具雏形但很不健全，虽能发挥应急效用但很不成熟，表现出培养起点低、规定标准粗、投入资源少、质量监控弱、人才适用面窄等特点。在"文化大革命"期间，国防科技发展遭受严重冲击，国防科技队伍建设严重受挫，人才主动性和创造力受到压制，尤其是废除高考制度使优秀人才难以补充到国防科技人才队伍中，人才培养制度陷入阶段性搁置困境。

（二）恢复调整期（1977～1997年）

改革开放之初，"文化大革命"阴霾逐渐消散，国防科技事业迎来发展新机遇。国家通过恢复高考制度、主管机构改革、建设特色院校、革新培养模式等多方面政策整合，针对国防科技人才培养制度进行恢复调整，成功阻截了人才培养制度链的断裂，使人才培养回归正轨的同时也探索出诸多新型人才培养模式。

1. 回归人才培养正轨，战略引领育才实践

1977年10月《关于一九七七年高等学校招生工作的意见》的印发促使中断11年的高考制度得以恢复，为培育高质量国防科技人才提供了制度保障。1993年

---

① 侯光明. 国防科技工业军民融合发展研究[M]. 北京：科学出版社，2009.

《中国教育改革和发展纲要》正式提出了"211 工程",《"211 工程"总体建设规划》(1995 年)中特别强调,加强部分高校国防重点研究基地人才培养条件建设,旨在持续培养国防科技骨干人才。1996 年五所国防特色高校(哈尔滨工业大学、北京航空航天大学、北京理工大学、西北工业大学、哈尔滨工程大学)通过首批"211 工程"立项审核,这不仅助推上述高校获得了更多发展资源,而且为其培育高水平国防科技人才注入了内生动力,并将人才培养纳入了规范路径。

2. 初探主管机构改革,加快国防高校建设

随着经济政治改革不断深入,国防特色高校经历了多次主管部门的转变。具体而言,1970~1988 年,国防特色高校归属国务院各个"国防工业部门"领导;1986 年国防科学技术工业委员会(以下简称国防科工委)决定将国防特色高校逐步从各"国防工业部门"划归新成立的"军工总公司"领导。主管机构改革加快了国防特色高校建设,部分重点高校设立了国防特色学科。到 20 世纪 80 年代中期,国防特色高校发展到 29 所,形成了相对完整的国防科技人才培养体系。

3. 强化科研实践引领,构建特色培养模式

面对世界高科技迅猛发展、国际竞争日益激烈的严峻挑战,我国在此阶段相继启动了"863 计划"、"973 计划"和"国防 973"等重大项目,国防特色高校在其中承担了众多科研项目,并以科研项目为杠杆推动了高水平人才培养,在国防科技领域实现了"出成果"与"出人才"的有机统一,形成了特色鲜明、内涵丰富的科研育才模式。《国防科工委关于国防科技重点实验室建设与管理暂行规定》(1991 年)强调将人才(包括研究生)的培养方式及水平纳入实验室考核范畴,这进一步拓展了国防科技领域育才路径。

在深入推进经济改革与教育改革的背景下,该阶段国家开始把国防科技人才培养纳入普通高等教育体系,尤其是国防特色高校育才功能再次受到重视。虽然国防特色高校领导体制频繁调整,但总体上适应了国防科技工业调整发展的需要。当时行业办学制度使国防科技部门能够针对性培养所需人才,实现对口就业,满足了行业用人需求[①]。通过强化国防特色高校建设,同时依托普通高校(尤其是研究型大学)共育国防科技人才已成为培养制度设计的主线,为日后人才培养制度改革发展指明了方向。

(三)深化发展期(1998~2014 年)

此阶段,国家从宏观布局上对国防科技工业和国防特色高校管理体制做了重大调整,并从中观层面对国防特色高校建设、人才培养、特色学科发展、师资队

---

① 白逸仙. 高水平行业特色高校"产教融合"组织发展困境——基于多重制度逻辑的分析[J]. 中国高教研究, 2019, (4): 86-91.

伍建设、产学研合作等方面进行了较为系统的制度设计，为更规范、更高质量地培养国防科技人才提供了制度保障。

1. 深化主管机构改革，助推特色院校发展

1998年《关于国务院机构改革方案的决定》确定组建新的国防科工委，对国防科技工业总体发展进行了规划指导。1999年《关于调整五个军工总公司所属学校管理体制的实施意见》对原各军工总公司所属的普通高等学校、成人高等学校等的管理体制进行了调整。2000年在《关于深化科研机构管理体制改革的实施意见》指引下，国防科工委、教育部、地方政府开始积极推进国防特色高校共建计划。2008年工业和信息化部组建的原国防科工委直属的七所高校转由工业和信息化部直属管理，这为进一步促进国防特色高校发展、培育军民两用科技人才提供了重要机遇。

2. 多方政策形成合力，夯实人才培养体系

该阶段众多政策从不同方面为国防科技人才培养提供了坚实保障。一是深化一流高校建设。《面向21世纪教育振兴行动计划》（1998年）出台，"985工程"正式启动，哈尔滨工业大学、北京航空航天大学、北京理工大学、西北工业大学等四所国防特色高校入选首批建设高校。从2003年开始，国防科工委也遵循"985工程"建设标准对哈尔滨工程大学、南京理工大学、南京航空航天大学进行大力支持，为系统集成培养国防科技人才夯实了院校群基础。二是聚焦特色学科发展。《国防科工委 教育部关于加强国防科技学科专业建设的若干意见》（2006年）对完善国防科技学科专业体系做出了详细部署，其后《国家教育事业发展第十二个五年规划》（2012年）鼓励高等学校积极参与军民结合产业发展重大科研项目，这有力推动了人才培养、科技创新和学科建设的整体发展。三是强化高素质师资队伍建设。《国防科技工业"511人才工程"实施方案》（2000年）强调要面向七所国防特色高校和十大军工集团，选拔、培养、造就一支高素质专家型师资队伍。同时，《国防科工委关于加强引进国外智力工作的若干意见》（2001年，现已废止）指出，通过引导外国专家来华工作，提升高校学术水平和科研能力，为培养后备国防科技人才壮大了师资队伍。

3. 探索产教融合途径，构筑协同培养体系

1997年国家教育委员会（现更名为教育部）确定"九五"期间在全国28所高校中开展产学研合作教育试点工作，随后制定的众多人才培养政策开始着重体现产教融合理念。①重大战略贯穿合作导向。《面向21世纪教育振兴行动计划》（1998年）鼓励高等学校与科研院所开展多形式的联合与合作，实现优势互补。为了进一步强化合作导向，2004年教育部印发的《高等学校中长期科学和技术发展规划纲要》明确要求，高等学校争取与国防军工部门联合建设国防科技研究基

地,开展国防科技应用研究和工程化研究。②产教协同培养后备人才。《国防科工委关于进一步加强委属高校与军工科研院所和企业联合培养研究生工作的若干意见》(2006年)为委属高校与军工科研院所、企业联合培养研究生作出部署,从而充分发挥军工科研院所和企业在高层次人才培养中的重要作用,逐步形成特色鲜明、优势凸显的研究生联合培养体系。③整合资源推动人才发展。有关制度政策文件如《2001年—2005年国防科工委教育培训工作规划》(2001年)、《国防科工委关于加强国防科技工业职业教育工作的若干意见》(2006年)、《国防科工委关于国防科技工业继续教育基地建设的实施意见》(2006年)等均强调,通过整合产教资源、构筑继续教育体系,推动国防科技人才素质持续提升。

为了消除我国长期国防行业办学中衍生的条块分割、专业过窄、规模过小等弊端,也为了应对21世纪国际军事竞争新格局,更为了造就出适应国防现代化要求的优秀人才队伍,该阶段以机构改革为先导逐步突破行业办学传统,积极探索落实产教融合理念,在培养策略方面细化完善制度安排,使高校学科增强国防色彩的同时逐步形成校企协同育人新模式,多层面制度创新推动国防科技人才培养深入发展。

(四)战略推进期(2015年至今)

2015年作为全面深化改革关键之年,为更好适应我国社会主义现代化建设和促进科学技术水平的提高,诸多战略决策相继出台,在政策耦合协同推动下,国防科技人才培养制度革新迈出了历史性步伐,人才培养工作步入了提质增效的快车道。

1. 提升军民融合发展战略,促进人才培养跨越发展

2015年军民融合发展上升为国家战略,人才培养成为其中的重要组成部分。在军民融合发展战略的引领下,2017年印发的《关于推动国防科技工业军民融合深度发展的意见》指出,要推动国防科技重点实验室、国防重点学科实验室、国防科技工业创新中心优化布局与建设,支持高等学校与军工单位加强产学研用合作和人才培养,大力开展国防特色高校共建和国防特色学科建设。

2. 深化高等教育改革,重塑科技人才培养定位

2015年国务院印发《统筹推进世界一流大学和一流学科建设总体方案》,旨在实现我国从高等教育大国到高等教育强国的历史性跨越,破解重点高校建设存在的身份固化、竞争缺失、重复交叉等问题,着力推进建设世界一流大学和一流学科,这为加快国防特色高校建设和国防特色专业发展注入了新动能,也提出了新要求。2017年教育部高等教育司印发的《关于开展新工科研究与实践的通知》、教育部办公厅印发的《关于推荐新工科研究与实践项目的通知》指明了工程教育改革新路径,有效促进了航空航天、飞行器、船舶等相关国防特色专业的改革发展。

3. 推进产教深度融合，深化协同培养理念

2017年《关于深化产教融合的若干意见》着力推动学科专业建设与产业转型升级相适应，大力支持航空发动机及燃气轮机、网络安全等国防相关学科专业建设。同时，《国家教育事业发展"十三五"规划》（2017年）也强调推行"双导师"等行业企业联合培养机制，积极推动校企联合招生、联合培养的现代学徒制，推动行业企业与学校共建人才培养基地、技术创新基地、科技服务基地。此外，2018年《关于加快建设发展新工科实施卓越工程师教育培养计划2.0的意见》提出面向产业急需建设现代产业学院，面向未来发展趋势建立未来技术学院。上述政策文件为推进产教深度融合、构筑新时代国防科技人才培育体系提供了有力支撑。

在该阶段，随着全球第四次工业革命的到来，我国逐步从追赶战略转向创新驱动发展战略。新形势下，军民融合发展、"双一流"建设、产教融合等多重战略和计划成为国防科技人才培养的政策引擎和发展方向，在顶层设计与基层探索的良性互动中使人才培养制度得到了细化、深化，构筑了院校建设、学科发展、产教协同的新空间、新布局，为国防科技人才培养打通了体制机制壁垒。

三、路径依赖：造就人才培养制度变迁的内在逻辑

新中国成立70多年来我国国防科技人才培养制度在国家现代化建设、高等教育改革要求及国防产业发展需求的推动下，呈现出颇为鲜明的稳定样态，制度变迁中的学习效应与协调效应共同强化了路径依赖特性。国防科技人才培养制度的诸多内涵承接于新中国成立初期的开拓探索，长期制度变迁驱动各方行动者共同学习和掌握人才培养之道。同时，国防科技人才培养制度嵌套于高等教育发展、军工产业变革创新等宏观制度背景，与其他制度建立联系并衍生出一系列相适应的规制，因而在制度承接与发展过程中呈现出稳定样态，并孕育了自身演进变迁的内在逻辑（图5.1）。

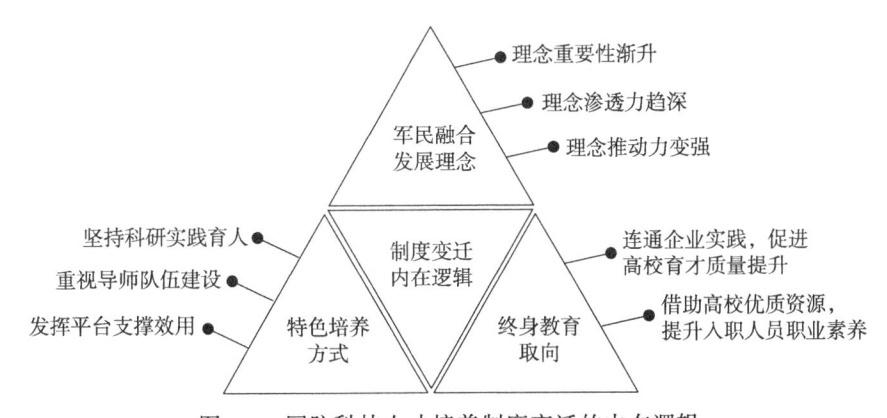

图5.1 国防科技人才培养制度变迁的内在逻辑

(一)育才目标渗透军民融合发展理念

随着时代发展主题的变化,新中国成立以来军民融合发展理念融入的领域日益拓宽,在引导产业发展方向的同时也渗透于国防科技人才的培养目标上。

1. 理念重要性渐升

我国军民融合发展理念从"军民两用""军民兼顾""军民结合""寓军于民"到"军民融合""军民深度融合",并上升成为国家发展战略,军民融合属性在人才培养目标上的重要性日益凸显,这既是富国强军战略的客观要求,也是高等教育服务经济建设和国防建设融合发展的内在需求。军民融合发展战略为推进新时代国防科技人才培养指明方向,对人才培养目标进行了全面重塑,即对人才核心素养要求更高,对人才类型范围要求更广,对人才规模要求更大。

2. 理念渗透力趋深

国防特色学科作为军工科技人才培养的核心载体,在自身建设和发展过程中不断融入、强化和深化军民融合发展理念,并采取了如下举措:主管部门推动高校参与特色学科共建,将非国防特色高校纳入国防科技人才培养体系;地方高校在产教融合政策指引下通过与国防科技企业密切合作,促进了自身国防特色学科的发展。

3. 理念推动力变强

国防特色高校经历了从"国防科工委"主管、"国务院国防工业部门"主管、"军工总公司"主管、"国防科工委"主管到"工业和信息化部"主管等五个阶段。通过领导机构的演变历程可以发现,高校承载军民融合发展理念的驱动力不断增强,即推动高校服务国防和经济建设的领导引擎日益强劲,高校服务军民融合发展的人才培养职能得以不断重塑、拓展和提振。

(二)育才过程展现终身教育取向

国防科技人才的成长发展需要长时间科研实践的积淀,国防科技人才在高校掌握基础专业知识后,还需在国防科研岗位上持续学习和提升能力素质,这为国家推行产教合育国防科技人才提供了现实依据。

1. 连通企业创新实践,促进高校育才质量提升

在产教融合政策指引下,普通高校(尤其是国防特色高校)与军工企业在多年协同实践中已逐步建立起良性互通机制,按照产业需求调整培养目标、针对市场走向进行专业设置、根据实践要求修订教学内容。军工企业、委属高校、科研院所等多主体不断探索联合培养模式,从而提升校企协同育人的能力。

2. 借助高校优质资源，提升入职人员职业素养

在职继续教育是提升国防科技人才胜任素质的有效途径。通过产教融合政策引导，企业大力倡导持续学习、终身教育的价值取向，主动整合利用高校优质教育资源，不断强化高校优质育才资源与产业需求的精准对接，构筑产教共建共享的学习型组织和继续教育体系，使国防科技人才能力提升与军工组织创新发展形成耦合共进机制。

（三）特色培养方式助力科技人才成长

在长期的国防科技人才培育实践中，我国在坚持科研实践育人、重视导师队伍建设、发挥平台支撑效用等方面不断深化探索，已然走出了一条颇具中国特色的国防科技人才培育道路。

1. 坚持科研实践育人

新中国成立初期的"两弹一星"等大型国防工程发挥着科研实践育才功能，成为科技人才实现能力素质积累、跻身科技精英行列的重要平台。在后续人才培养过程中，特色高校、科研院所的研究生教育继承和创新了科研实践育人模式，为国防科技战线输送了一批又一批高素质创新人才。在创新实践中识别人才、在创新活动中培育人才、在创新事业中凝聚人才成为具有中国特色的国防科技人才培养方式。

2. 重视导师队伍建设

70多年来，人才培养制度秉承了新中国成立初期推进大型国防工程建设的"师徒制"育人模式内核，变革发展为在校培养的导师负责制和在岗发展的骨干人员带动制。为了加强导师队伍建设，国家在不同历史阶段实施了诸多人才工程、引智计划，为培育国防科技人才打造了强劲引擎。

3. 发挥平台支撑效用

新中国成立以来，我国不断加大投入建设国防研发平台，促进国防科技自主创新。众多国防科技重点实验室、国防重点学科实验室、引智基地和国防科技创新中心等，通过集聚多方人才、瞄准前沿领域、强化任务牵引等路径，系统培育了一大批紧缺领军人才、技术技能人才和优秀创新团队，成为支撑国防科技人才培养的重要平台。

四、动力机制：利益相关者行动与外部环境作用的张力

微观主体与宏观环境的共同作用会对制度变迁产生重大影响。利益相关的行动者被赋予了自主选择和行动的能力，为自身利益表达和理念实施提供了话语权，进

而推动了相关制度变迁[①]；而外部环境则会对制度体系产生持续的结构性压力，不断促使制度发展演进以适应外部环境需求。简言之，利益相关者（政府、高校、产业）行动与外部环境（人才供需失衡、国际防务产业发展、发达国家人才培养制度等）的相互作用，是推动我国国防科技人才培养制度变迁的动力机制（图5.2）。

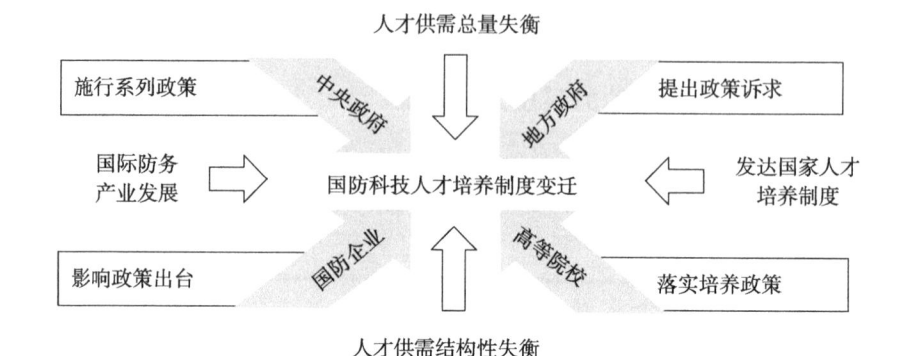

图 5.2　国防科技人才培养制度变迁的动力机制
此处只涉及起关键作用的四方

（一）利益相关者行动

政策出台是利益相关者间诉求博弈的平衡结果。国防科技人才培养体系的形成完善至少涉及五个核心利益相关者——中央政府、地方政府、国防企业、高等院校、学生。除学生对政策出台的影响效力较弱外，其余四方对推进国防科技人才培养制度演进皆起关键作用，形成了"自上而下"牵引与"自下而上"推动相结合的制度变迁动力机制。

1. 中央政府基于提升国家综合实力施行系列政策

国防科技工业作为国家战略产业，肩负着富国强军的使命责任，中央政府基于经济增长、军力提升等利益诉求制定相关教育和产业政策，从而促进国防特色高校人才培养和科技创新，进一步实现科技人才引领国防工业创新发展的战略目标。

2. 地方政府基于地方经济、教育发展提出政策诉求

在国防科技人才培养制度变迁中，地方政府参与国防特色高校共建和人才培养工作，主要有两方面利益诉求：一是地方政府促进国防科技人才培养有利于引导人才培养与区域发展匹配，为地方国防工业发展提供原动力；二是兴办"省-部共建"院校并发展国防特色学科，可使地方高校获得财政支持和良好声誉，进

[①] Thelen K. Historical institutionalism in comparative politics[J]. Annual Review of Political Science, 1999, 2(1): 369-404.

一步优化教育与科技资源配置,而且会对地方高等教育发展产生辐射和集聚效应。

3. 国防企业基于人力资源需求影响政策出台

作为人力资源需求方,企业对人才有更直接的利益诉求。人才是企业竞争力的源泉,科技人才是企业创新发展的核心动能,国防企业对高素质人才的迫切需求会转化为推动国家革新国防科技人才培养制度的政策诉求。

4. 高等院校基于自身发展为政策落实提供可能

高等院校获得国防工业主管部门的资源投入,并积极推动国防特色学科建设,无疑会对院校整体发展产生良性溢出效应,有利于普通高校利用政策红利提升整体人才培养质量与科学研究能力,从而形成政府、产业部门、高校多方合力助推国防科技人才培养的发展格局。

(二)外部环境作用

外部环境对我国国防科技人才培养制度产生的作用,主要来自人才供需失衡、国际防务产业发展及发达国家人才培养制度,这三者均构成推动制度演进发展的外部动力。

1. 人才供需失衡倒逼培养制度革新

科技人才供求矛盾在国防工业70多年发展历程中始终存在,主要体现在如下两个方面。其一,人才供需总量失衡。我国国防科技工业体量庞大,企业和科研院所遍布全国各地,国防特色高校人才输送难以满足各地国防科技单位对优质人才的需求[①]。其二,人才供需结构性失衡。高层次国防领军人才缺乏、毕业生素质难以胜任岗位需求等人才供给结构性问题是阻碍中国特色先进国防科技工业体系建设的深层因素,始终是限制国防工业创新发展的现实桎梏[②]。因此,人才供需失衡作为一种强有力的负向反馈机制,倒逼国防科技人才培养制度的改革。

2. 国际防务产业发展形成强大外部压力

防务产业肩负着为国家安全披甲筑盾之责,其保障力量取决于国防科技创新水平,而科技创新源自高素质人才支撑,并受制于人才培养制度的先进性。可见,革新人才培养制度是应对国防科技产业激烈竞争的客观要求。

3. 发达国家人才培养制度的示范效应

以美国为例,在国防部资助的基础研究项目中,约70%交由大学及其附属研

---

① 李湘黔,周德,林琳,等. 国防科技工业协同创新人才培养模式研究[J]. 科技进步与对策, 2018, 35(19): 103-108.

② 李圣,李勇,王海燕. 国防行业专业学位研究生培养模式改革的探索与实践——以西北工业大学"双向扩展型"人才培养模式为例[J]. 研究生教育研究, 2017, 37(1): 14-19.

究机构完成[①]，形成了较为稳定的"军-学协作联盟"。该举措既激发了美国普通高校投入国防科研的积极性和创造性，又使高校人才质量因丰富的国防科研项目支撑而得以提升，在项目参与过程中培养了大量国防科技后备人才。发达国家灵活高效的人才培养制度为我国制度创新提供了有益借鉴和参考依据，成为推进我国国防科技人才培养制度演进的另一外部动力。

第二节 国防特色高校人才培养模式创新发展的机理

国防特色高校是中国特色高等教育体系的重要组成部分，其重要任务是为建设一流国防科技工业提供高层次人才供给，为实施富国强军战略提供高水平科技支撑[②]。培育一流拔尖创新人才是国防科技工业取得战略优势的根本前提，而人才培养模式是制约人才培养质量的首要条件。《国家中长期教育改革和发展规划纲要（2010—2020年）》（以下简称《教育规划纲要》）第一次提出了人才培养模式创新和人才培养体制改革的任务，这为系统构建与我国国防科技工业发展需要相适应的人才培养模式提供了方向指引。《教育规划纲要》是进入21世纪以来我国教育事业迎来的第一个具有里程碑意义的纲领文件，也是引领我国高等教育事业取得重大成就的战略指南。自《教育规划纲要》实施以来，影响国防特色高校人才培养模式的政策效应如何？《教育规划纲要》实施与人才培养模式的互动机理及启示如何？本节试图探讨上述理论和实践问题。

一、《教育规划纲要》实施背景下国防特色高校育人模式

高校人才培养模式是在一定教育理念指导下，在人才培养过程中所构建的相对稳定且对人才培养质量具有显著影响的关系样态[③]。基于布朗芬布伦纳的生态系统理论，个体成长于复杂多变的社会环境中，其发展受到多重社会生态系统因素的影响[④]。国防特色高校在历史嬗变中形成了与国防科技行业息息相关的办学优势和学科特色，其人才培养是由学校这一微观环境与国家国防科工局、地方政府与教育部（宏观）、军工行业企业（外观）及其他国防特色高校（中观）等中宏观

[①] 严剑峰. 美国国防部实施的国防科技产业政策及启示[J]. 南京政治学院学报, 2016, 32(6): 95-99.

[②] 张建卫, 宣星宇, 李海红, 等. 新中国成立70年来高校国防科技人才培养制度: 变迁逻辑与发展走向[J]. 中国高教研究, 2009, (11): 13-20.

[③] 别敦荣. 论高等学校人才培养模式及其改革[J]. 中国大学教学, 2011, (11): 20-22.

[④] Bronfenbrenner U, Ceci S J. Nature-nurture reconceptualized in developmental perspective: a bioecological model[J]. Psychological Review, 1994, 101(4): 568-586.

系统形成的多层面交互性生态系统共同参与育人的过程。《教育规划纲要》作为国家教育治理工具，以提高人才培养质量为核心，整体推进各项教育改革措施的实施，为多层面主体协同参与国防特色高校人才培养过程提供了战略引领。本节基于《教育规划纲要》的实施背景，借鉴"生态系统论"思想，对人才培养模式的理论内涵进行以下界定。

（一）宏观系统：多部门协同指导

国家国防科工局、教育部、地方政府等构成了人才培养模式的宏观层。为拓宽国防科技人才培养渠道，国家国防科工局在工业和信息化部直属七所高校的基础上，先后与教育部、地方政府共建国防特色高校，扩增国防人才的供给侧力量。在推进高等教育治理体系与治理能力现代化的关键时期，《教育规划纲要》为上述部门协同开展国防人才培养指明了方向。①聚焦人才培养质量。《教育规划纲要》指出，牢固确立人才培养在高校工作中的中心地位，着力培养信念执着、品德优良、知识丰富、本领过硬的高素质专门人才和拔尖创新人才。国家国防科工局与教育部、地方政府合力推进共建高校优势学科和国防特色专业建设，成为推动人才培养质量提升的强大动力。②引导高校合理定位。在《教育规划纲要》"克服同质化倾向，形成各自的办学理念和风格，在不同层次、不同领域办出特色"的指引下多方共建国防特色高校，是引领不同类型高校突出特色、合理定位的有效途径。③强化条件保障。多方凝心聚力共建、保障教育经费投入，有力推进高校实现特色人才培养与特色学科建设、科研创新能力提升的深度融合，从而显著增强学校服务国防工业发展的能力。

（二）外观系统："产–研"融合参与

军工组织（军工企业和国防院所等）构成了人才培养模式的外观层，是人才需求侧的代表性力量，其人才需求标准很大程度上决定高校人才培养模式的走向。《教育规划纲要》强调，"创立高校与科研院所、行业、企业联合培养人才的新机制"，这为丰富国防特色高校人才培养的外观内涵提供了重要启示。①建立需求牵引的人才培养体系。军工组织的人才需求是推动高校人才培养模式改革创新的动力源泉。跟踪用人单位人才需求变化并发挥企业职业能力评价功能，不仅会推动高校人才培养目标重塑，而且能促进教育内容重构和教学方法创新。②推动"产–教–研"合育实践。引导军工组织参与人才培养规划和教育教学改革，汇聚"产–教–研"育人合力；健全学生见习、实习、实训制度，吸引优秀军工组织与高校共建实训基地；创建"产–学"互融的师资聘任机制，把高校教师派往军工单位研习以提升实践素养和行业素养，将军工总师（总指挥和总设计师）聘入高校以培育学生专业素养和领导力素养，开启"产–教"深度合育新模式。

（三）中观系统：校际合作育人

校际合作构成了人才培养模式的中观层，是微观层与外观层、宏观层之间力量传导、扩散的中介环节。校际合作是培养高素质复合型国防人才的客观要求。《教育规划纲要》也指出，要加强学校之间的合作，形成体系开放的人才培养体制。国防特色高校要率先践行系统培养观，积极开展校际合作，营造开放包容的人才培养体系。①纵向校际合作。推动国防特色高校之间深度合作，聚焦军工人才素养标准，着力培育学生忠诚的精神素养、精深的专业素养和广博的行业素养。②横向校际合作。促进国防特色高校与普通高校之间横向合作，尤其重视前沿交叉学科共建，培育学生跨学科知识结构的建立能力和团队科学创造力。③构筑合育机制。推动校际资源共享和优势互补，建立课程互选、学分互认、学生互访和教师互聘等运行机制，为共建"厚基础、宽口径、求创新"的人才培养模式注入动能。

（四）微观系统：高校厚植特色优势

高校是推动人才培养模式运行的微观主体。为军工行业培养输送创新型人才，是国防特色高校肩负的强军使命。《教育规划纲要》提出，"创新人才培养体制、办学体制、教育管理体制，改革质量评价和考试招生制度，改革教学内容、方法、手段，建设现代学校制度。"这为国防特色高校人才培养模式的微观系统创新提供了遵循。①厚植特色优势。特色是国防特色高校存在的依据，优势是其发展的动能。为此，国防特色高校着力强化使命担当和特色学科建设，以特色学科为引领并与其他学科相交叉，塑造健康科学的学科生态[①]，助推人才培养微观模式优化，增强高校人才培养体系要素与行业发展战略的契合性。②聚焦人才培养体系创新。推动整体教育观（育人育才观、教学科研观、人才评价观等）的革新，以观念变革引领机制创新；重塑教师人力资源管理，依靠一流师资队伍建设推动人才培养高质量发展；促进基础研究创新、教学体系变革、服务国防建设与人才培养的融合发展。③强化价值塑造。国防特色高校以军工文化为载体，将军工精神融入立德树人的实践中，深化大学生军工情感体验、强化其国防认知并内化其国家认同，为深入实施新时代爱国主义教育提供价值依据。可见，"育-做-教"（以价值体系育、靠创新体系做、用知识体系教）导向正成为国防特色人才培养模式微观系统改革的目标牵引。

二、《教育规划纲要》实施对育人模式的政策事件效应

《教育规划纲要》作为时间跨度大、涉及范围广的宏观教育政策，在实施十年间受到相关主体的持续回应。在此，将"《教育规划纲要》实施"视为一项持

[①] 钟秉林. 扎实推进世界一流大学和一流学科建设[J]. 教育研究, 2018, (10): 12-19.

续十年的重大政策事件,采用事件系统理论考察《教育规划纲要》实施的政策事件效应,以期展现十年间《教育规划纲要》在不同层面对国防特色高校人才培养模式产生的系统性影响。事件空间属性、强度属性、时间属性共同决定事件对相关主体的影响程度[①]。作为教育领域的顶层政策管理工具,《教育规划纲要》具有战略性和引领性等特征,对十年间教育改革发展目标和任务进行了总体部署,已充分体现其在强度属性与时间属性方面的深刻影响。因此,本节将通过重点分析"《教育规划纲要》实施"这一事件在国防特色高校人才培养实践中的空间扩散效应,探明不同主体(教育部门、高校、军工行业等)在空间扩散中采用了何种回应策略,从而系统揭示《教育规划纲要》对塑造国防特色高校人才培养模式的政策效应。

本节选取了四所工业和信息化部直属的高校、三所国家国防科工局与教育部共建高校(以下简称局–部共建高校)、三所国家国防科工局与省政府共建高校(以下简称局–省共建高校)共十所国防特色高校为样本,采用扎根理论,以《教育规划纲要》空间扩散为主线,采用 MAXQDA 2020 软件对样本高校公开分布并涉及《教育规划纲要》的 375 份文本(制度文件、媒体报道等)进行内容分析。经过开放式编码、轴心编码和选择性编码,最终确定了"《教育规划纲要》在国防特色高校人才培养中空间扩散效应"这一核心范畴[②](仅呈现轴心编码结果,表 5.1),借此分析《教育规划纲要》实施的空间扩散效应。

编码分析发现,核心范畴展现了《教育规划纲要》实施的空间扩散过程,包含了由诸多主范畴("教育主管部门政策配套""产教合育""校际合作""高校内部治理"等)组成的横断面,并与国防特色高校人才培养模式的多层面系统(宏观、外观、中观、微观)相呼应;不同横向主范畴中还体现了深度各异的纵向层级(副范畴)。同时发现,主范畴中"教育主管部门政策配套"对《教育规划纲要》在其他三方中的政策扩散具有传导助推作用。综上,人才培养模式各系统主体均采取不同策略对《教育规划纲要》回应,推动了《教育规划纲要》在国防特色高校人才培养实践中落地生根,形成了"制度驱动多主体协同"的空间扩散效应模式(图 5.3)。下面将具体阐述《教育规划纲要》实施对国防特色高校人才培养模式的政策效应。

---

① Morgeson F P, Mitchell T R, Liu D. Event system theory: an event-oriented approach to the organizational sciences[J]. Academy of Management Review, 2015, (4): 515-537.

② 编码过程包括三个方面。一是开放式编码。为保证从已公开资料中所提取的文本的代表性,综合应用逐句、逐段编码方式抽取得到 675 个初始概念,并将重复、关联、无序的初始概念整合聚拢为层次更高的 82 个初始范畴。二是轴心编码。通过轴心编码对初始范畴进行提炼,将含义相近的初始范畴整合为 20 个副范畴并对其命名,将副范畴聚合为更高层的四个主范畴(表 5.1)。三是选择性编码。深入分析主范畴间的关系,最后确定核心范畴。

表 5.1　轴心编码结果

主范畴	副范畴	初始概念/示例
教育主管部门政策配套	局–部共建高校、局–省共建高校	国家国防科工局与教育部、地方政府共建高校等
	卓越工程师教育培养计划	教育部"卓越工程师教育培养计划"等
	"双一流"建设	世界一流大学和一流学科建设等
	深化产教融合	《关于深化产教融合的若干意见》等
	地方政府中长期规划	省级教育改革中长期规划、五年规划等
产教合育	协同创新基地建设	联合实验室、协同创新中心等
	校企共建学院	共建现代产业学院、特色学院，如航空发动机学院等
	校企共建实验班	如中国核工业集团有限公司与西安交通大学共建的"中核英才班"等
	学生实践基地建设	各高校与企业共建学生校外实践教育基地
	继续教育	兵器行业科学管理高级研修班、安全工程高级研修班等
校际合作	参与组建高校联盟	共建高校联盟、卓越大学联盟、延河高校人才培养联盟等
	非联盟形式合作	教学交流、科研合作、学生互访等
高校内部治理	高校内部顶层规划	校级发展规划、院级发展规划等
	现代大学制度建设	党建引领、依法治校、学生管理制度等
	特色学科专业建设	国防特色学科、特色专业群等
	教学模式创新	组织模式、课程体系、教学方式等
	科研平台建设	国家重点实验室、国防创新基地等
	师资队伍建设	双师型师资队伍、教师国防素养提升等
	评价体系建设	教学质量评价、科研质量评价、管理质量评价等
	军工文化传承	国防知识讲座、军工文化教育基地、军事装备展等

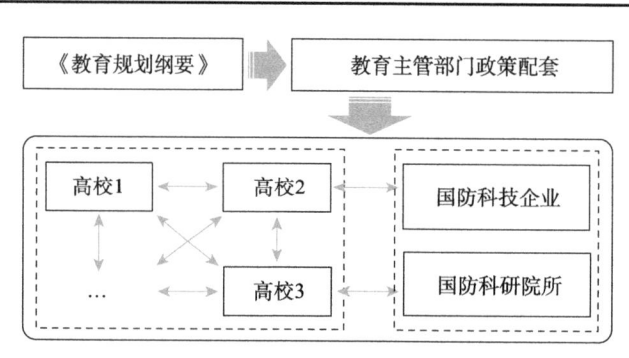

图 5.3　《教育规划纲要》的空间扩散效应模式

（一）教育主管部门政策配套的综合影响

为落实《教育规划纲要》提出的人才培养模式创新任务，各主管部门还从宏观层面启动了配套政策举措，以推进高校和产业的人才培养实践。①国防特色高校共建。为发挥普通高校的人才培养优势，国家国防科工局从"十五"计划迄今持续推进与教育部、省政府开展国防特色高校共建,从而使局-部共建高校、局-省共建高校与工业和信息化部直属高校共同构成了层次丰富、类型多样的国防特色高等教育体系,成为培育创新型国防人才的重要阵地。②"卓越工程师教育培养计划"实施。自教育部2010年启动该项计划,国防特色高校在计划实施的第一批次、第二批次、第三批次高校中依次入列30所、23所、1所。该计划对探索产教合育工程科技人才、革新高校人才培养方案等具有重要价值。③"双一流"建设。国防特色高校是"双一流"建设的前沿阵地,截至2020年,在世界一流大学和一流学科建设行列中,国防特色高校各有23所和12所。"双一流"建设会加快国防人才培养的高质量发展。④深化产教合育。《教育规划纲要》精神及配套政策为国防特色高校与军工行业协同育人指明了方向,目前在引企入教、生产性实习、组建产教融合联盟、强化师资队伍建设等方面取得了长足进展。除上述外,各地政府还出台了一系列规划方案,增强了《教育规划纲要》在人才培养模式多层面系统(外观、中观、微观)上的正向扩散效应。

(二)形成产教合育新体系

《教育规划纲要》实施对人才培养模式的外观系统产生了显著影响,进而完善了国防特色高校产教合育人才培养机制。此前编码分析结果显示,《教育规划纲要》在产教合育领域发挥了积极作用,不同国防特色高校实施了差异化策略。①共建协同创新基地。瞄准人才与科技这一双引擎,国防特色高校与行业企业注重共建协同创新基地,如西安电子科技大学与中国空间技术研究院(航天五院)共建"钱学森空间科学协同创新中心"等,推动了双方在人才培养、基础研究、专家互聘等领域的深度合作。②共建产教学院。国防特色高校与行业企业在"联合创新、协同育人"目标的驱动下共建产教学院,如南昌航空大学与中国航空发动机集团有限公司共建首个航空发动机学院、清华大学和中国核工业集团有限公司共建核能与新能源技术研究院等,有助于开创产教合育新范式。③共建校企实验班。造就军工拔尖人才是近年来产教双方合力打造的新增长极,如南昌航空大学与行业企业共建"卓越工程师试点班"等,以培育更多兼具军工魂和创新志的潜在领军人才。④共建学生实践基地。国防特色高校与行业企业建立了多层次实践基地,如北京航空航天大学不仅与航天、航空等军工集团建立了众多学生实习基地,还依托科技园企业建立了"实习、实践、创业、就业"基地。⑤发展继续教育。国防特色高校与军工集团开展继续教育合作,如北京理工大学开展的兵器行业科学管理高级研修班、北方化学工业集团高级研修班等均是国防特色继续教育模式的体现。

(三)构建校际合育新格局

校际协同也是不可或缺的育人力量。《教育规划纲要》明确提出"推动高校创新组织模式""开展多层次、宽领域的教育交流与合作",这为国防特色高校校际合作提供了行动指南。编码分析结果显示,组建高校联盟是《教育规划纲要》扩散效应在校际合作层面的核心范畴。通过组建高校联盟促进拥有异质性资源的高校实现优势互补,形成特色鲜明、开放协同的格局。①组建国内高校联盟。国防特色高校参与了丰富多样的高校联盟,如C9联盟、E9联盟、G7联盟等,有力推进了各高校在人才培养、平台共享等方面的交流合作。②高水平国际大学战略联盟。与国外大学合作也是开放式人才培养的必然选择,如E9联盟与澳大利亚科技大学联盟四所高校签订合作协议,共同组成中澳工科大学联盟;C9联盟与英国罗素大学集团、德国U15大学联盟等均保持良好合作关系;截至2018年9月,"一带一路"高校战略联盟先后吸引了韩国、俄罗斯、英国等170所高校加盟,一些国防特色高校参与组建。因此,国防特色高校形成了以联盟间交流为核心、以自发式交流为补充的校际合作模式,这是对《教育规划纲要》要求的具体响应。

(四)推动高校内部新治理

大多国防特色高校依据《教育规划纲要》精神及主管部门配套政策制订了校、院两级发展规划,大力推动了人才培养体系重塑和学科专业体系重构。①建设特色学科和一流专业。在《教育规划纲要》实施期间,国家国防科工局在全国国防特色高校分批次、有步骤地进行了较为系统的学科布局和专业建设;教育部为提高高校人才培养能力,加快实施一流本科专业建设"双万计划",首批认定4054个国家级一流本科专业建设点,并确定6210个省级一流本科专业建设点。②完善人才培养体系。一是教育教学模式变革。国防特色高校通过课程体系重构、教学方式革新、组织模式创新等途径推动教育教学模式重塑,有效提升了人才培养质量。二是科研育人平台搭建。加强国防科技重点实验室和国防重点学科实验室的建设,为开发战略型国防科技人力资源(战略科学家、科技领军人才等)提供成长成才平台。三是管理机制创新。国防特色高校在师德师风建设、双师型师资队伍建设、教师国防素养提升等方面改革创新,同时健全教学、科研、管理等方面的质量评价体系,有效激发高校内部人才培养活力,引导教学科研实践与人才培养目标相一致。③传承军工文化。军工文化是国防特色高校的红色基因,以南昌航空大学为例,学校通过开展军政素质训练、军工科技创新计划、国防知识讲座等方式,传承红色基因,弘扬军工精神,在铸魂育才方面取得了丰硕成果,为同类高校服务国防、培育军工英才树立了榜样。

三、《教育规划纲要》实施与国防特色高校育人模式的关系

《教育规划纲要》实施十年间,国防特色高等教育正处于经济社会转型和高等教育改革相互叠加、国家现代化和国防军队现代化同步推进的关键时期,《教

育规划纲要》作为战略引擎对国防特色高校人才培养模式发挥了引领支撑作用，而人才培养模式则是对《教育规划纲要》"育才"规划功能的深化落实，相关政策杠杆在上述二者间的关系中起到了正向促进作用。

（一）战略引擎：多维度领航

随着《教育规划纲要》政策价值在高等教育领域赋能发力，国家相继出台了两项重大战略规划：一是"2011计划"，即通过建立协同中心载体，全面提升高校"人才、学科、科研"三位一体的创新能力；二是"双一流"建设方案，旨在加快推动一批高水平大学和学科进入世界一流行列，着力培养拔尖创新人才。《教育规划纲要》的上述政策延伸，不论是在普通高等教育还是在国防特色高等教育领域，均呈现为一个连续深化的渐进过程，人才培养在这一渐进主义逻辑链条中始终占据核心地位。

《教育规划纲要》及相关规划作为战略引擎，多维度引领国防特色高校人才培养模式的发展。①协同创新中心维度。"2011计划"的总体目标是充分发挥高等学校多学科、多功能的优势，建立一批协同创新中心，培养一批拔尖创新人才。协同创新观认为，创新发生在教育、科学和经济活动的网络化过程中[①]，其实人才培养也贯穿于这一过程中，如北京航空航天大学牵头的先进航空发动机协同创新中心和哈尔滨工业大学牵头的宇航科学与技术协同创新中心，均通过打造多学科交叉融合、产学研用一体化的研发平台，推动一流成果产出与一流人才培养同向并行。②一流学科建设维度。一流大学建设的基础是一流学科，而一流学科是培养一流人才的重要载体。"双一流"建设的根本之道在于培养一流人才，正如习近平强调，"高校立身之本在于立德树人。只有培养出一流人才的高校，才能够成为世界一流大学。"[②]培养一流军工科技人才、形成高水平人才培养体系是新时代国防特色高等教育内涵式发展的中心任务。国防特色高校在"双一流"建设方案的引领下，坚持瞄准国家重大战略需求和世界科技发展前沿，持续推进一流学科建设和一流军工人才培养的融合发展，本身就是在驱动人才培养模式重塑与创新。

（二）人才培养模式：多层面共进

根据《教育规划纲要》部署，国务院办公厅2010年印发了《关于开展国家教育体制改革试点的通知》，将"改革人才培养模式，提高高等教育人才培养质量"列为专项改革的重要内容。典型国防特色高校大多进入改革试点单位之列，并借助上述政策引擎带动人才培养模式多层面共进。

---

① 陈洪捷，巫锐."集群"还是"学科"：德国卓越大学建设的启示[J]. 江苏高教，2020，(2)：1-8.

② 《习近平：把思想政治工作贯穿教育教学全过程》，http://www.xinhuanet.com//politics/2016-12/08/c_1120082577.htm[2022-07-16].

1. 宏观层面：多元共治

构建国防特色高校新型治理模式是新时代国防特色高等教育综合改革的重要内容，也是推进中国特色先进国防科技工业体系建设的必然要求。自《教育规划纲要》颁布以来，"高校-政府-行业-市场"四元关系框架也在国防特色高等教育领域不断丰富和深化：国防特色高校"全员、全程、全方位"育人的内生动力不断增强，工业和信息化部、国家国防科工局和教育部对创新型人才培养的战略共识不断凝聚，国防科技行业对国防特色高校人才培养质量要求不断提高，市场经济体制改革对推动国防特色高校开放式办学的力度不断加强，上述四元互动水平和质量呈逐渐上升趋势，逐渐形成"政府宏观管理、高校自主培养、行业企业参与、市场力量调节"的多元共治格局。但也应清醒看到，宏观层面的人才培养模式依然面临国防科技工业人才质量需求强劲与人才治理体系效能较弱的突出矛盾。

2. 外观层面：跨界协同

随着我军机械化、信息化、智能化建设的步伐不断加快，面对军工产业分工日益细化及数智技术加速应用的新要求，国防特色高校主动与军工行业企业、科研院所等组成协同育人生态系统，多举措推进教育链、人才链、产业链和创新链紧密耦合，将跨界协同动能延伸到学科体系、教学体系、教材体系、"三创"（创造、创新、创业）体系和管理体系建设实践之中。但外观层面的人才培养模式面临产学研战略深入推进与产教育人机制落后的现实矛盾。

3. 中观层面：校际整合

国防特色高校积极从中观层面上整合校际资源，为人才培养创造滋养丰富的高等教育生态系统。一是同源整合。在校史维度上，同根同源者联盟。诞生于革命圣地延安的九所高校自愿建立延河高校人才培养联盟，探索形成多校联动、协同育人的新模式。二是同行整合。在行业维度上，同属国防行业特色者结盟。工业和信息化部直属的七所国防特色高校自主联盟，旨在整合办学资源、共育国防英才。三是同科联盟。在学科维度上，同属鲜明理工科特色者联盟。由工业和信息化部直属和教育部所属的理工类一流大学建设高校组建"卓越大学联盟"，遵循"追求卓越、协同创新"原则，共推人才合育实践。但中观层面的人才培养模式面临校际联盟人才培养形式丰富与内涵式发展薄弱之间的明显矛盾。

4. 微观层面：守正创新

一是守正固元。国防特色高校赓续红色基因，践行"国家最大"价值内核，坚持用军工精神涵育人才初心，培养造就肩负强军报国重任的国防栋梁。同时，国防特色高校主动发挥已有学科优势和专业特色，培育国防急需紧缺人才，如哈尔滨工程大学瞄准培养"三海一核"（船舶工业、海军装备、海洋开发和核能应用）工程人才等。二是创新开放。国防特色高校深入推进全链条式人才培养体制改革（大类招生、大类培养、大类管理），实施"一制三化"（导师制、小班化、个性化和国际化）人才培养模式，构建本博一体化培养体系，面向经济建设和国防建设融合发展领域培养拔尖创新人才。但微观层面的人才培养模式正面临高校人才培养意识增强与质量保障机制滞后之间的紧迫矛盾。

（三）政策杠杆：多途径"增色"

《教育规划纲要》指出，"建立完善军民结合、寓军于民的军队人才培养体系。"这是《教育规划纲要》中仅有的面向军民合育人才作出的论述，虽寥寥数语，但对依托普通院校尤其是国防特色高校培育国防和军事人才具有重要指引作用。

在宏观教育政策对人才培养模式的作用过程中，组合式政策杠杆起到了强化国防特色的关键作用。这类政策杠杆具有鲜明的特色引领、目标导向和技术强化效应，主要包括两个方面：一是国家国防科工局印发《关于加快推进国防科技工业科技协同创新的意见》，其中强调支持工业和信息化部所属高校和共建高校开展"双一流"建设特别是一流学科建设，培养军工特需人才；二是国务院办公厅印发《关于推动国防科技工业军民融合深度发展的意见》，明确提出大力开展国防特色高校共建和国防特色学科建设，支持高等学校与军工单位加强产学研用合作和人才培养等。上述政策杠杆效应揭示了政策学习和范式转变过程，即通过宏观教育政策目标与技术手段之间相互作用的演进过程，推动国防人才培养愿景逐渐转变为可操作、可评价的政策举措。

综上所述，基于新制度主义理论视角[①]，《教育规划纲要》实施与人才培养模式的互动机理表明：国防特色高校人才培养模式镶嵌于多层面、深交互的社会生态系统中，受到高校、政府、行业、社会环境及诸多利益主体的影响。具体而言，国防特色高校人才培养模式既受到政府、行业企业及相关高校的外部结构性约束，又受到高校组织的价值认同和利益认知的内因驱动，并通过管治机制、模仿机制和规范机制等多重路径发展形成，但《教育规划纲要》作为战略引擎对各方力量发挥了不同程度的指导性、凝聚性和支持性作用。

第三节 教师视角下国防特色高校的铸魂育才研究

兴业先育才，育才贵强师。国防科技工业是深入实施富国强军战略的主力军，

---

① Dimaggio P, Powell W W, Yudin G B. The iron cage revisited: institutional isomorphism and collective rationality in organizational fields[J]. Economic Sociology, 2010, (1): 34-56.

创新型人才则是为国防科技工业体系蓄势赋能的强大引擎[1],而国防特色高校教师更是造就创新型军工人才的重要战略支撑。中国特色国防科技工业的创新发展水平取决于创新型人才的能力素质水平,而创新型人才的培养质量主要取决于国防特色高校教师的铸魂育才水平。习近平在全国教育大会上强调,"教师是人类灵魂的工程师,是人类文明的传承者,承载着传播知识、传播思想、传播真理,塑造灵魂、塑造生命、塑造新人的时代重任"[2]。面对当前国家安全环境发生深刻变化、新军事革命加速演进和军工产业变革迅猛发展所带来的多重威胁和挑战,国防特色高校教师既肩负着传播军工文化、传播科技知识的历史使命,又肩负着立德铸魂、培育国防栋梁的时代重任,是推动国防特色高校高质量发展的动力源泉。本节以"国防七子"院校[3]七位知名院士为例,探索铸魂育才之道。

一、理论回顾与模型提出

(一)军民融合发展战略与军工人才培养

军民融合发展战略,是兴国强军之策。在我国处于综合国力明显增强但面临多元复杂安全威胁的关键时期,军民融合是推进经济实力与国防实力同步发展、实现富国强军目标的核心枢纽。习近平强调,"加快形成全要素、多领域、高效益的军民融合深度发展格局,逐步构建军民一体化的国家战略体系和能力"[4]。

战略引导人才培养方向,人才为战略实施提供智力保障。国防特色高校和国防科技工业一样,均是实施军民融合发展战略的重要组成部分,也是军民融合发展的重点领域。一方面,军民融合发展战略引导国防特色高校人才培养方向和目标规划;另一方面,国防特色高校为军民融合深度发展提供人才保障和科技支撑。从大学职能功能角度而言,国防特色高校是具有军民融合特征、服务富国强军战略的高等院校,在人才培养过程中始终以国家战略需求为导向、以铸魂育才为根本任务。国防特色高校所培育人才的质量和创造力,将对提升中国特色先进国防

---

[1] 张建卫,宣星宇,李海红,等. 新中国成立 70 年来高校国防科技人才培养制度:变迁逻辑与发展走向[J]. 中国高教研究, 2019, (11): 13-20.

[2] 《习近平:坚持中国特色社会主义教育发展道路 培养德智体美劳全面发展的社会主义建设者和接班人》, http://www.xinhuanet.com/politics/leaders/2018-09/10/c_1123408400.htm[2018-09-10].

[3] "国防七子"院校,是指工业和信息化部直属的、服务国防和军队现代化建设的七所国防特色院校,包括北京航空航天大学(北航)、北京理工大学(北理工)、哈尔滨工业大学(哈工大)、西北工业大学(西工大)、哈尔滨工程大学(哈工程)、南京航空航天大学(南航)和南京理工大学(南理工)。

[4] 《逐步构建军民一体化的国家战略体系和能力》, http://m.cyol.com/content/2017-06/21/content_16213485.htm[2017-06-21].

科技工业水平、支撑国防军队建设及推动科技进步等方面产生重大影响。

（二）国防科技发展前沿与军工人才培养

科技催生战争演变和军工创新。随着新一轮科技革命和产业变革的迅猛发展，人工智能、大数据、云计算、量子信息、物联网等前沿科技不断涌现于军事领域，催生作战形态加速向信息化、智能化战争演变。正如恩格斯曾指出："一旦技术上的进步可以用于军事目的并且已经用于军事目的，它们便立刻几乎强制地，而且往往是违反指挥官的意志而引起作战方式上的改变甚至变革"[①]。基于信息技术的高科技加速了武器装备智能化、数字化、网络化发展，对创新型人才能力素质提出了更高要求，对国防特色高校人才培养能力提出了更高标准。

高校育才功能从支撑转向引领。实现高等教育内涵式发展，全面提高人才培养能力是"双一流"建设的一项重要内容。然而，当前高校人才培养问题尤为突出，如培养模式同质化严重、创新型人才培养质量下降、人才培养目标脱离产业需求、课程体系滞后于技术发展等。就国防特色高校而言，人才培养功能长期处于"支撑"功能定位，以人才支撑国防科技工业发展（即人才支撑发展）。目前国防科技装备现有水平与国家安全实际需求差距产生的压力传导于国防特色高等教育体系上，过去人才培养的积弊也愈加凸显："去行业化"导致人才培养定位与行业发展战略脱节，"崇科学化"导致教育教学内容与军工科研生产过程脱离，"求同质化"导致人才核心素养与岗位职责要求错位等。随着国防科技工业推动建成世界一流军队战略实施步伐的日益加快，国防特色高校在科技前沿探索方面要更趋尖端，在自主创新深度方面要更加深入，如此方能引领行业创新发展。为此，高校人才培养功能亟须从"支撑"转向"引领"（即人才引领发展），依靠创新型人才引领国防科技工业高质量发展。

（三）教师核心素养与军工人才培养

核心素养培育从学生转向教师。长期以来，与中小学素质教育相比，大学素质教育处于宽泛的边缘化状态，尤其是行业特色高校在培养什么人、怎样培养人、为谁培养人等基本教育问题上缺乏明晰定位。习近平多次强调，"培养什么人，是教育的首要问题"[②]。核心素养理论的提出不仅使素质教育的理论内涵更加具体化和明晰化，还能为"培养什么人""怎样培养人"等基本问题提供科学依据。进入21世纪以来，在联合国教育、科学及文化组织等国际机构的推动下，核心素养受到各国政府和教育界的普遍重视。我国学者认为，学生的核心素养是指学生

---

① 马克思，恩格斯. 马克思恩格斯选集(第3卷)[M]. 北京：人民出版社，1995.
② 《习近平出席全国教育大会并发表重要讲话》，http://www.gov.cn/xinwen/2018-09/10/content_5320835.htm[2018-09-10].

应具备的、能够适应终身发展和社会发展需要的必备品格和关键能力[①]。随着教育领域的"学习革命"演进为"教学革命",核心素养也从学生导向进一步演进为教师导向。教师核心素养是教师在教育教学活动中所拥有的价值观、知识、技能和能力等的集合体,欧盟组织认为,教师核心素养包括学科素养、教学素养、数字化素养等;王光明等指出,教师核心素养包括政治素养、道德素养、文化素养和教育精神[②]。目前有关国防特色高校教师核心素养的理论与实践问题尚需深入研究。

教师核心素养是铸魂育才之根。教师是直接影响学生认知、信念和社会性发展的重要他人,其核心素养水平很大程度上影响着学生核心素养的发展水平。从理论角度而言,不论是罗森塔尔的皮格马利翁效应,还是班杜拉的社会学习理论;不论是维果茨基的最近发展区理论,还是陶行知的教师观,无不强调了教师的"期许""示范""化育"和"引领"等功效。从实践角度而言,被誉为"大师之师"的叶企孙先生以其爱国精神、人品学识培育了众多国之栋梁,其中19位"两弹一星"元勋曾是他的学生;"歼-10之父"宋文骢院士对歼-20总设计师杨伟的培育指导,至今仍为国防战线的师生佳话。国防特色高校教师是塑造未来军工英才的主体力量,唯有教师核心素养之根植得更深,学生核心素养之叶方能长得更茂。

综上所述,国防情境与教师核心素养是影响军工人才培养的关键前因。然而,目前针对教师核心素养的研究尚处起步阶段,不仅鲜见探析有关国防特色高校教师核心素养理论内涵和结构的研究,而且缺乏从内外因视角揭示教师核心素养与国防情境对人才培养的作用机理。为此,本节立足于军民融合发展与高校"双一流"建设两大战略耦合推进的时代背景,将国防情境和教师核心素养同时纳入研究框架并考察二者对人才培养的作用机理,初始理论模型见图5.4。

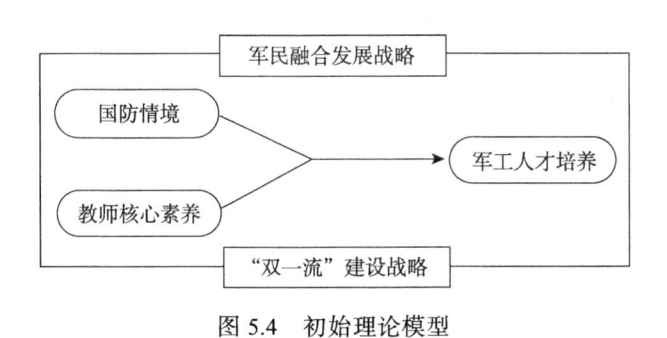

图 5.4 初始理论模型

---

① 林崇德. 构建中国化的学生发展核心素养[J]. 北京师范大学学报(社会科学版), 2017, (1): 66-73.
② 王光明, 黄蔚, 吴立宝, 等. 教师核心素养和能力双螺旋结构模型[J]. 课程. 教材. 教法, 2019, 39(9): 132-138.

二、研究方法

（一）样本选择

样本选择遵循以下标准：一是符合研究主题，即选择在国防特色高校从事国防特色专业的教育教学和研究工作，且在立德树人和科学研究等方面取得突出成就的教师，以精准发掘铸魂育才之道；二是具有较强代表性，所选教师来自不同国防特色高校以及不同学科专业，以保证研究结果的外部效度。为此，从"国防七子"院校中选取了七位知名院士作为研究对象，如表 5.2 所示。

表 5.2 研究样本特点

姓名	生卒年	工作单位	研究方向	人才培养	突出科研成就
陈士橹	1920~2016 年	西北工业大学	弹性飞行器飞行动力学	截至 2013 年 11 月，培养硕士、博士 56 名及博士后 5 名	研究了地–空弹复合制导、地–地弹道控制及巡航弹最优轨迹规划与制导
高镇同	1928 年生	北京航空航天大学	材料疲劳性能	截至 2015 年，培养硕士、博士和博士后 40 余名	提出飞机结构寿命预测理论；建立具有 90%以上置信度的中值载荷谱体系
马祖光	1928~2003 年	哈尔滨工业大学	激光介质光谱	截至 2000 年，创建光电子学科队伍，培养博士生 27 人	实现激光振荡 10 项；观察到新荧光谱区 17 个、新非线性光学过程 7 个
毛二可	1934 年生	北京理工大学	雷达系统及其信号处理	截至 2020 年 3 月，培养硕士、博士共 60 余名	研制了雷达动目标显示装置、新型十厘米稳定振荡器、模数混合动目标显示系统
王泽山	1935 年生	南京理工大学	含能材料	截至 2018 年 7 月，培养硕士百余名及博士 90 余名	研发出具有普遍适用性的远射程、低过载等式模块装药技术
杨士莪	1931 年生	哈尔滨工程大学	水声学原理	截至 2018 年 4 月，创建水声工程学科研究队伍，培养大批精英人才	完成一系列适用不同目的的长基线、短基线和超短基线水声定位系统
赵淳生	1938 年生	南京航空航天大学	振动工程理论和应用	截至 2016 年，培养硕士、博士 40 余名	研发出四个系列的国产电动式激振器；行波型超声电机

（二）数据收集与分析

本节的质性数据主要来自人民日报、中国教育报、中国科学报、中国知网及高校官方网站等。数据类型主要为文本数据，包括七位院士的访谈实录、人物传记、宣传报道、追忆文章等。按照三级编码（开放式编码、轴心编码和选择性编码）原则，对质性资料进行编码分析。

三、研究结果

基于质性分析发现,国防特色高校教师铸魂育才之道主要体现为明国运之势、夯立教之基、践人师之道、展经师之略四个方面,教师核心素养和国防情境是影响人才培养的内外因素,使命导向和自主动机是两条中介传导路径。

(一)明国运之势:战略认同与科技探索相统一

"兵者,国之大事,死生之地,存亡之道,不可不察也"。作为军工科技巨擘,院士对《孙子兵法》的开篇首语无不刻骨铭心:任何时候,都不能忘记军队建设和国防装备建设,这是维系国运命脉的坚强柱石。

院士魂牵国运盛衰,心系国防安危,他们始终聚焦服务国家战略需求,矢志探索国防科技前沿。面对雷达科技研究的重重挑战和险阻,毛二可院士指出,"我国的国防事业需要雷达技术,研究方向不能改变",他在困境中敏锐察觉到未来国防科技发展趋势并不断探索,最终带领团队成功研制矢量脱靶量测量雷达[①]。同样,为了响应祖国召唤,陈士橹院士学成归国后临危受命筹建西北工业大学导弹系,他曾回忆说:"既然是组织决定,我就很快地服从分配,希望在新专业方面能够作出贡献"[②]。陈士橹院士带领其博士生及博士后科研团队围绕空间飞行器进行攻关,取得了多项优秀研究成果,并推动了成果向工程应用领域转化[③]。国家战略认同与科技前沿探索二者紧密地统一于这些院士身上,集中体现为爱祖国和崇科学的完美统一,即汇聚爱国精神于科技探索实践,依靠科技创新来实现"报国志"和"强军梦"。

(二)夯立教之基:核心素养与为师之本相统一

教师核心素养是为师之本和育才之基。通过资料分析发现,七位院士在教书育人过程中集中表现了五大素养,即精神素养、品德素养、国防素养、智能素养和心理素养。例如,赵淳生院士的信念坚守(精神素养),他是在党和国家的培养下有了实现人生价值的机会,爱党爱国信念一直支持他毕生奋战于教书育人一线[④];马祖光院士的"美德之光"(品德素养),他"捧着一颗心来,不带半根草去"

---

① 龙腾. 大师的风范 创新的团队——记北京理工大学毛二可院士及其创新团队[J]. 学位与研究生教育, 2019, (8): 1-4.

② 《陈士橹:星斗其志毕生不移》,https://www.sohu.com/a/146687630_114731[2017-06-07].

③ 冯丽. 星斗其志,赤子其人——追记西北工业大学飞行力学专家陈士橹院士[N]. 中国教育报, 2016-11-05.

④ 张晗. 创新创业,追求中国梦——访两次获得国家技术发明二等奖的中国科学院院士、南京航空航天大学教授赵淳生[J]. 海峡科技与产业, 2014, (8): 7-12.

的精神奠定了他的为师之本；毛二可院士的军工卓识（国防素养），他能深邃洞悉国内外军工发展趋势，在雷达领域走出了产学研军民融合发展之路；王泽山院士"一生只做一件事"，以其精深学术（智能素养）为国防战线培育了大批火炸药人才；杨士莪院士的专注韧性及仁爱之心（心理素养），他留苏时备尝歧视之痛，凭专注坚韧之心开辟了水声天地，并对学生充满浓厚师爱，他回忆道，"以前过年过节，我就把不回家的学生叫到家里，下厨给他们做饭"[①]。院士身上展现的五大素养可在理论上建构为国防特色高校教师的"五素养"（"魂–德–识–智–心"）模型。该模型的理论维度与习近平提出的"四有"教师特征具有内在契合之处，教师核心素养通过使命导向和自主动机路径影响人才培养实践，如表 5.3 所示。

表 5.3 院士的核心素养与表现特点

核心素养维度	"四有"教师特征	表现特点
精神素养（魂）	有理想信念	忠诚于党，爱国奉献，热爱社会主义，国家利益至上
品德素养（德）	有道德情操	公正无私，正直善良，诚实守信
国防素养（识）	有理想信念和扎实学识	国防意识，国防战略思维，国防情怀，国家安全与军事和军工行业知识
智能素养（智）	有扎实学识	创新激情，创造能力，跨学科知识结构，科技前沿探索能力，理论联系实践能力，工程实践能力
心理素养（心）	有仁爱之心	宽厚亲和，专注坚韧，自信乐观，充满希望

（三）践人师之道：言传身教与立德铸魂相统一

经师易得，人师难求。言传身教是立德铸魂的直接路径，立德铸魂是言传身教的根本目标。教育家陶行知曾强调，千教万教，教人求真。院士十分重视通过日常言行引导学生"求真"，即不逐名利、追求真理、爱国奉献。马祖光院士经常教导学生，"一定要做一个高尚的人，顾大局，让荣誉，要具有无私、无畏的精神"[②]；他曾在一位赴美读博的学生临行前勉励他"不要忘记祖国，要长中国人民的志气，要做出成绩，报效祖国"[③]。除了语言熏陶之外，马祖光院士更是以身垂范，他一生为公并多次拒绝学校的正当照顾[④]；他不求索取，即使为他人课题做

---

① 王晨. 领受功与德 笔墨抒高怀——专访著名水声工程专家杨士莪院士[J]. 科学中国人, 2009, (10): 52-59.

② 陶丹梅, 任晓萍, 黄峰, 等. 当代知识分子的楷模——记中国科学院院士、哈尔滨工业大学教授、优秀共产党员马祖光[J]. 学理论, 2004, (8): 23-27.

③ 竺培国, 张满山. "燃烧"自己为国争光——记博士生导师马祖光[J]. 学位与研究生教育, 1988, (1): 31-34.

④ 黄超. 新时期党性修养的楷模——论学习马祖光精神[J]. 学理论, 2004, 10: 44-45.

了大量工作也拒绝署名在前[①]。再如,毛二可院士的"三让"原则,即让年轻人担任项目主要负责人位置,让年轻人得到获奖殊荣,让年轻人担任学会职务[②];王泽山院士也非常重视立德树人。院士在日常教育教学中躬身践行师道:言传必要,但身教重于言传;立人之德,先立师德;铸人之魂,先铸师魂。作为人师,院士将言传身教和立德铸魂系于一身并持之以恒。

(四)展经师之略:科学研究与科学育才相统一

以研育才,以才促研。科学研究和人才培养也是国防特色高校的两大重要职能,作为"经师",国防特色高校既要通过科研培育人才,也要依靠人才推进科研,实现科学研究与人才培养融合发展。院士在开展科技前沿探索的同时,也十分注重为国科学育才。陈士橹院士带领青年教师和研究生,把主动控制技术等应用于飞行力学研究,在弹性飞行器动力学与控制研究领域开展了大量开创性工作,成果达到世界先进水平。他为博士生"量身定制"培养方案,在引导学生探索未知领域时只提供宏观方向而不规定具体细节,并要求学生每两周交一份所做研究的书面报告。这种聚焦能力、因材施教的科学育才方法取得了显著成效[③]。同样,高镇同院士既带领学生解决了疲劳强度概率分布的世界性难题[④],又很讲求育才方法,格外注重学生治学能力,面对学生提问他会提出基础性反问,帮助学生"顺藤摸瓜"地主动解开疑惑[⑤]。院士的"研育一体化"实践表明,要遵循人才成长规律和科学育才方法,以科研活动育才,让人才"在游泳中学会游泳",又以人才驱动科学研究,让人才引领军工科技创新,实现"研育双一流"(出一流研究成果、育一流创新人才)目标。上述举措也集中体现了陶行知的"教学做合一"思想,即以做(科研活动)为育才基点,通过做中教和做中学实现"教学做合一"的育人目标。

(五)铸魂育才模型的提出

综上所述,军工人才培养受到情境、个体等多重因素的影响,国防情境、教师核心素养、使命导向、自主动机与军工人才培养之间形成了具有内在逻辑关联的有机整体(图5.5)。具体而言,国防情境和教师核心素养之间相互影响,并通过激发使命导向(强国志、报国情)和自主动机(师爱、育才情)这对互依性中介路径,影响教师的军工人才培养实践(立德铸魂、育才赋能)。

---

① 陶丹梅,任晓萍,黄峰,等. 当代知识分子的楷模——记中国科学院院士、哈尔滨工业大学教授、优秀共产党员马祖光[J]. 学理论,2004,(8):23-27.
② 姚文莉,马丽. 毛二可:锻造国防"千里眼"[N]. 中国科学报,2018-03-12.
③ 冯丽. 星斗其志 赤子其人——追记西北工业大学飞行力学专家陈士橹院士[N]. 中国教育报,2016-11-05.
④ 李斌,魏梦佳,刘婧宇. 高镇同院士:"一门六院士"助数千架飞机"延寿"[EB/OL]. https://news.sina.com.cn/gov/2019-09-16/doc-iicezzrq6165667.shtml[2019-09-16].
⑤ 温才妃. 高镇同:诗歌与"永不知疲倦"的人生[N]. 中国科学报,2019-03-27.

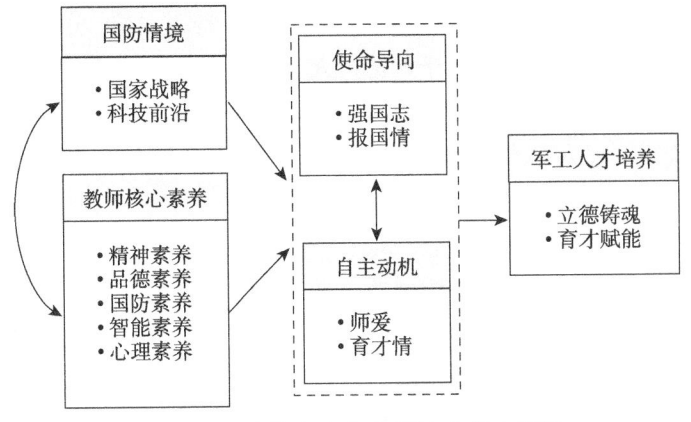

图 5.5　国防特色高校教师铸魂育才模型

第四节　国防特色高校人才培养模式优化的对策与建议

通过深化主管机构改革、促进院校建设、强化科研培育、践行终身教育等制度举措，我国在国防科技人才培养领域已然走出了一条"中国道路"。党的十九届五中全会明确提出，加快武器装备现代化，聚力国防科技自主创新、原始创新；确保二〇二七年实现建军百年奋斗目标。这一战略决策为新发展格局下国防科技工业创新发展指明了根本方向，也对新阶段国防特色高校拔尖创新人才培养提出了更高要求。因此，站在更新起点上优化人才培养模式、以更高标准提升人才核心素养，成为新时代国防科技人才培养面临的重大任务。未来还要进一步增强落实为国育才的使命担当、健全优化人才培养制度、创新优化人才培养模式、改革优化铸魂育才机制、深入推进师资队伍建设等，从而全面推进国防特色高校"为党育人、为军工育才"迈上新台阶、实现高质量发展。

一、增强落实为国育才的使命担当

（一）铸魂：健全铸魂立德机制

国防特色高校是国防科技拔尖创新人才培养的主阵地，尽管经济社会发展赋予了国防特色高校众多职能和功能，但其根本使命还是培养兼具军工魂和创新志的一流拔尖人才。国防特色高校着力为服务、支撑和引领国防科技工业创新发展提供人才保障，而国防科技工业的战略属性和使命特征决定了该行业对人才规格具有特殊标准，尤其是对人才的"魂"与"德"提出了更高要求。对国防科技人才而言，"魂"是爱国情、军工魂和报国志，"德"是明大德、守公德、严私德。习近平指出，"高校立身之本在于立德树人。只有培养出一流人才的高校，才能够成为世界一流大学"[①]。国防特色高校大多是"双一流"建设高校，要遵循"育人和育才相统一，育人是本"这一教育指向，健全铸魂立德机制，培育肩负时代重任的一流国防人才，进而迈向一流大学行列。

重构基于价值塑造的育人体系。在"价值塑造、能力培养、知识传授"三位一体的国防人才培养体系中，价值塑造居育人体系之首。国防特色高校要重构育人体系，将价值塑造这一灵魂线科学地贯穿于学科、教学、教材、管理等体系建设中。具体而言，在学科体系建设中，要重视贯穿马克思主义基本原理，培养学生科学的世界观和价值观；在思政教育和教学体系建设中，要将习近平新时代中国特色社会主义思想作为重点学习内容，并科学推进其进教材、进课堂、进大脑，引导学生深刻认知认同中国共产党为什么"能"、马克思主义为什么"行"、中国特色社会主义为什么"好"；在学生管理体系中，要大力开展国情教育、国防教育和中国梦教育，培育学生社会主义核心价值观，弘扬民族精神和时代精神，增强国防观念和国家安全意识；在"三创"（创造、创新、创业）体系中，要开展军工文化教育，传承践行爱国奋斗和科学创新精神。总之，上述育人体系需要多元支撑、协同构建，为价值塑造厚植丰沃土壤。

推动军工文化教育深度融合。军工文化是党领导下的国防工业系统在长期创业、发展、改革和创新历程中形成的以"两弹一星"精神和载人航天精神为内核的价值信念体系，其中融入了革命文化、科学文化和中华优秀传统文化的思想精髓，还体现了爱国和爱党、爱社会主义高度统一。军工文化是国防科技工业的精神血脉，也是国防特色高校的价值底色。①推进军工文化与大学文化的三维融合。国防特色高校要多维度推进军工文化与校园文化在物质、精神、制度层面的融合：将军工文化元素融入校园物理环境布局和人文景观设计，促进物质文化融合；将军工文化的爱国奋斗元素与大学"三创"价值理念进行整合提升，促进精神文化融合；将军工文化价值理念与教育法规、管理制度和群体规范进行价值融通，促进制度文化融合[②]。②推进军工文化与"三全"（全员、全过程、全方位）育人体系相融合。国防特色高校要汇聚各个教育主体合力，创新教育方式方法，将军工文化要素融入思想道德教育、文化知识教育、社会实践教育的具体过程中，并重视丰富军工文化教育载体，不断拓展军工文化传播渠道，建立健全军工文化与"三

---

① 《习近平出席全国高校思想政治工作会议并发表重要讲话》，http://www.81.cn/dblj/2016-12/08/content_7398878.htm[2021-12-31].

② 代艳丽，赵红，李晓衡. 军工文化融入大学校园文化建设的功用[J]. 社会科学家, 2012, (7): 157-161.

全"机制相融合的全面育人体系。

（二）育才：构筑一体化育才体系

国防特色高校育才体系是建设中国特色先进国防科技工业体系的重要支撑。新发展格局下，需要加快重塑育才体系、重构教学内容并创新教学方法，以国防特色高校高质量发展支撑国防科技工业高质量发展。

构建军工人才核心素养模型。核心素养是国防特色高校学生应该拥有的、能够适应国防科技工业发展要求和职业生涯发展需要的重要品格与关键能力，是构筑一体化育才体系的基石，也是提升军工人才培养质量的枢纽。《中国教育现代化2035》提出，要制定覆盖全学段、体现世界先进水平、符合不同层次类型教育特点的教育质量标准，明确学生发展核心素养要求。国防特色高校要将"培养什么人"转变为教育工作者可感知、教育教学实践可用的具体教育目标。国防科技人才核心素养包括四大领域、八项素养，即使命担当（精神素养和国防素养）、专业基础（学术素养和实践素养）、心理发展（美德优势和心理品质）、领导力表现（自我管理和团队领导力）。尤其要指出的是，随着智能化竞争的到来，智能装备对国防科技人才专业素养提出了新要求，如需具备跨界融合能力、嵌入计算能力等[1]。国防特色高校要重视构建不同类型、不同学科、不同领域的人才核心素养模型，将其分解融入学科、学术、教学、管理等育才体系中，多举措保障核心素养的培育。

推进"学科-人才-科研"整合育才机制建设。国防特色高校要让一流学科建设服务一流人才培养，让高水平科研服务高质量人才培养，同时让一流人才培养推动一流学科建设和一流科研产出，形成"学科-人才-科研"深度交互的正向螺旋。①学科育才。新阶段国防特色高校要强化学科前沿追踪能力，尤其要关注人工智能与相关学科的交叉领域，及时更新学科陈旧知识体系；打破传统学科壁垒和专业约束，推动多学科交叉汇聚和多技术跨界融合，建立"以好奇心为驱动、以创新思维训练为核心、以团队协作为载体、以创造性问题解决为导向、以开放包容为氛围"的教学模式，探索学科交叉融合规律和科技创新领军人才成长路径[2]。②科研育才。国防特色高校要勇于打破过去科研与育才的二元分离机制，强化科研育人功能，建立科研-教学融合转化机制，将优质科研资源转化为教学资源，将教学问题上升为科学研究，这既培养学生的创新思维能力，又促进教师教研相长。③机制育才。国防特色高校要深化全链条式人才培养体制改革（大类招生、大类

---

[1] Taylor M Z. The Politics of Innovation: Why Some Countries are Better than Others at Science and Technology[M]. New York: Oxford University Press, 2016.

[2] 张炜, 王良, 钱鹤伊. 智能化社会工程科技人才核心素养：要素识别与培养策略[J]. 高等工程教育研究, 2020, (4): 94-98, 106.

培养、大类管理），健全"三制三化"（书院制、导师制、学分制、小班化、个性化和国际化）育才模式；优化学生遴选和动态管理机制，探索完善本硕博贯通化培养机制，创建通专结合、跨界融合、自主发展、开放实践、递进深化的培养路径。基于上述内容，通过学科链、创新链、制度链与人才链的有机衔接和融合，推动建一流学科、出一流成果和育一流人才同向同行。

推进"科-教-产"融合育才机制建设。多方参与、协同育人已成为推动国防特色高校育才模式改革的重要动力。①科教合育。国防特色高校要重视引科入教，强化自身与国家战略科技资源（如国家科研院所、国家重大科技基础设施、国防重点学科实验室、国防科技工业创新中心等）对接整合，聚力共建拔尖创新人才培养模式，推进学科交叉、资源共享，实现人才培养与科研创新融合发展。②产教合育。高校要主动将产业动向、技术进展和人才要求引入教学过程，不断推动教学内容重构、课程体系重塑和学科专业迭代升级；校企协同育人不能仅仅停留于共建实习实训基地层面上，更要向共建创业学院、共筑创新创业就业平台等深层育人模式推进[1]；建立"产-学互融"师资聘任机制，把高校知名教授派往军工单位参与协同创新，将军工专家聘入学校以培育学生专业素养和行业素养。深化产教合育，促进教育链、人才链与产业链、创新链有机衔接，进而推动育才供给侧与产业需求侧实现高质量互动。

推进高素质创新型师资队伍建设。教师乃立教之本，是教育第一资源。①锻造师魂师德。国防特色高校要加强新入职教师的理想信念教育，注重用红色基因涵育教师从教初心，用军工精神筑牢教师从教使命，让军工魂和国防情成为教师职业发展的价值底座；在教师选聘、晋升、评价等关键环节上，坚持师德优先，将教书育人、崇教爱生、国防情怀等作为教师评价的重要标准。②提升专业素养。构筑一流教师专业发展体系，推进信息技术与教育教学深度融合，将教师角色责任（传播知识、传播思想、传播真理、塑造灵魂、塑造生命、塑造新人）融入教师发展体系建设中，不断健全建强教书育人支撑功能和协同机制；完善科学研究布局，尤其要加强新兴学科和交叉学科的建设，重视依托国家重大项目平台实现"双轮驱动"，即产出一流成果和造就一流师资（如战略科学家、学科领军人才等）。③改革管理机制。高校的软实力、硬实力，归根到底是师资实力，国防特色高校要树立"人才引领发展"的理念，把引进、培育杰出师资作为人才强校的战略支撑；改进教师评价激励机制，强调专业素养和师德素养的综合评价，建立以创新能力、质量、实效和贡献为导向的人才评价体系。

---

[1] Zhu H B, Zhang K, Ogbodo U S. Review on innovation and entrepreneurship education in Chinese universities during 2010-2015[J]. Eurasia Journal of Mathematics, Science and Technology Education, 2017, 13(8): 5939-5948.

二、健全优化人才培养制度

（一）塑造学科协同发展机制，提升人才培养质量

建设一流大学与一流学科攸关国家创新潜力的开发和综合国力的提升，也关乎国防军队现代化建设。在"双一流"建设战略指引下，以一流学科建设为导向，发展国防特色学科是优化国防科技人才培养体系的重要杠杆。①打造特色学科生态系统。为持续激发高校国防特色学科创新力与生产力，高校需进一步通过制度建设促进学科体系结构优化，打造学科生态系统，强化国防特色学科群建设，促进优势相关学科要素流动与优化整合，使学科间制度、人才、文化高度协同，以促进特色学科发育与人才培育融合发展。②推进高校管理机制变革。国防特色学科生态系统建设需要科学高效的管理支持，因此创新高校内部管理机制，破解制约学科发展的体制障碍与利益壁垒，将有助于促进学科生态系统的群落生长及整体结构优化[1]，并为人才培养铺平道路。③学科建设服务人才培养。人才培养是学科建设的重要出发点与落脚点，制度设计要始终把握一流特色学科建设与一流国防科技人才培养的有机统一，强调学科建设的人才评价标准，构建支持拔尖创新国防科技人才培养的学科基础。

（二）强化校企深层互联机制，推进产教深度融合

目前，校企合作层次粗浅、积极性匮乏、合作流于形式等问题较为突出[2]，需要双方共筑合作愿景、挖掘共同利益、强化主动合作行为。国防特色高校拥有学科门类齐全、人才资源丰富、原始创新潜力强等优势，可在人才培养、学术交流、科学研究等方面与国防科技产业优势互补形成战略联盟，以契约为纽带构建产教融合育才长效联动机制。①延伸培养链，企业深度参与高校人才培养过程。产业部门改变自身定位，从被动适应变为主动引领。以产业需求为基础，深度参与契约高校的学科战略规划、教学内容更新、教师能力提升、学生核心素养培育等教育教学全程。②强化科研合作，挖掘高校国防基础研究潜能。在产教融合执行性政策中应强调发挥高校国防基础研究主力军作用，细化科研合作途径，引导资源要素双向流通，推进军民科技融合发展，增强国防科技发展后劲，形成经济效益与国防效益、生产力与战斗力共赢的发展新格局。③利用高校资源，培育企业在职人员综合素养。政策设计应进一步引导高校释放人才综合能力培养优势，革新企业人力资源管理理念，增强对在职人员的人力资本投资，利用高校优势资源提

---

[1] 赵渊. 我国世界一流学科建设的路径依赖及其破解[J]. 中国高教研究, 2019, (6): 27-32.

[2] 柳友荣, 项桂娥, 王剑程. 应用型本科院校产教融合模式及其影响因素研究[J]. 中国高教研究, 2015, (5): 64-68.

升在职员工的综合素养。

（三）完善科研人员激励机制，提振人才发展动力

利益需求是后备和在职的国防科研人员积极投入学习、科研的驱动力，国防科技企业的引才措施是高校人才良性供给的诱发机制。国防科技人才具备多种通用人力资本，是人才市场的主要争夺对象[①]。国防科技企业持续深化体制改革，有利于盘活人力资本存量，平衡人才供需关系，提升对后备科研人员的吸引力，调动在职人员的工作积极性。①深化现代企业制度改革。加速军工集团的"事改企"步伐，在秉承国有企业优势的基础上主动变革、敢于突破，加强企业运营灵活性。②增强引才政策吸引力。通过"看得到的利益"提升后备国防科研人员的学习研究积极性，有效应对国防特色专业学生职业选择困惑、学习动力不足、创新活力不够等问题，从职业选择端激发后备国防科研人员创新激情与活力。③完善利益分配机制。国防科技企业进一步完善市场化收入分配机制，充分考虑科技人才市场价值，制定短期激励与中长期激励相结合的薪酬制度。④倡导工作内驱的使命取向。国防特色高校要重视军工文化建设，传播和弘扬军工精神，通过激励性政策鼓励学生到国防科技工业最需要的地方去建功立业。军工企业要引导和激发在职科研人员工作背后的使命取向；通过科学地组织职业生涯管理促进研发人员职业成长和价值实现。

（四）健全人才培养保障机制，强化政策执行效力

构筑人才培养保障机制是确保国防科技人才有效供给和培养质量的必然选择。①健全法律保障，强化培养政策约束力。我国已出台的一系列提升人才培养质量的政策多为指导性文件，政策约束力有限。国防科技人才作为战略性人才在教育培养中占有特殊地位，有必要通过立法确立其战略定位，并阐述中央和地方、高校及企业的权责划分，学生权益保护等内容，运用法治思维和法治方式推动国防科技人才培养质量的提升。②完善组织保障，设立协调管理机构。人才培养作为军民融合发展战略的一项重要内容，亟须在健全培养体系的基础上完善组织保障，有必要在国家国防科工局下设立权威高效、坚强有力的国防科技人才培养组织协调管理机构，高起点谋划、高标准实施、高效率推进，有效协调培养实践中的矛盾和问题。③健全监督机制，确保政策有效落实。主管部门要加强对国防科技人才培养过程和培养成效的全过程评估，引导人才培养机构积极落实政策要求，通过任务督办、职责考核、过程监控、定期检查等多种方式加强对目标任务的检查督促。

---

① 王金营，于博然. 对当前我国国防经济安全的思考[J]. 宏观经济管理，2016，(4)：61-80.

三、创新优化人才培养模式

（一）战略管理维度：强化国防特色高校人才培养的战略规划与评价

国防特色高校人才培养高质量发展是一项系统工程。当前主管部门、高校、院系等各级主体亟须在培养目标、培养内容、实现路径等方面科学制定顶层战略设计，有效发挥战略规划的引领、动员、凝聚与规范作用[1]，进而推动构建高起点、全方位、多层次的育人模式系统。《教育规划纲要》实施成效有力证明了从国家层面编制中长期教育发展规划的重大意义，不同层级教育主体还要据此从各自实际提出配套方案，以健全人才培养战略规划体系。①主管部门实施战略引领。国家国防科工局、教育部和地方政府等主管部门需根据国家宏观教育规划，进一步加强针对国防特色高校高质量发展的科学性顶层设计，尤其是要为军工创新型人才培养提供战略性指引和政策性保障。通过强化外部政策引导和支持，将国家意志和行业人才需求转化为高校革新人才培养实践的内生动力，进而促进国防特色高校人才供给侧和军工产业需求侧在结构、质量和水平上更加契合。②高校树立战略思维。国防特色高校要统筹把握两个大局（中华民族伟大复兴战略全局和世界百年未有之大变局），将国防科技工业发展战略融入学校人才培养方案中，理清办学方向并凸显育人特色，注重原有学科优势传承并加强前沿学科交叉融合，深入推进学校高质量发展进程与国防和军队现代化进程相适应，大力强化创新型人才培养质量与国防科技工业发展需求相契合，服务富国强军战略需求。③院系规划精准定位。高校各学院要以学校中长期规划为工作指南，科学制订院级人才培养规划并配套实施方案，以精准定位、精准发力推动人才培养高质量不断提升。④健全各级制度评估体系。建立制度评估体系是各级战略规划制订方优化制度设计质量、健全战略规划机制、提升战略管理效能的必然要求，教育主管部门、高校及院系应进一步完善战略性制度评估体系，以科学的评估原则和目标为指引，强化制度评估标准化建设，完善评估结果反馈处理机制，以动态性评估倒逼各级主体聚焦人才培养质量。

（二）多元协同维度：适应国防特色高等教育治理现代化要求

现代育人模式须在与高等教育改革、经济社会发展的互动过程中不断完善，国防特色高校以共建体制为基石，传承行业特色高校服务行业发展的使命，从源头处为多方力量协同育人模式提供了现实依据，有助于形成以教育主管部门顶层规划为牵引、以高校内部治理为基础、以产业参与为动力、以校际合育为路径的协同治理格局。①强化高校治理以提升育人质量。高校应在自身战略规划指导下

---

[1] 别敦荣. 高校发展战略规划的理论与实践[J]. 现代教育管理, 2015, (5): 1-9.

着力完善现代大学制度,以产业界用人需求为牵引,实现学校特色学科发展、科研平台搭建、教学模式创新、师资队伍建设、评价体系完善、军工文化传承等内部治理与行业发展的有效对接和良性互动,带动人才培养质量不断提升。②夯实校际合育内涵。国防特色高校应以高校联盟建设为纽带,要将校际合育框架转化为院(系)际合育机制并践行于教师合育层面,促进高校间在多层面、多领域实现资源共享和渠道互通,走以提升人才培养质量为导向的内涵式发展道路。③激发产业部门参与育人的动力。当前,产业部门以绩效为目标和高校系统以育人为目标的本质差异成为造成产教协同育人困境的关键症结[1],高校要以行业企业本质需求为切口,探求产教双方利益结合点,通过完善法律法规、优惠政策和资源保障等配套制度激发企业参与育人的动力,由此将协同育人实践从企业提供见习机会、共建实习基地等表层合作向协同创新基地建设、共建产业学院、合建创新创业就业平台、健全继续教育体系等深层育人模式推进。

(三)培养质量维度:建立基于核心素养的高质量人才培养体系

核心素养是提升人才培养质量的基石,是推进人才培养模式转变的枢纽。当前基于核心素养的教育改革正逐步在各阶段深入推进,党和国家的教育方针可通过核心素养体系转化为教育工作者可感知、教育教学实践可用的具体教育目标,实现从教育理想到教育实践的贯通[2]。国防特色高校与军工行业共同研究建立基于核心素养的高质量人才培养体系,促进教育任务更具针对性和操作性,从而满足国防科技行业对人才的多样化需求。①科学构建以价值塑造为核心的素养指标体系。国防特色高校人才培养的首要目标是满足国防科技工业发展的战略需求,而爱国情怀、理想信念、热爱军工等精神是国防科技行业从业者的价值底色,科学构建以价值塑造为核心,以专业积淀、心理发展、领导力等为基础的核心素养指标体系,可在塑造学生通用型素养的同时强化国防特色人才的个性化素养培育,有助于克服当前人才培养目标同质化倾向,满足国防科技行业对复合型人才的需求。②持续完善核心素养培育体系。国防特色高校的建立基于核心素养的高质量人才培育体系,需将教学标准建设、教学方式革新、教师能力发展、教育质量评估等关键要素进行整体设计。一是强化核心素养教学标准建设,将核心素养指标纳入教学目标,并将其融入教学内容、教学设计、课程载体和教材建设等教学体系;二是以先进信息技术、人工智能、大数据、虚拟现实等赋能教育教学创新,通过人机互动、知识互联、数据共享,满足学生个性化、协作化、智慧化学习需

---

① 白逸仙. 高水平行业特色高校"产教融合"组织发展困境——基于多重制度逻辑的分析[J]. 中国高教研究, 2019, (4): 86-91.

② 辛涛, 姜宇, 林崇德, 等. 论学生发展核心素养的内涵特征及框架定位[J]. 中国教育学刊, 2016, (6): 3-28.

求；三是强化基于学生核心素养提升的教师能力发展，教师要以提升学生核心素养为教育目的，借此强化自身在教育教学、科研创新等培养实践中的引领力；四是构建基于学生核心素养的培养质量评价体系，围绕核心素养关键指标，精心设计培养质量评价内容、创新评价手段和方法、建立评价反馈机制，使评价成为人才培养过程改进、变革、创新的导向矢量和动力。

四、改革优化铸魂育才机制

（一）明势：准确把握新发展格局中的人才强军蕴涵

构建新发展格局是新阶段国防实力和经济实力必须同步提升的战略选择。加快形成以国内大循环为主体、国内国际相互促进的新发展格局，是党中央统筹两个大局（中华民族伟大复兴战略全局和世界百年未有之大变局）并根据我国发展阶段和环境条件变化所作出的战略决策，是攸关国家安全和发展的系统性变革之举。为此，要准确把握新发展格局对增强国防科技人才供给能力提出的新要求。

1. 发展环境面临严峻挑战

我国发展虽然尚处于重要战略机遇期，但国际环境动荡性、不确定性明显增加，世界力量格局正在发生深刻调整和转型，经济全球化与贸易保护主义激烈博弈，新冠疫情与"新冷战思维"并发，单边主义、霸权主义恣意妄行，对世界和平和我国发展构成严重威胁。新时代我国安全的内涵外延、时空领域发生全面深刻变化，安全需求的全域性和国防建设的紧迫性更加凸显。

2. 富国强军协同发展要求

多元复杂的安全威胁和空前发展机遇，要求我们推动经济建设和国防建设协调发展。国防和军队现代化作为国家现代化的重要组成部分，必须融入强国战略和民族复兴大局，从而确保国防实力与经济实力相适应、军事实力与中华民族伟大复兴战略相适应。党的十九届五中全会强调，要加快国防和军队现代化，实现富国和强军相统一。从上述内容不难发现这样一条定理，强国须强军，军强方国安；同时也昭示出另一定理，即国强须强国防，军强须强军工。因此，为了实现第二个百年奋斗目标和建成世界一流军队，就必须深入推进国防科技工业创新发展，加快机械化、信息化、智能化融合发展，全面提高捍卫国家主权、安全和发展利益的战略能力。

3. 国防科技自立自强要求

党的十九届五中全会指出，坚持创新在我国现代化建设全局中的核心地位，把科技自立自强作为国家发展的战略支撑。国防科技直接反映国家科技、经济和军事等综合实力，是国家安全和民族复兴的坚强保障。习近平多次强调指出，"关键核心技术是要不来、买不来、讨不来的。只有把关键核心技术掌握在自己手中，才能从根本上保障国家经济安全、国防安全和其他安全。"①为此，亟须将国防科技自立自强置于战略优先位置，而科技自立自强归根到底源自一流拔尖人才的原创力。可见，我们要走出一条从人才强、科技强到军工强、军队强再到国家强的发展之路。

（二）守道：国防特色高校的使命担当

国防特色高校是中国特色高等教育体系的重要组成部分，是具有国防优势学科和军工特色专业、服务国防科技工业和国家现代化建设的院校，是国防科技工业领域的人才培养基地和科技创新高地②。国防特色高校传承了红色文化基因和军工文化特质，其重要职能是服务国防科技工业创新发展和经济社会持续发展，推动富国强军战略深入实施。

第一，国防特色高校的"首要问题"和"根本任务"。习近平站在党和国家事业发展全局的战略高度思考教育的根本目标，从实现"两个一百年"奋斗目标和中华民族伟大复兴中国梦的宏大视野回答教育的根本问题③。他在全国高校思想政治工作会议上指出，"高校思想政治工作关系高校培养什么样的人、如何培养人以及为谁培养人这个根本问题"④；他在全国教育大会上指出，"培养什么人，是教育的首要问题"，同时强调，"我国是中国共产党领导的社会主义国家，这就决定了我们的教育必须把培养社会主义建设者和接班人作为根本任务"，并进一步提出了"教育是国之大计、党之大计"的重要思想⑤。习近平的讲话精神为准确把握新时代国防特色高等教育的本质和目标提供了理论遵循。国防特色高校要始终牢记为党育人的初心，坚守为国育才的信念，传承和践行军工文化精神，矢志培育担当国防工业全面振兴的时代新人，这是国防特色高校的"首要问题"和"根本任务"，也是新时代国防特色高校承载的初心使命。

第二，国防特色高校要明晰办学理念和目标定位。在当前加快构建新发展格局的时代背景下，面对复杂多变的发展环境，要强化忠诚国防事业、服务国家战略的使命担当，牢固树立人才培养中心地位，培养一代又一代拥护中国共产党和

---

① 《习近平：在中国科学院第十九次院士大会、中国工程院第十四次院士大会上的讲话》，http://kfy.ccnu.edu.cn/info/1017/1907.htm[2018-05-29].

② 张建卫，宣星宇，周洁，等. 国防特色高校人才培养模式创新发展的机理及启示——《教育规划纲要》实施的政策契机[J]. 中国高教研究，2021, (3): 30-36, 68.

③ 习近平. 习近平谈治国理政[M]. 北京：外文出版社，2017.

④ 《习近平出席全国高校思想政治工作会议并发表重要讲话》，http://www.81.cn/dblj/2016-12/08/content_7398878.htm[2021-12-31].

⑤ 《习近平出席全国教育大会并发表重要讲话》，http://www.gov.cn/xinwen/2018-09/10/content_5320835.htm[2018-09-10].

社会主义制度、立志为中国特色国防科技事业奋斗终身的拔尖创新人才,这也是"为党育人、为国育才"思想在国防特色高等教育中的具体展现。

五、深入推进师资队伍建设

(一)重视顶层设计,强化育才战略引领

创新之道,唯在得人。国防科技工业是肩负推进国防建设和经济建设双重使命的国家战略性产业,人才培养是一项攸关富国强军目标实现的基础性、先导性和战略性工程。一是确立人才引领发展的战略地位。世界军工科技发展史表明,唯有掌握核心技术的一流创造型人才,才能引领一流国防科技工业创新发展。国防特色高校要重塑人才培养理念,人才引领发展应是底层逻辑。二是制订国防特色高校军工人才发展规划。针对当前军工人才队伍结构不合理、领军人才匮乏及后继乏人等严峻现实,亟须从办学定位、学科建设、培养模式、师资建设和保障机制等方面进行顶层设计。三是成立国防特色高校教师发展联盟。遵循"共享、共融、共创"原则,搭建国防特色高校教师间互学、互鉴、互助的交流平台,促进教师教学、学术全面发展,实现"研育双一流"目标。

(二)建强师资队伍,筑牢人才培养基石

善之本在教,教之本在师。师资队伍建设是促进高校内涵式发展、提升人才培养质量的动力源泉。为培育一流军工人才,需要加快建设一支面向国防军队现代化、面向世界科技前沿的高素质专业化创新型师资队伍。一是构建教师核心素养模型。立足国防特色高校发展背景和战略定位,以德学双馨教师为标杆,遵循严谨规范的质性和量化研究方法,构建国防特色高校教师核心素养模型,为教师人力资源开发管理奠定理论基础。二是建立基于核心素养模型的教师选拔、评价、晋升和生涯发展体系。基于"五唯"(唯论文、唯帽子、唯职称、唯学历、唯奖项)导向的教师"选、评、励、用"机制,一直是高校教师人力资源管理的顽瘴痼疾,削弱了教师的铸魂使命和育才动机。国防特色高校要从"五唯"驱动转向核心素养驱动,这将有助于建立科学规范、开放多元、公平人本和战略导向的教师管理体系,从而激发教师的教学学术活力和立德树人动力。三是健全产-学互融的师资聘任机制。国防特色高校要主动与军工企业及院所建立"走出–请入"的师资互聘机制,将专业教师派往军工单位挂职学习以提升其核心素养,并把军工单位型号总师或科技带头人请入高校任教以提升学生核心素养,从师资层面开启产教融合枢纽,实现核心素养培育上的"教学相长"。

(三)提升教师核心素养,强化人才培养能力

行有不得,反求诸己。人才培养质量很大程度上取决于高校育人能力和教师核心素养,要多举措开展师资培养。一是树立成长型认知信念。教师核心素养的

提升受制于其内隐认知信念。秉持成长型认知信念的教师坚信，核心素养依靠学习和实践是可以提升的，他们视挑战为机遇，善于从错误中学习并见贤思齐；而持有固定型认知信念的教师则认为，核心素养通过努力也是难以改变的，他们习惯于推责并强调环境阻力。因此，深刻理解并牢固树立成长型认知信念是提升教师核心素养的重要内因。二是建立教师核心素养培训体系。针对不同类型（学科、职称、岗位、年龄等）的教师群体，明晰并细化教师核心素养的维度及要素，建立差异化、规范化、线上与线下相结合的课程体系和培训机制；聘任国防科技行业专家、知名院士及教育专家，组建多元支撑的学习共同体，促进教师专业成长和核心素养发展。三是激励教师开展教育教学研究。学校要采取系统化激励政策促进教师对育人过程和教学实践开展研究，重视行动研究和课例研究，通过发现问题、分析成因、采取改进策略、评价改进成效等步骤，不断提升教师科学育人素养和育才能力。

（四）践行强军使命，培育国防栋梁人才

功以才成，业由才广。人才是国防科技工业的第一资源，是兴业强军之本。一是明悉国防安全形势，强化使命担当。建成世界一流军队，必须依靠一流国防科技工业支撑；建设一流国防科技工业，必须依靠一流人才驱动。一流军工人才培养亟须广大教师肩负强军育才使命。国防特色高校教师要明悉国家安全形势，聚焦服务军民融合发展战略需求并瞄准国防科技发展前沿，培养造就掌握核心技术的一流军工人才。二是践履铸魂责任，强化自主动机。作为国防特色高校教师，尤其要重视塑造学生的精神素养和国防素养，将价值观培育渗透于知识传授和能力培养之中；要将师爱融入学生爱国情和强国志的培育实践中，使他们的科技创新理想和报国兴国信念相统一；既要履行言传身教之职责，还要肩负立德铸魂之使命，自觉将使命职责融入日常言行并贯穿于教育教学全程。三是落实育才任务，讲究科学方法。教师要善于总结人才成长规律，遵循科学教育原理和教学方法，遵循普遍性与差异性、连续性与阶段性、整体性与辩证性等育才原则，为国防科技行业培养造就科学大师、科技领军人才、创新骨干人才和治企领导人才。

第六章 需求视角下典型行业创新型人才培养模式与路径研究

从需求视角分析典型行业创新型人才培养模式和路径是新时代促进典型行业转型升级和可持续发展的重要抓手。国防科技工业作为国家战略性高技术产业，涵盖核、航天、航空、兵器、船舶、电子和配套等行业的现代化完整工业体系，成为国防现代化、经济社会发展和科技进步的重要推动力量。2014年12月3日至12月4日，习近平在全军装备工作会议上发表重要讲话，强调"要坚持人才队伍建设优先，放开视野选人才、不拘一格用人才，把国防科技和装备领域打造成国家创新人才的高地、人才成长兴业的沃土，形成各类人才创造活力竞相迸发的生动局面。"①探索新时代国防科技工业创新型人才培养的模式和路径创新是拉动行业特色高校创新发展、保障国防安全和加速科技创新的重要抓手。本章首先对国防科技工业创新型人才数量、质量与结构等关键问题展开调查研究，总结分析国防科技工业创新型人才培养的状况和问题。其次，运用扎根理论对调研获取到的资料进行逐级编码，厘清国防科技工业创新型人才成长的影响因素。再次，探索我国军民融合发展战略背景下国防科技工业创新型人才培养模式，构建了"学校–教师–学生–目标"（university-teacher-student-objective，UTSO）的国防创新型人才培养模式。最后，系统分析国防科技工业产教融合创新型人才培养路径，构建了"底层支撑—基础途径—驱动因素"的国防特色高校创新型人才培养路径。本章从需求视角为行业特色高校高质量发展与创新型人才培养模式和路径选择提供了良好的发展建议。

第一节 典型行业创新型人才培养的状况和问题

一、典型行业创新型人才培养的状况

（一）国防科技工业创新型人才的理论研究状况

国防科技工业是国家现代制造业和科技创新体系的关键领域，打造国防科技

---

① 《习近平出席全军装备工作会议并发表重要讲话》，http://www.gov.cn/govweb/xinwen/2014-12/04/content_2787063.htm[2014-12-04].

工业创新型人才高地是推进创新发展战略的重要战略部署。就国防科技工业领域内的创新型人才培养这一研究问题，Flemming[1]强调了联邦政府和州政府在教育方面的伙伴关系，前者协助提供资金和法律顾问，后者完全控制自己的教育系统和方案，从而将国民培养成国际国防科技的潜在人力资源。Harris 和 Miller[2]从学生成绩、教师素质、授予学位数和其他国际竞争力指标等方面综述了美国数学、科学和工程教育的状况，建议结合国防要求不断提高美国高校在科学技术方面与国防科技企业的合作，从而在信息时代和全球经济中为公民的国防和经济福祉提供保障。孟卫东等[3]通过构建军民融合式军队科技人才培养激励模型，分析了最优激励机制设计问题，建立了激励式人才培养路径。在协同创新方面，李祖超和张利勤[4]分析比较美日两国创新人才培养路径，建议创新型人才培养要设立实践基地、搭建科研平台、构筑有效载体、发挥政府协调引领作用。郝福锦和蔡瑞林[5]指出人才互聘机制以及多方合作能有效促进人才创新培养。李湘黔等[6]指出，构建适应国防科技工业协同创新的人才培养模式，既是先进国防科技工业建设的重点任务，也是推进国防科技工业协同创新的重要保证。

总体来看，学术界关于国防科技工业人才培养模式及路径的研究大多基于高校视角，对其机制创新、协同创新等方面做出研究。而典型行业创新型人才培养应建立在行业需求的基础上，从国防科技工业体系建设需要与先进武器装备发展需要出发，对行业特色高校的人才培养模式与路径提出明确要求，这也是本章所关注的科学问题所在。

（二）国防科技工业创新型人才培养的发展状况

创新型人才的培养是一个系统工程，强调知识、能力、素质的协调统一。面对国防科技工业发展的新形势和新要求，对于国防特色高校来说，在高层次创新型人才培养上，既要从自身发展实际出发，也要针对国防科技工业发展的需求，适时调整人才培养的目标、方向、模式，拓展高层次创新型人才培养的路径，探

---

[1] Flemming A S. The philosophy and objectives of the national defense education act[J]. The Annals of the American Academy of Political and Social Science, 1960, 327(1): 132-138.

[2] Harris M M, Miller J R. Needed: reincarnation of national defense education act of 1958[J]. Journal of Science Education and Technology, 2005, 14(2): 157-171.

[3] 孟卫东, 高原, 代建生. 军民融合式军队科技人才培养激励机制研究[J]. 科技管理研究, 2015, (10): 185-191.

[4] 李祖超, 张利勤. 美日产学研协同培养拔尖创新人才路径比较分析[J]. 现代大学教育, 2013, (3): 41-47.

[5] 郝福锦, 蔡瑞林. 基于产学研人才互聘的协同创新人才培养模式实践分析[J]. 职业技术教育, 2017, (5): 8-11.

[6] 李湘黔, 周德, 林琳, 等. 国防科技工业协同创新人才培养模式研究[J]. 科技进步与对策, 2018, 35(19): 103-108.

索创新型人才培养的有效方式，这样才能为行业发展提供必要的、充足的智力支撑，进而推动行业的快速发展。

近年来，随着我国国防科技工业领域市场化改革的不断推进，国防科技工业呈现出加速发展的态势。作为高度知识密集、技术密集的战略性产业，国防科技工业的快速发展客观上要以高水平、高素质的专业化人才供给为基础和保障，而高层次创新型人才在国防科技工业发展中扮演着尤为重要的角色。

国防特色高校，指将服务国防科技工业发展作为主要服务领域的高校，包括原来由国防科学技术工业委员会主管、工业和信息化部主管的七所高校——哈尔滨工业大学、哈尔滨工程大学、北京航空航天大学、北京理工大学、西北工业大学、南京航空航天大学、南京理工大学，以及中北大学、长春理工大学等原来由国防系统单位主管的高校。国防特色高校具备与我国其他高校一样的四项基本功能，即人才培养、科学研究、社会服务和文化传承创新。国防特色就体现于这四项基本功能之中："人才培养"中，为各类国防科技工业单位输送具备相应专业能力的人才；"科学研究"中，强调为国防科技工业提供有力的技术支持与决策支撑；"社会服务"中，以服务国家国防科技工业发展为目标；"文化传承创新"中，突出弘扬军工文化，培养广大师生的爱国情操。长期以来，国防特色高校极大地支持了国防科技工业的发展，各大国防科技企业、科研院所中有着大量国防特色高校培养的科研、管理人才，同时国防特色高校自身也承担了大量国防科技科研任务。但是，随着军队改革的深入，国家科研管理体制的改革以及行业竞争的进一步加剧等情况的出现，使国防特色高校的发展也面临了各种挑战。

从国防科技工业人才需求看，国防科技工业往往是多种技术、多种学科交叉的复杂系统，涉及众多的学科专业领域，集成了现代科技的最新成果，从而在国民经济发展中发挥着重要的牵引作用和衍生效应。国防科技工业的发展不仅对人才的知识水平、专业技能要求较高，而且对人才的协作能力也有很高的要求。人才的整体素质、创新意识、团队精神及创新实践能力等对行业发展尤为重要。

通过广泛查阅文献资料，本节从人才数量、人才质量、人才结构等三个方面阐述我国国防科技工业人才培养的状况。

从人才数量和人才结构方面看，《中国科技人力资源发展研究报告（2018）——科技人力资源的总量、结构与科研人员流动》（以下简称《报告》）研究结果显示，不考虑专升本、死亡及出国因素，截至2018年底，我国科技人力资源总量达10 154.5万人，规模继续保持世界第一。另外，我国科技人力资源培养的区域分布不均衡，东部地区培养总量大、密度较高，中部地区相对均衡、各省培养总量与密度差异较小，西部地区培养总量小、密度低。当前从新一轮产业革命看，正在兴起的物联网、云计算、无人驾驶等新兴产业无一不以人工智能技术为支撑。伴随着新一轮的产业革命，未来战争也将转变为以智能化军队、自主化装备和无人化战争等新型作战力量为标志的新型军事战争，智能化要素将渗透到作战体系的各个力量和环节，最终实现作战平台的无人化、智能化，并分布式部署于全战场纵深[①]。伴随着战争模式由信息化转为智能化，未来战争的作战空间也进一步拓展融合，开始关注太空及深海领域。这些新军事变革带来的一系列强大冲击，正在重新定义着新时代下国家所需的新型国防科技人才。然而，面向新军事变革下国防科技重大需求，当前中国在传统技术领域的人才相对过剩，而适应智能化战争武器装备发展需要、以人工智能技术为代表的新兴学科和交叉学科的专业技术人才严重不足。研究智能化战争下太空、深海等新型作战领域所需前沿技术的国防科技人才短缺，相关领域的学科建设与规划有待完善。

从人才质量方面看，高校国防科技人才培养顶层设计和创新实践不足。实现百年中国梦急需培养创新型国防科技人才，然而现阶段高校在培养国防科技人才上存在顶层设计不足和创新实践薄弱的问题，从而使现有国防科技人才与新军事变革下的要求存在较大差距[②]。这一特征突出表现在以下两个方面。一是高校国防科技人才培养缺乏顶层设计和战略筹划。在当前新形势下，高校国防科技人才的培养尚未与高校"十四五"战略和"双一流"建设战略紧密结合，国防科技人才培养的目标定位和战略举措缺乏系统性、前瞻性、战略性的布局。军民深度融合背景下的国防科技人才培养的体制、机制建设尚未打破军地分离的格局，统筹协调机制亟待完善[③]。二是高校国防科技人才培养缺乏创新实践。随着高校国防科技人才培养创新理论的不断加强，适应新军事变革需求和社会经济发展的国防科技人才培养的创新实践依然滞后，高校的国防基础研究能力薄弱，技术储备与创新人才实践能力不足，尤其是对于新军事变革下的高技术武器装备的研制创新、军工先进制造技术、国防战略前沿技术等方面的研究敏锐度不够，研究成效缓慢，支撑自主研发的国防新型武器装备核心技术的团队和带头人亟待发展。

二、典型行业创新型人才培养的问题

无论是从国内发展需求（国家战略需求、国防高校发展、国防科技企业人才需求）还是从国际竞争形势来看，创新型人才培养都至关重要，对促进整个国防科技工业领域的发展意义重大，但现实来看，还存在一些问题亟待解决。

在人才供需方面，国防特色高校与国防科技企业之间的协同创新人才对接存

---

① 徐辉. 我国军民融合深度发展的内涵研究[J]. 国防科技, 2014, 35(4): 95-98, 111.

② 朱东来, 解飞. 军民融合深度发展中军事人才开发与培养路径研究[J]. 军队政工理论研究, 2016, 17(6): 89-94.

③ 王炳书, 高剑. 我国国防科技发展存在的问题与对策[J]. 军事经济研究, 2009, 30(9): 25-26.

在偏差。国防科技具备特殊性，尤其是中西部偏远地区及二线、三线城市的军工科研单位对相关学科专业高水平基础研究人才的需求十分迫切，但国家通用学科专业不能完全满足国防科技工业的人才需求，军工行业长期以来对国防基础研究人才的培养重视程度不够，军工特需人才的持续需求较难得到满足。高校人才培养的主要着眼点是社会经济发展需要，对国防科技工业的人才需求重视不足，人才培养目标与国防科技企业需求差距较大，国防科技企业亟须的高素质创新人才、高级专门人才供给严重不足。此外，高校往往强调专业课教学，忽视了学生职业道德培养，所培养的创新人才缺乏献身国防、服从大局、无私奉献、艰苦奋斗、精益求精等职业精神，难以适应独特的国防科技企业文化。

在资源共享方面，人才培养资源共享机制有待健全。一方面，资源共享观念淡薄、协同制度缺失，而高校、企业和科研院所虽然拥有丰富的创新资源，但各成体系、彼此封闭，未能建立有效的协同机制。另一方面，人才培养标准体系相互独立，难以对接。目前，国防特色高校都是根据自己既有的培养方案开展国防科技工业人才教育教学，人才培养工作跟不上国防科技企业的现实需求变化。

在培养模式方面，国防拔尖人才的要求与培养体系不匹配。对国防拔尖人才而言，在学术方面，需要实施"本-硕-博"纵向贯通培养；在工程实践方面，实施校企协同的横向贯通培养，但现在本科、硕士、博士三个层次大多采用的是分段培养模式。同时，就航空行业而言，航空发动机总体设计专业目前仅有西北工业大学、北京航空航天大学等个别高校开设，对口生源较少，航空发动机装配试车以及商用航空发动机急需的客服工程等专业，在高校尚无对口生源。此外，由于军工行业的一些固有特点，国防特色专业建设和人才培养在传统上相对封闭，国际化程度不高，对学生国际竞争力和国际视野的培养力度难以满足新军事变革背景下国家对国防拔尖人才的要求。

在培养深度方面，教学脱节，知识老化，培养的人才不能适应时代发展。创新型人才需要具备很强的综合理论知识和技能以及创新思维，这样才能适应不断变化的社会形势，有效解决发展难题，而高校学生所学知识大部分来源于书本，知识结构单一，不能很好地运用所学知识解决现实需求问题。一些高校仍然采用以教师为主导，以课本、课堂、自我为中心的教学方法，课堂缺少师生互动，教与学相脱节，机械式学习使得学生不能高效吸收知识。而且，知识老化，核心知识更新不足，学生与时代脱轨，使得所学领域创新不足；同时学科分离、类型单一的科目使得学生知识面较为狭隘，容易造成专业技能较强但其他方面薄弱的现象，不利于人格的完善和高素质的养成。只注重理论但缺乏实践的教学体系，会使得学生知其然，而不知其所以然，并且实际动手能力差。单一的试卷成绩仍是目前界定能力高低的凭证。批量模式化和专业同质化的现象也比较严重。

第二节　典型行业创新型人才成长的影响因素

本节内容旨在厘清国防科技工业创新型人才成长的影响因素与过程，为典型行业的创新型人才培养模式奠定基础，并提供模型参考与借鉴。

一、研究设计

本节采用文献分析、多案例分析、扎根理论、实证分析等方法，分析研究国防科技企业创新型人才成长的全部资料，细致深入地探讨出国防科技企业人才培养的关键抓手，即人才成长影响因素，并据此创立国防科技企业创新型人才的培养模式。

首先，广泛收集国防科技工业创新型人才培养的相关文献及新闻报道等资料，案例企业有洛克希德·马丁公司、波音公司、空中客车工业公司、雷神公司，案例资料主要来源于《波音鬼怪工厂》及《臭鼬工厂传奇》两本书籍，相关访谈资料、新闻报道等，并对国防科技工业领域的典型企业及科研单位进行走访调研，获取一手资料。其次，以 NVivo 软件为辅助工具对获取的有效资料进行开放性编码、主轴编码、选择性编码三个阶段的逐步解读、抽象与提炼，得到影响国防科技工业创新型人才成长的关键要素，从而建立国防科技工业创新型人才成长过程的影响要素模型。再次，通过将各个要素划分层级与建立联系，更为深度科学地展现国防科技工业创新型人才成长的全过程。最后，结合前期得到的扎根结果及相关的理论文献设计调研问卷，采取问卷分析的定量研究方式对前期建立出的影响要素模型进行重点验证，以期能够为国防科技企业创新型人才的成长提出相关的实际性对策建议。

二、扎根分析

对收集到的资料进行扎根处理，依次进行开放性编码、主轴编码及选择性编码三阶段的编码过程，从而得到有关国防科技企业创新型人才成长的影响因素，并对检验性企业分析相关影响要素，以达到对研究结果饱和度的检验，为下一步的国防科技企业创新型人才成长的影响要素模型构建及人才培养模式建立提供理论基础。

开放性编码是扎根理论进行的首要步骤，指对前期收集到的访谈资料、企业报道及相关文献等原始资料进行初步分析处理，通过将所有文字资料打散并进行提炼形成初始标签，进而进行概念化和范畴化。首先，研究者需要将收集到的全部原始资料进行梳理分析，摒弃掉和主题不完全相符或者无用的资料内容，并将剩余资料内容进行汇总整理。其次,在编码过程中,研究者需要保持客观的态度,不掺杂任何个人主观的判断和假设,尽可能使用原始语句进行编码,如果原始语句不涉及总结性词语,根据需要可以在此基础上进行归纳,尽量保持编码与原始语句意思达成一致。最后,借助 NVivo11.0 软件按照开放性编码的过程对资料进行逐步操作,得到所需要的标签、概念和范畴。最终得到 142 个概念(aa1~aa142)和 80 个初始范畴,见表 6.1~表 6.3。

表 6.1 贴标签示例

案例资料	原始语句举例	贴标签
《波音鬼怪工厂》	波音公司的人力资源管理紧密围绕着公司的整体战略而展开,波音是一家将自己定位为拓荒者的公司,其战略气质可以归纳为敢于冒险、崇尚突破的行业引领精神。基于波音这种求新求变、敢于冒险的战略特色,企业对于人力资源的要求也渲染上勇于变革、积极创新的色彩	a8 公司拥有清晰的愿景定位 a9 培养员工拥有敬业精神和执着精神
	公司将这部分人才视为珍宝,努力挖掘并培养他们,关注他们价值实现的内在诉求。采用文化搭台、项目牵引的手段,鼓励员工坚持变革……波音非常尊重员工的观点和看法,员工参与的相关原则还写进了波音的公司章程中,高层管理者必须按规定邀请员工参与公司的经营管理决策……这些做法让所有员工都开始倾听彼此,互相分享经验和知识,觉得自己真正成了公司的一部分	a10 关注员工内在价值 a11 项目牵引员工创新 a12 加强员工在公司管理方面的参与感
	…	…
中国电子信息产业集团有限公司	并且我们已经建立了专有的职务序列以保障专业人才的晋升。具体来讲是根据科技人才成长规律从而建立科技岗位序列,为"技术链"对应预制相匹配的"人才链"。规定技术领导必须由科技人才担任,提供稳定的事业平台	a121 结合行业特点和对人才的能力需求培养定向型创新型人才
	中国电子深入学习贯彻习近平总书记关于人才工作重要论述,建立符合新时代要求的网信人才发展体系,持续推进人才队伍建设	a122 国家明确提出先关战略计划
	在日常工作开展中我们重点选拔使用了优秀年轻的干部,通过组织"中国电子 2019 精鹰培训班"成功推动了"四鹰计划"落到实处	a142 形成统一的行业标准,使得科室员工培训更加规范
	…	…

表 6.2 部分标签汇总

贴标签		
a1 录取后全面培训	a102 员工的斗志是创新的动力基础	a203 提供健康服务
a2 注重与工会关系融洽	a103 企业与创新关联性的决策影响员工创新的热情	a204 考虑员工家属待遇
a3 工资待遇与公司成功程度关联	a104 学习其他优秀的创新型企业做法有助于企业自身的创新发展	a205 实施精益管理项目增加凝聚力
…		

表 6.3　概念化和范畴化汇总

概念化	范畴化
aa1 避免员工间的恶意比较（a256 避免员工间的工作成果对比）	A1 促进员工和谐相处（aa1 避免员工间的恶意比较、aa87 满足员工的社交需求、aa121 关注员工关系正常成长）
aa2 临时性团队（a176 建立临时性的集成产品团队）	A2 建设特色队伍（aa2 临时性团队、aa5 创新实验室、aa9 特设研发机构）
aa3 创新技术引导培训（a282 加强正面引导）	A3 技术性知识（aa3 创新技术引导培训、aa117 员工岗位基础技能）
…	…

主轴编码也叫作二级编码，是在前一级开放性编码的基础上，对初始范畴进行比较分析并重新划分以确立类属的过程。将原始资料打散进行分解得到初始标签并逐步进行概念化和范畴化这一过程仅是在对资料进行初步处理而提炼得到了类属关系简单的初始范畴。为了进一步探寻并建立范畴之间存在的潜在联结关系，此时需要进行主轴编码，发展副范畴和主范畴，明晰范畴之间的包含和类属关系，拓宽范畴维度。首先，对初始范畴之间进行比对梳理，逐渐分析范畴之间的联系，并对其进行划分归类，提炼能够统筹各类别项的范畴，称为副范畴。其次，对副范畴进行更深层次的归纳，发展范畴之间的联系，抽象形成主范畴。由于本节提炼得到的初始范畴相对较多，直接确立类属形成主范畴会导致要素过多而造成关系构建出现一点混乱和表述不明确的情况。因此，研究者选择引入副范畴概念，副范畴是初始范畴与主范畴之间的过渡，是为了更好地衔接两类范畴，帮助其更清晰地阐释要素之间的逻辑关系，进而更清楚地展示主范畴。在开放性编码中得到的 80 个初始范畴能够进一步总结归纳到 23 个副范畴和 8 个主范畴，主轴编码结果如表 6.4 所示。

表 6.4　国防科技企业创新型人才成长影响因素的主轴编码结果

主范畴	副范畴	初始范畴
员工自身	知识水平	A3 技术性知识、A13 专业性知识
	职业素养	A17 员工主动投入工作、A71 员工认真负责、A76 员工的职业操守
	身心状况	A31 日常员工心理疏导活动、A69 保障员工人身安全、A73 员工情绪状态
	家庭环境	A77 员工自身成长环境
管理人员	领导风格	A6 企业敢于突破、A11 思维变革、A21 管理者对创新的态度、A23 管理层的职业素养、A35 领导带头创新、A50 风险承担能力
	管理力度	A7 高层组织的发展、A26 企业严格执行制度、A38 企业工作效率、A41 强化培训运作、A61 制度执行效率
	工作任务	A9 工作内容形式、A18 工作内容难易、A19 工作内容核心

续表

主范畴	副范畴	初始范畴
个人资产	薪资福利	A67 薪资标准
	其他激励	A4 创新利润分配模式、A28 奖励员工创新
个人价值	职业发展	A5 提供员工发展平台、A12 工作考核制度、A29 晋升制度、A49 员工发展道路公开透明、A63 肯定员工价值
	精神追求	A74 符合员工精神追求
企业运作	战略决策	A43 企业的法律观念、A44 企业自我驱动发展、A46 企业对市场的嗅觉、A48 企业理解、A60 企业的战略思维、A78 企业的整合能力
	规章制度	A45 企业的制度保障
	治理模式	A2 建设特色队伍、A10 学习活动、A22 高层有的放矢、A27 企业的培养思维、A30 多种节点培训方式、A36 塑造员工模范先锋、A37 企业和员工共同成长、A68 外来思想冲击、A72 权力下放给员工、A79 具体任务锻炼员工、A80 企业内部结构
	企业文化	A14 员工被重视、A16 塑造放松式工作氛围、A20 企业人文关怀、A39 企业的文化包容性、A47 企业的社会责任心、A54 企业文化受众面、A62 企业自信、A55 企业内部风气
群体关系	人员组成	A8 员工的学科背景、A14 高学历员工数量、A75 员工年龄分布
	同事关系	A1 促进员工和谐相处、A34 领导层与员工的关系、A66 员工间的积极竞争
企业资源	基础资源	A32 企业资金充足、A33 提供员工信息交流平台、A40 提供知识资料库、A42 再教育基础实力、A51 企业提供学习环境、A56 企业注重自身的信息交流
	项目资源	A57 多方合作、A65 项目牵引员工创新
	科技成果	A25 技术资源充足、A58 企业拥有成果话语权
	企业影响力	A52 企业的知名度、A53 企业在员工中获得的评价、A59 企业的社会影响力、A70 员工对企业的好感
社会环境	社会观点	A24 国家政策
	市场需求	A64 行业竞争

选择性编码也叫核心登录。此过程分为两个步骤：第一步，基于之前开放性编码与主轴编码的已知脉络对原始资料再次完整性地审视一遍，进而得到具有提纲挈领性的核心范畴；第二步，配合原始资料，对编码过程中得到的 80 个初始范畴、23 个副范畴及 8 个主范畴再次深入分析，可以得出"国防科技企业创新型人才成长影响因素"这一核心范畴来统领所有的范畴。

在对各个范畴以及各个范畴间关系的分析基础上，将主范畴"员工自身"归为个体因素，主范畴"个人资产"和"个人价值"归为激励因素，主范畴"企业运作"、"企业资源"、"管理人员"、"群体关系"及"社会环境"归为环境因素。

"员工自身"作为主范畴，包括与员工相关的知识水平、职业素养、身心状况及家庭环境四个副范畴。国防科技企业一般都为高技术密集型的企业，为国防事业服务。国防科技企业生产出的产品主要以军事用品为主，包含一大批的高端精尖技术，因此知识水平作为"员工自身"的四个副范畴之一，直接影响着创新型人才的成长速度，并决定其在创新成长过程中的知识技能天花板。创新型人才的职业素养是指员工对创新工作的主动投入程度和所具备的基础职业道德伦理观念，员工主动投入工作和被动接受工作所得到的结果完全不同，正确的职业素养是员工对其工作的肯定和负责，员工表现为自我驱动式成长。对于国防科技企业这类涉密性质的企业，严格的保密制度是企业内员工所必须遵守的职业操守，如果人才的职业素养有问题必定会造成其创新型成长的扭曲及懈怠，进而阻碍其创新发展。身心状况关乎着创新型人才的工作状态，国防科技企业作为重要性极高的国防所需企业，其工作任务要求相比其他行业要更加苛刻，员工的工作压力相对其他行业岗位人员要更为沉重，因此国防科技企业人才更容易产生负面情绪、压力及健康问题，良好的身心状况能够为国防科技企业创新型人才成长提供强力保障。家庭环境主要指员工个人成长环境及其家庭状况，工作之外，创新型人才的家庭环境会直接影响其日常情绪和个人观念，进而影响其在企业中工作的稳定性。若家庭方面对创新型人才的工作抱有支持态度，会激发创新型人才更好成长；而家庭方面对创新型人才的工作持有否定甚至抵制情绪，则会影响创新型人才对工作的热情及对创新的积极性，进而阻挠其健康成长。此外，如果员工的家庭状况不好，会使员工将一部分精力聚焦在家庭问题的处理上，从而减少其对创新的投入程度而影响其在企业中的创新型成长。

个人价值指的是创新型人才的价值实际转化和其精神追求的实现，包括创新型人才的职业发展和精神追求。职业发展涵盖企业内部的工作考核制度、晋升制度及肯定员工价值等内容，弗鲁姆的期望理论指出创新型人才对企业内部创新发展的期望和评价将会影响其对创新发展采取的态度和行为，公开透明的职业发展道路和丰富的职业发展平台直接影响创新型人才在成长中的表现。巴西航空工业公司提出给每位员工提供充足的职业发展帮助，在实际管理中企业将员工的个人兴趣及才能与企业的愿景、价值理念及战略规划相融合，通过开展"与巴航工业共翱翔计划"培养项目为创新型人才提供大批职业发展机会，从而极大地鼓励和激发出巴航工业员工的创新能力。中国航天科工集团有限公司通过绩效优先和创新增值的原则不断完善企业内部的管理评价体系，更新企业的工作考核制度、晋升制度，最终建立以科研能力和创新成果为导向的工作评价指标及标准，从而满足员工对自身职业愿景规划的实现需求，使企业员工的创新潜力不断地被激发出来从而实现企业的创新型发展。创新型人才的精神追求会直接影响其对创新目标层级的设定，创新型人才对工作具有自己独特的见解，在精神追求上拥有自己的取向和目标，如果企业忽略其精神需求，或者难以与创新型人才的精神需求产生共鸣，则会导致员工的创新能力很难真正被转化为实际的军工成果。通过分析资料可知，国防科技企业中青年员工对精神激励的正面回应比对物质激励的正面回应表现更为积极，员工对工作的热爱更多出于自身的爱国情怀。在国防科技企业中，促使员工在工作中形成与自身精神追求相吻合的"创新"自豪感，能够更好地推动其对创新的追求。

个人资产包括薪资福利和其他激励。对于国防科技企业中的创新型人才，薪资福利是其工作成果的直接物质体现，也是衡量其价值、体现企业对员工工作成果评价的一个直观表现形式。如果国防科技企业无法给创新型人才提供匹配企业自身及创新型人才创新成果的薪资福利，必定会降低创新型人才的满意度，增加其对自身创新结果评价的落差感，使创新型人才形成"不值得付出"的心态，从而导致其对创新的懈怠和失望，阻碍自身成长。依据赫茨伯格的双因素理论，除保健因素外我们还应关注创新型人才的激励因素，其他激励是指企业为员工提供的基础福利保障之外的针对创新行为的其他多种形式的激励方式，如对创新型人才进行荣誉表扬、公示表彰，或者采用多样化持股模式等创新激励措施，以满足创新型人才对自身创新的荣誉感和自豪感。在贝宜（BAE）系统公司，持股激励计划不仅推动员工使用税前收入购买公司股份为公司注入更多资本，还能够加深创新型人才和企业的情感联结，为企业的创新发展注入更多的动力。西京电气总公司尝试通过核心骨干员工持股实现体制优化，这不但保障企业中创新型人才的基本权利，而且保证企业能够稳定地扩展其创新能力。

企业运作包括战略决策、规章制度、治理模式及企业文化四个副范畴。战略决策包括企业愿景、企业目标、企业的法律观念、企业对市场的嗅觉及企业的整合能力等。研究表明拥有健全法律意识的国防科技企业，其创新型人才的发展更规范化，企业发展走势更稳定，拥有明确创新需求导向的国防科技企业在创新型人才培养方面更加顺利。规章制度是管理者在战略决策下为支持企业的正常运作而制定的一系列辅助要求，保障各项工作流程的稳定运作。国防科技企业作为保密程度较高的企业，定期组织创新型人才进行《中华人民共和国保守国家秘密法》等制度规定的学习，这能够减少创新型人才形成麻痹大意的思想以及盲目性的冲动行为，能够更好地推动创新型人才的成长。治理模式是国防科技企业对创新型人才成长所采取的具体方式和措施，包括建设特色队伍、塑造员工模范先锋、多节点开展人才培训、引入外界新思想以及企业内部组织结构优化等。治理模式将直接影响创新型人才接受创新成长的程度和自身对创新的贯彻深度。高科技研发工作是一项复杂的任务，简单的工作模式和简化的组织能够使研发人员更少地受限于规章制度的束缚而更加自由地思考和解决问题。在臭鼬工厂中，管理层能够迅速做出技术决定，省去向上级部门汇报的时间，最终使整个工作过程更为敏捷和迅速。企业文化是企业所表现出的特征及其崇尚的信仰，一个富有社会责任心、鼓励员工参与公益事业、对员工充满人文关怀、充满自信的企业更能增强其内部创新型人才对自己工作的认可度，推动其自发性地进行创新型成长。

企业资源指国防科技企业在创新型人才成长中提供的基础资源、科技成果、项目资源及企业影响力四个副范畴。基础资源作为人才成长中最基本的需求，奠定了人才深层次创新成长的基础，充足的研发资金投入、广阔的员工信息交流平台、丰富的资料库、就业后的再教育实力及良好的学习环境均为企业创新型人才的成长提供着充足的能源补给。"鬼怪工厂"的智囊团队针对创新型人才在工作中的技术创新问题，在企业内部号召全员提供建议，再从中筛选出好的创意，从而开发出更多的新技术。科技成果是国防科技企业已有的先进技术或核心成果，强调国防科技企业科研的话语权及研发基础实力。中国航天科工集团有限公司拥有一大批国内甚至世界领先的核心技术，大幅地提升了该企业的行业竞争力，从而加强了企业内部创新型人才的成长信心，使员工能够更好地朝着创新目标成长。项目资源是国防科技企业拥有的外部合作资源和交流资源，研究中发现项目资源数量会直接影响员工创新能力的提升速度，因为通过多方项目资源作牵引，企业员工可以在项目中切身实践，从而更快、更全面地实现自身的创新型成长。企业影响力是国防科技企业在行业中的市场占比表现，是国防科技企业自身获得的荣誉及评价。通过研究发现，国防科技企业收获的外界荣誉越多，其内部创新型人才对企业的认可程度和对工作的肯定程度越深，更能激发出创新型人才对企业创新事业的积极参与感。

"管理人员"作为主范畴，包括领导风格、管理力度及工作任务三个副范畴。在传统的企业中领导风格可以分为告知型、参与型、推销型及授权型四类。研究发现在国防科技企业中管理人员的领导风格会对员工的创新积极性产生一定的影响作用，如果管理人员采取参与型领导风格会更利于人才的创新型成长，即管理人员充分鼓励员工自主决策方案和措施并允许员工试错，给予员工充分的自主创新权力，避免限制条件造成对创新型人才成长的抑制作用。管理力度指管理人员执行企业规章制度的力度，严格执行企业规章制度和落实奖惩分明能够体现国防科技企业的严肃性，侧面反映国防科技企业组织体系的运行状况。国防科技企业具有严格化、标准化的行业特征，管理人员的管理力度将直接影响创新型人才对企业威信的肯定，从而影响其完成科研创新成果的严谨性与及时性。工作任务主要包含三个部分，分别是国防科技企业中员工工作的内容及形式、工作任务的难易程度和工作内容的核心重点。在研究中发现如果国防科技企业的工作任务仅仅浮于表面且受限于工作的形式化流程，则会极大地阻碍员工创新潜能的开发，降低员工的创新效率和创新积极性。洛克希德·马丁公司中约翰逊借用"臭鼬工厂模式"使研发人员摆脱于不必要的冗杂限制，激发出人才的创新能力和后期的成果转化能力。臭鼬工厂将项目人员从文书工作和不必要的官僚事务性工作中解放出来，极大地改善了员工的创新型发展效果。工作任务的难易程度控制在人才科研水平的一定范围内更容易使创新型人才突破其创新能力，太过容易和太过困难都容易阻碍其创新成长。工作内容的核心越明确和越聚焦更利于推动创新型人才成长，因为工作内容的核心明确化能够为创新型人才指明创新目标，并为员工提供相应的工作任务补充说明，从而提高其创新效率。

"群体关系"作为主范畴，包括人员组成和同事关系两个副范畴。一个企业最根本的外显性实力即人员组成，企业中员工的教育背景和其他实力背景是企业最基础的隐性财产，直接影响着企业的进步与发展空间。高学历、多元化知识背景、年轻化（25~45 岁）的人才占比居多的企业更具有创新潜力和创新能力，更利于营造出浓厚的学术气息和激烈竞争的工作氛围，从而推动创新型人才的快速发展。英国 BAE 系统公司是一家防务承包商，凭借其强大的科研和生产能力，一直稳居世界军工 10 强企业之列。2020 年，公司 1 万多名员工中专攻软件研发的工程师约占 1/8，极大地推动了企业中创新型人才的成长及企业的创新型发展。中国航天科工集团第四研究院创造过多个第一，得益于院所内部人员组成的转型升级，2020 年该院在岗职工总数的近一半为 35 岁左右的青年人员，青年创新型人才为院所的创新发展提供了坚实的力量。同事关系指员工和员工间的关系及领导与员工间的关系。同事关系处于平衡位置有助于推动国防科技企业中创新型人才的健康发展，反之则会造成对创新型人才成长的干扰影响。因为良好的同事关系能够使创新型人才更好地融入团队工作，与同事齐心协力推动创新发展，所以避免了创新型人才在企业内部人情世故中投入较多的时间成本和精力，从而将其关注力更多投入到自身的创新创造中。

社会环境主要是创新在社会中的认可度以及行业整体对创新的追随度。社会环境包括社会观点和市场需求。社会观点主要指国家及地方政府对国防科技企业创新事业的支持力度，直接影响国防科技企业对创新的重视程度以及员工对创新工作的认同程度与落实结果。为推进国防科技人才队伍建设政策的实施，国家推出了《关于加强新时代高技能人才队伍建设的意见》和《国家中长期人才发展规划纲要（2010—2020）》，为国防科技塑造出了一大批创新型人才。市场需求主要指军工行业整体对创新的追随度。随着市场的变化，企业不再局限于陈旧的军工产品而需要顺应市场需求在技术或者性能上进行一定程度的创新，军工行业整体对创新的关注度越高就越会提高军工产品市场的整体质量，军工企业间便会逐渐产生成果差距，而这种差距则会直接给企业带来竞争压力，从而间接性地激发出企业中创新型人才的创新潜力，推动其快速成长。

围绕核心范畴的故事线如下。随着科学技术的快速更新，创新型人才占据了人才发展战略乃至国家发展战略的核心地位。国防科技企业作为国防军工的坚强后盾，为在激烈的竞争市场中争得一席地位，更需要重视企业中创新型人才的成长并建立出相适应的人才培养模式，而解决这一问题的最根本方式就是从问题源头入手，即首先要考虑影响国防科技企业中创新型人才成长的因素有哪些，然后对症下药。关于创新型人才成长的影响因素探究首先要考虑的是关于个体因素的问题即员工自身，员工自身包括员工的职业素养、知识水平、身心状况及家庭环境。职业素养和知识水平会影响创新型人才自身创新发展的"天花板"，身心状况及家庭环境关乎创新型人才创新发展软实力的发挥。其次，除考虑个体因素外还应考虑激励因素和环境因素，激励因素包括个人价值和个人资产，环境因素包括管理人员、群体关系、企业运作、企业资源及社会环境。个人价值包括精神追求和职业发展。企业的发展与员工精神追求的吻合度以及员工对自身价值实现的认同度会影响员工自身对企业寄托的归属感和对企业的认可度，如果个人无法在企业中找到自身的位置，没有收获成就感，就很难形成对企业创新的主动推动意识，从而影响了国防科技企业中创新型人才的成长。个人资产包含薪资福利及其他激励，两项决定了创新型人才劳动成果的价值，进而影响创新型人才成长的积极性与投入程度。环境因素会影响人才的成长氛围，进而影响个体的健康成长，其中包括企业内部环境因素：群体关系、管理人员、企业运作和企业资源。群体关系包括人员组成和同事关系两个副范畴。一个企业最根本的外显性实力即人员组成，企业中员工的教育背景和其他实力背景是企业最基础的隐性财产，直接影响着企业的进步与发展空间。高学历、多元化知识背景、年轻化（25~45岁）的人才占比居多的企业更具有创新潜力和创新能力，更利于营造出浓厚的学术气息和激烈竞争的工作氛围，从而推动创新型人才的快速发展。管理人员作为决策者，相关因素会直接影响员工的工作生产状态，进而影响其成长的发展走势。企业运作直接影响创新型员工创新的方式和路径，从而影响创新的可实现性。企业资源作为企业可以更好维护创新型人才成长的辅助基础，将会在创新型人才成长道路中发挥推动作用，包括企业的科技成果、基础资源、项目资源及企业影响力。社会环境作为企业外的影响因素，对国防科技企业中创新型人才的发展起到了外界影响的作用，影响员工在企业内部以外的社会认知感，从而侧面影响国防科技企业中创新型人才的正常发展。影响因素模型的构建将会对国防科技企业创新型人才培养模式的建立达到抓住问题实质痛点、有的放矢的目的，从而进一步更好地推动国防科技企业的快速稳定发展，如图6.1所示。

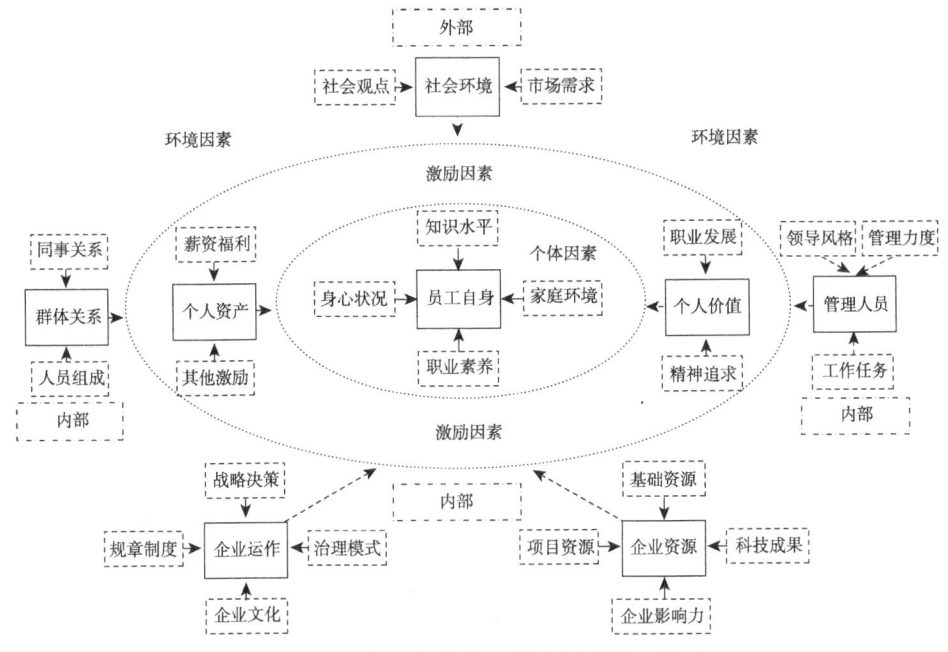

图 6.1 创新型人才成长影响因素核心范畴

三、问卷调查与分析

基于扎根理论的分析结果，本节设计了国防科技工业创新型人才培养情况的调查问卷，以深入了解国防科技工业创新型人才在军工单位的培养情况，进而准确把握当前创新型人才的培养模式与存在的问题，进一步探讨创新型人才成长的影响因素。问卷共分为两个部分（见附录），分别以集团人力资源部门、集团（包括下属单位）创新型人才为调查对象，在兵工、船舶、电科、电子、航发、中核等不同类型的国防科技企业内进行发放，共收集到 312 份有效问卷。

（一）问卷设计

问卷共分为两个部分，分别以集团人力资源部门、集团（包括下属单位）创新型人才为调查对象。

第一部分为单位基本信息调查，旨在了解创新型人才培养的总体情况，问题涵盖单位的硕博点设置、人才成长与交流平台情况、校企联合培养模式、创新型人才培养的相关政策、创新型人才培养的经验推广、创新型人才培养的瓶颈问题、国家及地方人才政策、创新型人才引进方式等。

第二部分以集团（包括下属单位）创新型人才为调查对象，旨在了解创新型人才结构、成长因素与培养模式。问题涵盖创新型人才的基本信息、对自身创新影响作用最大的因素、会直接或间接性地影响到本单位创新发展的因素、能更好地促进个人成长的因素、对个人发展起到保障作用的因素、会直接影响自己对创新的肯定看法的因素、激发自身创新热情与积极性的因素、对单位创新型人才培养方式的满意程度等。

（二）个人基本信息调查

本次调查的样本总量为 312，首先对身份、学历、工作年限等特征变量进行描述性分析，了解受访者的背景信息，如图 6.2 所示。本次调查的对象主要是型号总师/副总师、军工技能人才以及领军拔尖人才，占比分别为 35.90%、17.60%、16.70%。

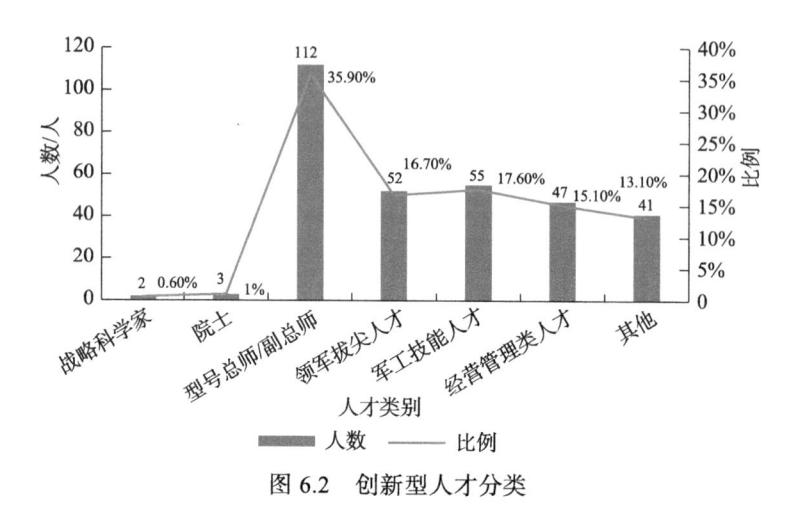

图 6.2 创新型人才分类

如图 6.3 所示，国防科技工业创新型人才的学历存在一定的差距，既有博士后、博士这样的高学历人员，也有本科及以下的。调查样本中创新型人才的学历在硕士及以上的占 55.1%，其中硕士人才占 36.90%，博士研究生占 16.30%，不难发现该创新型人才样本学历普遍较高，他们的这一学历特征也正是创新型人才的基本属性特征表现，高学历背景使他们具有了丰富的理论知识和较高的个人综合素质。

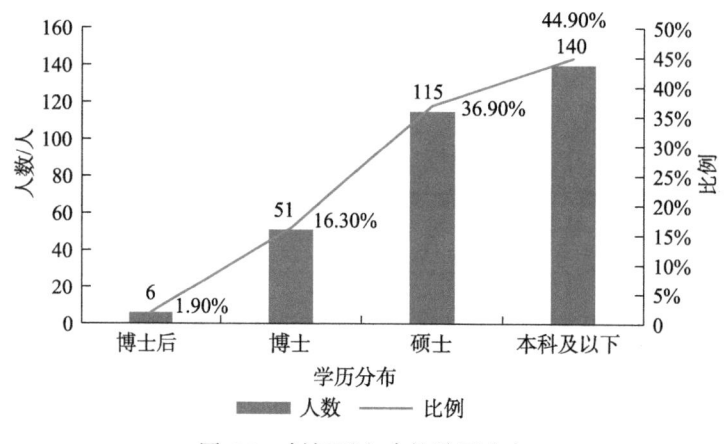

图 6.3 创新型人才的学历分布

如图 6.4 所示，国防科技工业创新型人才的工作年限主要是 10 年以上，占比为 79.5%，可知创新型人才的发展需要长期地磨炼和投入，需要久久为功，因此组织需要制订创新型人才的长期培养计划，减少人员的过度流动。

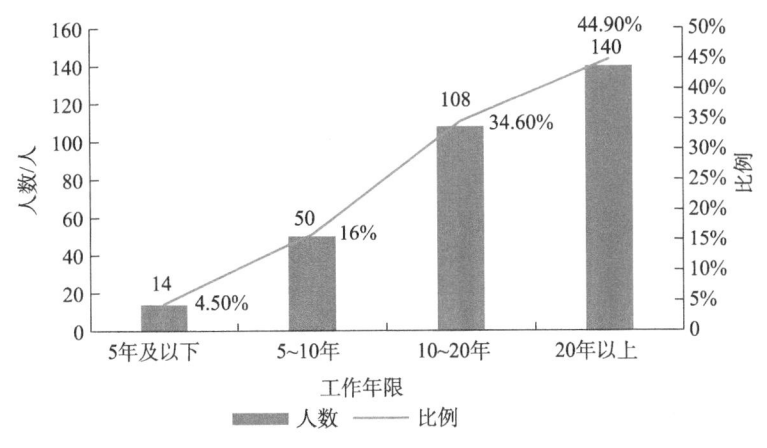

图 6.4 创新型人才的工作年限分布

如图 6.5 所示，在"您对所在单位创新型人才培养方式的满意程度"的调查中，感到很满意的人才占比是 16%，较为满意的人才占比为 59.60%，表明创新型人才对企业人才培养方式的满意度整体较高。

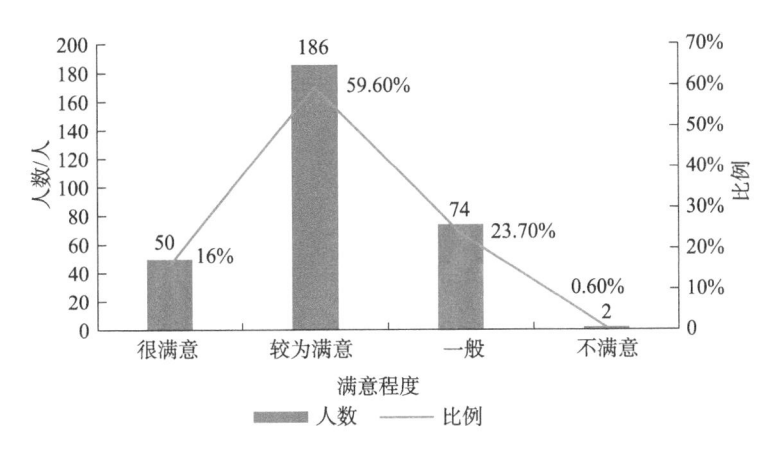

图 6.5 创新型人才对所在单位人才培养方式的满意程度
百分比由于四舍五入，合计可能不等于100%

如图 6.6 所示，在关于"所在单位的人才规划、配置、培训、薪酬制度、绩效考核与劳动关系管理等是否满足您对个人发展的需求"的调查中，持肯定态度的人才占比是 91.30%，表明国防科技工业中，企业的人才规划、配置、培训、薪酬制度、绩效考核与劳动关系管理整体较为科学，贴合创新型人才的需求。

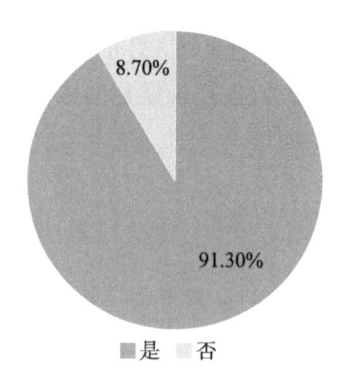

图 6.6　创新型人才对企业的各项管理制度的满意情况

最后,考虑到第 4 题~第 9 题为多选题,本节采用多重响应的方法进行分析,结果如图 6.7 所示。在对自身创新的影响最大的因素中,选择"知识水平"和"职业素养"的人数较多,分别占比 65.71%、42.95%。在高端制造业产业中,由于产业网络协作模式造成的知识共享与整合和交叉学科之间的知识外溢,企业主要通过知识螺旋的结构与形态优化来实现知识创新的目的[①]。知识螺旋创新驱动上升既包括量变即知识积累过程,也包括质变即系统内知识资源整合与优化的过程。前者用知识的流量、存量等来度量,表征着企业的知识资产,决定着企业的知识基础和由此带来的升级动力,后者表现为知识架构和形态的提高、隐性知识和显性知识的相互转化、知识的外溢和吸收,并直接为知识创新提供内在驱动力。Paulo 和 Klauber 认为知识积累的量和速度在一定程度上会对创新绩效产生影响,他们以跨国公司子公司的知识嵌入为例,指出企业通过"干中学"来完成知识的整合

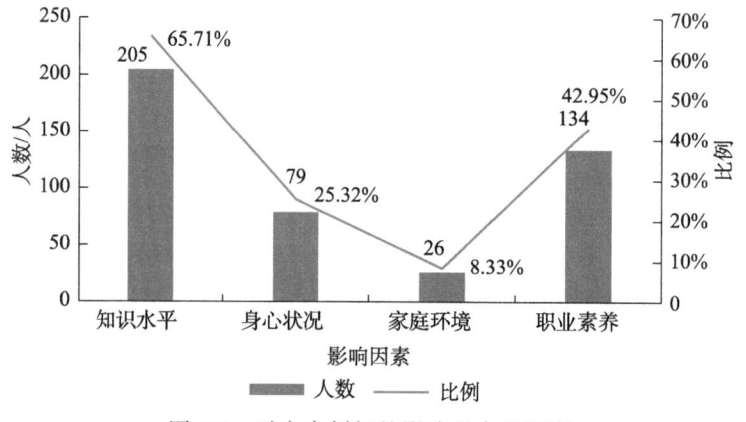

图 6.7　对自身创新的影响最大的因素

---

① 戴万亮,张慧颖,金彦龙. 内部社会资本对产品创新的影响——知识螺旋的中介效应[J]. 科学学研究, 2012, 30(8): 1263-1271.

和提升[①]。知识水平是知识积累的前提和基础，因而在对自身创新的影响最大的因素选择中占到了很大的比例。国防科技工业是相对比较特殊的行业，在薪酬待遇方面可能比不上金融之类的行业，过度看重物质激励的创新型人才可能会不愿意投入自身精力在科研工作中，而国防科技工业又是一个相对比较高端复杂的行业，需要持续地投入，非一日之功，没有主动地投入工作或者职业操守不够强的话，很难取得好的回报。因此职业素养对于创新型人才创新的影响也是非常大的。

如图6.8所示，在对单位创新发展产生影响的因素中，选择"治理模式"和"领导风格"的人数较多，分别占比60.26%、44.87%。本章所界定的"领导风格"包括企业敢于突破、思维变革、管理者对创新的态度、管理层的职业素养、领导带头创新、风险承担能力等六个初始范畴。容易想象，一个敢于突破的企业对于员工从事创新工作会持有积极正面的态度，对于创新可能带来的失败风险也有更大的包容度，因而员工更有动力与胆量去进行创新。同时，具有创新型特征的领导风格也会潜移默化地对员工产生影响，会在企业中营造利于创新的氛围，带动更多员工进行创新。"治理模式"包括企业的培养思维、权力下放给员工、企业内部结构等。国防科技行业的技术大多尖端复杂，刚入行的新人想要做出成绩，需要企业的培训。完善的培训体系既可以让新人迅速成长，给企业注入新的血液，也可以让老员工能及时充电，与迅猛发展的时代接轨。权力的适当下放让员工有更多的自主权，不必因为繁杂的汇报而分散掉宝贵的精力，更利于从事科研创新工作，因此治理模式对于企业创新的影响也比较突出。

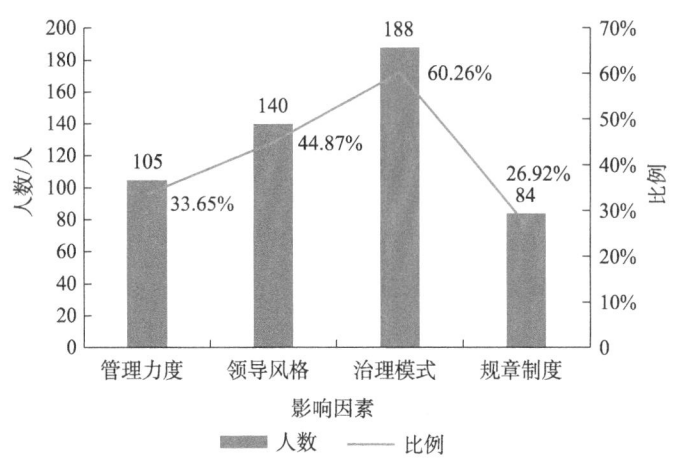

图6.8 对单位创新发展产生影响的因素

[①] Paulo F, Klauber B. The innovation performance of MNE subsidiaries and local embeddedness: evidence from an emerging economy[J]. Journal of Evolutionary Economics, 2011, 21(1): 141-165.

如图 6.9 所示,在促进个人成长的因素中,选择"科研环境"和"企业文化"的人数较多,分别占比 64.42%、44.23%。本章所界定的"企业文化"包括塑造放松式工作氛围、企业的社会责任心、企业自信、企业人文关怀等。宽松包容的工作氛围让创新型人才有更大的自由度。创新型人才是指具有创新素质并能通过创新实践取得创新成果的人。他们通常具有较强的创新意识、创新精神和创新能力,对问题具有高度的敏感性,其观念具有开放性、思维具有灵活性、知识具有迁移性、能力结构具有多维性。自由是最深刻的人性需要,自由自觉地活动是人的本质特征,创新型人才要求自由。宽松包容的工作氛围可加速创新型人才的成长过程。同时,国防科技行业作为特殊行业,非常需要军工精神、家国情怀的人才,而一个具有社会责任心的企业更有可能向员工传递积极的价值观,引导员工乐于奉献、不怕吃苦,使员工迅速成长起来。科研环境对于创新型人才成长的意义不言而喻。在良好的科研环境下,创新型人才在从事创新性工作时,能更快地获取自身所需的各种资源,能得到较好的外在支持,因而更快地成长起来。

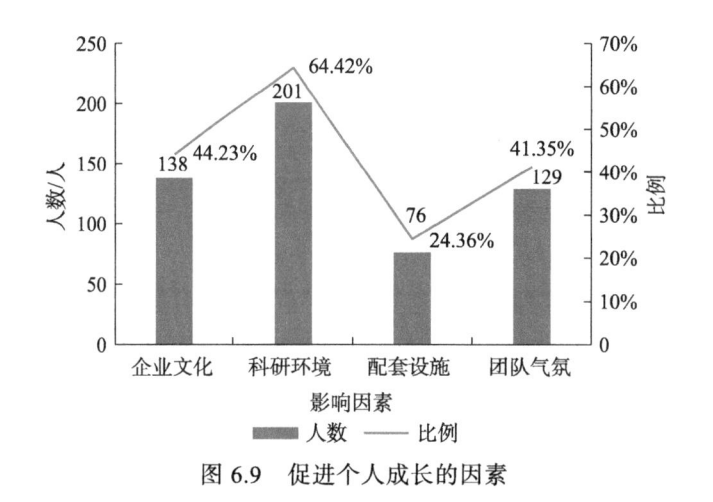

图 6.9 促进个人成长的因素

如图 6.10 所示,在对个人发展起到保障作用的因素中,选择"项目资源"和"企业影响力"的人数较多,分别占比 66.03%、42.63%。本章所界定的"企业影响力"包括企业的知名度、企业的社会影响力等。知名度大的公司一般具有更完备的人才晋升制度、人才激励制度、人才培养制度以及更完善的福利保障制度,而这些都将对个人发展起到重要的推动和保障作用。社会影响力强的公司往往具有更多的社会资源、更高的社会地位,在创新型人才开展自身科研工作如科研项目申报时能给予更多的实质性帮助。此外,项目资源对个人发展也起到重要的保障作用。尖端技术的研发往往需要多种知识、技能、思维的融合。良好的项目资源意味着创新型人才能更加顺利地开展多方合作,更容易产出科研创新成果,从而推动个人职业发展。

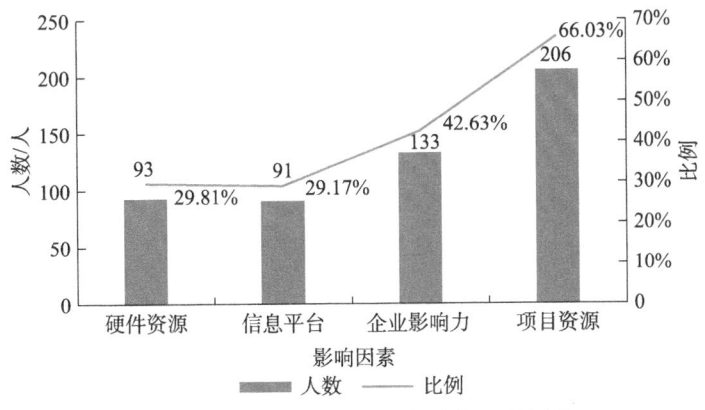

图 6.10　对个人发展起到保障作用的因素

如图 6.11 所示，在影响对创新的肯定看法的因素中，选择"市场需求"和"国家政策"的人数较多，分别占比 66.67%、48.08%。具有市场需求的产品或服务往往意味着更高的应用价值。创新型人才会更有动力去从事该方面的研究工作，从而影响对创新的肯定看法。国家政策是更为宏观的影响因素。当国家大力支持创新创造，在项目申报、技术转化等方面给予一定的扶持与倾斜时，创新型人才可以获得更多的资源，从而更容易产出科研创新成果，因此，创新型人才会更愿意持续创新。

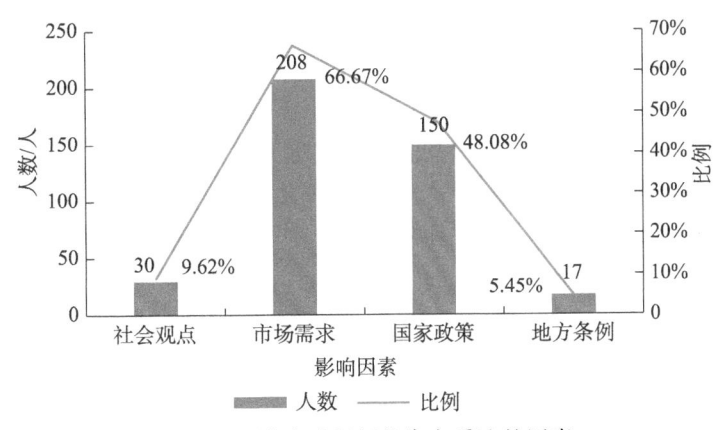

图 6.11　影响对创新的肯定看法的因素

如图 6.12 所示，在激发创新热情与积极性的因素中，选择"职业发展"和"薪酬福利"的人数较多，分别占比 69.55%、44.23%。创新型人才的薪酬水平、福利保障相对来说是处于较好的水平，根据马斯洛需求层次理论，当满足了生理需求、安全需求后，创新型人才会更加重视自我实现、自我成就，而关注职业发展便是一个重要体现。当然，薪酬福利作为一个重要的激励因素，能为创新型人才提供经济、生活保障，对于激发创新型人才的创新热情与积极性也具有重要作用。

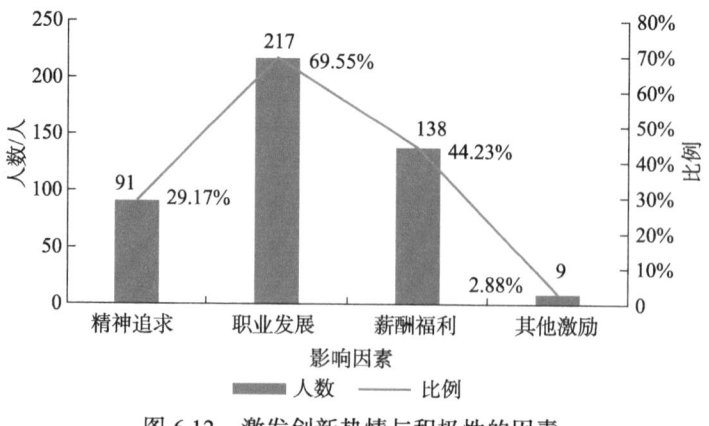

图 6.12 激发创新热情与积极性的因素

第三节 典型行业创新型人才培养模式

一、国内典型企业创新型人才培养模式

中国航空工业集团有限公司不断推进市场化选人用人机制改革，积极探索经理层任期制和契约化管理，优化创新型号系统负责人配置模式；实施青年拔尖人才支持和科技创新团队建设等重大人才计划，培养选拔各类高层次人才。中国兵器装备集团有限公司与清华大学、中国人民大学、北京理工大学、南京理工大学、浙江大学开展了在职硕士、博士培养工作。中国电子信息产业集团有限公司积极与行业内高校加强联系，每年邀请行业内高校博士生导师、博士到企业交流访问，对于企业所需解决的技术难题，与行业内高校共同探讨技术解决方案，开展科研合作，做好"强基工程"、开展"四鹰计划"、加强培养平台建设。中国航空发动机集团有限公司推动教育部设立并启动航空发动机博士人才培养专项，与知名高校开展战略合作，实施型号总师专职化改革和院士后备人才造就工程，并形成了"N+2"计划、"人才发展特区"、引才"心"计划、创建技能大师工作室等模式。

二、国防特色高校创新型人才培养模式分析

本部分研究以"西工大现象"为基础，收集了西北工业大学关于创新型人才培养的文本资料 12.9 万字，运用词云分析（图 6.13）、词频统计、共词网络分析等方法，对创新型人才培养的影响因素及模式进行了分析，同时收集了北京理工大学、北京航空航天大学、哈尔滨工业大学、南京航空航天大学关于创新型人才培养的典型案例资料进行了验证性分析。

图 6.13 创新型人才文本词云图

对搜集到的近 16 万字文本数据进行分词和描述性统计,发现数据中存在较多冗余的文字,因此需要进行文本数据的清洗与挖掘,从而提炼出潜在或隐含的信息。

对文本进行清洗:对初始词汇进行筛选、提炼要义;剔除高频词汇中的程度副词;将词义相近的关键词进行合并;剔除多余的词汇,避免对结果造成显著的影响。首先,基于培养目标,提出要培养创新型人才,其对应文本的关键词分别为人才、创新、培养。其次,从三个层面对实现培养创新型人才目标进行因素路径研究,在学校层面,主要从教学育人(对应文本的关键词分别为学科、课程思政、案例教学、课程体系)、科研育人(对应文本的关键词分别为科研、技术、实践、学术、论文、前沿)、机制推动(对应文本的关键词分别为平台、管理、系统、交叉、机制、组织)和价值导向(对应文本的关键词分别为社会主义、制度、精神、改革、合作、价值)四个路径进行分析;在教师层面,主要从价值传递(对应文本的关键词分别为一流大学、航空、国防、模式、材料、计算机、航海)、师资建设(对应文本的关键词分别为教授、教师、院士、准聘)两个方面进行路径研究;在个人层面,主要从价值塑造(对应文本的关键词分别为指导思想、特色、西北工业大学、文化)、能力养成(对应文本的关键词分别为大学、博士、本科、硕士、学生)、知识获取(对应文本的关键词分别为创业、实验室、活动、突破、教学)三个路径进行探讨,见表 6.5。

如表 6.6 所示,报告了创新型人才文本高频关键词的词频和词性信息,从词性上看,有 72%的关键词为名词,动词和其他占比为 28%,这也符合清洗后的文本关键词的基本特征。从词频上看,前七位的关键词分别为学生、培养、创新、学科、人才、科研和技术,其对应的词频分别为 610 次、525 次、469 次、332 次、263 次、218 次、212 次,均超过 200 次,表明这些关键词具有较高的频率分布。

表 6.5　创新型人才文本关键词

发展角度	轴心编码	代码	对应的关键词
培养目标	创新型人才	Y	人才、创新、培养
学校层面	教学育人	X1	学科、课程思政、案例教学、课程体系
	科研育人	X2	科研、技术、实践、学术、论文、前沿
	机制推动	X3	平台、管理、系统、交叉、机制、组织
	价值导向	X4	社会主义、制度、精神、改革、合作、价值
教师层面	价值传递	X5	一流大学、航空、国防、模式、材料、计算机、航海
	师资建设	X6	教授、教师、院士、准聘
个人层面	价值塑造	X7	指导思想、特色、西北工业大学、文化
	能力养成	X8	大学、博士、本科、硕士、学生
	知识获取	X9	创业、实验室、活动、突破、教学

表 6.6　创新型人才文本高频关键词

关键词	词频/次	词性	关键词	词频/次	词性
学生	610	名词	国防	79	名词
培养	525	动词	机制	79	名词
创新	469	动词	系统	79	名词
学科	332	名词	论文	77	名词
人才	263	名词	文化	77	名词
科研	218	名词	博士	77	名词
技术	212	名词	管理	71	动词
教学	197	名词	实验室	66	名词
改革	172	动词	院士	65	名词
实践	168	动词	活动	63	动词
西北工业大学	162	名词	一流大学	62	名词
特色	151	名词	创业	61	动词
模式	142	名词	交叉	59	动词
大学	129	名词	计算机	56	名词
精神	128	名词	前沿	51	其他
教师	123	名词	制度	47	名词
平台	121	名词	社会主义	46	名词
合作	100	动词	突破	45	动词
材料	99	名词	航海	39	动词
航空	98	名词	硕士	35	名词
价值	97	名词	课程体系	31	名词
教授	95	名词	课程思政	26	名词
学术	92	名词	准聘	6	动词
本科	81	名词	案例教学	3	名词
组织	80	动词	指导思想	1	名词

如表 6.7 所示，报告了部分创新型人才文本共词矩阵。共词矩阵反映的是同文本条件下对应关键词所出现的次数，也就是词语共振现象。比如，关键词"创新"与改革、培养、教学、学生、科研、人才、实践、模式、学术的共振频率分别为 48、113、40、90、64、92、55、56 和 24。每个关键词除自身外，与其他关键词共振的次数越多，代表关系越紧密，如围绕着关键词"创新"共振词汇的频率较高，则说明该关键词的关联性和集中性就越显著。

表 6.7　创新型人才文本共词矩阵（部分）

关键词	创新	改革	培养	教学	学生	科研	人才	实践	模式	学术
创新	273	48	113	40	90	64	92	55	56	24
改革	48	134	42	24	36	13	21	19	34	13
培养	113	42	296	54	128	49	117	63	64	35
教学	40	24	54	121	63	36	20	24	27	11
学生	90	36	128	63	271	54	46	58	46	32
科研	64	13	49	36	54	146	29	28	23	18
人才	92	21	117	20	46	29	193	28	34	23
实践	55	19	63	24	58	28	28	110	27	14
模式	56	34	64	27	46	23	34	27	113	13
学术	24	13	35	11	32	18	23	14	13	73

如图 6.14 所示，报告了创新型人才文本共词网络路径。由于原始共词网络路径关系线较多，为使结果较为清晰地呈现，此处控制显示线数为 240 条。结果表

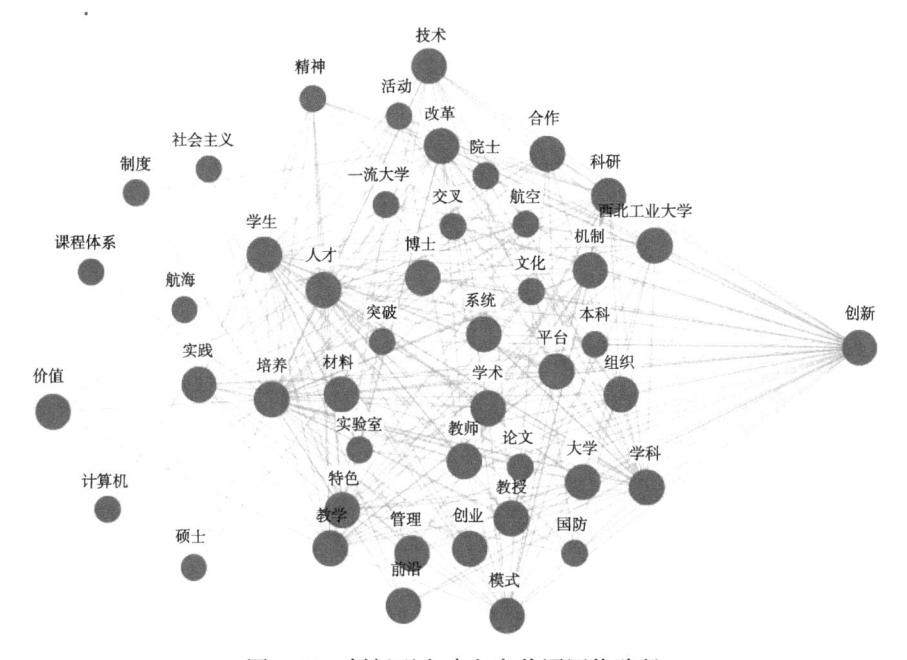

图 6.14　创新型人才文本共词网络路径

明教学育人、科研育人、机制推动、价值导向、价值传递、师资建设、价值塑造、能力养成、知识获取九条路径均能与培养创新型人才形成紧密的联系，并且以其为中心的集中性显著。

如表6.8所示，报告了创新型人才文本共词网络语义中心度分析。点度中心度的值越高表明关键词与其他关键词共振同文本的频率越高，对应的节点在网络中的连接越多，高频词在网络中的地位也就越高。例如，关键词"培养""创新""人才"的绝对点度中心度分别为1461、1327和920，相对点度中心度分别为29.816、27.082和18.776，说明与其他关键词共振次数较为频繁，这说明"西工大现象"是围绕着创新型人才培养这一主题而展开的，其他关键词以该目标为中心而展开本章中的网络中心势较高，表明网络中各关键词节点的集中程度较高，

表6.8 创新型人才文本共词网络语义中心度分析

序号	关键词	绝对点度中心度	相对点度中心度	序号	关键词	绝对点度中心度	相对点度中心度
1	培养	1461	29.816	26	文化	284	5.796
2	创新	1327	27.082	27	系统	280	5.714
3	学生	1242	25.347	28	管理	280	5.714
4	人才	920	18.776	29	教授	278	5.673
5	学科	771	15.735	30	国防	278	5.673
6	科研	716	14.612	31	材料	275	5.612
7	模式	654	13.347	32	实验室	253	5.163
8	实践	642	13.102	33	论文	243	4.959
9	教学	640	13.061	34	前沿	238	4.857
10	改革	593	12.102	35	创业	236	4.816
11	特色	589	12.020	36	博士	228	4.653
12	技术	499	10.184	37	制度	218	4.449
13	平台	498	10.163	38	交叉	218	4.449
14	教师	446	9.102	39	一流大学	210	4.286
15	西北工业大学	421	8.592	40	计算机	199	4.061
16	精神	406	8.286	41	突破	198	4.041
17	学术	402	8.204	42	院士	197	4.020
18	组织	373	7.612	43	航海	195	3.980
19	大学	367	7.490	44	社会主义	174	3.551
20	机制	355	7.245	45	课程体系	150	3.061
21	航空	346	7.061	46	硕士	137	2.796
22	合作	339	6.918	47	课程思政	74	1.510
23	价值	314	6.408	48	准聘	35	0.714
24	本科	296	6.041	49	案例教学	16	0.327
25	活动	293	5.980	50	指导思想	6	0.122

关键词之间的关联较为紧密，文本内容相对集中。本节对"西工大现象"进行了研究，为了避免因素路径选择结果的偶然性和指标选择的普适性，下文对其进行逻辑合理性验证。

本节搜集了相对较为类似的现象学校进行逻辑合理性验证，分别为北京理工大学、北京航空航天大学、哈尔滨工业大学和中北大学的相关文本。如图 6.15 所示，报告了对应的创新型人才文本共词网络路径，结果表明北京理工大学、北京航空航天大学、哈尔滨工业大学和中北大学均存在与"西工大现象"相似的主题。为了证明培养创新型人才的因素路径具有一定的共性和模型的稳健性，实际上由于国防七子的学校特殊性，"西工大现象"并非只是存在于西北工业大学，在其他学校也会有相似的培养模式，下文使用高维特征余弦相似度算法来验证培养模式的相似程度。设 $N_i = (Z_1, Z_2, \cdots, Z_j)$ 为"西工大现象"的特征标准度向量，$M_i = (X_{(i,1)}, X_{(i,2)}, \cdots, X_{(i,j)})$ 为验证学校的特征标准度向量，θ 为相似角度。核心公式为 $\cos_i \theta = \dfrac{M_i, N_i}{|M_i||N_i|} = \dfrac{X_{(i,1)}z_1 + X_{(i,2)}z_2 + \cdots + X_{(i,j)}z_j}{\sqrt{\sum_{j=1}^m X_{(i,j)}^2} + \sqrt{\sum_{j=1}^m Z_{(i,j)}^2}}$。

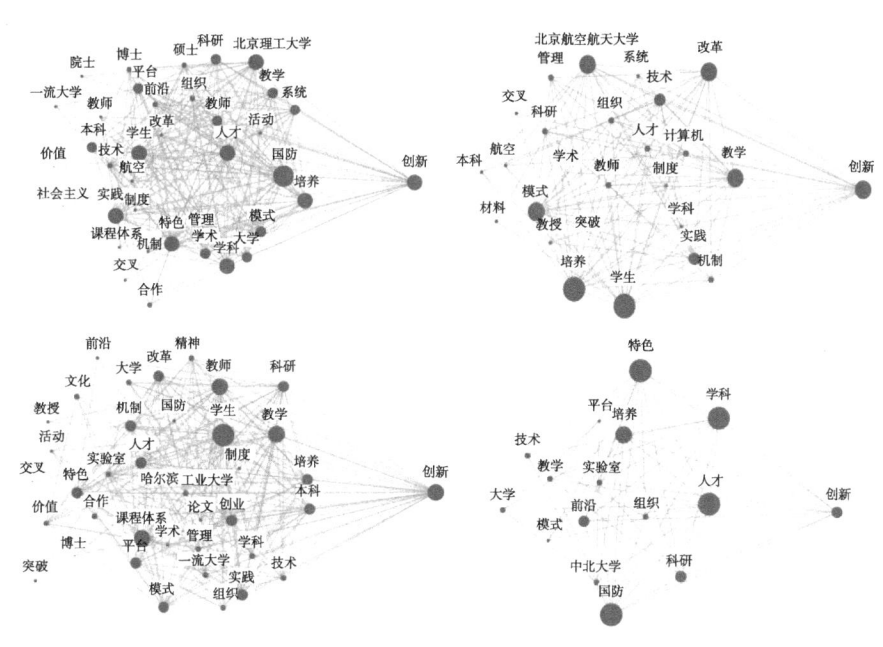

图 6.15　北京理工大学、北京航空航天大学、哈尔滨工业大学和
中北大学的创新型人才文本共词网络路径

如表 6.9 所示，报告了北京理工大学、北京航空航天大学、哈尔滨工业大学和中北大学与西北工业大学在高维特征上的相似程度。结果表明西北工业大学与

北京航空航天大学、北京理工大学、哈尔滨工业大学和中北大学的高维特征余弦相似值分别为 0.8599、0.7101、0.7806 和 0.4389，对应的相似程度依次为高、中高、中高和中等级，这说明这些学校与西北工业大学存在较强的共性特征，在培养创新型人才的模式和因素路径上存在相似的特点。

表 6.9　高维特征余弦相似度算法验证

逻辑验证对象	高维特征余弦相似值	程度分类
西北工业大学与北京航空航天大学	0.8599	高
西北工业大学与北京理工大学	0.7101	中高
西北工业大学与哈尔滨工业大学	0.7806	中高
西北工业大学与中北大学	0.4389	中

三、对我国国防科技工业创新型人才培养模式的建议

结合人才成长规律、问卷调研结果以及国防军工人才培养体系存在的问题，本章提出以下政策建议。

（一）学校层面

1. 加强校企战略合作

开展校企战略合作可以有效地培养人才的专业能力，如美国于 2016 年在斯坦福大学成立 Hacking for Defense（以下简称 H4D），之后 H4D 陆续在美国各大高校开展，不断加强高校参与军民融合的深度和广度，通过创新教育模式激发学生团队的创新能力，为美国国防部输送了一批创新型人才。

2. 建立联合育才平台

高校可以和军工企业开展战略合作，选拔重要人才，进行联合培养，提高人才的专业素质，培养复合型人才。针对重点战略人才（型号总师、副总师等），基于国家重点领域专项设立工程博士，根据企业在实践中的"卡脖子"问题，进行人才选拔，采用"2+2+1"（前两年在高校培养，中间两年在企业做实际的课题，最后一年准备毕业论文）及双导师制的模式，培养工程实践类的优秀人才。针对军工技能人才，采用"4+X+1"培养模式（"学士后"教育），从已经到国防科技企业、国防科研院（所）工作且所学专业的主干学科与军工专业相同或相近的通用专业毕业生中选拔一批具有工作经历（X 年）的后备骨干，对其进行为期一年的有针对性的培养。针对关键核心技术领域的创新型人才，设立产学研一体化模式，和军工企业合作，通过自主办学、联合办学及产学结合方式，联合培养技术人才。

3. 加强文化和课程建设

国防特色高校具有天然的军工文化基因，在面向国防军工行业培养人才的过程中，要继续加强国防军工文化建设，如营造某一行业特色的国防军工校院文化，引导学生到国防军工企业进行暑期社会实践和调研，鼓励学生参与国防军工单位委托的科研项目，举行面向某一军工领域的科技竞赛、创新创业活动等。同时学校应该加强行业特色的课程建设，围绕行业发展需求、产品研制生产、企业管理创新等，并结合专业培养方案和课程类型，鼓励开设特色专业核心课程或选修课程，为学生进入国防军工企业储备行业知识。

（二）军工企业层面

1. 打造创新的企业文化，注入源泉活水

一是鼓励持续学习，提高专业素质。鼓励员工不断学习充电，并由企业承担费用。鼓励员工参加各种层次的学习，以促进员工在自身和专业方面的提高，从而推动企业的发展。

二是鼓励创新，塑造宽松自由的文化。企业的领导者应该坚定支持创新，拥有果断的执行力和决断力，顺应新的时代下变革的要求，放手开拓一个又一个更新的领域，以创新为企业注入生命力。

2. 强化知识管理和作风培养，提升人才专业素质

在知识管理方面，一是坚持以专业基础理论和设计规范为重点，把科研生产过程中积累的知识、信息进行集成，搭建知识管理平台，通过知识转移和共享，不断夯实理论功底，加快年轻人才成长成才；紧密结合科研生产共性和难点问题，开展知识更新和技术基础专项培训，通过老专家"传帮带"，提升年轻人才掌握核心技术、控制技术风险以及分析解决综合性深层次技术问题的能力。二是协助制订高校人才培养方案，培养复合型人才。一方面，在不影响企业自身发展的基础上，组织高校教师到生产一线，对新工艺、新技术以及生产经营、管理过程进行学习和分析，在此基础上编写适应专业教学和企业人才培养的教材，不断地修订和完善课程计划、内容；另一方面，允许学生到企业进行课程实践、顶岗实习或者毕业设计，使其充分了解国防科技企业的现实需求，充实高校人才培养方案的实践模块。在作风培养方面，加强爱国精神教育和形势任务教育，提高年轻人才的责任意识和忧患意识，树立着眼全局和大力协同的观念，以企业重大工程项目实施与关键技术攻关为载体，在工程实践锻炼中加强工作作风的培养，弘扬献身国防、服从大局、无私奉献、艰苦奋斗、精益求精等职业精神，培养真正的"军工人"。

3. 完善薪酬福利，激励人才创新创造

一是突出业绩贡献，构建差异化的收入分配体系。①在工资总额分配时，强

化分层分类调控，不断优化工资总额预算管理。根据成员单位性质、规模的不同，合理把握各单位之间的工资总额均衡发展；根据利润增长和型号任务完成情况，分别设计"保增长""保成功"工资总额奖励，有效促进单位高质量完成经济指标和型号任务。②不断完善差异化的薪酬管理模式。领导人员年薪与经营业绩考核结果紧密挂钩，型号"两总"薪酬与型号任务完成情况紧密挂钩；加大职工个人收入中"活"工资比例，突出对个人业绩贡献的考评；对急需稀缺人才、关键岗位特殊人才等实施协议工资制度；采取有效措施盘活存量工资，适当拉开收入差距，收入分配向重点岗位、人员倾斜，逐步形成分层分类、差异化的收入分配体系。

二是创新激励方式，不断提升核心骨干人才的收入水平。不断完善人才津贴制度体系，进一步加大对科技人员的激励力度。实施国家重大工程人才特殊津贴制度，激励承担高新工程等重点型号研制任务的队伍；深入落实创新驱动发展战略，研究制定科技成果转化收益分配办法，不断激发科技人才队伍创新创造热情。

三是实施重大奖励机制，着力激发员工创新创造活力。在实施骨干津贴、确保薪酬分配向一线倾斜的基础上，建立特殊奖励制度，对突破型号研制重大瓶颈、解决重大关键技术难题的专业技术人才给予重奖，设立专项资金项目。比如，雷神公司专门建立技术人员荣誉计划，采取现金奖励、颁发荣誉证书、资助相关学习与培训费用、晋升一级工资、在当地以及公司简报和网站上进行照片展示等多种方式，奖励具有突出技术贡献的个人（严格限定在技术工程人员，主要是经验丰富、做出突出贡献的高级工程师）[①]。

4. 创新治理模式，改善人才成长环境

一是制定公开、公正的人才考评机制。在科研机构内部要形成将工作表现与工作业绩相结合的有效考评方法，并将考评结果与职位升迁和奖惩挂钩。健全人才竞争机制，要坚决打破按资排辈的传统思想，不仅岗位要竞争，而且对于科研项目、科研经费、职位晋升、培训机会、项目小组成员资格等都需要进行公开、公正、公平的竞争。

二是建立健全公平、公正的选人与用人机制。科技人才从事的科研工作具有周期长、成果见效慢的特点，因此，在对他们进行评价时，尤其是对研究开发失败的人才评价时，要客观、公正，要努力为他们创造一个公平竞争的环境，真正将业绩、能力和水平作为选人、用人的标准。在选拔人才过程中，要贯彻公平、公正、公开的原则。实行公平竞争，防止因人而异；实行公正评判，防止人为因素；实行公开录取，防止暗箱操作，切实做到唯贤是举，唯才是用。扩大科研人员科研自主权，要赋予科研项目负责人调配科研人员的人事权，从而形成人才资

---

① 安孟长，何银燕. 国际一流航天企业科技人才队伍建设的特色[J]. 航天工业管理，2009, (6): 37-41.

源优化配置的科研团队；要逐步减少行政领导的层层审批，加大科研团队对于科研经费的管理和使用权限；要建立完善的考核监督体制，赋予科研项目组负责人内部奖励和收入分配的权利。

5. 加大科研投入，提供多方资源共享

国防科技企业应为员工配备专业标准的研究设备及材料，打造内外部信息、技术的交流工作平台，提供良好舒适的研究环境，在科研实施上为创新型人才提供充足的基础性操作便利，在企业发展战略和行业发展信息上为员工成长提供正确的方向。国防科技企业还应提高自身成果转换率，将先进的研究结果转换为现实产品，进而抢先占据创新制高点，争做行业的"领头人"，在员工的发展道路中为其提供创新底气和参考依据。国防科技企业应强化与相关行业特色高校的项目合作，形成长期稳定的"产学研"链条，为国防科技企业内部创新型人才的成长发挥积极的推动作用，在技术交流上为员工提供充分的项目资源，增加员工的实战经验。国防科技企业应在国防科技军工行业中逐步提升自己的行业影响力，加大社会群体对企业专业性的认可程度，从而为企业自身赢得更多的信息、技术资源及资金投入，进而更快推动国防科技企业内部创新型人才的成长。

6. 引导人才流动，促进人才协同互用

一是对急需紧缺的高层次人才实行柔性流动，以规划咨询、短期培训、项目合作、成果转化、联合研发、技术引进、人才培养等方式，不求所有、但求所用，不求所在、但求所为，实现人才智力资源共享。支持国内一流高校、科研院所的科技管理人才到国防科技企业建立联合实验室、新型产业技术研究院，开展科研项目攻关。加强横向联系，实行本土人才柔性化使用，如开发离退休人才资源，形成人才二次开发机制，让离退休高层次、紧缺型人才服务企业发展。

二是统筹集团公司资源优势，协调运用国家、地方支持政策，打破企业壁垒，推进集团内部人才合理流动。鼓励企业建立基于协同工作的用才机制，推进高水平人才在企业间的协同使用。

7. 把握战略机遇，加强国际人才引进

受新冠疫情和美国孤立主义政策的影响，美国重点国防企业受创严重，纷纷裁员。波音公司在整个2020年一直处于紧缩模式，公司人数从2020年1月的16万人减少至2020年底的13万人。我国企业应当抢抓百年之未有战略机遇，加强引进国际科技创新型人才。就具体措施而言，一是加强顶层设计，明确企业当前对国外人才的核心需求，引进一批能够突破关键技术、发展新兴产业、带动前沿科学发展的创新型人才。目前我国产业结构升级过程中普遍缺乏高层次创新人才，人才引进重点应放在设计研发型和技术应用型人才上，这样可以迅速推动我国科技水平的提升，重点对象包括：主持过国际大型科研或工程项目，有较丰富的科研、工程技术经验的专家、学者、技术人员；拥有重大技术发明、专利等自主知识产权或专有技术的专业技术人员；具有特殊专长并为国内急需的特殊人才。基础研究型领军人才通过开展不定期讲学、培训等形式进行柔性引进。二是促进信息流动，搭建官方国外人才引进信息发布和政策宣传平台，实时更新企业对国外人才的需求信息及国家政策措施和企业人才政策，打通与国外人才的联系渠道。三是完善引进机制。建立灵活的引才机制和务实的评价标准，在引进成果上务实化，真正实现技术随人才回国；放宽对"人才回国"的定义，通过互联网等方式将人才智慧成果以灵活方式引入国内，创新调用全球青年人才资源的新模式、新机制。

第四节　典型行业产教融合创新型人才培养路径

一、产教融合的典型案例分析

（一）美国 H4D 项目

H4D 是美国国家安全创新网络的一个项目，旨在教授学生如何与国防和情报部门合作并解决问题，以迅速应对美国面临的全球军事竞争和国家安全挑战。其主要任务有四项，一是推动国防和国家安全问题走进学生课堂；二是在复杂模糊的问题中找出根本原因并提供经过验证的解决方案；三是围绕关键的国防和国家安全问题建立特有的智库或专家网络；四是建立国家安全创新基地。H4D 在"精益创业"课程基础上，摒弃传统的课本教学模式和单一的教师授课模式，引入现实中的国防相关问题，以问题为导向，以学生团队为中心，通过多次访谈或实践，加强学生与军队之间的接触，最终提出解决方案，该项目能够加快问题发起人所在组织解决特定问题的速度，源源不断地为国防部门提供创新思想和培育国防人才。

经过多年的实践与发展，H4D 已经形成了以学生团队为中心，国防部、高校和企业共同参与的多主体协同运行过程，如图 6.16 所示。军民两部门的多方主体共同参与到 H4D 课程中，参与国防问题的解决过程，为解决问题贡献自身力量，体现了各方主体的相互融合与协同。一方面，高校教师、军方代表、企业导师、学生团队等军民两部门的多个主体共同构成解决问题的创新主体，学生团队作为创新的主要力量，借助高校教师、军方代表及企业导师的丰富经验与专业指导，通过相互之间的配合与协同，提出解决方案，进一步推动课程顺利开展；另一方面，学生团队的内部成员具有丰富多样的专业背景、国际化视野及职业经验，成员间取长补短，各成员发挥其在团队中的相对优势，朝着一致的目标共同努力，产生"1＋1＞2"的协同效应，考虑多种问题的可能性并最终形成解决方案。

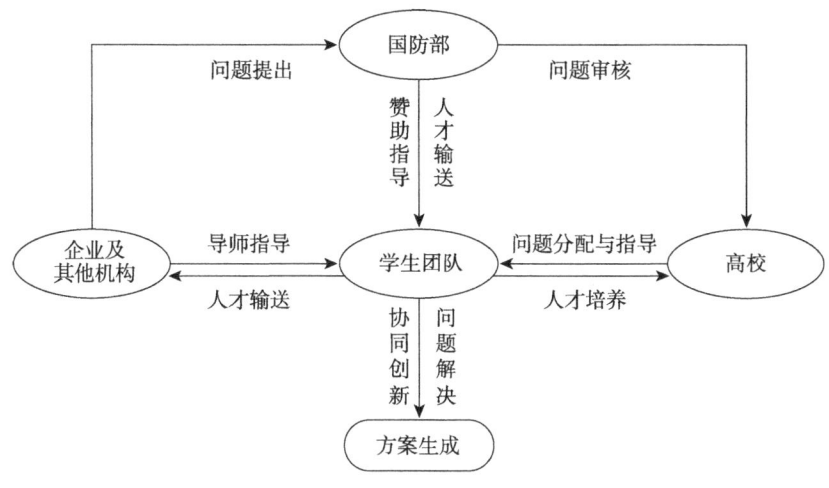

图 6.16　H4D 协同运行过程

（二）中国航天科工集团第三研究院–西北工业大学产教融合协同创新合作

2020年9月20日，为贯彻落实国家创新驱动发展战略，深入推进开放协同科技创新体系建设，持续加强合作伙伴关系，中国航天科工集团第三研究院与西北工业大学签署了产教融合协同创新合作协议，并为"空天飞行器与组合动力联合研发中心"和"研究生联合培养基地"揭牌。中国航天科工集团第三研究院与西北工业大学将在当前已有合作的基础上，以此次签署产教融合协同创新合作协议为契机，重点围绕空天飞行等领域，达成深化合作意向，在科研合作、平台建设、人才培养、学术交流等方面建立稳定的合作机制。未来中国航天科工集团第三研究院将以国家战略稳步实施与巩固国家国防建设为重点，继续秉持开放创新、合作共赢的态度，持续深化与西北工业大学的全方位合作，全力打造产、学、研、用的飞航武器发展新生态。双方将携手共同为国防现代化建设、国家科技创新驱动战略实施贡献更大的力量。

此次中国航天科工集团第三研究院与西北工业大学产教融合协同创新合作协议的签署以及联合创新发展论坛的举办，进一步完善了中国航天科工集团第三研究院协同创新生态圈版图，促进了双方在优势领域的合作，为双方在前沿技术、基础技术领域融合发展奠定了良好基础。

（三）战略支援部队–高校军民联合育才高端平台

高校协调推荐新兴学科领域高层次人才，战略支援部队优先考虑引进，战略支援部队选派重点培养对象到研究所、重点实验室等开展学术交流和进修培养，联合举办国际国内竞赛活动，发现遴选有特殊专长的人才，部队择优引进等，这些旨在促进军民深度融合、缩短人才培养周期、畅通人才流动渠道的措施办法，都来自战略支援部队与国内部分重点高校和军工集团签订的《培养新型作战力量人才战略合作框架协议》（以下简称《协议》）。2017年，战略支援部队已经与中国科技大学等六所高校和中国航天科技集团有限公司等三家军工集团签订了《协议》。按照《协议》约定，战略支援部队与相关合作单位将按照联合开发、创新驱动、聚优增效、互促共赢的原则，聚焦新型作战力量高端人才培养、创新团队建设和前沿科技研究，重点围绕输送接收优秀人才、开展专项培养培训、建设实践锻炼基地、推进专家学者交流、深化教学科研和技术合作等方面开展深入合作，通过建立需求对接、决策执行、工作协调和总结评估四项机制促进《协议》有效落实。

（四）哈尔滨工业大学–中国航天科工集团第二研究院共建校企协同育人示范基地

哈尔滨工业大学与中国航天科工集团第二研究院均为中央直管的重要骨干单位，在航天前沿技术、智能装备和新材料等领域具有广泛合作空间。两个单位探索了校企协同育人和产教融合，为其他高校开展校企合作协同育人提供了可借鉴的经验。

一是疏通双向循环流动通道，形成校企双导师良性互动。协调企业科研人员到学校任教，企业工程师和技术人员通过到学校进行培训或参与课题的方式，了解和学习最新的科研动态，专任教师进入企业担任"讲座学者""访问学者"，为企业讲授前沿科技方向，对接企业技术需求，从而疏通双向循环流动通道。二是以科研合作项目为载体，构建"企业游学"育人新模式。人才培养与行业产业转型升级相契合，以校企合作项目为载体，将行业企业先进的运营理念与项目经验融入高素质拔尖型人才培养中，努力提高人才就业的竞争力和职业胜任力，并在项目共同攻关过程中实现协同创新。三是专业领域强强联合，优势共享实践平台。2008年,哈尔滨工业大学和中国航天科工集团第二研究院签订校企合作协议，在这个框架下，双方成立了校企联合实验室和联合研发中心，共同在信号测试诊断、模拟仿真、通信控制、计算机处理技术及仪器系统领域，开展实践教学和科研学术交流活动，截至2018年已培养300多位专业高端人才，均成为电子信息领域骨干技术力量。四是加强技术交流，共同开发实践项目。通过哈尔滨工业大学与中国航天科工集团第二研究院双方的紧密合作，深化合作育人与资源共建，优化实践条件，提升实践教学的保障力度。双方共同探索适应国防科技需求、创新工程教育的人才培养模式，推进电子信息类校企人才培养，提升工程教育的创新性和教学资源的社会适应度，使学生在掌握电子信息与通信技术领域专业基础理论与技能的基础上，提升工程实践能力。五是产教融合实践教学。结合企业人才需求，打造产教融合实践教学路径，分为学科教学（底层级）、技术模块（功能层级）、企业项目研究（应用层级）、企业角色培养（目标层级）四个部分。

二、产教融合创新型人才培养路径

创新型人才的培养是一个系统工程，强调知识、能力、素质的协调统一。面对国防科技工业发展的新形势和新要求，对于国防特色高校来说，在高层次创新型人才培养上，既要从自身发展实际出发，也要针对国防科技工业发展的需求，适时调整人才培养的目标、方向及模式，拓展高层次创新型人才培养的路径，探索创新型人才培养的有效方式，这样才能为行业发展提供必要的、充足的智力支撑，进而推动行业的快速发展。

结合国防科技工业的行业特征与特色高校的教育优势，本章从人才培养理念、人才共育机制、人才课程体系等三个方面提出国防科技工业产教融合创新型人才培养路径，旨在为加强国防科技工业各部门与行业特色高校间的协同协作提供策略选择。

（一）完善高校人才培养理念，提升人才培养效率

1. 立足企业用人需求，定制培养创新型人才

培养人才是高等学校的重要职能之一。针对国防科技工业领域的发展需要，培养行业急需的高层次人才，需要高校与行业之间的通力合作。例如，随着我国大飞机项目的正式启动，首先要突破飞机发动机、机载设备、材料等关键核心技术，中国商用飞机有限责任公司根据大型客机研制需求启动了飞机总体设计、系统集成、总装制造和适航取证四大领域近 20 项关键技术科研攻关，对于大飞机研发、制造及适航等方面高级人才的需求十分迫切。对此，高校应以行业人才需求为导向，加强产学研用协同，以国家重大科技专项或工程为依托，充分发挥高校和企业的各自优势，建立校企战略联盟，促进教育资源共享，培养工程技术领军人才。

企业提出用人需求，院校输出教学和科研资源，实现产教合一。在实际操作中，可开办专项合作企业定制班。针对企业的岗位需求和人才储备需求来开设实用型课程，校企双方在教学研发、特色教学、师资培养、实训基地建设等方面进行深度合作，实现校、企、生的多方共赢。在更高层面上，为企业量身定做在职研究生教育，与企业合作培养博士，为企业输送高端的创新型技术和管理人才。对于高端创新型人才的培养，应致力于建设一个让学员得以兼修专业技能与管理素养、打破职业发展瓶颈、获知全球最新理论和实战经验的教学平台，为企业培养具备全球视野、能结合最前沿理论与管理实践的杰出应用型人才。

2. 关注毕业生动态，树立"扶上马，送一程"培养理念

一方面，充分发挥校友会职能，对相关方面的毕业生建立一种持续的跟踪或

联系机制，一是能够通过信息的交流、互换，保持一种常态化的联系；二是能够帮助推销自己的产品，学生通过参与，可对企业的一些思维方式，发展的目标战略，基础的路线、关注点等都有所了解，从而深化双方的了解，形成良性循环。

另一方面，高校领导、教师可定期去毕业生的主要就业单位调研，了解毕业生的职业发展状况和困境，使毕业生感到母校的关怀和帮助，从而调动工作积极性，促进个人职业发展。

3. 通过"引进来"和"走出去"整合优势资源，拓展人才培养视野和空间

国防特色高校在人才培养过程中，应该积极利用各方资源，通过采取"引进来"和"走出去"的方式，拓展人才培养的视野和空间，建立人才培养的共享平台。一方面，学校可以通过举办学术论坛、专题讲座等方式邀请国防工业领域内的专家学者进行讲学，将各学科领域的前沿知识带给学生，拓宽学生的知识面，激发学生的求知欲。另一方面，学校要积极与业界的企事业单位进行沟通协调，通过建立校外实践基地等形式，推进学生社会实践和生产实习活动的有效开展。国防企事业单位拥有大批经验丰富的专家和工程技术人员，具有雄厚的科研实力以及精良的科研仪器设备。学生在校外实践基地能够得到系统的训练，同时也能够更好地了解企业理念和企业文化。这些校外实践活动也是对学生校内学习的有效补充。因此，学校要积极推进"引进来"和"走出去"的人才培养方式，建立人才培养的联动机制和长效机制，更好地整合和利用各方的优势资源，在优势互补的基础上加强高水平创新人才的培养。

（二）健全校企人才共育机制，最大化合作效益

1. 优势互补，校企共建共享核心团队

一是共建共享科研攻关团队。将企业一些高端专家和学校的青年教师、研究生联合组成一个创新团队，联合开展研究。企业专家在工程背景方面，包括应用的需求方面有优势，高校的教师在学术、理论、知识方面有优势，通过联合发挥双方的优势，高校教师深入参与企业实践项目，通过前端研究解决一些实际问题，尤其是企业"卡脖子"的核心问题，真正助推整个行业的发展。一方面，让企业了解高校科研成果，避免重复研究；另一方面，高校通过多进行走访调研，增强互动沟通，有助于激发双方灵感，企业也可以提供横向课题，增加高校教师的经济来源。

二是共建共享实践型师资团队。高校拥有丰富的科研力量和科技资源，企业掌握领域和行业发展的最新需求信息。立足产教融合的创新型人才培养，应该从师、生两个维度进行。教师应该深入行业、企业，解决市场需求问题。应鼓励教师以项目制、挂职、企业博士后等形式深入企业，支持专业领域和企业的研发攻关、项目运营。同时，企业实战精英也应吸纳进实践师资队伍，入校承担课程，深度参与创新型人才培养的全过程。立足产教融合的实践师资团队被校企双方共

享，参与企业的实际项目和员工培训，提供智力、技术等相关服务。军工集团可以提供工程师，为高校教师讲解企业实际操作过程中的感受以及实践方法，高校教师将这些实践理论转化为课堂理论传授给学生。对于传统的请大企业的总师到高校讲座的形式，因为学生缺乏对工程的实际感受，且企业在挖掘理论构建体系方面的能力欠缺，所以学生容易听不进去。因此，请高校教师到企业去挖掘工艺特点，进行理论凝练，再转化输出到课堂上，将产出更好的成果。

2. 完善产教融合机制，推动产业创新高质量发展

一是完善科技成果转化机制。加快构建科技转移转化平台，建设省市县互通、网状连接的科技要素交易市场。探索构建"异地研发+本地孵化生产"的科技创新成果合作新机制。

二是完善科技创新激励机制。加大对重大创新成果的奖励力度，支持事业单位科研人员与企业开展合作，支持企业采用灵活的"双聘"制度，探索重大技术攻关奖励股权改革，吸引优秀创新型人才共同合作进行技术攻关。

三是完善产学研协同创新机制。围绕企业做大做强、产业转型升级的需求，加快构建以企业为主体、以市场为导向的产教融合创新平台，引导企业、科研院所和高等院校开展创新协同攻关，突破重点产业领域关键技术，打通基础研究、应用开发、成果转移和产业化链条，实现企业经济效应和高校成才效应互利共赢。遴选出真正高质量的产教融合项目在全国各行业大力推广，以实现产教融合的规范化发展。

四是完善利益共享机制。建立完善有利于各方发展的利益共享机制，建立健全产学研用合作中的利益分配机制。在分配制度上，可实行兼职兼薪，以保证特色大学、行业企业双方教师和管理人员的待遇和积极性，创建高水平产学合作的教学团队，开展人才资源共享。在课程教学中，充分发挥特色大学教师特长，不断地将新知识、新理论和新技术充实到专业课程教学中，为学生提供符合产业需要的教学内容，保证课程教学的先进性和实用性。充分发挥行业企业教师的优势，开发教学资源，建立课程教学项目案例库，引入企业实际项目案例进入课堂作为教学案例或学生实践项目，以项目和任务驱动教学。

五是加强政府引导作用。可以通过建立孵化园区协调校企合作，并成立专门合作管制和成果鉴定机构监督合作；建议第一笔投入资金从企业投入转为政府企业共同投入，减小校企合作中企业方的责任和压力，通过共同资金池来孵化成果，解决传统的点对点合作、出现问题没人解决的弊端，通过政府介入维系产品线整个链条的合作。

3. 建立综合信息服务平台，促进校企信息共享

利用"互联网+"，建立产教融合综合信息服务平台，将政府产业政策、产

业技术需要、企业人才需求和高校人才供给等信息融合起来,解决"信息不对称"的突出问题,为产教有机对接、深度融合开辟新渠道。有效整合高校相关院系、科研院所的创新资源,加快突破关键核心技术瓶颈,聚焦优势和新兴产业链开展协同创新。

(三)构建国防特色人才课程体系,增强人才支撑效果

1. 聚焦战略需求调优学科,完善高校课程设置

高校在一些重点学科领域,对于课程设计、教学内容、教学方法、培养模式等要积极听取企业的意见和建议,鼓励企业参与课程体系的设计及调整,使课程体系设置符合行业人才的培养需求;对于一些工程实践类课程,要鼓励企业参与实践性教学环节的制定。针对国家急需的科技前沿、关键领域,深入实施高等院校强基计划,提升重点领域基础研究和应用的能力,深入推进学科专业调整,深化课程体系及教学内容改革,持续改进教学质量评价体系和方式,着力提升教学质量。建立"卡脖子"技术人才需求清单,围绕主导产业,着力培育一大批懂技术、肯钻研的本土化高素质应用技术人才。

全面推进实践教学改革。以创新成果培育为牵引,构建本研一体化实践教学体系,打造产教融合实践教学模式,在实验、实训、实习、课程设计、毕业设计、岗位实习、创新实践、创业实践等环节中,协同推进工程技术实践育人。建立人才共育、过程共管、成果共享、责任共担的紧密型校企合作办学体制机制,通过共建校内、校外实践基地,组建双师型教学团队,充分利用双方的人才特色,结合高校理论研究优势和企业工程实践技术背景,共同制订人才培养方案、共同开发课程和教材、共建实践教学基地、共同指导学生、共同开发项目等多种形式,实现互补共赢。同时要制定相关配套政策,完善导师的业绩考核和政策激励。

注重复合型人才培养。一流学科只是一个点,一流大学才是一个面,在一流大学里面,需要有效地进行普众化,刚开始几年普众化,到后面几年再进行分叉、分流,提高学生能力。一是要注重拓宽学生知识面,专业仅仅是在某个领域里面要掌握的基本知识,通过基本知识和专业素养、通识素养有机结合才能适应未来。二是注重学生再学习能力的培养,加强学生自主学习能力,培养学生主动学习意识。三是高校在培养人才方面应该做好分层,培养国家需要的一条链上的人才,本科阶段打基础,研究生阶段专攻,博士生阶段往更尖处拔高。四是在课程设置方面,高校目前的一些专业课对应的行业是否具有发展前景,课程是否有必要开展都需要高校统筹思考。

2. 加强职业规划指导,培育人才家国情怀

从近几年"国防七子"高校在国防科技工业领域的就业情况来看,到国防科技工业领域的应届毕业生正逐年减少,而具有高学历的毕业生就业比例的下降更

为明显,高素质人才供给严重不足。此外,通过对典型国防科技企业的走访调研得知,毕业生的就业态度和入职后的心理状态都存在一定的问题,存在工作畏难、看重短期效益甚至跳槽的现象。但从客观来看,国防科技企业一方面是事业平台,另一方面从事的都是国家最关键的领域,对于国家安全至关重要,对于毕业生来说,可能起点低一些,但后续的发展空间是很大的,甚至可以成为国家的院士、国之脊梁。

因此,一方面,应加强职业规划指导,塑造正确的择业观。国防科技企业从事的是国家的关键领域,对于国家安全至关重要,后续的发展空间很大,基于此引导人才树立正确的择业观,更关注长远发展而非短期利益,培养人才的不怕苦、不怕累、肯付出、肯奉献的军工精神,从而在国防科技工业领域做出更好的成绩。另一方面,创新国防教育,培育人才家国情怀。加强顶层设计制度建设,包括国防教育各项工作的分工合作、各部门的工作职责、教育的日程安排、教育的教学内容设计、教育的评价机制等。夯实基础,组建专兼职结合的军事理论课程师资队伍,通过专家指导、试讲说课、听课督导、以老带新等方式提高教师的授课水平和家国情怀。与国防科技企业建立协调育人基地,让学生切身体会感受特别能吃苦、特别能战斗、特别能攻关、特别能奉献的航天精神,从而树立正确长远的职业理想。

第七章 新时代行业特色高校评估体系研究

习近平在2016年12月全国高校思想政治工作会议上强调,"我国有独特的历史、独特的文化、独特的国情,决定了我国必须走自己的高等教育发展道路,扎实办好中国特色社会主义高校"[①]。办好中国的世界一流大学,必须有中国特色。

行业特色高校是中国特有的提法。本章中,行业特色高校主要指隶属于(曾经隶属于)国务院某部门,在长期为行业服务中积累了一定特色和优势的高校。有时也特指服务国家战略和国防军工行业发展需求的高校。

作为较具有中国特色的高等教育形态之一的行业特色高校,是世界高等教育自然演进并在中国大地上不断探索和实践的产物,在新中国经济建设和社会发展的各个阶段,始终发挥着不可替代的作用,做出了突出贡献。进入新时代,行业特色高校肩负新的使命,要努力成为行业发展的开拓者和主力军,努力成为高等教育改革发展的推动者和示范区,为国家经济社会发展做出更大贡献。为了充分彰显行业特色高校在国家和行业发展中的战略地位和独特价值,更好引导行业特色高校改革发展,加快"双一流"建设,对行业特色高校开展分类评估十分必要和迫切。

第一节 行业特色高校:新时代、新使命、新评估

一、行业特色高校的演进逻辑

行业特色高校,是高等教育适应社会发展需要的产物,是高等教育自然演化而成的一种重要的形态。大学自诞生以来,在与社会、行业不断加深的互动中,发展理念不断嬗变,大学内涵不断丰富,大学形态不断升级,教育范式不断创新。行业特色高校在中国的兴盛,既是世界高等教育发展史上偶然的产物,也是大学自身演进的历史逻辑与中国现实需求逻辑相互作用的必然结果,是最具中国特色的大学发展模式。

---

① 《习近平在全国高校思想政治工作会议上强调 把思想政治工作贯穿教育教学全过程 开创我国高等教育事业发展新局面》,http://www.moe.gov.cn/jyb_xwfb/s6052/moe_838/201612/t20161208_291306.html[2016-12-08].

（一）历史逻辑：大学与社会长期交互的结果

1. 大学与行业的联系和互动不断加深

国外没有行业特色高校这样的提法，只有专门学院与此相似。但是，我们从中世纪以来大学与行业的关系角度，依然能够寻找到中国行业特色高校产生的历史逻辑，即大学的发展，与社会生产方式、社会分工，以及行业的专门化与复杂化发展息息相关。大学的发展，与专业、行业的发展并行不悖，相得益彰。正是大学与行业交相互动，共同演进，催动了行业特色高校的产生和发展。

中世纪大学诞生之初，大学已经在较大程度上与行业联系在一起。不同大学的起源与发展的路径可能会有差异，但是殊途同归，在学术的指引下，在行业的规范下，在经济的驱动下，大学围绕专门人才的培养职能开展各种活动并不断发展壮大起来。中世纪大学就是职业行会的一种，它保存和传递知识，以培养训练有素的官吏、通晓教义的牧师、懂得法理的法官和律师、精通医术的医生作为其根本目的。

工业革命到20世纪初，大学更是打上了行业深深的烙印。随着自然科学的进步、工业社会的发展，以实用技术教育为重要目标的高等学校开始日益兴盛。而工商业的快速发展，需要大量技术人才和管理人才，培养具有高度文化科学知识、技能的专门人才成为高等教育和大学不可回避的任务。因此，19世纪产生并发展起来的工业应用技术大学模式，在整个20世纪才成了世界高等教育发展的主流模式。可以说，社会各行业发展对知识和技术的依赖与需要，推动着大学的发展，而大学的发展日益被打上了深刻的社会各行业的烙印。

20世纪以来，特别是第二次世界大战结束以来，大学与行业之间的紧密程度达到前所未有的高度。世界高等教育突飞猛进，大学从处于社会边缘的象牙塔，进入公众视野并日趋走向社会中心，深入经济社会生活的各行各业、角角落落。大学有针对地、稳定地培养行业所需的人才，提供行业共性技术支撑，从而成为行业快速发展的开拓者、主力军，并延续着学科向专深方向的发展。随着人类社会问题日趋复杂，大科学、大工程的需求不断出现，以及新兴战略性行业的兴起等，学科之间横向协同不断得到强化，学科跨界与融合成为学科发展的重要趋势。而学科模式的这一变化，也同时引发了大学深层次结构的变化。特别是进入21世纪，随着知识经济和信息技术的飞速发展，行业自身也迎来了重大变化，大学与行业之间再也无法保持过去那种学科上的、简单的一一对应关系，而发生着新的微妙变化。

2. 大学内涵和形态不断丰富和嬗变

事物的发展，总是从简单到丰富，从单一到多元，大学的演变历史也是如此。一方面，大学从最初单一的教学职能，到科学研究，到社会服务，乃至承担起文化传承创新、推进国际化的新功能等，大学职能一直在不断拓展，高等教育形态完成了从中世纪大学到近代大学,再到现代大学形态的历史嬗变;另一方面,从中世纪的文法神医四科教育,固守博雅教育,到西方工业革命兴起后的学科逐步分化、开展多科教育,或建立专门学院,以应对日益丰富的社会需求,到新中国行业办学,大学直接隶属于行业,以及西方多元巨型大学的出现等,高等教育的内涵和形态日益丰富,高等教育范式不断创新,这些都是大学历史发展规律的体现。

总而言之,每一次大学理念的更新,必然带动大学制度的变革,促进大学内涵的进一步丰富、大学形态的升级和教育范式的创新。行业特色高校在中国的兴盛,既是世界高等教育发展史上偶然的产物,也是大学自身演进历史中遭遇国家现实需求逻辑的必然结果。

(二)现实逻辑:国家和高校发展的现实需求

在特定历史时期,大学的发展必然受到当下现实多重因素的影响。行业特色高校的形成与发展,是世界高等教育在中国实践和探索的结果,是从中国国情出发,不断满足中国现实发展需求,最具中国特色的大学发展模式。

1. 计划经济条件下国家经济建设的迫切需要

行业特色高校的现实起点,是新中国以国家利益优先为原则,快速构建与行业同步发展相适应的高等教育体系的需求。20世纪50年代,新中国遵循政治优先逻辑,以国家力量全力介入高等教育,先后两次进行了院系大调整,将当时所有高校都改为公立,首先从政治思想上占领人才培养阵地,通过开展部门办学,国家统一集中管理,形成了以少数综合性大学和众多行业特色高校为主体的办学格局,形成了与计划经济相配套的,与国家行业发展、工业化进程相适应的专门高等教育体系,见表7.1。

表7.1 20世纪50年代我国各类高校设置情况统计表

学校类型		学校数量/所	
		1953年	1957年
	综合性大学	14	17
行业院校	高等工业学校	39	44
	高等师范学校	31	58
	高等农林学校	29	31
	高等医药学校	29	37
	高等政治学校	4	5
	高等财经学校	6	5
	高等艺术学校	15	17
	高等语言学校	8	8
	高等体育学校	5	6
其他院校	少数民族高等学校	2	1
合计		182	229

资料来源:李国钧,王炳照. 中国教育制度通史[M]. 济南:山东教育出版社,2000

著名的北京"八大学院"(北京航空学院、北京钢铁学院、北京矿业学院、北京石油学院、北京地质学院、北京农业机械学院、北京林学院、北京医学院),以及中央财经学院、北京政法学院等,都是这一时期的产物。这些行业院校办学目的明确,和行业企业的结合度高,在短期内,有效推进了我国大学数量、种类及专业的发展,为快速恢复国民经济、建设工业化强国提供了有力的人才支撑,奠定了如今我国的行业特色高校的基础。

20世纪70年代末,国家又新增了一批以行业院校为主的重点院校。至20世纪90年代初的一段时期,行业部门办学大发展,行业高校在类型、数量上达到顶峰。1994年前后,中央部委所属高校有640余所,行业特色高校的数量和在校生规模,在全国高等教育体系中占有很大比重。

2. 市场经济条件下高校主动服务与超越发展的必然需要

随着我国市场经济体制的确立和改革开放的深入,中国在世界各国中地位不断提升,中国高等教育事业在快速发展的同时,中国如何建设世界一流大学的问题,引起国家、社会和高等教育界的高度关注。其中,行业高校面临着如何处理高校与行业之间关系的问题,即行业高校何去何从,需要在行业化与非行业化或去行业化问题上作出重要战略抉择。随着我国市场经济体制改革的走向纵深,国家从1998年开始,分三次对中央业务部门举办和管理的高校进行了有组织、有计划、分批次的划转改革,见表7.2。

表7.2 1998~2010年行业高校隶属关系变化情况表

项目		高校数/所				所占比例			
		1998年	2000年	2004年	2010年	1998年	2000年	2004年	2010年
总计		1022	1041	1731	2358	100%	100%	100%	100%
中央部委所属高校		263	116	111	111	25.73%	11.14%	6.41%	4.71%
其中	教育部所属	45	72	73	73	4.40%	6.92%	4.22%	3.10%
	其他部委所属	218	44	38	38	21.33%	4.23%	2.19%	1.61%
地方所属院校		759	925	1620	2247	74.27%	88.86%	93.59%	95.29%

资料来源:教育部公布的《全国教育事业发展统计公报》
注:表中数据由于四舍五入,合计的百分比可能相差0.01%

这一系列的改革,使得大学与行业之间,被动服务与主动服务、从属于行业与超越于行业、去行业化与再行业化的发展理念不断博弈和演化。一部分行业高校积极转型发展,成为综合性高校;一部分行业高校随着隶属关系的变更,规模和体量的增大,行业服务职能不再聚焦,而是逐步转移甚至萎缩,变成了行业背景高校。当然,众多行业高校,不管隶属关系如何,依然坚守服务行业发展的办学使命和目标,不断巩固和发展与行业密切相关的办学特色和优势,从而完成了向行业特色高校的演变。

进入21世纪,特别是2015年以来,国家开始实施"双一流"建设,强调以学科建设为核心的新的高等学校发展思路,表明在建设教育强国过程中,要更加尊重高等教育规律,寻求大学在国家需求逻辑与学术逻辑之间的平衡。在新时代建设中国特色世界一流大学的格局下,行业特色高校的战略发展问题仍然是一个不可回避的话题。如何促进行业特色高校在扎根中国大地、重构大学与行业之间的关系中,彰显更加鲜明的中国特色;如何充分认识行业特色高校在"双一流"建设中的独特价值,构建相对科学、合理的评估标准,促进行业特色高校走向国际舞台,参与国际竞争,尽快进入世界一流大学行列,成为重要而紧迫的问题。

综上所述,行业特色高校是高等教育学术逻辑与国家需求逻辑交互作用的结果,是大学与行业之间,被动服务行业还是主动服务行业、从属于行业还是超越于行业等这些发展理念不断博弈的结果。

(三)制度逻辑:多重制度逻辑作用下的生长

制度逻辑是指某一领域中相对稳定存在的制度安排和相应的行动机制,多重制度逻辑的分析框架强调多重制度逻辑之间的相互作用,强调宏观制度逻辑与微观群体行为的关系基础,强调在此基础上制度变迁的内在性过程。伯顿·克拉克将高等教育领域的制度逻辑分为以政府为代表的政治逻辑、以企业为代表的市场逻辑和以高校为代表的学术逻辑三种制度。不同的历史时期,在多重制度逻辑的博弈中,占据主要因素的制度逻辑影响着行业特色高校的发展轨迹。

政治逻辑是我国高等教育发展的主要驱动或主导力量。改革开放后,伴随着社会主义市场经济体制的建立,大学的办学自主权在多个领域得到不同程度的增强,政治逻辑的"控制"作用出现一定程度的弱化,但不可否认的是,与高校自身发展息息相关的人事权、财政权在相当程度上仍然集中在政府手中,政府对高校的发展依然发挥着强有力的制约作用。

市场逻辑是影响我国高等教育发展的新兴力量。随着经济全球化时代的到来,大学已经从整个社会边缘走向社会中心,越来越受到社会和市场的青睐,高等教育市场化趋势愈加明显。同时,20世纪七八十年代以来,由于各国研究型大学来自公共部门渠道的办学经费供给持续减少,其教学和科研活动被迫走出传统的"象牙塔",在市场中筹集办学所需的各项资金和物质支持。就我国现阶段而言,市场对大学发展也产生了一定程度的影响。

学术逻辑是大学自治与学术自由,是西方大学所遵循的悠久传统,也应当是世界一流大学的生命力所在。从新中国成立到改革开放再到新时代,不断扩大高校办学自主权、完善高校内部治理结构是贯穿学术逻辑内部发展历程的重中之重,也是我国推进世界一流大学建设的必由之路。

总而言之，历史逻辑的自然演化、现实需求逻辑的不断催化，归结起来，最终都表现为多重制度逻辑的相互作用（或博弈），行业特色高校就是在多重制度逻辑的交互作用下存在和不断发展的。

二、新时代赋予行业特色高校新的使命

行业特色高校在长期办学过程中形成了与行业密切相关的办学特色和学科优势，与国家国防、地质、冶金、机械、电子、农林、水利等行业产业共同发展进步，产教协同输送了大批优秀人才，校企融合取得了众多领先科技成果，发挥了其他高校无法替代的作用。

在2016年12月召开的全国高校思想政治工作会议上，习近平首次对我国高等教育发展方向提出了"四个服务"的明确要求。他强调，"我国高等教育发展方向要同我国发展的现实目标和未来方向紧密联系在一起，为人民服务，为中国共产党治国理政服务，为巩固和发展中国特色社会主义制度服务，为改革开放和社会主义现代化建设服务。"[1]习近平在2020年9月11日主持召开的科学家座谈会上强调，"希望广大科学家和科技工作者肩负起历史责任，坚持面向世界科技前沿、面向经济主战场、面向国家重大需求、面向人民生命健康，不断向科学技术广度和深度进军。"[2]进入新时代，行业特色高校必然要承担起新的历史使命。

（一）国家战略层面：服务国家新发展格局

当前中国正面对着"两个大局"，即中华民族伟大复兴的战略全局和世界百年未有之大变局。同一时空下，战略全局和世界变局形成历史性交汇，既蕴含重大机遇，也带来严峻挑战。《中共中央关于制定国民经济和社会发展第十四个五年规划和二〇三五年远景目标的建议》中提出了关系我国发展全局的重大战略任务：构建以国内大循环为主体、国内国际双循环相互促进的新发展格局。同时，首次提出坚持创新在我国现代化建设全局中的核心地位。要抢抓新一轮科技革命和产业变革的重大机遇，加快走出一条从人才强、科技强到产业强、经济强、国家强的创新发展新路径。

中国的百年发展史告诉我们，要走自己的路，走中国特色社会主义这条光明之路。社会主义中国不照搬西方国家发展模式，而是结合中国实际、总结经验教训、借鉴人类文明，敢闯敢试。中国也正在为构建人类命运共同体，为破解时代

---

[1]《习近平在全国高校思想政治工作会议上强调 把思想政治工作贯穿教育教学全过程 开创我国高等教育事业发展新局面》，http://www.moe.gov.cn/jyb_xwfb/s6052/moe_838/201612/t20161208_291306.html[2016-12-08].

[2]《习近平主持召开科学家座谈会并发表重要讲话》，http://www.gov.cn/xinwen/2020-09/11/content_5542851.htm[2020-09-11].

问题和世界难题提供中国智慧和中国方案。中国发展方式、中国制度、中国弘扬的共同价值、中国构建的人类命运共同体理念，正越来越多地得到世界的认同。中国自身的新发展，必将为世界发展提供新机遇。要办好中国自己的事，三件事情特别重要，就是改革、开放、创新。

（二）产业经济层面：支撑产业体系现代化

构建新发展格局，必须推动产业链、供应链优化升级，把发展经济着力点放在实体经济上，推进产业基础高级化、产业链现代化，提高经济质量效益和核心竞争力。

在提升产业链、供应链现代化水平方面，保持制造业比重基本稳定，巩固壮大实体经济根基。分行业做好供应链战略设计和精准施策，推动全产业链优化升级。锻造产业链、供应链长板，打造新兴产业链，推动传统产业高端化、智能化、绿色化，发展服务型制造。完善国家质量基础设施，加强标准、计量、专利等体系和能力建设，深入开展质量提升行动。促进产业在国内有序转移，优化区域产业链布局，支持老工业基地转型发展。补齐产业链、供应链短板，实施产业基础再造工程，加大重要产品和关键核心技术攻关力度，发展先进适用技术，推动产业链、供应链多元化。加强国际产业安全合作，形成具有更强创新力、更高附加值、更安全可靠的产业链、供应链。

在发展战略性新兴产业方面，加快壮大新一代信息技术、生物技术、新能源、新材料、高端装备、新能源汽车、绿色环保、航空航天、海洋装备等产业。推动互联网、大数据、人工智能等同各产业深度融合，推动先进制造业集群发展，构建一批各具特色、优势互补、结构合理的战略性新兴产业增长引擎，培育新技术、新产品、新业态、新模式。促进平台经济、共享经济健康发展。

在加快数字化发展方面，发展数字经济，推进数字产业化和产业数字化，推动数字经济和实体经济深度融合，打造具有国际竞争力的数字产业集群。建立数据资源产权、交易流通、跨境传输和安全保护等相关基础制度和标准规范，推动数据资源开发利用。扩大基础公共信息数据有序开放，建设国家数据统一共享开放平台。保障国家数据安全，加强个人信息保护。积极参与数字领域国际规则和标准的制定。

（三）国防行业层面：推进国防工业现代化

提高国防和军队现代化质量效益。一方面，对军队现代建设提出了新时代军事战略体系建设、现代化军队组织形态建设、新型军事人才培养体系建设等新发展要求；另一方面，指出要加快武器装备现代化，聚力国防科技自主创新、原始创新，加速战略性、前沿性、颠覆性技术发展，加速武器装备升级换代和智能化武器装备发展。此外，对于提升国防实力，提出了集中力量实施国防领域重大工程；优化国防科技工业布局，加快标准化、通用化进程；健全强边固防机制，强化全民国防教育等努力方向。

（四）高校建设层面：加快推进"双一流"建设

《中共中央关于制定国民经济和社会发展第十四个五年规划和二〇三五年远景目标的建议》提出，提高高等教育质量，分类建设一流大学和一流学科，加快培养理工农医类专业紧缺人才；深化人才发展体制机制改革，全方位培养、引进、用好人才，造就更多国际一流的科技领军人才和创新团队，培养具有国际竞争力的青年科技人才后备军；加强创新型、应用型、技能型人才培养，实施知识更新工程、技能提升行动，壮大高水平工程师和高技能人才队伍；支持发展高水平研究型大学，加强基础研究人才培养。

2020年6月，习近平在致哈尔滨工业大学建校100周年的贺信中写道："学校扎根东北、爱国奉献、艰苦创业，打造了一大批国之重器，培养了一大批杰出人才，为党和人民作出了重要贡献。希望哈尔滨工业大学在新的起点上，坚持社会主义办学方向，紧扣立德树人根本任务，在教书育人、科研攻关等工作中，不断改革创新、奋发作为、追求卓越，努力为实现'两个一百年'奋斗目标和中华民族伟大复兴的中国梦作出新的更大贡献。"[①]

对于高水平大学，党和国家寄予了厚望。2021年5月28日，习近平在中国科学院第二十次院士大会、中国工程院第十五次院士大会、中国科协第十次全国代表大会上，明确提出："高水平研究型大学要把发展科技第一生产力、培养人才第一资源、增强创新第一动力更好结合起来，发挥基础研究深厚、学科交叉融合的优势，成为基础研究的主力军和重大科技突破的生力军。"[②]随后不久，习近平在清华大学建校110周年校庆考察时指出："建设一流大学，关键是要不断提高人才培养质量"，"要构建一流大学体系。高等教育体系是一个有机整体，其内部各部分具有内在的相互依存关系。要用好学科交叉融合的'催化剂'，加强基础学科培养能力，打破学科专业壁垒，对现有学科专业体系进行调整升级，瞄准科技前沿和关键领域，推进新工科、新医科、新农科、新文科建设，加快培养紧缺人才。要提升原始创新能力。一流大学是基础研究的主力军和重大科技突破的策源地，要完善以健康学术生态为基础、以有效学术治理为保障、以产生一流学术成果和培养一流人才为目标的大学创新体系，勇于攻克'卡脖子'的关键核

---

① 《习近平致哈尔滨工业大学建校100周年的贺信》，http://www.gov.cn/xinwen/2020-06/07/content_5517776.htm[2020-06-07].

② 《习近平：在中国科学院第二十次院士大会、中国工程院第十五次院士大会、中国科协第十次全国代表大会上的讲话》，http://www.gov.cn/xinwen/2021-05/28/content_5613746.htm[2021-05-28].

心技术，加强产学研深度融合，促进科技成果转化。要坚持开放合作。加强国际交流合作，主动搭建中外教育文化友好交往的合作平台，共同应对全球性挑战，促进人类共同福祉。"[①]

（五）知识生产层面：适应学科建设新范式

知识作为大学产生与发展的逻辑基础，其生产模式变革必然会对大学变革发展产生深刻影响。20世纪中后期以来，现代知识生产模式由传统的遵循学术语境、以学科为中心、纯理性或思辨知识等特征转变到以跨学科和以问题研究为中心为核心标志。受此影响，大学中的学科建设展现出一种新型的组织化图景，与社会经济、政治和文化紧密相连，跨学科组织、任务驱动型科研、主体协同式科研、国家需要价值导向等新的诸要素将学科建设在更加开放的机制下推到了一个新的发展阶段。

2015年10月国务院印发的《统筹推进世界一流大学和一流学科建设总体方案》明确提出，坚持以中国特色、世界一流为核心，以支撑创新驱动发展战略、服务经济社会发展为导向。也就是说，学科建设必须强调应用性，重视服务国家创新驱动发展战略、服务区域经济社会发展。2022年1月印发的《关于深入推进世界一流大学和一流学科建设的若干意见》进一步明确："服务国家急需，强化建设高校在国家创新体系中的地位和作用，想国家之所想、急国家之所急、应国家之所需，面向世界科技前沿、面向经济主战场、面向国家重大需求、面向人民生命健康，率先发挥'双一流'建设高校培养急需高层次人才和基础研究人才主力军作用，以及优化学科专业布局和支撑创新策源地的基础作用。"

行业特色高校坚持社会逻辑和学术逻辑相结合，在历史上建立和保持了与行业的天然联系，在办学中体现战略技术及产业发展的国家意志、服务行业和区域经济社会发展的多元需求，促进知识创造与服务国家的有机统一等方面具有先天的优势。在新的知识生产模式下，行业特色高校应面向世界范围科技革命和产业变革，超前识别、积极应变、主动求变，围绕急需的战略性问题、尖端领域的前瞻性问题，组织跨学科、跨学院、跨团队的交叉跨界研究中心，推动跨界整合与协同攻关，在产业技术创新的关键点位与核心领域实现突破。

三、新时代呼唤行业特色高校的新评估

行业特色高校在长期发展过程中，形成了独特的发展模式，呈现显著的行业特性，不仅是我国高等教育组成部分，更是中国特色高等教育的推动者。世界一

[①] 《习近平在清华大学考察：坚持中国特色世界一流大学建设目标方向 为服务国家富强民族复兴人民幸福贡献力量》，http://www.gov.cn/xinwen/2021-04/19/content_5600661.htm[2021-04-19].

流大学建设,是中国特色和世界一流的辩证统一,行业特色是最大的中国特色,是符合当前新时代发展要求和经济社会发展水平的。

因此,对行业特色高校需要有针对性的、公正客观的评估,这样才能有利于行业特色高校在各自领域进入世界一流行列或者前列。特别是引导行业特色高校凸显行业特色、制定中国标准、引领国际规格、全速创建中国特色世界一流大学。

(一)行业特色高校的特殊性

行业特色高校是中国特色高等教育体系中客观存在、不可或缺、不可替代的一种大学类型,在推动行业科技进步、支撑国家创新体系建设、促进经济社会发展中发挥了重要作用。与一般综合性大学相比,行业特色高校在学科建设、人才培养、师资队伍、服务社会、文化传承和国际交流六个方面,更加紧密面向行业发展需求,存在以下六个方面的特殊性。

1. 学科建设的特殊性:应用性、差异性

行业特色高校在发展初期,就被赋予了为行业培养和输送人才等任务,其学科布局与设置多源于行业的需求,且以应用性学科为主,这与综合性高校以文理学科为主有着很大不同。经过长期发展,行业特色高校积累形成了与行业密切相关的学科特色和优势。但随着科技快速发展,需要解决的经济社会问题也日趋复杂,行业企业必须运用多学科、跨学科知识,需要基础深厚、复合式、创新型的人才。如此,行业特色高校学科结构相对单一、学科对行业需求的覆盖面(契合度)不够、基础学科薄弱等问题也就日益凸显出来。

2. 人才培养的特殊性:针对性、实践性

行业特色高校学科基础、办学资源均具有较强的行业特征,人才培养过程中,理论学习、课程实践等教学活动的各个环节,具有更强的针对性、专业性、实践性,更加符合行业发展需求。行业特色高校"双一流"建设要进一步突出产教融合,以国家对人才培养的要求为根本遵循,贴近行业特色和社会需求,造就一批扎根中国、胸怀世界,兼具中国特色、时代特征和世界格局的社会主义建设者。

3. 师资队伍的特殊性:行业性、工程型

行业特色高校的师资队伍需要具有行业背景,学术活动需要与行业密切相关,强调参与行业服务的广度、深度、频度,即行业参与的活跃度,强调能够直接参与或服务于工程。行业特色高校更多面向行业发展和行业人才培养,集聚了一批应用创新高层次技术人才,在国家重大工程、战略任务实施过程中,发挥了重要作用。当然,由于行业性质所限,师资队伍的交流、跨界可能存在一定障碍;同时,一些科技成果,由于技术保密等原因,教师可能会在经济利益、学术荣誉等方面受到损失,行业特色高校在人才竞争中,与一般普通高校相比将处于竞争弱势。

4. 服务社会的特殊性：直接性、协同性

行业特色高校以直接服务行业发展为主渠道，与行业之间构建了更加紧密的协同发展关系，形成了稳定的产学研合作模式，能够更好地服务国家和地方经济社会发展。在国防军工、农林水、地矿油等涉及国家经济命脉的产业中，行业特色高校紧扣战略需求，着眼实际问题，为国家安全做出了重大贡献，把学术论文写在了祖国大地上。

5. 文化传承的特殊性：行业精神强势融入校园文化

行业特色高校文化建设与其他高校文化建设是个性与共性的关系，具有其独特的表现形式和特殊内涵，如国防军工高校的献身文化、艰苦奋斗的石油文化等。在行业发展过程中萃取、凝练出来的行业精神、特色文化，是社会主义核心价值的重要组成部分，对行业的提升发展具有强烈的激发和促进作用。

6. 国际交流的特殊性：壁垒多、动力强

行业特色高校除了推进教育全球化之外，还有一个重要使命是推进行业全球化发展。近年来，由于西方国家对我国高科技发展、高端产业发展实施全方位打压，限制科技交流人员互访，部分行业特色高校被列入"实体清单"，国际化发展受到极大限制，更需要自立自强。

（二）分类评估建设的必要性

在我国经济建设和社会发展的各个阶段，行业特色高校始终发挥着不可替代的作用。在长期的发展过程中，行业特色高校积累了显著的优势和特色，同时也存在着明显不足，如行业面向性强但学术视野相对狭窄，应用性强但基础学科实力相对薄弱，结构聚合性明显但新方向、新领域的探索相对滞后等，如何克服行业特色高校自身的不足，如何扎根中国大地，不忘初心，担当起新时代赋予的使命，为实现中华民族伟大复兴做出新的贡献等都是需要加以研究并解决的问题。

当前，我国"双一流"建设正在稳步推进。在此背景下，构建行业特色高校评估体系，打通行业特色高校与"双一流"建设评估之间的壁障，通过评估实施，外生动力会转化为行业特色高校高质量发展的内生力量，对于新时代深入贯彻习近平关于高等教育的系列重要论述，推动中国特色、世界一流大学建设，具有重要的理论意义和实践意义。

从理论的角度看，通过对行业特色高校评估体系的研究，进一步探索高等教育分类评估理论、方法及实践的可行性，进一步探索新时代行业特色高校评估的价值导向、评估内容、评估标准、评估方法等，对构建中国高校评估标准、评估模式和方法，以及进一步完善和丰富中国特色的高等教育评估理论具有重要的意义。

从实践的角度看，对行业特色高校进行分类评估，是我国深化新时代教育评价改革的具体举措，能够促进我国高等教育评价更加客观、公正、科学、高效。具体地说，一是有利于更好地促进我国高等教育体系多样化、差异化、特色化发展，通过推进分类评估、实施和促进高等教育的分类建设与分类管理，为国家开展科学决策、政策调控提供依据，为实施"高教强国"提供更强大的动力和实践指南；二是有利于教育主管部门更有效地开展"双一流"建设动态监测评估，更好地探索中国特色世界一流大学建设道路，制定中国标准，发出中国声音，赢得国际认可和尊重；三是有利于国家更有效地引导更多的高校积极服务国家战略和行业发展，在服务中更加明确办学定位、优化学科布局、加强创新型人才培养，促进高校自身高质量发展，彰显行业特色高校的战略地位和作用。

第二节 行业特色高校评估的理论探究

《深化新时代教育评价改革总体方案》指出，教育评价要坚持问题导向，从党中央关心、群众关切、社会关注的问题入手，破立并举，推进教育评价关键领域改革取得实质性突破；推进高校分类评价，引导不同类型高校科学定位，办出特色和水平；坚持中国特色，扎根中国、融通中外，立足时代、面向未来，坚定不移走中国特色社会主义教育发展道路。

为此，高等教育评估需要遵循高等教育的普遍规律，接受科学理论的指导；而行业特色高校几经演变的办学历史和不断探索发展的、复杂的办学实践，也需要我们对这些评估的理论和评估的实践重新加以审视。通过深入探析行业特色高校的评估内涵和评估要素，理清评估主客体关系及价值取向，即把握评估目的（为什么评）、评估原则（依据什么评）、评估主体（谁来评）、评估内容（评什么）、评估模式（如何评）等最基本的评估要素，认真研究行业特色高校的评估与普通高校的评估的差异，整体把握行业特色高校因其"独特性"所应有的价值取向和必须把控的评估准则，从而确定评估目标（目的）和评估指标体系构建的原则。

一、高等教育评估理论的再审视

高校评估是高等教育领域保障高校办学水平和人才培养质量的重要机制，我国制度化的高等教育评估已经有30多年的历史，现在已经形成了多种类型的评估项目，包括高校自我评估、教育部门组织的院校评估、行业参与的专业认证与评估，以及国际学术评估等，这些评估项目对促进行业特色高校的发展起到了非常重要的作用。但是，由于这些评估项目主要面向全国所有类型的高校，评估标准的共性化无疑制约着行业特色高校个性发展的重要诉求。随着评估理论和技术的发展、高等教育形势的变化，行业特色高校的评估理论亟须重新审视。

高校评估作为现代大学制度的有机组成部分，评估模式、评估方式等评估体系的确立既深受评估理论的影响，也会随着评估环境，即政治体制、高校管理传统、高等教育发展阶段和发展观等的变化而调整。目前制度化的高等教育评估主要是一种科学范式下的基于测量的量化评估，主要目的是提高我国高等教育大众化和普及化过程中的管理效率。当前，我国高等教育从高速发展阶段进入了高质量发展阶段，高等教育评估也应由量化评估走向高质量评估，或者说从科学范式评估向哲学范式评估转变。在分类评估的趋势下，行业特色高校作为一种特殊的高校类型，需要特别关注影响行业特色高校高质量发展的内外部因素，在新的评估范式指导下将评估行为与高校发展整合为一个不可分割的整体，以高质量的评估促进行业特色高校的高质量发展。

（一）建构主义评估范式成为主流

评估的本质是一种理性判断，从思维层面上，高等教育评估范式可以分为两种，即科学范式和哲学范式。科学范式的评估强调评估方法的科学性以及评估结果与事实的相符性。它主张科学思维和主客两分，以客观的事实为评估对象，通过不断改进评估指标发展出科学的评估方法，并基于此得到科学的评估结果。在科学范式下，评估活动和评估结果完全由评估机构和评估专家主导。哲学范式的评估强调评估结果与评估对象的相互建构以及评估的过程性。它主要基于哲学思维，评估对象并非完全客观的事实，而是社会建构的"事实"，评估指标的选择取决于评估的目的，并不存在唯一的科学的指标体系。根据这两种评估思维，历史上形成了不同的评估理论，当前正在深刻影响世界高等教育评估活动的是第四代评估理论。

古贝和林肯在20世纪80年代以"时代"模式将评估理论更迭分为四代。第一代评估的核心特征是"测量"，强调对调查变量进行技术性的测量，评估的结果就是测量的结果；第二代评估的核心特征是"描述"，评估者的角色就是描述者，评估就是描述关于某些规定目标的优劣模式，此时，"测量"不再等于评估，而是作为评估的工具；第三代评估的核心特征是"判断"，评估者扮演评判员的角色，根据绩效来划分人或事务的等级。显然，前三代评估理论都将科学主义作为评估哲学，在评估本体论上坚信评估是一种客观实在，不以人的意志为转移；在认识论上主张二元客观主义，要求调查者站在被研究对象之外，不影响被研究对象；在方法论上采用干涉主义方法论，调查集中于真理、本质和运行方式等。

针对前三代评估中存在的"管理主义的倾向、忽略价值的多元性以及过分强调调查的科学范式"三个重大缺陷，在建构主义范式的指导下，古贝和林肯提出了第四代评估理论。第四代评估以"响应"和"建构"为核心特征，把利益相关者的主张、焦虑、争议等作为组织要素，在利益相关者参与的基础上决定评估要解决什么问题和收集什么信息。评估不再是评估者处于主导地位、评估对象处于被动状态、强调"证实"事实的单向过程，而是一种融合不同利益相关者多元价值的协调过程，通过"探究"来构建现实。这一过程在委托人、评估者、评估对象等不同利益相关者之间建立平等关系，最大范围地调动全员参与的积极性，不同利益相关者通过持续地谈判协调，联合形成评估结果和建议。

第四代评估理论本质上是一种哲学范式，更多地强调多元价值、全面参与和共同建构，正在深刻影响世界高等教育评估活动。实践中无论是宏观的作为一个系统的高等教育，还是微观的作为一个组织的大学都是极其复杂的，涉及人性的、政治的、经济的、文化的、社会的等各种因素，这些因素更多的是社会建构意义上的"主观事实"而非实证主义的"客观事实"。在这种范式的指导下，高校和各类评估项目需要注重指标的个性化与弹性化，重视过程的诊断性评估，并强调评估主体的多方参与，坚决破除"五唯"指标体系。行业特色高校的高质量评估恰恰需要第四代评估理论的指导。同时，虽以测量为主导的科学范式的评估无法反映高等教育事实的整体性，但量化评估符合管理主义和科学主义的规范。作为一种技术和方法，量化仍然是高质量评估的一部分，只不过不再具有主导性和垄断性。

（二）高校评估必须扎根中国大地

世界高等教育发展历史表明，大学发展受两种逻辑的支配，一是学术逻辑，即大学作为探究高深学问、培养专门知识生产者的场所，知识的变革、学科类别与范式的转变为大学提供了发展动力；二是社会逻辑，即大学要能回应并满足国家和社会的需求，并为之做出积极的贡献。世界各国大学发展均遵循学术逻辑和社会逻辑的统一，但在不同国家、不同类型的大学中，学术逻辑和社会逻辑在发挥作用时会各有侧重，即大学对承担的人才培养、科学研究和社会服务等多元而复杂的职能，并不是面面俱到、平均用力，而是会有所侧重。与此相适应，大学评估体系中评估标准的确立存在着学术维度与社会维度之分，但随着知识经济社会的到来，社会与知识的联系日益紧密，大学的知识创造、科学研究、人才培养的落脚点应是推动社会发展，大学综合维度评价的趋势越来越明显。

分析目前世界上最具影响力的四大大学评价体系，即泰晤士高等教育世界大学排名、QS世界大学排名、软科世界大学学术排名及U.S.News世界大学排名的评价标准可以发现，四个评价体系中科研指标的占比显著高于教学和社会服务的占比，它们对科研卓越的过度关注，和以标准化、同质化的指标衡量所有大学的水平，狭隘化了大学的传统使命，限制了院校个性化发展机会，一定程度上边缘化了大学教学和社会服务等功能。当前，在知识经济和创新创业全球化的背景下，大学作为地区、国家和全球创新体系的轴心机构，对于经济和社会发展起着至关重要的作用。与此相适应，近年来，卡内基教学促进基金会、《华盛顿月刊》、澳大利亚大学社区参与联盟、《泰晤士高等教育》等大学评价体系都在尝试打破以"科研产出"为主要衡量尺度的这种相对单一的学术维度，用"社会贡献"这一尺度重新定义和丈量何为卓越大学，引导大学从可持续发展贡献度、社会参与度等具有丰富意蕴的综合维度审视自身发展，而不是只关注科研成果。

我国高校在长期的发展过程中肩负着服务于国家发展的使命与责任。中国近现代大学诞生于中华民族应对"三千年未有之大变局""师夷长技以制夷"的重要历史时期，因此，近现代大学从一开始就被赋予了振兴民族和国家的使命与责任，与起源于学者行会的西方大学所秉持的学术逻辑完全不同。新中国成立后，通过学习和借鉴高等教育苏联模式，基本建立起了服务于国家工业化和现代化的高等学校体系和高等教育体系。改革开放后，面对第三次科技革命浪潮与汹涌澎湃的国际竞争，《中共中央关于教育体制改革的决定》提出，"教育必须为社会主义建设服务，社会主义建设必须依靠教育"，由此确立了教育优先发展的基本国策。党的十九大把建设教育强国作为实现中华民族伟大复兴的基础性工程，赋予了高等教育重大的历史使命和责任。

与社会逻辑作为我国大学发展的内在基因相一致，在大学进行综合性评估时，一方面，要尊重教育规律和学术生产规律，坚守高校是人才培养机构与学术机构的性质，改变以往简单通过量化标准进行评估的现象，把立德树人的成效作为教育评估的根本标准，改变重科研轻育人的现象；另一方面，必须充分考虑我国行业特色高校的使命特殊性，将高校对社会发展的贡献纳入评估范围，突出解决大学的社会适应性与引领性问题，从而构建中国特色的高等教育质量评估体系。

（三）高校评估迈入分类评估阶段

党的十九届五中全会第一次明确提出建设高质量教育体系。高等教育作为教育体系中的重要部分，适应新发展格局需要，推进高等教育高质量发展是我国高等教育面临的时代课题。高等教育高质量发展的关键在于实现大学发展范式和高等教育发展观的转型，以及建立高质量高等教育体系。在质量保障体系上，建立分类评价体系，引导不同类型、不同层次的高等教育机构彼此之间既分工合作，又相互竞争、相互适应，这是高等教育高质量发展的重要表征。

实施分类评估是遵循高等教育发展规律，适应普及化阶段高等教育多样性、个性化需求的必然选择。化解评估所导致的共性制约与高等教育多样化的矛盾，一直是国内外教育评估界努力的目标。《高等教育机构排名的柏林原则》（2006年）明确指出：排名应该认识到高等教育机构的多样性并考虑到它们不同的使命和目标。例如，对研究导向型院校和面向大众化教育的普通院校的质量评价标准就截然不同。我国已经进入了高等教育普及化发展阶段，建立了一个规模超大、层次类别多样、结构复杂的高等教育体系，对这个庞大的体系组织开展全面评估本身是一个巨大的挑战。在从高等教育大国到高等教育强国的历史性跨越中，高校评估必须解决大学之间的可比性问题，实施分类评估，以引导大学的个性化发展。

分类评估的关键在于构建科学的、符合时代要求和高等教育发展阶段的评估分类体系，通过"指挥棒"的作用，引导不同类型高校在服务面向、服务对象、培养目标和质量标准等方面从单一向多元、多维转型，提高高校核心竞争力。经过多年的不懈探索与努力，进入新时代，我国对普遍高校的评估制定了"两类四种"的"评估套餐"，这是当前评估分类的典型做法。但是，这里的"类"主要是根据学校的发展水平和发展层次来进行划分，对"类"下面的"小类"没有进行细分。比如，第一类是具有世界一流办学目标、一流师资队伍和育人平台，培养一流拔尖创新人才，服务国家重大战略需求的普通本科高校，显然这就是"双一流"建设高校，如前所述，行业特色高校是其主体部分，但这类高校的特性在评估制度中没有受到足够的关注。

行业特色高校是我国高等教育体系中一类具有鲜明办学特色的高校，与综合性大学侧重于遵循学术逻辑而擅长基础理论研究相比，行业特色高校侧重遵循社会逻辑，以服从行业发展需求为办学目标。在国家历史上指定的全国重点建设大学名单中，行业特色高校占比基本接近或超过50%。当前，建设高等教育强国与创新型国家更离不开行业特色高校的作为，行业特色高校本身是新时代推进社会主义现代化建设、提高行业科技和产业竞争力的骨干力量。因此，行业特色高校作为"双一流"建设的主力军，教育主管部门应根据这类高校在履行职能以及相应办学体制机制上的相似性，设置不同的评估体系，以引导这类高校从同型竞争走向错位发展，实现战略转型卓越发展，从而更好地服务国家战略发展大局。

二、国内外高校排名体系的比较与借鉴

有比较才能有鉴别。中国建设世界一流大学，其本质是将中国的大学置身世界环境，以世界标准衡量和指导中国大学的发展。这是中国高等教育发展到一定阶段的必然诉求，也是建设教育强国的基础。近年来，随着新时代教育评价改革的推进，我国也逐步建立学科评估体系和"双一流"动态评估体系，立足中国国情，以党的教育方针为行动指南，以社会主义办学为根本方向，探索建立了独具中国特色、中国风格、中国气派、国际影响的评估体系。如表7.3所示，研究中选取了上海交通大学世界大学学术排名（简写为ARWU）、泰晤士高等教育世界大学排名（简写为THE）、QS世界大学排名（简写为QS）、U.S.News世界大学排名（简写为USNEWS）、欧盟主导的"多维度全球大学排名"（简写为U-Multirank）等国内外具有较高知名度的排行体系进行比较分析，并与我国学科评估、"双一流"评估做简要对比，以期从中获得重要启示。

表 7.3　五大排名体系部分共性指标对照表

指标类	观测点 ARWU	THE	QS	USNEWS	U-Multirank
教育质量	声誉（获诺贝尔奖和菲尔兹奖的校友折合数）	声誉调查（教学）	雇主声誉		
办学条件		生师比	生师比		
科研能力	论文数量（SCIE 和 SSCI 收录）	师均发表论文数（科研生产力）		发表论文数	
	各学科领域被引用次数的学者数量	篇均被引用次数	师均论文被引用次数	标准化的引文影响	论文被引率
		声誉调查（科研）	全球学术声誉	全球科研声誉	
国际化		国际教师/国内教师	国际教师/国内教师		国际师资比例
		国际学生/国内学生	国际学生/国内学生		博士学位中国际生比例
		国际合作（合作者或论文）		国际合作（合作论文）	国际合作科研出版物数量

注：SCIE 指科学引文索引扩展（science citation index expanded），SSCI 指社会科学引文索引（social sciences citation index）

（一）评估理念：个人本位与国家本位

国外高校评估体系注重个人本位，强调个人接受教育的需要，认为教育评估的终极价值在于促进人的全面发展，关注影响教育功能发挥的内部因素及教学过程，侧重于对学生情况和感受的调查、学术同行与雇主的认同和评估。国内一些评估体系认为高等教育在多大程度上满足国家和社会的需要是外部评估的重要依据，强调对教育目标和成果的评估，尤其关注那些较为直观的量化结果。

（二）评估目的：社会问责与质量监控

国内外大学排名早已成为各国政府推进大学建设、学生选择出国留学目标院校的主要参考标准。国外更多回应社会问责，争取生源；国内更多从高校管理和质量保障，促进高校建设发展。不同评估标准与评估理念的指标体系经过不断完善与创新，逐渐成为学校办学质量和办学声誉的追求，也逐渐成为各学校争取优秀生源和扩大经费来源的重要参考。ARWU 主要为了找到中国大学与世界一流大学的科研差距；THE 和 QS 主要为学生选择学校和就业提供信息、为大学的国际化竞争提供参考；USNEWS 主要为学生选择学校和政府宏观调控提供信息。学科评估与"双一流"评估旨在建立中国标准与中国模式，帮助高校了解优势与不足，建设能跻身国际舞台的教育强国。

（三）评估内容：偏重学术与可测指标

国内外主要大学排名根据大学的科研、教学、成就、声誉等方面进行量化评鉴。ARWU 主要使用六项客观指标对世界大学进行排名，师资质量和科研成果占比权重最大，侧重学术成就，参考的全部是与诺贝尔奖、论文有关的指标；THE 的大学评估主要看重教学、知识传播、国际水平和科学或学术研究，突出大学知识转化的能力；QS 是唯一一个引入了"雇主声誉"的榜单，重视大学的社会服务功能，瞄准全球性高等教育服务市场；U-Multirank 从五个维度（教学、科研、知识转化、国际化程度及地区参与）进行评估。学科评估与"双一流"评估对人才培养给予了极高的关注，在指标体系的设计中有突出的体现。

（四）评估方法：重量化与定性相结合

对于复杂的大学教育而言，大学评估既不是纯技术性工作，也不是对现象的客观描述，而是建立在一定事实判断基础上的价值判断。单从量化指标评估一所大学是不全面的，对大学的领导力、大学走势等整体状况的了解需要以质性判断才能加以评估。必要的动态、定性指标更能体现大学评估的诊断性和发展性。在 THE、QS、USNEWS 的早期发展中，定性评估往往占据相当比例，很多大学纷纷质疑排名的有效性和准确性。而国内大学评估早期较多借助客观指标，但是仅凭这些确定性的指标往往也不够准确合理。学科评估与"双一流"评估均采用定性与定量相结合的方法，既有数据指标又有主观判断，相对更完善与准确。

三、新时代行业特色高校的评估目标和准则设计

（一）评估目标

2020 年 10 月，中共中央、国务院印发了《深化新时代教育评价改革总体方案》，肯定了教育评价的指挥棒作用——教育评价事关教育发展方向，有什么样的评价指挥棒，就有什么样的办学导向。行业特色高校是中国教育历史上一种极具使命特殊性的高校，正面临着新时代如何战略转型的重大选择问题。对行业特色高校开展分类评估设计，深化新时代教育评价改革，旨在达成以下三个方面的目标。

一是推进我国高校的分类评估和分类建设，推动高等教育多样化、差异化、特色化发展。通过确立行业特色高校的评估理念、标准和程序，建立适合行业特色高校发展的评估体系。

二是为"双一流"动态监测评估中共性指标与行业特色高校个性指标相容共生问题，提供一种解决思路和可操作性的技术支撑，更好地探索中国特色世界一流大学建设道路。

三是引导更多高校主动服务国家战略和行业发展。通过推进行业特色高校的分类评估，推动政府明确关于行业特色高校发展的政策导向，彰显行业特色高校的战略地位和价值，坚定行业特色高校高质量发展的信心。

（二）评估准则

1. 评估主体：调动多元主体协同

行业特色高校的发展涉及政府、行业、社会、高校等众多利益相关者，在评估设计和实施中，需要将这些利益相关者纳为评估主体，明确主体责任，加强多元主体之间的沟通协商，协同开展评估。

2. 评估内容：突出独特内涵评估

与一般综合性大学相比，行业特色高校在学科建设、人才培养、师资队伍建设等方面具有特殊性，评估应针对行业特色高校的独特内涵，提炼核心要素，构建指标体系。

3. 评估方式：融合多种评估方式

评估主体和评估对象共同建构评估体系，共性指标和个性指标相结合，以政府公开数据和行业部门专用数据为基础，采用定量与定性相结合，过程评估、改进评估、增值评估与综合评估相结合，强调多种评估方式的融合，增强评估的科学性。

第三节 新时代行业特色高校评估指标体系的构建

一、指标体系构建原则

（一）目的性原则

目的性原则是指用已设计好的评估指标体系解决问题，以达到引导行业特色高校发展的目的。本章设计评估指标体系的目的是科学评估高等学校在我国国防科技工业发展建设中所起的作用和所做的贡献，引导和激励有关高校高质量发展，在培养创新型人才、开展科学研究等方面，更好地服务和支撑国防科技工业发展。

（二）个性化原则

高校之间主要的差异并非表现为其共性的标准，而是表现为其个性化的和动态的标准，即特色。个性化教育作为高等教育的应有之义，理应体现在高等教育办学成效评估之中。个性化的差异具体体现在办学定位、人才培养目标、学科专业设置、师资队伍活动区间、科学研究类型和服务对象、社会服务的直接性和稳定性、大学文化的构成等方面。

（三）时代性原则

行业特色高校的发展具有典型的时代背景，其评估必须结合时代特征并反映社会需求，但时代的推移和社会各系统的发展是一个连续不断的过程，显然不能把某一时期社会现象的发生、发展与其他时期割裂开来而分门别类地去研究，所以从系统性的角度，结合历史规律和未来需求，研究现时代的问题，才会更加全面和理性。

（四）可比性原则

指标体系中的每一个指标，必须反映被评对象的共同属性，反映被评对象属性中共同的元素。只有在一致的前提下，才能够实际地、客观地比较被评对象在数量上的差异。设计指标体系时，每提出一项指标，就必须同时对其规定相应的尺度。

（五）可测性原则

评估指标体系中最低层次的指标必须是可测量的、具体的、明确的，是可以操作和把握的，必须能够用数量化统计参数或者可操作化语言具体明确地表述出来。为了满足可测性原则，在设计评估指标体系时，能够量化的指标要尽量量化；对于不能量化或者数量化处理难度较大的指标，可以用具体化、行为化、可操作化的语言加以描述；也可以定性、定量相结合，既有数量化标准又有可操作化语言描述。

二、评估指标设计

（一）一级指标设计

本章主要以国防军工行业高校为研究对象，紧扣高校与"行业""特色"之间的关系来设计指标体系，用以检测和评估高校与行业之间的密切程度、高校优势特色形成的程度，以及高校对行业发展的贡献程度，从而彰显行业特色高校的独特个性。

从"培养人才""发展科技""服务社会"高校三大基本职能出发，充分考虑行业特色高校的特殊性，从若干指标要素中，选取最核心的六个一级指标，分别是办学定位与行业一致度、学科专业与行业需求契合度、人才培养行业满足度、人才队伍行业活跃度、科技创新行业贡献度，以及校园文化与行业文化融合度。

（1）办学定位与行业一致度指高校的办学思想、使命、目标与行业发展方向的一致程度。是否一直坚持面向行业，服务和支撑行业发展，努力成为行业发展的开拓者和主力军，与行业发展同频共振，决定着高校的价值取向，是区分行业特色高校与否的基本准则和重要出发点。

（2）学科专业与行业需求契合度指高校学科专业设置、建设能力和水平，覆盖和满足行业发展需要的程度。学科专业的布局结构、建设能力和水平是行业高校形成特色优势的重要标准。

（3）人才培养行业满足度指高校培养的人才数量、质量满足行业发展需求的程度。这是行业特色高校服务和支撑行业发展的根本任务，判定高校对行业贡献的重要指标。

（4）人才队伍行业活跃度指高校教师在行业领域各项活动中的参与程度和重

要程度。这是检验高校与行业关系是否密切，判定高校在行业发展中是否重要的关键指标之一。

（5）科技创新行业贡献度指高校的科研活动及其成果对行业发展的贡献程度，包括规模、层次、水平。能否最大限度地承担行业科研任务，取得更多重要的科研成果，解决行业共性技术、关键核心技术，推动国防和军队现代化建设，是判定行业特色高校对行业发展所做贡献程度的重要指标。

（6）校园文化与行业文化融合度（或行业文化在校园文化中的融合度）指高校对行业文化的选择、保存、传播和创新程度，以及行业文化与专业文化、校园文化融合发展所彰显的程度。行业文化与专业文化相融在校园文化中，是行业特色高校与普通高校校园文化的重要区分，是更高层面上判定高校具备"行业""特色"属性的重要指标。

由于世界上其他国家很少有与我国相似的国防军工行业高校，也由于这类高校的保密原因，在推进国际化战略方面和普通高校相比有着更多的困难，因此，在评估指标体系构建中，国际化暂时未予考虑。

（二）二级指标设计

二级指标选取了具有代表性的若干指标，如表7.4所示。

表7.4 行业特色高校评估指标体系 I

一级指标	二级指标
A 办学定位与行业一致度	A1 办学使命、办学目标与行业发展一致度
B 学科专业与行业需求契合度	B1 行业相关一级学科领域覆盖度
	B2 行业相关专业覆盖度
C 人才培养行业满足度	C1 行业企业实习实训基地占比
	C2 毕业生行业企业就业数量及占比
	C3 国际500强企业就业人数
D 人才队伍行业活跃度	D1 担任行业首席科学家数量
	D2 在行业企业担任兼职科技带头人的占比
	D3 学校聘请行业企业兼职导师数
E 科技创新行业贡献度	E1 行业部门科研项目、经费数量及占比
	E2 行业企业横向项目经费数及占比
	E3 省部级以上行业企业共建研发机构数量及占比
	E4 国家级、省部级奖中行业相关成果占比
	E5 行业科技成果转化项目、经费占比
F 校园文化与行业文化融合度	F1 持续产生影响的文化品牌
	F2 校级以上文化研究及其教学平台（机构）

注：D1中的首席科学家主要包括重大项目特聘首席、总师、副总师（含分系统）；E3中的省部级以上行业企业共建研发机构指科技创新基地、重点实验室、协同创新中心、工程研究中心、技术创新中心等

三、指标权重设定

（一）专家打分数据汇总和计算

通过专家调研，对6个一级指标和16个二级指标的重要程度进行评分，汇总打分平均结果如表7.5所示。

表7.5　专家对指标权重的打分汇总表

指标	A	B	C	D	E	F	A1	B1	B2	C1	C2
平均值	13.1	16.1	20.2	18.6	24.3	7.7	100.0	55.5	44.5	33.6	42.9
指标	C3	D1	D2	D3	E1	E2	E3	E4	E5	F1	F2
平均值	23.6	43.9	32.0	24.0	20.5	18.7	19.4	19.1	22.5	58.2	41.8

（二）采用层次分析法计算权重

1. 确定计算矩阵

分析专家打分数据，对一级指标成对比较，得出其判断优选矩阵，如表7.6所示。

表7.6　一级指标的判断优选矩阵

指标	A	B	C	D	E	F
A	1	1	1/2	1/2	1/2	2
B	1	1	1	1	1/2	2
C	2	1	1	1	1/2	3
D	2	1	1	1	1/2	3
E	2	2	2	2	1	4
F	1/2	1/2	1/3	1/3	1/4	1

2. 计算初始权重系数

按公式 $w_i' = (a_{i1} \cdots a_{im})^{1/m}$，其中 m 为受检验层次的目标数，计算初始权重系数 w_1' 得

$$w_1' = (1 \times 1 \times 1/2 \times 1/2 \times 1/2 \times 2)^{1/6} = 0.7937$$

同理得

$$w_2' = 1，\ w_3' = 1.201，\ w_4' = 1.201，\ w_5' = 2，\ w_6' = 0.4368$$

3. 计算归一化一级指标权重系数

按公式 $w_i = w_i' / (w_1' + \cdots + w_6')$ 计算归一化权重系数 w_1 得

$$w_1 = 0.7937 / (0.7937 + \cdots + 0.4368) = 0.120$$

同理得

$$w_2 = 0.151,\ w_3 = 0.181,\ w_4 = 0.181,\ w_5 = 0.302,\ w_6 = 0.065$$

4. 计算一致性指标

按照以下公式：

$$CI = (\lambda_{max} - m) / (m - 1)$$
$$\lambda_{max} = (\lambda_1 + \cdots + \lambda_m) / m$$
$$\lambda_i = (a_{i1} w_1 + \cdots + a_{im} w_m) / w_i$$

其中，λ_{max} 为最大特征根；λ_i 为该层次子目标成对比较判断优选矩阵的特征根。计算得到 CI = 0.042 < 0.1，CR = CI/RI = 0.034 < 0.1，其中 CI 为一致性指标，CR 为随机一致性比率，RI 为判断矩阵的平均随机一致性指标，所以一级指标对应的判断矩阵具有满意的一致性。

同理，可得到二级指标在对应的一级指标中的权重系数：A1 为 1，B1 为 0.667，B2 为 0.333，C1 为 0.297，C2 为 0.534，C3 为 0.163，D1 为 0.534，D2 为 0.297，D3 为 0.163，E1 为 0.234，E2 为 0.124，E3 为 0.124，E4 为 0.124，E5 为 0.394，F1 为 0.667，F2 为 0.333。

根据专家反馈的对指标修改的建议，以及指标权重打分信息，由层次分析法对指标及权重进行设定，形成行业特色高校评估指标体系Ⅱ，总体上能够实现最初设定的评估目标（表 7.7）。其中，一级指标得到了咨询专家的一致认可。关于

表 7.7　行业特色高校评估指标体系Ⅱ

一级指标	权重	二级指标	权重
A 办学定位与行业一致度	0.120	A1 办学使命、办学目标与行业发展一致度	0.120
B 学科专业与行业需求契合度	0.151	B1 行业相关一级学科领域覆盖度	0.101
		B2 行业相关专业覆盖度	0.050
C 人才培养行业满足度	0.181	C1 毕业生行业企业/单位就业数量及占比	0.181
D 人才队伍行业活跃度	0.181	D1 担任行业首席科学家数量	0.097
		D2 在行业企业/单位担任兼职科技带头人的占比	0.054
		D3 学校聘请行业企业/单位兼职导师数	0.030
E 科技创新行业贡献度	0.302	E1 行业相关科研项目、经费数量及占比	0.142
		E2 与行业企业/单位共建的国家级以上研发机构数量及占比	0.074
		E3 国家级奖中行业相关成果占比	0.086
F 校园文化与行业文化融合度	0.065	F1 持续产生影响的文化品牌	0.044
		F2 校级以上行业文化研究及教学平台（机构）	0.021

二级指标的观测点设计，经过专家修正，具有较强的代表性和可操作性，在充分考虑国防类行业特色高校数据信息安全的同时，选取能够反映指标内涵的具有典型性、代表性的观测数据。

四、指标体系验证

（一）样本数据采集整理

1. 确定数据采集规则

结合专家调研意见，行业特色高校评估指标体系验证的数据采集，依据如下规则。①明确数据采集与统计口径。以公开面板数据为主，与教育部和主管部门统计口径一致。②明确数据采集类型。包括定量数据与定性描述两类。③明确数据采集时间范围。根据实际情况，采集最新的学年度、自然年度及有关周期累计数。

2. 选择数据采集对象

在初步形成行业特色高校核心指标体系、确定各指标权重的基础上，在国防军工行业中选取七所高校作为指标体系的验证样本，进行数据的采集、验算和分析。选择验证样本基于以下三点考虑。

（1）可比性。样本高校都是"双一流"建设高校，同行业、同类型的高校之间可比性强，可进行相对有效性评估。

（2）代表性。样本高校长期服务国家战略需求和行业发展，具有明显的行业特征。

（3）典型性。样本高校原有的行业背景分别包括航天、航空、航海、兵工等，均具有典型性。

3. 数据采集

根据行业特色高校评估指标体系Ⅱ，设计"新时代行业特色高校评估指标体系数据采集表"。以行业部门的《信息统计手册》数据、样本高校官网、政府部门公开发布的文件等作为数据来源，整理形成评估基础数据库。

数据采集表主要包括以下几方面内容：办学定位与行业一致度、行业相关学位点与本科专业设置、行业相关人才培养平台、毕业生行业就业、与行业相关的师资规模与层次、与行业相关的项目、科研平台与成果、与行业相关的文化品牌及教学、研究机构等相关数据、信息。

（二）计分规则及验算

1. 计分规则

计分规则分为定性评价与定量评价两类，如表7.8所示。

表 7.8 评估指标体系的计算规则说明表

一级指标	二级指标	观测点	计分规则
A 办学定位与行业一致度	A1 办学使命、办学目标与行业发展一致度	办学使命、办学目标文字	定性评价
B 学科专业与行业需求契合度	B1 行业相关一级学科领域覆盖度	学校一级学科的行业覆盖度	定量评价
	B2 行业相关专业覆盖度	学校行业相关专业覆盖度	定量评价
C 人才培养行业满足度	C1 毕业生行业企业/单位就业数量及占比	"十三五"期间毕业生在行业企业/单位就业数量及占比	定量评价（二次归一法）
D 人才队伍行业活跃度	D1 担任行业首席科学家数量	院士数量	定量评价
		国防科技卓越青年科学基金项目获得者人数	定量评价
	D2 在行业企业/单位担任兼职科技带头人的占比	本校专任教师中在行业企业/单位中担任兼职科技带头人的人数及比例	定量评价（二次归一法）
	D3 学校聘请行业企业/单位兼职导师数	学校聘请行业企业/单位兼职导师数	定量评价
E 科技创新行业贡献度	E1 行业相关科研项目、经费数量及占比	2019 年科研项目中与行业相关的横向科研项目占比	定量评价
		2019 年科研项目中与行业相关的纵向科研项目占比	定量评价
	E2 与行业企业/单位共建的国家级以上研发机构数量及占比	国家级研发机构中与行业企业/单位共建的机构数量	定量评价（二次归一法）
	E3 国家级奖中行业相关成果占比	国家级奖项中与行业相关的奖项数量	定量评价（二次归一法）
F 校园文化与行业文化融合度	F1 持续产生影响的文化品牌	持续产生影响的文化品牌建设情况	定性评价
	F2 校级以上行业文化研究及教学平台（机构）	校级以上行业文化研究及教学平台（机构）建设情况	定性评价

定性评价：采用主题词分析法，由专家对文本内容进行五级制（非常好、比较好、一般、比较差、非常差）定性评价，再分别赋以 1、0.8、0.6、0.4、0.2 的权重，换算成得分。

定量评价：对于仅关注数量或占比的指标，采用简单归一法计算；对于既关注数量也关注占比的指标，采用二次归一法计算，实现对数量和占比的综合考量。

2. 验算结果

根据计分规则，对指标验算得到如下结果，如表 7.9 所示。

表 7.9　评价指标体系验证计算结果表

一级指标	权重	二级指标	观测点	权重	大学1	大学2	大学3	大学4	大学5	大学6	大学7
A 办学定位与行业一致度	0.1200	A1 办学使命、办学目标与行业发展一致度	办学使命、办学目标文字	0.1200	0.1200	0.1200	0.1200	0.1200	0.1200	0.1200	0.1200
B 学科专业与行业需求契合度	0.1510	B1 行业相关一级学科领域覆盖度	学校一级学科的行业覆盖度	0.1010	0.0789	0.0915	0.0773	0.0994	0.1010	0.0773	0.0852
		B2 行业相关专业覆盖度	学校行业相关专业覆盖度	0.0500	0.0500	0.0297	0.0268	0.0341	0.0362	0.0290	0.0257
C 人才培养行业满足度	0.1810	C1 毕业生行业企业/单位就业数量及占比	"十三五"期间毕业生在行业企业/单位就业数量及占比	0.1810	0.1810	0.1760	0.1689	0.1461	0.1466	0.1628	0.1752
D 人才队伍行业活跃度	0.1810	D1 担任行业首席科学家数量	院士数量	0.0686	0.0677	0.0237	0.0542	0.0508	0.0135	0.0169	0.0068
			国防科技卓越青年科学基金项目获得者人数	0.0290	0.0290	0.0207	0.0290	0.0290	0.0290	0.0166	0.0207
		D2 在行业企业/单位担任兼职科技带头人的占比	本校专任教师中在行业企业/单位中担任兼职科技带头人的人数及比例	0.0538	0.0286	0.0248	0.0229	0.0538	0.0014	0.0395	0.0097
		D3 学校聘请行业企业/单位兼职导师数	学校聘请行业企业/单位兼职导师数	0.0296	0.0106	0.0248	0.0031	0.0296	0.0286	0.0250	0.0216
E 科技创新行业贡献度	0.3020	E1 行业相关科研项目、经费数量及占比	2019年科研项目中与行业相关的横向科研项目占比	0.0712	0.0485	0.0436	0.0579	0.0685	0.0058	0.0712	0.0345
			2019年科研项目中与行业相关的纵向科研项目占比	0.0712	0.0138	0.0205	0.0248	0.0101	0.0712	0.0195	0.0229
		E2 与行业企业/单位共建的国家级以上科研开发机构数量及占比	国家级研发机构中与行业相关共建的机构数量	0.0739	0.0638	0.0507	0.0472	0.0739	0.0164	0.0246	0.0229
		E3 国家级奖中与行业相关成果占比	国家级奖项中与行业相关的奖项数量	0.0857	0.0523	0.0540	0.0799	0.0727	0.0539	0.0289	0.0434
F 校园文化与行业文化融合度	0.0650	F1 持续产生影响的文化品牌	持续产生影响的文化品牌建设情况	0.0440	0.0440	0.0440	0.0440	0.0440	0.0440	0.0440	0.0440
		F2 校级以上行业文化研究及教学平台（机构）建设情况	校级以上行业文化研究及教学平台（机构）建设情况	0.0210	0.0176	0.0088	0.0132	0.0176	0.0176	0.0088	0.0176
总评分				1.0000	0.8058	0.7328	0.7692	0.8496	0.6852	0.6841	0.6502
得分（百分制）				100.00	80.58	73.28	76.92	84.96	68.52	68.41	65.02

（三）验证结果简要分析

1. 主要指标得分情况比较

在"办学定位与行业一致度"指标上，样本高校的得分没有差别，说明样本高校的办学，都能紧紧围绕行业发展，在办学目标等方面与行业保持高度一致。其他五项一级指标得分形成了差异。样本高校的得分率如表7.10所示。

表7.10　样本高校一级指标的得分率表

一级指标	大学1	大学2	大学3	大学4	大学5	大学6	大学7
A 办学定位与行业一致度	100.00%	100.00%	100.00%	100.00%	100.00%	100.00%	100.00%
B 学科专业与行业需求契合度	85.37%	80.29%	68.97%	88.40%	90.88%	70.41%	73.47%
C 人才培养行业满足度	100.00%	97.22%	93.34%	80.72%	80.99%	89.94%	96.80%
D 人才队伍行业活跃度	75.10%	51.92%	60.36%	90.15%	40.07%	54.15%	32.50%
E 科技创新行业贡献度	59.10%	55.88%	69.47%	74.57%	48.75%	47.75%	40.97%
F 校园文化与行业文化融合度	93.33%	80.00%	86.67%	93.33%	93.33%	80.00%	93.33%

根据六项一级指标各高校得分率，绘制成雷达图更能清晰、直观地显示计算结果（图7.1）。

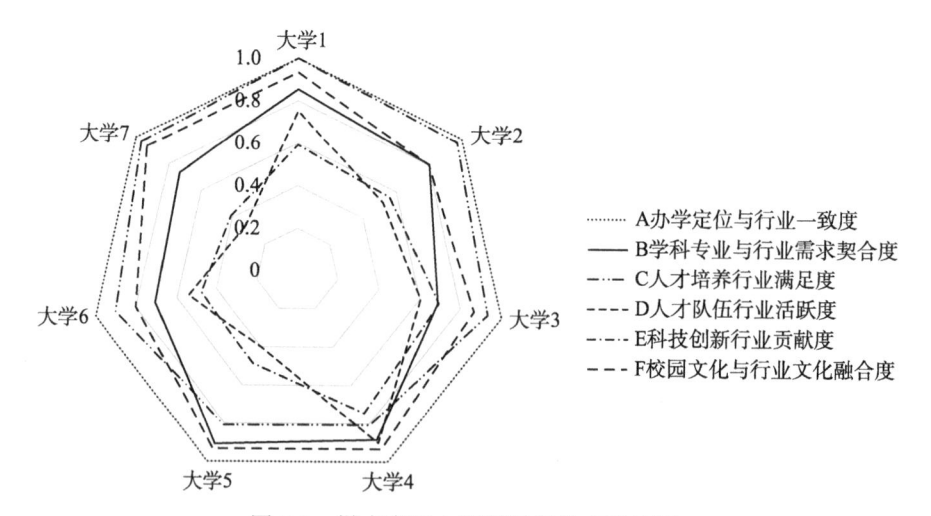

图7.1　样本高校六项指标得分率雷达图

"学科专业与行业需求契合度"得分结果显示，大学5得分率最高（90.88%），大学3最低，为68.97%；对于"人才培养行业满足度"，各高校得分率普遍较高，均在80%以上，大学1得分率最高，大学4最低，为80.72%；对于"人才队伍行业活跃度"，样本高校得分率差距明显，大学4最高，为90.15%，大学7最低，为32.50%；对于"科技创新行业贡献度"，得分率普遍不高，最高为74.57%，最低为40.97%；对于"校园文化与行业文化融合度"，从学校"持续产生影响的文化品牌"与"校级以上行业文化研究及教学平台（机构）"两个方面进行评价计分，从得分率情况看，各校的校园文化与行业文化都有一定的融合。

2. 与知名大学排行榜的比较分析

用所建立的指标体系对样本高校进行验算，将结果排名与知名大学排行榜排名进行比较（表7.11）。结果分析表明，采用所建立的指标体系计算出的排名与知名大学排行榜的排名总体一致，存在个别显著差异。这种差异与行业内部对样本高校个性化程度的认知基本一致，说明所构建的个性化评估指标体系有效，验算结果可靠。

表7.11 研究建立的评估指标体系计算结果与知名大学排行榜（2020）排名比较

学校	本研究排名	USNEWS排名	QS排名	THE排名	软科排名
大学1	2	249	277	15	12
大学2	4	589		40	28
大学3	3	485	436	28	20
大学4	1	364	462	18	13
大学5	5	624			36
大学6	6	698		73	35
大学7	7	847			51

第四节 新时代行业特色高校评估的实施策略

《深化新时代教育评价改革总体方案》的印发实施，是我国高等教育现代化进程中具有里程碑意义的重大行动。统筹推进"双一流"建设，迫切需要深化教育评价改革，构建符合中国国情、具有中国特色的教育评价体系。构建和完善新时代行业特色高校评估体系，深化评价改革，势在必行。

一、国家层面

构建和完善行业特色高校评估体系，推进和深化行业特色评估改革，需要国家的政策指导和支持。建议国家在行业特色高校评估理念、评估内容和评估实施方式等方面，做出相应的政策安排和制度规范。

（一）评估理念：彰显独特价值，推进公平评估，强化导向功能

一是彰显行业特色高校发展的独特价值。行业特色高校是最具中国特色的高

校群体，是构建中国特色世界一流大学格局的重要组成部分，在推进中国高等教育现代化、推动中国行业产业经济发展中，具有重要的、独特的战略意义。必须充分认识行业特色高校不可相互替代的战略地位和独特价值，并在评估的设计和实施中体现出来。

二是推进行业特色高校评估的客观公平。客观、公平、科学的评估，是高等教育评估和"双一流"评估的必然要求。行业特色高校在高等教育评估中长期处于弱势地位，客观公平的评估是这类高校的最基本的诉求。比如，对事关行业特色高校长远发展的、基础性的计划、项目等方面，给予政策支持。

三是强化行业特色高校评估的导向功能。行业特色高校作为一个具有独特价值的高等教育群体，在其战略发展上，需要国家做出明确的政策性导向，在实施评估中需要区别对待、分类进行。运用整体思维、系统思维和前瞻性思维，重构评估机制和评估体系，通过分类评估，发挥评估的判断、引领、指导、管理和改进等多项功能，引导行业特色高校的分类建设和分类管理。

（二）评估内容：抓住本质内涵，提炼核心指标，实现相容共生

一是抓住行业特色高校的本质内涵。要增强行业特色高校评估的客观性、公平性，达到评估目的，就必须提高评估的针对性，抓住行业特色高校的本质内涵，本质内涵是什么，就评估什么。本质内涵，即本质属性。行业特色高校的本质内涵，就是高校与行业之间的关系，是服务、支撑和引领行业发展，及其在这一过程中累积形成的具有行业属性的特色和优势。

二是提炼行业特色高校的核心指标。行业特色高校的"特色"，主要体现在以"六个度"为特征的、有机联系的若干核心要素中，其中，学科专业的布局、设置及其与行业发展需求的契合程度、紧密程度是确立行业特色高校属性的基本出发点；人才培养、科学研究等方面对行业发展的贡献度是观照行业特色高校价值的重要指标；高校与行业之间的互动及其程度（包括广度、深度和频度）是行业特色高校的基本运行方式；行业精神融入专业文化是行业特色高校的显现形态。为此，需要从以上这些要素中提炼行业特色高校评估的核心指标。

三是完善行业特色高校综合评估体系。建议国家在现有"双一流"高校评估体系构建中，采用以"共性指标+个性指标"的方式，构建完善的综合评估指标体系，有效地解决"双一流"评估的共性指标与行业特色高校的个性指标之间的相容共生问题，从而既强调"双一流"建设的统一要求，充分筛选那些能够体现所有"双一流"特征的共通性指标，也尊重行业特色高校发展的特殊性，兼顾能切实体现行业特色高校的个性指标。

（三）评估实施方式：鼓励多方参与，加强沟通协商，实现共治共评

一是鼓励相关主体积极参与评估活动。教育评估本身就是一个复杂的系统工

程，涉及众多相关利益主体，需要调动各方的积极性。就行业特色高校的评估而言，教育主管部门要充分重视相关行业部门、行业企业和其他用人单位等在行业特色高校发展中的诉求。在开展评估活动中，需要将这些相关利益主体纳入"双一流"评估主体，鼓励其积极参与评估建构和实施活动。

二是加强多元评估主体之间的沟通协商。行业特色高校相关评估主体，隶属关系不同，价值和利益诉求不同，承担责任的轻重不同，在本质上可归结为政府、市场、社会和高校四元主体。在参与评估活动中，需要加强各方之间的沟通、协调，妥善处理好四元主体之间的关系，提高相关方面的话语权，明确各自的主体责任，建立基于多方价值协商的协同评估机制，从而实现多元主体对行业特色高校的共治共评。

比如，在具体操作中，可由国家教育行政部门负责行业特色高校的评估活动的总体设计、组织实施、沟通协调和评估结果的处置安排，负责共性通用指标的筛选、审定等；个性指标部分的研究制定和评估活动的具体实施，可由教育主管部门牵头，也可委托行业部门会同相关高校、行业机关和用人单位等组织实施。

二、行业部门层面

20世纪90年代高等教育体制改革之后，行业特色高校有的仍归属行业部门管理，有的转为教育主管部门或地方政府管理。不管何种情况，行业特色高校的评估都应该体现行业部门的利益诉求和应承担的责任，评估体系建构和评估活动实施都需要行业部门全程参与、协同开展等。对行业部门的有关建议如下。

一是增强行业部门在高校评估中的主体责任。不管隶属关系如何，行业部门都有责任和义务，积极参与到行业特色高校的评估活动中，指导和帮助行业特色高校发展。在行业特色高校的有关评估中，行业部门要转变角色，逐步从不大过问、过问不多、过问不深，到积极介入、主动参与、发挥作用，切实增强行业部门在行业特色高校评估中的责任意识，成为评估的重要主体。

二是加强行业部门对高校评估的组织指导和协调。行业部门要积极参与评估的建构活动，指导和帮助高校做好顶层规划设计等，如科学合理布局学科专业，推动人才培养模式探索创新，鼓励教师跨界交流合作和协同创新，协调创新产学研联合技术攻关和平台建设机制等；组织和协调高校评估相关工作的开展，在组织领导、政策制定、沟通协调、舆论环境等方面，为开展行业特色高校评估提供有力保障。

三是落实行业部门在实现评估目标中的督办功能。评估目标的实现，评估若干功能的发挥，都离不开行业部门的指导、帮助、督促和检查。比如，在评估构建中，行业部门可通过关键核心技术、"卡脖子"技术及所需领军人才清单的梳理，引导高校与企业、研究院所主动对接，整合资源，联合开展高水平平台建设和技术攻关,并督促落实。再如,评估结束后,行业部门要督促、检查高校评估意见的落实情况,达到以评促建的目的。

三、行业特色高校层面

行业特色高校,既是被评估的对象,也是评估的参与者、建构者,更是评估结果的重要落实者。为此对行业特色高校提出的建议如下。

一是行业特色高校要明确自身战略发展定位。行业特色高校要牢记初心,坚守行业特色,在事关学校发展的大局上,不游离、不徘徊,不断增强战略自信,保持战略定力,增强高质量发展自觉性,积极拓展服务面向,打好为行业服务的基础,做好"再立新功"的大文章,成为新时代行业发展的开拓者、引领者和生力军。

二是在评估体系建构中要大胆表达自身价值诉求。行业特色高校在参与评估建构活动中,对自身发展的诉求要大胆表达出来。比如,行业特色高校作为高等教育的具体实践者,既要积极面向国家战略和行业发展需求,又要保持适当的发展自由度;既要不断强化以国家和行业需求为导向,又遵循高校发展中的学术逻辑;既考虑满足当前急需,也考虑前瞻性布局,为未来发展伏笔,特别是要系统谋划作为行业特色高校的特色和优势,推进学科之间交叉与渗透融合,积极探索和催生引领行业发展的新兴学科方向,形成新的学科增长极等。行业特色高校要通过评估建构活动,将自身发展的诉求纳入评估体系中。

附录：国防科技工业
创新型人才培养情况调查问卷（第六章问卷）

各单位：

首先感谢贵单位能在百忙之中与我们合作，进行关于国防科技工业创新型人才培养体系的研究。国防科技工业是国家战略体系和能力的重要组成部分，而创新型人才是保障国防科技工业高质量发展的最核心资源。在世界新一轮军事变革的背景下，如何抢占未来长时间内的战略竞争制高点，已逐渐取决于战略能力的较量与人才的竞争。因此，本问卷旨在深入了解国防科技工业创新型人才在军工单位的培养情况，进而准确把握当前创新型人才的培养模式与存在的问题，进一步探讨创新型人才成长的影响因素，为国防科技工业创新型人才培养体系的建立提供科学依据。

问卷提到的创新型人才是指以战略科学家、院士、型号总师/副总师、领军拔尖人才、军工技能人才为典型的国防科技工业领域战略人才。

第一部分　单位基本信息调查

本部分以集团人力资源部门为调查对象，旨在了解创新型人才培养的总体情况。题目设置包括选项与解答两种形式，内容可另附页或以附件形式添加至问卷后面。

1. 单位名称：_____

2. 单位建有硕士点_____个，博士点_____个，博士后流动站_____个。其中，设有一级学科_____个，包括_____等学科，二级学科_____个，包括_____等学科。集团共有导师_____人，近5年培养硕士、博士生_____名，毕业生留在本单位工作的比例为_____，2020年计划招生规模为_____人。

3. 贵单位是否建有人才成长与交流平台？如果有，请依次列出平台类型与名称（如培训基地、研究生院、双创服务平台等）。

4. 贵单位是否与政府、高校、企业等联合开展人才培养计划？如果有，请依次列出合作单位与联合培养模式。

5. 贵单位在创新型人才培养方面制定了哪些政策、计划与措施（如人才管理办法、人才战略制定、人才激励措施等）？

6. 贵单位是否形成国防科技工业创新型人才培养的新模式？在创新型人才培养方面有无可复制推广的经验？

7. 贵单位在国防科技工业创新型人才培养中遇到的主要问题和困难有哪些？

8. 贵单位是否了解国家及地方出台的相关人才政策？已有政策对创新型人才培养的作用体现在哪些方面？

9. 贵单位引进创新型人才的主要方式和渠道有哪些？是否有效满足了贵单位的发展需求？

10. 贵单位关于"十四五"时期人才发展规划的工作重点是？对创新型人才培养模式创新和路径探索有何具体建议？

第二部分　个人基本信息调查

本部分以集团（包括下属单位）创新型人才为调查对象，旨在了解创新型人才结构、成长因素与培养模式。被调查人数以 30~40 人为宜，请贵单位予以调查协助。

1. 您的身份：
□战略科学家　　□院士　　□型号总师/副总师　　□领军拔尖人才
□军工技能人才　　□经营管理类人才　　□其他

2. 您的学历：
□博士后　　□博士　　□硕士　　□本科及以下

3. 您的工作年限：
□5 年以下　　□5~10 年　　□10~20 年　　□20 年及以上

4. 就个人发展情况而言，您认为以下哪些因素对自身创新的影响作用最大？
□知识水平　　□身心状况　　□家庭环境　　□职业素养

5. 就单位内部管理而言，您认为以下哪些因素会直接或间接性地影响到本单位创新发展？
□管理力度　　□领导风格　　□治理模式　　□规章制度

6. 您认为对以下哪些方面加以改进，能够更好地促进个人成长？
□企业文化　　□科研环境　　□配套设施　　□团队气氛

7. 您认为以下哪些因素对您的个人发展起到保障作用？
□硬件资源　　　□信息平台　　　□企业影响力　　　□项目资源

8. 以下哪些因素会直接影响到您对创新的肯定看法？
□社会观点　　　□市场需求　　　□国家政策　　　□地方条例

9. 以下哪些激励因素更容易激发您的创新热情与积极性？
□精神追求　　　□职业发展　　　□薪酬福利　　　□其他激励（请说明）

10. 您对所在单位创新型人才培养方式的满意程度？
□很满意　　　□较为满意　　　□一般　　　□不满意
若选"不满意"，请说明原因：_____

11. 所在单位的人才规划、配置、培训、薪酬制度、绩效考核与劳动关系管理等是否满足您对个人发展的需求？
　　□是　　　□否
　　若选"否"，请说明不满足的部分：_____